QR-Codes im Buch:

badago
Video

mepezu
Tipps

nusiwe
Lexikon

Die QR-Codes führen dich
- zu **Videos** und bewegten Bildern,
- zu **Tipps** für die Aufgaben,
- zu einem **Lexikon** mit Erklärungen der Begriffe, die du zu einem Thema kennen musst.

Du kannst die QR-Codes scannen oder die sechs Buchstaben über den Codes eingeben auf:
www.cornelsen.de/codes

QR-Code Verweis
→ 🖻 Dieses Symbol zeigt an, dass du zu einem bestimmten Inhalt ein Video hinter dem QR-Code findest.

Materialseiten
... vor allem zum Erarbeiten, Anwenden und Üben

Methodenseiten zeigen Schritt für Schritt an einem Beispiel, wie du erfolgreich vorgehst.

Erweitern-und-Vertiefen-Seiten bieten interessante zusätzliche Texte mit Bildern und Aufgaben.

Die **Zusammenfassung** gibt einen Überblick über die Lerninhalte des Kapitels.

Die Aufgaben der **Teste-dich!-Seiten** helfen dir, dein Wissen selbst einzuschätzen. Die Lösungen der Aufgaben findest du im Anhang.

Aufgaben, Materialien, Methoden und erweiternde Texte mit tragen zum Erwerb von Medienkompetenzen bei.

BADEN-WÜRTTEMBERG

Natur und Technik

Biologie, Naturphänomene und Technik 5/6

Cornelsen

NATUR UND TECHNIK
Biologie, Naturphänomene und Technik 5/6 Baden-Württemberg

Mit Beiträgen von: Volker Abegg, Ulrike Austenfeld, Barbara Barheine, Siegfried Bresler, Steven Bauer, Stephanie Corsten, Ulrich Dendorfer, Martin Einsiedel, Julia Feltes, Markus Gaus, Elke Göbel, Engelhardt Göbel, Gonca Gohlke, Anita Gutmann, Bernd Heepmann, Dr. Hanna Hellrung, Michael Hundertmark, Michael Jütte, Marit Kastaun, Dr. Stephan Kienast, Ute Klinkmüller, Sandra Krechel, Dr. Erich Kretzschmar, Reimund Krönert, Carsten Kuck, Ralf Kühl, Ruth Leidinger, Dr. Jochim Lichtenberger, Michael Lippold, Martin Löffelhardt, Werner Maier, Ainoa Malcotti, Franz Mangold, Dr. Monique Meier, Bettina Most, Dr. Heinz Obst, Cornelia Pätzelt, Ute Pfohl, Verena Rau, Corinna Rieke, Judith Röder, Norbert Schröder, Wilhelm Schröder, Reinhard Sinterhauf, Peter Slaby, Claudia Täubner, Sven Ungelenk, Volker Vopel, Ralf Weinert, Sandra Willms

Illustration: Atelier G, Laura Carleton, DiGraph Medien-Service, Christine Faltermayer, Hannes von Goessel, Rainer Götze, Karin Mall, Gregor Mecklenburg, Tom Menzel, Bernhard A. Peter, Matthias Pflügner, Detlef Seidensticker, Andrea Thiele, Esther Welzel

Redaktion: Thomas Gattermann, Sandra Hagemeister, Stephan Möhrle, Svea Rogge

Umschlaggestaltung: agentur corngreen, Leipzig (Umsetzung); SOFAROBOTNIK GbR, Augsburg & München (Konzept)

Layoutkonzept: klein & halm Grafikdesign, Berlin; Typo Concept GmbH, Hannover

Technische Umsetzung: Reemers Publishing Services GmbH, Krefeld

Begleitmaterialien zum Lehrwerk
Schulbuch als E-Book	1100033131
Handreichungen für den Unterricht	978-3-06-015066-3
Kopiervorlagen	978-3-06-015067-0
Unterrichtsmanager Plus	1100033136

www.cornelsen.de

Dieses Werk enthält Vorschläge und Anleitungen für Untersuchungen und Experimente.
Vor jedem Experiment sind mögliche Gefahrenquellen zu besprechen.
Beim Experimentieren sind die Richtlinien zur Sicherheit im Unterricht einzuhalten.

1. Auflage, 1. Druck 2024

Alle Drucke dieser Auflage sind inhaltlich unverändert und können
im Unterricht nebeneinander verwendet werden.

© 2024 Cornelsen Verlag GmbH, Berlin

Das Werk und seine Teile sind urheberrechtlich geschützt.
Jede Nutzung in anderen als den gesetzlich zugelassenen Fällen bedarf der vorherigen schriftlichen Einwilligung des Verlages. Hinweis zu §§ 60a, 60b UrhG: Weder das Werk noch seine Teile dürfen ohne eine solche Einwilligung an Schulen oder in Unterrichts- und Lehrmedien (§ 60b Abs. 3 UrhG) vervielfältigt, insbesondere kopiert oder eingescannt, verbreitet oder in ein Netzwerk eingestellt oder sonst öffentlich zugänglich gemacht oder wiedergegeben werden. Dies gilt auch für Intranets von Schulen.

Soweit in diesem Lehrwerk Personen fotografisch abgebildet sind und ihnen von der Redaktion fiktive Namen, Berufe, Dialoge und Ähnliches zugeordnet oder diese Personen in bestimmte Kontexte gesetzt werden, dienen diese Zuordnungen und Darstellungen ausschließlich der Veranschaulichung und dem besseren Verständnis des Inhalts.

Druck: Livonia Print, Riga

ISBN 978-3-06-015065-6

PEFC zertifiziert
Dieses Produkt stammt aus nachhaltig bewirtschafteten Wäldern und kontrollierten Quellen.

www.pefc.de

Inhaltsverzeichnis

Dein neues Fach „BNT" 10
Rundgang durch den Nawi-Raum 12

Menschen leben mit Tieren — 14

Die Kennzeichen des Lebens 16
   Methode: Vergleichen 18
Heimtiere und Nutztiere 20
   Methode: Einrichten eines Aquariums 23
Der Hund – ein Hetzjäger 24
   Methode: Tiere beobachten 28
Die Katze – eine Schleichjägerin 30
Das Rind – ein Wiederkäuer 32
Das Hausschwein – ein Allesfresser 36
Das Haushuhn – Haltungsformen 40
Das Pferd – aus der Steppe in den Reitstall 42
   Erweitern und Vertiefen: Rinder und Pferde sind Huftiere ... 45
Zusammenfassung 46
Teste dich! 47

Die Vielfalt der Wirbeltiere — 48

Die Merkmale der Wirbeltiere 50
Die Merkmale der Fische 54
Die Merkmale der Amphibien 58
Die Entwicklung der Amphibien 62
   Erweitern und Vertiefen: Die Krötenwanderung 64
Die Merkmale der Reptilien 66
Die Merkmale der Vögel 70
Die Entwicklung der Vögel 74
Paarung und Brutpflege bei Vögeln 76
Die Merkmale der Säugetiere 78
   Methode: So erstelle ich einen Steckbrief 81
Säugetiere in allen Lebensräumen 82
   Erweitern und Vertiefen: Zwei Kulturfolger 85
Zusammenfassung 86
Teste dich! 88

Wirbellose 90

Die Vielfalt der Wirbellosen 92
   Methode: Tiere nach Kriterien ordnen 93
Die Merkmale der Insekten 96
   Erweitern und Vertiefen: Das Leben im Insektenstaat 100
Wie Insekten sich ernähren 102
Insekten in Verwandlung 104
Vogel und Insekt im Vergleich 108
Spinnen – Jägerinnen auf acht Beinen 110
Schnecken – Weichtiere mit Schleimspur 112
Regenwürmer – Nützlinge des Bodens 116
Zusammenfassung 120
Teste dich! 121

Die Vielfalt der Blütenpflanzen 122

Der Aufbau der Blütenpflanzen 124
   Methode: Ein Herbar anlegen 127
   Erweitern und Vertiefen:
   Besondere Angepasstheiten bei Pflanzen 128
   Methode: Naturwissenschaftliche Vorgänge
   in Stop-Motion-Filmen darstellen 130
Pflanzen brauchen Licht 132
Der Aufbau von Blüten 134
Vergrößern mit Lupe und Stereomikroskop 138
Die Fortpflanzung von Blütenpflanzen 140
Von der Blüte zur Frucht 144
Die ungeschlechtliche Fortpflanzung 148
Die Verbreitung von Früchten und Samen 150
Die Samen der Pflanzen 154
Die Pflanzenfamilien 158
   Methode: Pflanzen bestimmen mit einer App 161
Von der Wildpflanze zur Kulturpflanze 162
   Methode: Pflanzen nach Kriterien ordnen 166
Einheimische Laub- und Nadelbäume 168
Zusammenfassung 170
Teste dich! 171

Die Vielfalt der Lebensräume 172

Lebensräume überall 174
   Erweitern und Vertiefen: Die Streuobstwiese 177
Nahrungsbeziehungen im Wald 178
Pflanzen im Jahresverlauf 182
   Methode: Das Baummonatsbuch 186
Lebensräume auf dem Schulgelände 188
Lebensräume in der Stadt 192
   Methode: Suchen und Finden im Internet 194
   Methode: Eine Präsentation erstellen und halten 195
Natur schützen 196
Zusammenfassung 200
Teste dich! 201

Materialien trennen – Umwelt schützen 202

Müll – Problem oder wertvoll? 204
   Erweitern und Vertiefen:
   Gegenstände, Stoffe und ihre Eigenschaften 206
Müll trennen und sortieren 208
Papier und Pappe – genauer betrachtet 212
Kunststoffe – genauer betrachtet 216
   Erweitern und Vertiefen:
   Aus PET-Flaschen werden Pullis 219
Problemabfälle 220
Auch die Natur recycelt 222
Müllverbrennung – der letzte Nutzen 224
Zusammenfassung 228
Teste dich! 229

Wasser zum Leben 230

Ohne Wasser kein Leben 232
Erweitern und Vertiefen:
   Wassermangel – Wasser im Überfluss 235
Unser Wasser – meist ein Gemisch 236
   Erweitern und Vertiefen: Trinkwasser aus Meerwasser 239
Wasser ist wertvoll 240
Aufbereitung von Abwasser 242
So atmen Fische unter Wasser 244
Schwimmen, Schweben oder Sinken? 246
   Erweitern und Vertiefen: Die richtige Dichte zum Tauchen . 249
Fische – Bewegung im Wasser 250
Wie warm ist das Wasser? 254
   Methode: Einen Versuch durchführen und protokollieren .. 258
Wasser – nicht immer flüssig 260
   Methode: Ein Liniendiagramm zeichnen 262
   Erweitern und Vertiefen: Die Celsiusskala 263
Wasser unterwegs 264
Wie überleben Fische unter dem Eis? 266
   Erweitern und Vertiefen:
   Eisberge – schwimmende Riesen 269
Zusammenfassung 270
Teste dich! 272

Energie effizient nutzen! 274

Energie treibt alles an	276
Energie für dich	280
Brennstoffe aus Pflanzen	282
Erweitern und Vertiefen:	
Fossile Energieträger – regenerative Energieträger	285
Drei Dinge braucht das Feuer	286
Brandschutz und Brandbekämpfung	290
Erweitern und Vertiefen: Die Jugendfeuerwehr	293
Methode: Das richtige Verhalten bei Bränden	294
Erweitern und Vertiefen:	
Der richtige Umgang mit dem Feuerlöscher	295
Tiere im Winter – Leben auf Sparflamme	296
Erweitern und Vertiefen:	
Eisbären – angepasst an das Leben in eisiger Kälte	299
Energie unterwegs – die Strahlung	300
Erweitern und Vertiefen:	
Warmes Wasser und elektrische Energie vom Hausdach	305
Energie unterwegs – die Wärmeströmung	306
Erweitern und Vertiefen:	
Der Golfstrom – die „Warmwasserheizung" Europas	308
Erweitern und Vertiefen:	
Erwärmen und Kühlen durch Wärmeströmung	309
Energie unterwegs – die Wärmeleitung	310
Schutz vor Wärme und Wärmeverlust	312
Tipps zum Energiesparen	314
Methode: Lernwörter üben im naturwissenschaftlichen Unterricht	316
Wie Vögel fliegen	318
Methode: Modelle helfen verstehen	320
Zugvögel – Weltenbummler der Lüfte	322
Erweitern und Vertiefen: Ein „Fahrstuhl" aus Luft	325
Zusammenfassung	326
Teste dich!	329

Entwicklung des Menschen 332

Erwachsen werden 334
Vom Jungen zum Mann 336
Erweitern und Vertiefen:
Der Einfluss der Medien in der Pubertät 339
Vom Mädchen zur Frau 340
Erweitern und Vertiefen:
Das Geschlecht – nicht immer eindeutig 343
Ein neuer Mensch entsteht 344
Schwangerschaft und Geburt 346
Die Verhütung 348
Vom Ja- und Neinsagen 350
Zusammenfassung 354
Teste dich! 355

Ein Produkt entsteht 356

Schreibtischset: Werkstoff und Planung 358
Methode: Produkte – von der Planung zur Beurteilung 361
Erweitern und Vertiefen: In der Schreinerei 362
Erweitern und Vertiefen: Fachwerkhäuser 363
Schreibtischset: Anzeichnen, Sägen, Bohren 364
Methode: Das Bohren mit der Tischbohrmaschine 366
Schreibtischset: Feilen und Schleifen 368
Schreibtischset: Fügen und Veredeln 370
Ein Fahrzeug erfinden 372

Anhang 374

Lösungen der Testaufgaben 374
Methode: Verhalten im Fachraum 387
Methode: Mit dem Gasbrenner arbeiten 388
Methode: Mit der Heizplatte arbeiten 389
Operatoren 390
Stichwortverzeichnis 392
Bild- und Textquellenverzeichnis 398
Tabellen 399

Dein neues Fach „BNT"

1 Fragen an die Umwelt

Seht euch um – in eurer Umgebung geht Interessantes vor.

Natur und Naturwissenschaften • Zur Natur gehören Pflanzen und Tiere. Auch Luft, Holz, Metall und Wasser sind Teil der Natur, denn die Natur besteht aus Stoffen (Materialien). Die Naturwissenschaften erforschen die Natur und wie man sie schützt. Dazu gehört auch, wie wir Menschen uns entwickeln, ernähren und bewegen. Die Biologie ist eine der Naturwissenschaften.
Viele Vorgänge der Natur können wir heute erklären, beispielsweise wie uns das Licht der Sonne erreicht, wie sich Pflanzen entwickeln oder dass es einen gemeinsamen „Treibstoff" für alle Vorgänge gibt: die Energie.

Wozu Naturwissenschaften? • Ohne die Beobachtungen, Berechnungen und Theorien der Naturforschenden gäbe es nicht die vielen technischen Geräte, Medikamente oder Nahrungsmittel. In der Technik und in der Medizin werden Naturwissenschaften angewendet, um das Leben einfacher und angenehmer zu machen.

Fragen und Antworten • Forschende in den Naturwissenschaften und in der Technik stellen Fragen zu den Vorgängen der Natur und finden Antworten. In deinem neuen Fach „BNT" wirst du selbst zum Forschenden. Du lernst naturwissenschaftliche Arbeitsweisen kennen wie Beobachten, Untersuchen und Vergleichen. Technische Geräte wie Thermometer und Lupe helfen dir bei Antworten auf vielfältige Fragen. Und du wirst ein eigenes technisches Produkt aus Holz herstellen!

Aufgabe

1 ✖ Stelle drei eigene Fragen zu Bild 1.

die **Naturwissenschaften**
die naturwissenschaftlichen Arbeitsweisen

Material A

Beobachten

Beobachten heißt nicht nur sehen. Seht, hört, riecht oder tastet alles, was nötig ist. Haltet eure Beobachtungen fest, indem ihr sie beschreibt.

Materialliste: Beutel aus Baumwolle, Augenbinde, verschiedene Gegenstände

1 Welcher ist der gesuchte Gegenstand?
a Zeigt der Versuchsperson einen Gegenstand. Verbindet der Person danach die Augen. Legt dann alle Gegenstände in den Beutel.
b ▶ Die Versuchsperson soll den Gegenstand im Beutel ertasten und beschreiben, an welchem Merkmal sie ihn erkannt hat.
c ▶ Notiert die Person, den Gegenstand, die Beschreibung seiner Merkmale und ob der Gegenstand erkannt wurde. → 2

Versuchsperson: Marina		
Gegenstand	Merkmale	Erkannt?
Radiergummi	klein, abgerundet, lässt sich verformen	ja

2 Beispieltabelle: Beobachten

Material B

Untersuchen

In den Naturwissenschaften klärt man oft Fragen durch gezielte Experimente. Schreibt alle wichtigen Beobachtungen auf, zum Beispiel einen Messwert. Die Untersuchung soll jederzeit wiederholt werden können. Formuliert eine Antwort auf die Frage.

Materialliste: Messband

1 ▶ Wer schätzt am besten, wie groß eure Mitschülerinnen und Mitschüler sind?
a Jeder gibt eine Schätzung für die Versuchspersonen ab. Notiert die Schätzwerte in einer Tabelle. → 3

Versuchsperson: Deniz		
Geschätzt	Gemessen	Abweichung
Tim: 1,54 m	?	?
Ali: 1,42 m	?	?
Ina: 1,44 m	?	?

3 Beispieltabelle: Untersuchen

b Messt die Größe der Versuchspersonen mit dem Messband und notiert sie ebenfalls in der Tabelle.
c Bestimmt die Abweichungen zum Schätzwert und beantwortet die Frage.

Material C

Vergleichen

Beim Vergleichen sucht man Gemeinsamkeiten und Unterschiede.

Materialliste: eure Fahrräder (oder Fotos eurer Fahrräder)

1 Vergleicht eure Fahrräder miteinander. Welche Gemeinsamkeiten und Unterschiede gibt es? → 4

4

a ▶ Beschreibt die Merkmale jedes einzelnen Fahrrads. Sammelt dann Gemeinsamkeiten und Unterschiede in einer Tabelle. → 5
b ▶ Fasst die Tabelleneinträge zusammen und formuliert die Antwort auf die Frage am Anfang der Aufgabe.

Gemeinsamkeiten	Unterschiede
ein Rahmen zwei Räder ?	Rahmenform Radgröße ?

5 Beispieltabelle: Vergleichen

Rundgang durch den Nawi-Raum

1 Ein erster Blick in den Fachraum

Unterricht im Fachraum ist besonders interessant – es ist aber wichtig, sich in dem Raum gut auszukennen!

Not-Aus-Schalter • In jedem Fachraum befindet sich ein auffälliger roter Schalter. Diesen Not-Aus-Schalter musst du im Notfall sofort drücken: Er stoppt die Strom- und Gasversorgung.

Augendusche • Falls Chemikalien ins Auge kommen, musst du das Auge in den meisten Fällen schnellstens gründlich mit Wasser ausspülen. Dazu gibt es die Augendusche, die oft am Waschbecken zu finden ist.

Erste-Hilfe-Kasten • Hier findest du Verbandsmaterial und verschiedene Hilfsmittel, falls es zu einer Verletzung gekommen ist.

Feuerlöscher • Lehrkräfte können versuchen, kleinere Brände mit dem Feuerlöscher zu bekämpfen. Die Schülerinnen und Schüler sollten aber im Brandfall sofort den Raum verlassen. Den Feuerlöscher darfst du nie auf Personen richten!

Notruf • In dringenden Fällen rufst du die Notrufnummer 112 an. Du wirst dann automatisch mit der nächstgelegenen Rettungsleitstelle verbunden und kannst dort Unfälle oder Feuer melden.

Aufgabe

1 ☒ Zeichne einen Grundriss deines Fachraums. Trage in deine Zeichnung alle Gegenstände ein, die eurer Sicherheit dienen.

Lexikon
Tipps

wotefo

der **Not-Aus-Schalter**
die **Augendusche**
der **Erste-Hilfe-Kasten**
der **Feuerlöscher**

Material A

Hier läuft einiges falsch!

2

1 ▶ Wer verhält sich im Quadrat B 2 nicht richtig?

2 ▶ Gib der Schülerin in C 3 einen Tipp.

3 ▶ Übernimm die Tabelle in dein Heft und fülle sie aus.

Quadrat	Fehlverhalten	Sicherheitstipp
A 2, A 3	wildes Herumrennen	langsam gehen, auf die Mitschüler und Mitschülerinnen achten
C 1	…	…
…	…	…
…	…	…

3 Beispieltabelle: Richtiges Verhalten im Fachraum

Menschen leben mit Tieren

Wir leben gerne mit Tieren zusammen. Man sagt sogar, dass der Hund der beste Freund des Menschen sei. Wie kommt das?

Milch bekommen wir im Supermarkt. Doch woher kommt die Milch eigentlich? Und welche Produkte liefert uns das Rind als Nutztier noch?

Alle Hühner legen Eier. Warum kosten ihre Eier unterschiedlich viel?

Die Kennzeichen des Lebens

1 Es bewegt sich – aber ist es lebendig?

Die Katze beobachtet aufmerksam eine Spielzeugmaus, die sich vor ihr hin- und herbewegt. Der Katze erscheint das Spielzeug als lebendiges Beutetier, aber wir wissen, dass dies keine echte Maus ist. Woran erkennen wir Lebewesen?

Lebewesen bewegen sich aktiv • Menschen und Tiere können rennen, laufen, springen oder kriechen. → 2 Auch Pflanzen bewegen sich. Sie richten ihre Blätter und Blüten zum Licht.

2 Eine Maus bewegt sich mithilfe ihrer Muskelkraft.

Oft ist die Bewegung so langsam, dass sie nicht auffällt, manchmal ist sie aber auch offensichtlich. → ▣ Die Spielzeugmaus dagegen bewegt sich nicht von allein, man muss das Federwerk im Inneren des Gehäuses aufziehen.

Lebewesen reagieren auf Reize • Menschen und Tiere sehen, hören, riechen, schmecken und fühlen. Sie können also Veränderungen in der Umwelt als Reize wahrnehmen. Um zu überleben, müssen Tiere mit ihren Sinnesorganen Informationen über ihre Umwelt aufnehmen, die Infos verarbeiten und sich entsprechend verhalten. Die Spielzeugmaus kann man ohne Probleme fangen, eine lebendige Maus würde sofort die Flucht ergreifen. Pflanzen reagieren zum Beispiel auf Licht. → ▣

Lebewesen betreiben Stoffwechsel • Eine Maus frisst Getreidekörner und Beeren. → 3A Sie nimmt die darin enthaltenen Nährstoffe auf und scheidet

zecuwu

Lexikon
Videos
Tipps

die **Bewegung**
die **Reizbarkeit**
der **Stoffwechsel**
das **Wachstum**
die **Fortpflanzung**

Nichtverwertbares als Kot wieder aus. Beim Atmen nimmt die Maus Sauerstoff auf und gibt Kohlenstoffdioxid ab. Sie nimmt also Stoffe aus ihrer Umgebung auf, um sie zu verarbeiten. Dies nennt man Stoffwechsel. Pflanzen nehmen über ihre Wurzeln Wasser und Mineralstoffe auf. Die Blätter nehmen Kohlenstoffdioxid auf und geben Sauerstoff ab. → 4

Lebewesen wachsen • Der Buchenkeimling wächst bei günstigen Umweltbedingungen zu einem Baum heran. → 4 → ▣ Mäuse haben wenige Wochen nach der Geburt ein Fell und sind bald so groß wie ihre Eltern. Wenn sich die Größe eines Lebewesens oder eines seiner Körperteile verändert, spricht man von Wachstum. Spielzeugmäuse werden in einer Fabrik hergestellt und haben von Anfang an eine bestimmte Größe. Sie wachsen nicht.

Lebewesen pflanzen sich fort • Lebewesen einer Art können miteinander fruchtbare Nachkommen zeugen. Eine Maus stammt also von anderen Mäusen ab. → 3B Pflanzen bilden Samen. Aus den Samen entwickeln sich neue Pflanzen, die wiederum Samen hervorbringen. Die Spielzeugmaus wird in der Fabrik aus Einzelteilen zusammengebaut und kann sich nicht vermehren.

> Alle Lebewesen haben die gleichen Kennzeichen. Sie bewegen sich, reagieren auf Reize, verarbeiten Stoffe, wachsen und pflanzen sich fort.

3 **A** Um zu leben, muss die Maus fressen, trinken und atmen.
B Eine Maus versorgt ihre Jungen.

4 Die Buche betreibt Stoffwechsel und zeigt Wachstum.

Aufgaben

1 ▣ Nenne die fünf Kennzeichen des Lebens.

2 ▣ Vergleiche anhand der Kennzeichen des Lebens eine lebendige Maus mit einer Spielzeugmaus.

3 ▣ Beurteile, ob folgende Dinge lebendig sind, und begründe deine Antwort: ein Smartphone, eine Schnecke, ein Stein, eine Wolke.

Die Kennzeichen des Lebens

Methode

Vergleichen

Man nutzt die Methode des Vergleichens, um die Eigenschaften von Gegenständen und Lebewesen zu untersuchen und sie zu ordnen. Dabei stellt man Gemeinsamkeiten und Unterschiede fest. So gehst du beim Vergleichen vor:

1. Formuliere eine Frage Wenn du zum Beispiel einen Gegenstand oder ein Lebewesen beobachtest, dann kommen Fragen auf. Die Fragen kann man oft mit einem Vergleich beantworten. Betrachtet man einen Spielzeughund und einen echten Hund, dann fallen viele Gemeinsamkeiten auf. → 1 Es gibt aber auch Unterschiede. *Beispiel: Zeigen ein Spielzeughund und ein echter Hund die gleichen Kennzeichen des Lebens?*

2. Lege Kriterien fest Damit du Lebewesen oder Gegenstände miteinander vergleichen kannst, musst du Merkmale festlegen. Man bezeichnet diese Merkmale als Kriterien. Für unser Beispiel sind das die Kennzeichen des Lebens.

3. Finde Gemeinsamkeiten und Unterschiede Betrachte beim Vergleichen jedes Kriterium, das du festgelegt hast. Beschreibe die Gemeinsamkeiten und die Unterschiede. Für den Vergleich ist es hilfreich, eine Tabelle anzulegen. → 2

4. Beantworte die Frage Finde am Ende deines Vergleichs eine Antwort auf die Frage in Schritt 1.

Aufgabe

1 ✏ Vervollständige den Vergleich in deinem Heft. Ergänze dazu die übrigen Kennzeichen des Lebens in der Tabelle. → 2

1 Ist Robbi wie ein echter Hund?

Frage: Zeigen ein Spielzeughund und ein echter Hund die gleichen Kennzeichen des Lebens?

Vergleich:

Kriterium	Spielzeughund	echter Hund
Bewegung	laufen, rennen	laufen, rennen
Wachstum	behält immer dieselbe Größe	wächst die ersten 1 bis 2 Lebensjahre

Beschreibung:
Bewegung: Der Spielzeughund und der echte Hund können laufen und sogar rennen.
Wachstum: Der Spielzeughund hat vom Zeitpunkt seiner Entstehung an immer dieselbe Größe. Er entwickelt sich nicht. Ein echter Hund wächst die ersten ein bis zwei Jahre seines Lebens.

Schlussfolgerung:
In Bezug auf das Kriterium Bewegung gleichen sich der Spielzeughund und der echte Hund.
In Bezug auf das Kriterium Wachstum unterscheiden sie sich. Sie zeigen nicht die gleichen Kennzeichen des Lebens.

2

Material A

Lebt der Jaguar?

Autos bewegen sich. Viele Autos brauchen Treibstoff zum Fahren. Der Treibstoff wird verbrannt, Abgase werden ausgestoßen.

Die Raubkatze lauert im Regenwald auf Beutetiere. Nimmt sie die Beute wahr, reagiert sie blitzschnell und stürzt sich auf sie. Die Weibchen können zwei bis vier Junge zur Welt bringen.

3 Auto und Raubkatze

1 Vergleiche die Kennzeichen des Lebens für die „Jaguare". Ergänze die Tabelle. → 3 4

2 Begründe, welcher Jaguar ein Lebewesen ist.

Bewegung	aktiv (wird gesteuert)	aktiv (rennen)
Reizbarkeit	?	?
Stoffwechsel	?	?
Wachstum/Entwicklung	?	?
Fortpflanzung/Vermehrung	?	?

4 Vergleich von „Jaguaren"

Material B

Das Chamäleon

Viele Chamäleons sind Baumbewohner. Sie schützen sich vor Feinden, indem sie Blätter nachahmen. Sie sind farblich an die Baumkronen angepasst und bewegen sich leicht schwankend, als würden sie im Wind wehen. Das Chamäleon verfärbt sich zum Beispiel bei Angst oder Aggression.

1 Nenne die Kennzeichen des Lebens, die du auf den Bildern siehst. → 5 – 8

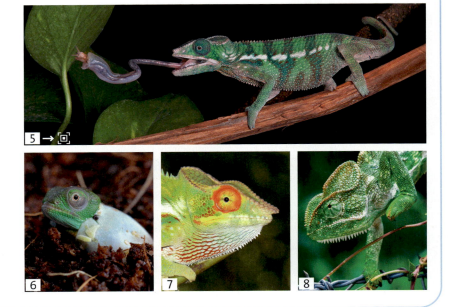

Heimtiere und Nutztiere

1 Tiere als Familienmitglieder

Tiere leben mit den Menschen zusammen. Wie kam es zu diesem Zusammenleben? Welche Tiere bindet der Mensch so fest an sich?

Haustiere • Menschen leben mit verschiedenen Tieren zusammen. Viele Menschen halten zum Beispiel Hunde. Manche haben Pferde. → 1

2 Nutztiere und Heimtiere sind Haustiere.

Solche Tiere, die mit uns zusammenleben, nennt man Haustiere. Andere Tiere, wie Rehe und Wildschweine, leben frei in der Natur. Sie sind Wildtiere.

Vom Wildtier zum Haustier • Unsere Haustiere stammen von Wildtieren ab. Früher haben die Menschen Wildtiere gehalten und diese an sich gewöhnt. Irgendwann haben die Tiere begonnen, Vertrauen zu entwickeln. Sie sind nicht mehr geflüchtet und haben die Menschen auch nicht angegriffen. Das Verhalten der Tiere hatte sich an die Bedürfnisse der Menschen angepasst. Man sagt, die Wildtiere wurden gezähmt. Über viele 1000 Jahre gewöhnte der Mensch die Tiere stärker an sich. Sie veränderten sich weiter. Aus gezähmten Tieren wurden Haustiere.

Lexikon
Video
Tipps

das **Haustier**
das **Nutztier**
das **Heimtier**

Nutztiere • Auf Bauernhöfen gibt es Hühner, Ziegen, Rinder, Schweine und Schafe. Wir nutzen diese Tiere unter anderem, um Nahrungsmittel zu erzeugen. Dazu zählen Milch, Eier und Fleisch. Von Schafen zum Beispiel nutzt man die Milch, das Fleisch und auch die Wolle. → 3 Haustiere, die wir zu wirtschaftlichen Zwecken halten, nennt man Nutztiere. → 2

Heimtiere • Manche Tiere sind wie Familienmitglieder. Haustiere, mit denen wir so eng zusammenleben, heißen Heimtiere. → 4 Sie binden sich eng an den Menschen und geben ihm Nähe, Wärme und Trost. Deshalb kuscheln Kinder besonders gern mit ihnen.

Ein Heimtier zieht ein • Viele Menschen wünschen sich ein Heimtier. Kinder und Jugendliche erfreuen sich am Miteinander. Alleinstehende oder alte Menschen fühlen sich mit lebenden Hausgenossen weniger einsam. Wir übernehmen die lebenslange Verantwortung für dieses Tier, da es sich nicht selbst versorgen kann. Vor der Anschaffung eines Heimtiers solltest du dich genau über die Bedürfnisse und Ansprüche deines ausgewählten Tiers informieren. Heimtiere, die wir unter falschen Bedingungen halten, können krank werden und sterben.

> Der Mensch hält Haustiere. Nutztiere werden wirtschaftlich genutzt. Heimtiere leben eng mit dem Menschen zusammen.

3 Ein Schaf wird geschoren. →

4 Verschiedene Heimtiere

Aufgaben

1 Erläutere die Begriffe Haustier, Nutztier und Heimtier.

2 Begründe jeweils, ob folgende Haustiere zu den Nutztieren oder Heimtieren gehören: Wellensittich, Hamster, Pferd, Schaf, Schwein, Huhn, Kanarienvogel und Ziege.

3 Beschreibe an einem Beispiel, was es bedeutet, lebenslange Verantwortung für ein Heimtier zu übernehmen.

Heimtiere und Nutztiere

Material A

Beliebte Heimtiere

Führt eine Umfrage in eurer Klasse durch, welche Tiere zu Hause gehalten werden.

1. ◩ Übernehmt die Tabelle in euer Heft. Tragt die Ergebnisse eurer Umfrage ein. → 1

Die Heimtiere der Klasse 6 b	Strichliste	Anzahl
Hund	|||| |||||	10
Katze	?	?
Vogel	?	?
Reptil	?	?
Fisch	?	?
andere Tiere	?	?
keine Tiere	?	?

1 Ergebnisse einer Umfrage

2. ◩ Stellt Vermutungen auf, warum manche Menschen keine Tiere halten.

3. Stelle dir vor, du könntest dir ein Lieblingsheimtier aussuchen.
◩ Erläutere in eigenen Worten, weshalb du dich für dieses Heimtier entscheiden würdest.

Material B

2 Ziege

3 Meerschweinchen

4 Zierfische

Haustier oder Wildtier?

1. Betrachte die Tiere in den Bildern 2–7.
◩ Ordne die Tiere den Wildtieren, Heimtieren und Nutztieren zu. Begründe deine Zuordnungen.

2. ◩ Informiere dich im Internet über Bartagamen. → 7
Erstelle einen Steckbrief wie auf Seite 81 beschrieben. Er sollte vor allem Informationen über den natürlichen Lebensraum, die Ernährung und die Haltungsbedingungen für Bartagamen enthalten. Das Video zeigt, wie man sie füttert. → ▣

3. Ein Schäfer oder eine Schäferin hat einen oder mehrere Hunde, um die Schafe in einer Herde zu führen.
◩ Erläutere an diesem Beispiel, dass die Zuordnung von Tieren zu Heimtieren oder Nutztieren manchmal schwierig ist.

Hauskaninchen wurden gezüchtet. Sie wurden früher sehr häufig gegessen.

Rehe werden in den Wäldern gejagt. Ihr Fleisch wird als Wildfleisch genutzt.

Bartagamen stammen aus Australien und werden gerne in Terrarien gehalten.

Methode

Einrichten eines Aquariums

Zierfische sind beliebte Heimtiere. Möchtest du selbst Fische halten? Dann brauchst du ein eigenes Aquarium. Bevor du beginnen kannst, es fischgerecht einzurichten, solltest du dich mit deinen Eltern beraten. Denke daran, dass du dich um ein Aquarium und deine Fische darin jeden Tag kümmern musst.

1. Vorbereitung Das Aquarium sollte mindestens einen Inhalt von 60 Litern haben. Stelle es nicht in die Sonne oder an die Heizung. Fülle zunächst gründlich gewaschenen Kies und einige größere Steine ein.

2. Fülle Wasser ein Befülle das Becken anschließend 15 Zentimeter hoch mit Wasser. Setze Wasserpflanzen ein. Platziere die größeren Pflanzen hinten und die kleinen vorne. Jetzt kannst du das Aquarium ganz mit Wasser auffüllen. Du solltest einen Filter und eine Pumpe anschließen, damit das Wasser in Bewegung und lange sauber bleibt.

3. Setze die Fische ein Je nachdem, welche Fische du halten möchtest, brauchst du eine Heizung mit Regelkreis für dein Aquarium. Damit kannst du das Wasser auf einer gleichbleibenden Temperatur halten. Die Fische solltest du erst nach zwei Wochen einsetzen, weil sie frisches Leitungswasser nicht vertragen.

4. Pflege das Aquarium Du solltest deine Fische täglich füttern. Kontrolliere dabei, ob der Filter, die Pumpe und die Heizung funktionieren. Jede Woche solltest du ein Fünftel des Wassers vorsichtig austauschen und den Filter reinigen. Entferne bei Bedarf Algen vom Boden und den Scheiben.

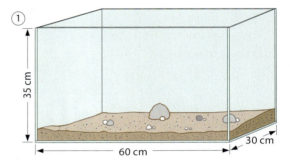
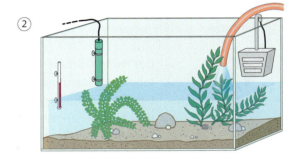
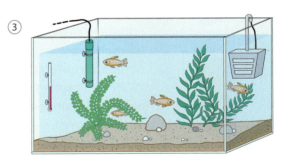
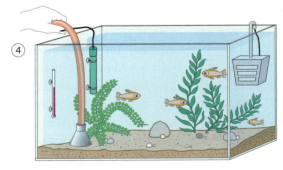

8 Einrichtung eines Aquariums

Der Hund – ein Hetzjäger

1 Wolfsrudel

2 Familie mit Hund beim Spaziergang

Bernhardiner

Dackel

Dogge

3 Hunderassen

Der Hund stammt vom Wolf ab. Wölfe leben und jagen gemeinsam im Rudel. Der Mensch hält Hunde. Sie leben mit ihm zusammen. Was haben Wölfe und Hunde gemeinsam?

Wolf und Mensch • Vor 15 000 Jahren schlossen sich erstmals Wölfe dem Menschen an. Vermutlich fraßen sie Abfälle. Der Mensch erkannte, dass Wölfe Fähigkeiten haben, die ihm nutzen. Sie können zum Beispiel mit ihrer Nase weit entfernte Beutetiere aufspüren.

Zahme Wölfe? • Der Mensch begann Wölfe an sich zu gewöhnen. Er zog sie auf und nahm ihnen dadurch die Angst vor Menschen. Die gezähmten Wölfe nutzte er zum Jagen, Hüten und Bewachen. Die Nachkommen dieser zahmen Wölfe wurden im Lauf der Jahrtausende treue Gefährten des Menschen. Für zahme Wölfe und auch Hunde sind die Menschen Anführer des Rudels. Scheue wilde Wölfe leben heute wie damals weit entfernt vom Menschen in Rudeln in den Wäldern.

Züchtung • Im Zusammenleben mit gezähmten Wölfen erkannte der Mensch, dass die Tiere unterschiedliche Merkmale und Fähigkeiten besaßen. Für die Vermehrung wählte der Mensch die Tiere aus, deren Merkmale und Fähigkeiten er sich für die Nachkommen wünschte. Das nennt man Züchtung. So entstanden über lange Zeit verschiedene Hunderassen. → 3 → ▣

Ernährung und Gebiss • Der Hund ist ein Fleischfresser. Die auffälligsten Zähne sind die Fangzähne. → 4 Sie sind lang und laufen spitz zu. Mit ihnen verbeißt sich der Hund in seiner Beute. Die Fangzähne entsprechen unseren Eckzähnen. Die kleineren Schneidezähne sind vorne im Gebiss und scharfkantig. Mit ihnen schabt der Hund das Fleisch vom Knochen ab.

die **Züchtung**
der **Hetzjäger**
das **Fleischfressergebiss**
der **Zehengänger**
die **Oberflächenvergrößerung**

Die Backenzähne sind breit und dienen dem Zermahlen von Knochen. Der drittletzte Zahn in jeder Reihe ist der
50 Reißzahn. Er ist ein kräftiger Backenzahn. Die Reißzähne sind schärfer als die anderen Zähne. Mit ihnen kann der Hund die größte Kraft aufwenden. Sie dienen dem Zerreißen von Fleisch und
55 dem Durchbrechen von Knochen.

Körperbau • Hunde sind wie ihre Wolfsvorfahren Hetzjäger. Sie verfolgen ihre Beute über längere Strecken, bis es für das Beutetier keine Fluchtmöglichkeit
60 mehr gibt. Sie können durch ihre leistungsfähige Lunge und ihr Herz ausdauernd laufen. Das Skelett des Hunds lässt sich in Schädel, Rumpf, Schwanz und Gliedmaßen gliedern. → 5
65 Der Hund tritt nur mit seinen Zehen auf. Er ist ein Zehengänger. Seine Krallen kann der Hund nicht einziehen. Weiche Ballen auf der Unterseite der Pfote federn den Gang ab.

70 **Gute Sinne** • Hunde nehmen mit ihrer Nase Gerüche besser wahr als wir. Die Riechschleimhaut in der Nase des Hunds ist stark gefaltet. Dadurch ist ihre Oberfläche erheblich vergrößert.
75 So haben etwa 280 Millionen Riechzellen Platz. Man spricht vom Prinzip der Oberflächenvergrößerung. In unserer Nase befinden sich dagegen nur 25 Millionen Riechzellen. Je mehr
80 Riechzellen ein Lebewesen hat, desto besser ist sein Geruchssinn. Auch das Gehör des Hunds ist empfindlicher als unseres. Er kann Geräusche wahrnehmen, die wir nicht hören.

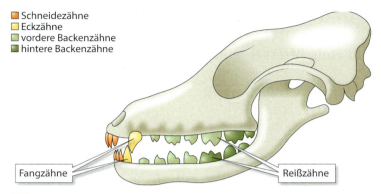

4 Fleischfressergebiss eines Hunds

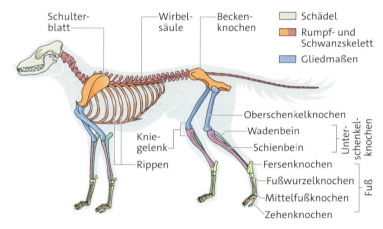

5 Körperbau eines Hunds

> Durch Züchtung wurden aus Wölfen verschiedene Hunderassen. Hunde sind Hetzjäger und Fleischfresser.

Aufgaben

1 Beschreibe, wie aus Wölfen Hunde wurden.

2 1996 haben sich die ersten Wölfe wieder in Deutschland angesiedelt. Stelle Vermutungen an, welche Probleme daraus entstehen können.

Der Hund – ein Hetzjäger

Material A

Das Fleischfressergebiss

Die Zähne des Hunds weisen ihn als Jäger aus.

1 Fleischfressergebiss

1. Benenne die mit Ziffern gekennzeichneten Zahntypen des Fleischfressergebisses. → 1

2. Übernimm die Tabelle in dein Heft. Ordne den Zahnarten Werkzeuge mit gleicher Funktion zu. → 2 3

3. Begründe, weshalb die Bezeichnung Schneidezähne beim Hund irreführend ist.

2

Zahnart	Funktion	Werkzeug
Schneidezähne	?	?
?	?	?

3

Material B

Der Hund – ein Hetzjäger

Beim Verfolgen von Beute werden Hunde sehr schnell. Dabei graben sich die Krallen in den Untergrund.

4

5

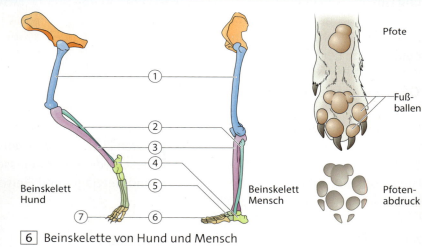

6 Beinskelette von Hund und Mensch

1. Benenne die mit Ziffern gekennzeichneten Knochen der Beinskelette. → 6

2. Begründe, warum man Hunde als Zehengänger bezeichnet.

3. Nenne die Aufgabe der Fußballen und Krallen beim schnellen Laufen.

4. Der Mensch ist ein Sohlengänger. Erläutere diese Einteilung. → 6

Material C

Die Züchtung bei Hunden

Der Mensch hat bis heute über 400 verschiedene Hunderassen gezüchtet.

1. Lies den Text. → 7
   ⊠ Beschreibe die Merkmale, die sich durch Züchtung beim Chinesischen Schopfhund verändert haben.

2. ⊠ Beziehe Stellung zur Züchtung solcher Hunderassen. Nimm dabei den Auszug aus dem Tierschutzgesetz zu Hilfe. → 8

Hund ohne Fell Beim Chinesischen Schopfhund wurde das Fell weitestgehend weggezüchtet. Seine Haut muss daher regelmäßig mit Sonnencreme eingeschmiert werden. Er kann sonst einen schmerzhaften Sonnenbrand bekommen. Durch die Züchtung fehlen häufig einige Zähne in seinem Gebiss.

7 Der Chinesische Schopfhund

„Es ist verboten, Wirbeltiere zu züchten, wenn der Züchter damit rechnen muss, dass aufgrund vererbter Merkmale Körperteile oder Organe für den artgemäßen Gebrauch fehlen oder untauglich sind und hierdurch Schmerzen, Leiden oder Schäden auftreten."

8 Auszug aus dem Tierschutzgesetz (§ 11 b)

Material D

Oberflächenvergrößerung – Riechschleimhäute

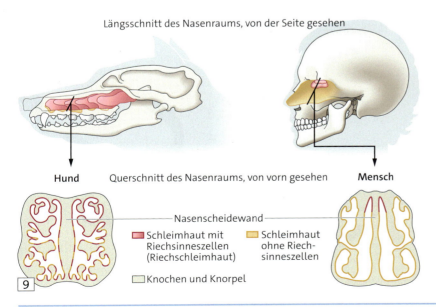

Nasen sind innen mit einer Schleimhaut überzogen, die Riechzellen enthält. → 9
Beim Hund ist die Oberfläche der Schleimhaut 85 cm² groß (280 Millionen Riechzellen), beim Menschen nur 4 cm² (25 Millionen Riechzellen).

1. ⊠ Begründe, wieso der Hund besser mit der Nase riechen kann als der Mensch. → 9

2. ⊠ Erläutere mithilfe von Bild 9 das Prinzip der Oberflächenvergrößerung. →

Der Hund – ein Hetzjäger

Methode

Tiere beobachten

Der natürliche Lebensraum von Tieren eignet sich am besten, um ihr Verhalten zu beobachten. Im Zoo und in Wildparks sind viele Anlagen dem natürlichen Lebensraum der Tiere nachgebaut. So können typische Verhaltensweisen beobachtet werden. Jede Tierart zeigt eine Vielfalt von unterschiedlichen Verhaltensweisen.

1. Beobachte Überlege dir, welche Tiere du beobachten möchtest. Tiere mit charakteristischen Merkmalen lassen sich in Gruppen leichter erkennen. Zum Beobachten brauchst du Zeit und musst genau hinsehen.
Beispiel: Beobachtung des Aufeinandertreffens von Wolf A und Wolf B

2. Dokumentiere deine Beobachtungen Die Beobachtungen können in Tabellen oder Zeichnungen festgehalten werden.
Bei einer Beschreibung gibst du die Beobachtungen mit eigenen Worten wieder. Vermeide dabei „Vermenschlichungen".
*Beispiel: Notiere über 10 Minuten das Verhalten der Tiere in einer Tabelle.
Wolf A zeigt die Zähne und knurrt.
...*

Lebensweise des Wolfs

Wölfe leben im Rudel von 5 bis 15 Tieren. Zwischen den Wölfen eines Rudels finden nur selten Kämpfe statt, weil die Mitglieder des Rudels die Rangordnung beachten. Durch typische Körperhaltungen und Gesichtsausdrücke werden Kämpfe untereinander verhindert. → 2

1 Information zum Wolf

2 Körperhaltung und Gesichtsausdruck von Wölfen →

Video

3. Auswertung Mithilfe von Informationen zur Lebensweise des Tiers kannst du deine Beobachtungen auswerten. Die Ergebnisse hältst du in einem Beobachtungsprotokoll fest.
Beispiel: Wolf A ist der Oberste in der Rangordnung. Er frisst als Erster. Den anderen Wölfen gegenüber zeigt er Imponier- und Drohverhalten. Wolf B ist der Unterste in der Rangordnung. Er unterwirft sich und frisst als Letzter.

Aufgaben

1 ☒ Beobachtet im Zoo Tiere (zum Beispiel Erdmännchen) in ihrem Gehege. Haltet euch dabei an die Schritte 1–3.

2 ☒ Beobachtet das Verhalten einer Pferdeherde auf der Weide. Haltet euch dabei an die Schritte 1–3.

Beobachtungsprotokoll

Ort: Wildpark Bad Mergentheim
Datum: 11.07.2024
Besonderes: Fütterung im Wolfsgehege

	Wolf A	Wolf B
1. Minute	nähert sich dem Fressen mit erhobenem Schwanz, gespitzten, nach vorn gerichteten Ohren → 2A	liegt zusammengerollt mit angelegten Ohren weit entfernt, beobachtet das Futter
2. Minute	reißt am Fleisch	keine Verhaltensänderung
3. Minute	frisst	keine Verhaltensänderung
4. Minute 5. Minute	hebt den Kopf, zeigt die Eckzähne, sobald sich Wölfe nähern, knurrt → 2B	keine Verhaltensänderung
6. Minute	leckt sich die Schnauze, entfernt sich, Schwanz gestreckt, erhobener Kopf und gespitzte Ohren	keine Verhaltensänderung
7. Minute	steht abseits, gestreckter Schwanz, aufgerichteter Kopf, gespitzte Ohren	nähert sich geduckt dem Fressen, Ohren angelegt, Schwanz eingeklemmt → 2C
8. Minute 9. Minute	steht weiterhin abseits	frisst, nach den Seiten blickend, mit angelegten Ohren
10. Minute	befindet sich weiterhin abseits	entfernt sich schleichend, geduckt

Auswertung
Wolf A ist der Oberste in der Rangordnung. Er frisst als Erster.
Den anderen Wölfen gegenüber zeigt Wolf A Imponierverhalten und Drohverhalten.
Wolf B ist der Unterste in der Rangordnung. Er unterwirft sich und frisst als Letzter.

3 Beispiel für ein Beobachtungsprotokoll

Die Katze – eine Schleichjägerin

1 Eine Katze schleicht sich an ihre Beute heran.

2 Augen der Katze in der Dämmerung

Bewegungslos lauert die Katze im Gras. Wie gelingt es ihr, eine flinke Maus zu fangen?

Im Katzensprung auf Beutefang • Eine Katze schleicht sich langsam und geduckt an ihr Beutetier heran. Dabei tritt sie nur mit den Zehen auf. Auf den weichen Ballen und mit eingezogenen Krallen nähert sie sich lautlos. Man nennt sie daher Schleichjägerin. Beim Beutefang werden die Krallen der Vorderpfoten als Werkzeug eingesetzt. Die Krallen liegen geschützt in einer Hautfalte. Wenn die Katze der Beute nahe genug gekommen ist, dann springt sie auf sie zu. Sie schiebt die Krallen aus der Hautfalte und packt das Beutetier. → 3

Katzen jagen in der Dämmerung • Die Katzen haben eine besondere Farbschicht im hinteren Teil der Augen, die wie ein Spiegel wirkt. → 2 Dadurch wird das Licht in der Dämmerung doppelt genutzt. Die Augen sind deshalb besonders lichtempfindlich. Tagsüber sind die Pupillen zu einem Schlitz verkleinert. Das schützt die Augen vor zu viel Lichteinfall. Bei wenig Licht sind die Pupillen groß und rund.

> Die Katze ist eine Schleichjägerin. Sie greift ihr Beutetier mit den Krallen. Die Augen der Katze sind sehr lichtempfindlich.

3 Das Jagdverhalten der Katze → ▣

Aufgaben

1 ✉ Recherchiere, welche Katzenrassen besonders häufig in der Wohnung gehalten werden.

2 ✉ Vergleiche das Jagdverhalten von Hunden und Katzen.

3 ✉ Beschreibe, wie Katzen in der Dämmerung erfolgreich jagen.

Lexikon
Videos
Tipps

duxitu

die **Kralle**
die **Schleichjägerin**

Material A

Die Bewegung der Katzenkralle

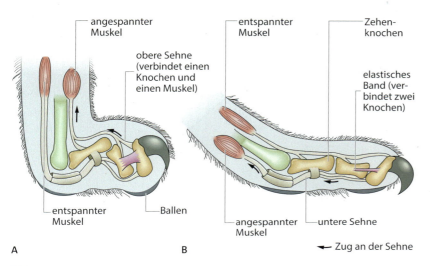

4 Bewegung der Katzenkralle: **A** beim Anschleichen, **B** beim Zupacken

Muskeln setzen über Sehnen am Knochen an. Wenn sich ein Muskel anspannt, dann wird er kürzer. Dadurch wird an der Sehne gezogen.

1 Beschreibe den Bau einer Katzenpfote in Bild 4.

2 Beschreibe mithilfe des Bilds, wie die Katze ihre Krallen ausfahren kann.

3 Erläutere, welche Bedeutung das Ein- und Ausziehen der Krallen für das Jagdverhalten der Katze hat.

Material B

Die Katzenaugen

Durch die schwarz aussehenden Pupillen gelangt Licht in die Augen der Katze. → 6 Die Pupillen schließen sich bei Helligkeit zu einem schmalen Schlitz, um das Auge zu schützen. → 7 Im Dunkeln sind die Pupillen weit und kreisrund geöffnet. Von der hinteren Schicht des Auges wird einfallendes Licht gespiegelt. → 8 So kann die Katze die geringen Lichtmengen in der Nacht und der Dämmerung nutzen.

5

1 Lies den Text. → 5 Ordne den Augen in den Bildern 6 und 7 Lichtverhältnisse zu. Begründe die Zuordnungen.

2 Begründe, warum sich eine Katze im Dunkeln orientieren kann. Erwähne bei deiner Antwort mehrere Sinnesorgane.

3 Reflektoren am Fahrrad werden auch „Katzenaugen" genannt. Erkläre diese Bezeichnung. → 8

6

7

8

Das Rind – ein Wiederkäuer

1 Kühe werden gemolken.

Kühe fressen Gras und geben Milch. Was nutzen wir sonst noch von der Kuh? Wie wird aus Gras Milch?

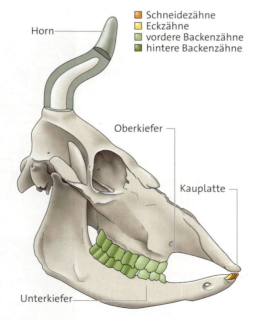

- Schneidezähne
- Eckzähne
- vordere Backenzähne
- hintere Backenzähne

Horn — Oberkiefer — Kauplatte — Unterkiefer

2 Das Pflanzenfressergebiss des Rinds

Rinder sind Pflanzenfresser • Rinder ernähren sich von schwer verdaulichen Gräsern, Kräutern und Klee. Sie umschlingen die Grasbüschel mit der rauen Zunge. Die Schneidezähne des Unterkiefers pressen das Gras gegen die Kauplatte im Oberkiefer. → 2 Dann werden die Grasbüschel durch Heben des Kopfs abgerissen. Die Nahrung wird unzerkaut hinuntergeschluckt. So nehmen Rinder in kurzer Zeit viel Nahrung auf.

Kauen, kauen, kauen • Das Gras gelangt über die Speiseröhre in einen Vorratsmagen, den Pansen. → 3 Im Pansen wird das Gras für mehrere Stunden eingeweicht und vorverdaut. Dort leben Bakterien. Sie unterstützen das Zersetzen der schwer verdaulichen pflanzlichen Nahrung. Portionsweise werden die vorverdauten Grasballen vom Pansen in den Netzmagen gedrückt. → 3 Von dort werden die Nahrungsportionen durch Aufstoßen wieder in das Maul zurückbefördert. Während des Ruhens werden sie im Maul zwischen den dicken, flachen Backenzähnen des Pflanzenfressergebisses zerrieben. → 2 Rinder kauen die hochgewürgten Nahrungsportionen mehrmals. Sie werden deshalb Wiederkäuer genannt.

Das Gras ist nun sehr fein zerkaut. Es wird in den Blättermagen befördert. Hier wird dem Nahrungsbrei überschüssiges Wasser entzogen. Die Nahrung gelangt dann in den Labmagen. Dort wird sie in ihre Bausteine zerlegt. Diese Bausteine gelangen schließlich über die Schleimhaut des Dünndarms ins Blut.

Die Teile der Nahrung, die nicht verdaut werden können, scheidet das Rind als Kot aus.

Milch entsteht • Die Nährstoffbausteine werden über das Blut im ganzen Körper verteilt. Im Euter einer Kuh befinden sich Milchdrüsen. Hier werden bestimmte Bausteine mit Wasser vermischt. So entsteht Milch. Kühe liefern erst Milch, nachdem sie ein Kalb zur Welt gebracht haben.

Nutzung des Rinds • Das Melken von Kühen erfolgt heute meist mit Maschinen. → 1 Rinderrassen, die wenig Milch geben, liefern als Schlachttiere Fleisch. Der Mensch nutzt das Rind vielfältig. Er verarbeitet nahezu jedes Körperteil des Rinds. → 4

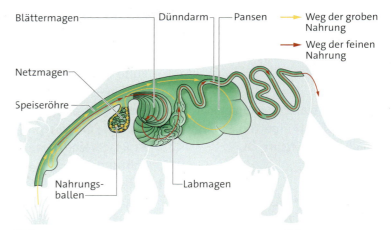

3 Der Weg der Nahrung im Körper des Rinds → 🔲

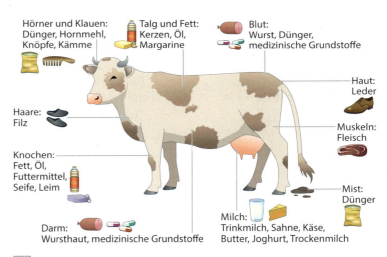

4 Nutzen des Rinds

Rinder sind Pflanzenfresser und Wiederkäuer. Sie werden in vielfältiger Form vom Menschen genutzt.

Kuh = weibliches Rind

Kalb = junges Rind

Aufgaben

1 ✉ Nenne die verschiedenen Mägen und ihre Aufgaben.

2 ✉ Erläutere die Aussage: „Das Rind ist ein Nutztier." → 4

Das Rind – ein Wiederkäuer

Material A

Enthält Milch Eiweiß und Fett?

Materialliste: 2 Reagenzgläser mit Stopfen, 4 Pipetten, Ei, Milch, Zitronensaft, Öl, Löschblatt

1. Zitronensaft lässt Eiweiß ausflocken. Führe folgende Versuche durch:

   a) Trenne das Eiklar vom Eigelb. Fülle etwas Eiklar in das erste Reagenzglas. Gib mit einer Pipette Zitronensaft dazu. Schüttle die Mischung.
   ▸ Beschreibe deine Beobachtungen.

   b) Fülle Milch in das zweite Reagenzglas. Gib Zitronensaft dazu und schüttle die Mischung wieder.
   ▸ Beschreibe und erkläre deine Beobachtungen.

2. Tropfe jeweils mit einer sauberen Pipette Öl, Wasser und Milch nebeneinander auf das Löschblatt. Umrande und beschrifte die Tropfen. Trockne das Löschblatt.
   ▸ Beschreibe und erkläre deine Beobachtungen.

Material B

Käse – in der Küche selbst hergestellt → 🖻

Materialliste: 2 l Milch, Becherglas (2 l), Zitronensaft, Heizrührgerät, flaches Sieb, sauberes Tuch, 2 Glasschalen, Gewichte, 50 g Salz, Kochtopf, Messer, 500 ml Wasser

1. ▸ Schüttet die Milch in das Becherglas und erwärmt sie auf dem Heizrührgerät auf 30 Grad Celsius. Gebt so viel Zitronensaft hinzu, dass die Milch flockig wird. → [1]

2. Legt das Sieb mit dem Tuch aus. Stellt es auf die Glasschale. Schüttet die Milch aus dem Becherglas in das Sieb. Lasst die Flüssigkeit einen Tag abtropfen. → [1]

3. Nehmt das Tuch aus dem Sieb und legt es flach aus. Stellt dann die zweite Glasschale mit Gewichten etwa 3 Stunden lang auf den Käse. → [1]

4. Kocht 50 Gramm Salz in einem halben Liter Wasser auf. Lasst die Salzlösung danach abkühlen.

5. Schneidet den gepressten Käse in große Würfel. Legt die Würfel für 30 Minuten in die Salzlösung. → [1]

6. Der Käse hält sich einige Tage in der Salzlösung. Spült die Würfel kurz mit Wasser ab, bevor ihr sie esst. Sie schmecken gut im Salat oder mit Tomatenscheiben.

[1] Herstellung von Käse

Material C

Die Rinderhaltung

1 ▶ Vergleiche die Lebensbedingungen für Rinder bei der Intensivhaltung und bei der Freilandhaltung. → 2 Lege eine Tabelle an.

2 Der Boxenlaufstall ist eine moderne Stallform für die Haltung von Rindern. → 3
a ▶ Nenne die Teile A–E in der Innenansicht eines Boxenlaufstalls. → 3
b ☒ Eine artgerechte Haltung lässt die natürlichen Verhaltensweisen eines Tiers zu. Beurteile, ob der Boxenlaufstall die natürlichen Verhaltensweisen von Rindern berücksichtigt.

Intensivhaltung Um kostengünstig viel Milch oder Fleisch produzieren zu können, werden oft mehrere Hundert Tiere auf engstem Raum gehalten. In einer solchen klassischen Intensivhaltung können sich die Rinder kaum bewegen. Sie sind ganzjährig im Stall, oft in engen Boxen. Die Ställe werden sauber gehalten, damit sich keine Krankheitserreger ausbreiten. Die Tiere werden mit Kraftfutter gefüttert, damit sie schnell wachsen.

Freilandhaltung Bei der Freilandhaltung werden weniger Rinder gehalten. Sie bewegen sich im Sommer weiträumig im Freien. Im Winter sind sie oft durchgängig in weiträumigen Boxenlaufställen. Die Rinder können sich hinlegen und Gras und Kräuter fressen. Bei dieser artgerechten Haltungsform dauert es länger, bis die Tiere schlachtreif sind, weil sie weniger mit Kraftfutter gefüttert werden. Das Fleisch ist deshalb teurer.

2

Moderne Boxenlaufställe sind hell. Die Rinder können zwischen Liegeboxen und Futtertrögen in Laufgängen herumlaufen. Heu und Gras holen sie sich vom Futtertisch, Kraftfutter erhalten sie am Futterautomaten. Für die Fellpflege gibt es drehende Bürsten.
An der Melkstation können die Landwirte die Gesundheit der Tiere überprüfen. Die gemolkene Milch wird in Kühltanks bis zur Abholung kühl gelagert.

3 Der Boxenlaufstall: Beschreibung und Innenansicht

Das Hausschwein – ein Allesfresser

1 Sau mit Ferkeln in Freilandhaltung

2 Bache mit Frischlingen im Wald

Wildschwein
Keiler = männliches Wildschwein
Bache = weibliches Wildschwein
Frischling = Jungtier

Hausschwein
Eber = männliches Hausschwein
Sau = weibliches Hausschwein
Ferkel = Jungtier

Unsere Hausschweine stammen von Wildschweinen ab. Was hat sich durch Züchtung beim Hausschwein verändert?

Ernährung und Gebiss • Wildschweine
5 leben in Waldgebieten. Abends gehen sie auf Nahrungssuche. Sie legen dafür lange Strecken zurück. Mit ihrer Schnauze durchwühlen das Laub und den lockeren Boden. →  Sie kön-
10 nen gut riechen und spüren so gezielt Wurzeln, Würmer, Mäuse oder Pilze im Boden auf. Sie fressen aber auch Eicheln, Kräuter und Gräser. Weil Wildschweine sowohl Pflanzen als auch
15 Tiere und Pilze fressen, nennt man sie Allesfresser. Ihr Gebiss ist an ihre Ernährung angepasst. → 3 Sie haben stark entwickelte Eckzähne, die man Hauer nennt. Beim männlichen Wild-
20 schwein, dem Keiler, sind die Hauer besonders groß. Sie werden zum Aufwühlen des Bodens und als Waffe eingesetzt. Die vorderen Backenzähne haben scharfe Kanten wie bei Fleisch-
25 fressern. Die hinteren Backenzähne sind breit wie bei Pflanzenfressern. Mit diesen Backenzähnen wird die Nahrung zerrieben.

Zusammenleben • Wildschweine
30 leben im Familienverband, der Rotte. In einer Rotte leben mehrere weibliche Wildschweine, die Bachen, mit ihren Jungtieren zusammen. Die Rotten haben Reviere, die mehrere Quadrat-
35 kilometer groß sind. Die Keiler sind Einzelgänger und suchen nur zur Paarungszeit im Winter die Rotten mit den Bachen auf. Im Frühjahr gebären die Bachen dann etwa drei bis zwölf
40 Jungtiere, die Frischlinge. → 2

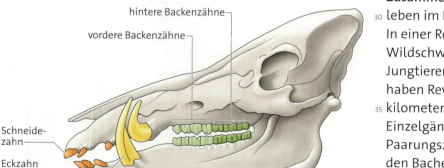

3 Das Allesfressergebiss eines Keilers

das **Wildschwein**
das **Hausschwein**
das **Allesfressergebiss**
die **Intensivhaltung**
die **Freilandhaltung**

Fell und Klauen • Wildschweine haben ein Fell mit harten Borsten und kurzen Haaren. Es schützt sie vor Kälte und Verletzungen. Mit ihrem braunen Fell sind die Wildschweine im Wald gut versteckt. Sie wälzen sich häufig im Schlamm. Wenn er trocknet, bildet er eine Kruste auf dem Fell, die vor Schädlingen wie Läusen schützt. Wildschweine haben Klauen. → 5 Im Schlamm spreizen die Wildschweine ihre Klauen auseinander. Das verhindert, dass sie im Schlamm einsinken.

Hausschwein • Das Hausschwein stammt vom Wildschwein ab. Man hat es gezüchtet, um die hohe Nachfrage nach Fleisch zu decken. Im Vergleich zum Wildschwein ist der Kopf des Hausschweins weniger länglich. → 1 2 Das Fell ist heller und weniger dicht. Ein weibliches Hausschwein, die Sau, kann zweimal im Jahr bis zu 20 Jungtiere gebären, die Ferkel genannt werden. Bei den männlichen Hausschweinen werden die Hauer entfernt. So werden Verletzungen vermieden, wenn Hausschweine eng im Stall stehen.

Haltung • Oft werden Hausschweine in großer Anzahl im Stall gehalten. In vielen Betrieben hat der Stall Bodenplatten mit Spalten, durch die der Kot und Urin der Tiere hindurchläuft. → 4 Die Hausschweine können sich dort kaum bewegen und werden ständig gefüttert, damit sie schnell zunehmen. Man sagt, sie werden gemästet. Dann werden sie geschlachtet. Diese Haltung macht es möglich, viel Fleisch günstig zu erzeugen und zu verkaufen. Man nennt das Intensivhaltung. Es gibt auch Betriebe, die Freilandhaltung betreiben. Hier haben die Schweine viel Auslauf. Sie können im Boden wühlen und sich wälzen. → 1 Bei dieser Haltung dauert es zwei Jahre, bis die Tiere geschlachtet werden können. Das macht das Fleisch teurer.

4 Hausschweine in Intensivhaltung

5 Schweine haben Klauen.

| Schweine sind Allesfresser. Das Hausschwein stammt vom Wildschwein ab.

Aufgabe

1 Bei artgerechter Tierhaltung können Tiere ihre natürlichen Verhaltensweisen zeigen.
a Vergleiche die Lebensbedingungen bei Intensivhaltung und bei Freilandhaltung von Schweinen.
b Begründe, bei welcher Haltung ein Schwein artgerecht gehalten wird.

Das Hausschwein – ein Allesfresser

Material A

Schweine im Vergleich

1 ☒ Arbeitet in Gruppen. Vergleicht Merkmale vom Wildschwein und Hausschwein: Kopfform, Gewicht, Fell, Hauer, Fortpflanzung, Lebensraum. → 1
Legt eine Tabelle an. → 2
Nutzt auch die vorige Doppelseite.

 Wildschwein
120 kg
7 Ferkel im Jahr

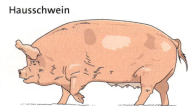 Hausschwein
250 kg
14 Ferkel im Jahr

1 Körperbau und Fortpflanzung von Wildschwein und Hausschwein

Merkmale	Wildschwein	Hausschwein
Kopfform	?	?

2

Material B

Das Wildschwein – ein Allesfresser

A

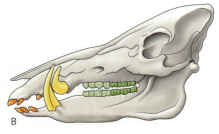
B

C

3 **A** Katze (Fleischfresser), **B** Wildschwein (Allesfresser), **C** Rind (Pflanzenfresser)

1 ☒ Beschreibe die Besonderheiten im Gebiss von Fleischfressern und Pflanzenfressern. → 3

2 Betrachte die Backenzähne des Wildschweins. → 3
a ☒ Beschreibe die Unterschiede der vorderen und hinteren Backenzähne.
b ☒ Erkläre den Nutzen der Backenzähne.

3 Betrachte die Eckzähne des Wildschweins.
a ☒ Beschreibe die Form und Größe.
b ☒ Erkläre den Nutzen der Eckzähne.

4 ☒ Begründe anhand des Gebisses und mit dem Diagramm, weshalb das Wildschwein zu den Allesfressern zählt. → 3 4

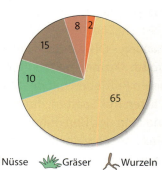

4 Nahrung des Wildschweins

Material C

Darmlängen

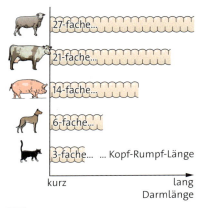

[5] Darmlängen im Vergleich

1. 🖼 Beschreibe, was im Diagramm dargestellt ist. → [5]

2. 🖼 Beschreibe, wie die Darmlänge an die Ernährung angepasst ist. → [6]

3. 🖼 Erkläre, wie die Darmlänge des Hausschweins an die Ernährung angepasst ist.

Darmlängen Der Darm von Schafen, Rindern und anderen Pflanzenfressern ist lang. Pflanzen sind schwer verdaulich. Es dauert sehr lange, bis die harten Fasern in ihre kleinsten Bestandteile zerlegt sind. Der Darm von Fleischfressern wie Katzen ist kurz. Fleisch wird im Körper schnell abgebaut.

6

Material D

Die Nachfrage nach Fleisch

[7] Schlachtmenge von Schweinefleisch in Deutschland

Früher waren das Schwäbisch-Hällische Landschwein und andere gezüchtete Landrassen weit verbreitet. Heute werden in Mastbetrieben hauptsächlich Rassen wie das Deutsche Edelschwein gehalten. Kunden und Kundinnen mögen Fleisch mit geringem Fettanteil.

1. 🖼 Beschreibe, wie sich die Schlachtmenge an Schweinefleisch in Deutschland verändert hat. → [7]

2. 🖼 Begründe, weshalb man heute eher das Deutsche Edelschwein hält als Landschweinrassen. → [8] – [10]

Bentheimer Landschwein
Gewicht: 180–250 kg, langsames Wachstum
Fleischqualität: hoher Fettanteil
Vermehrung: zwei Würfe pro Jahr mit je 10–12 Ferkeln

Deutsches Edelschwein
Gewicht: 250–300 kg, schnelles Wachstum
Fleischqualität: hoher Muskelanteil
Vermehrung: bis zu 14 Ferkel pro Jahr

Schwäbisch-Hällisches Landschwein
Gewicht: 275–350 kg, langsames Wachstum
Fleischqualität: hoher Fettanteil
Vermehrung: 9–10 Ferkel pro Jahr

Das Haushuhn – Haltungsformen

1 Kleingruppenhaltung   2 Bodenhaltung   3 Freilandhaltung

Hühner sind wichtige Nutztiere in Deutschland. Wie werden Eier in großen Mengen produziert?

Haltungsformen • In Deutschland isst jeder etwa 240 Eier pro Jahr. Das sind insgesamt über 19 Milliarden Eier pro Jahr. Dieser Bedarf kann nicht gedeckt werden, wenn Hühner frei auf Bauernhöfen herumlaufen. Daher gibt es verschiedene Haltungsformen. → 1 – 3

Kleingruppenhaltung • In Käfigen leben Kleingruppen von bis zu fünf Hühnern. → 1 Jedes Tier hat nur 800 Quadratzentimeter Fläche Platz. Das ist etwas mehr als diese Buchseite. Die Käfige sind neben- und übereinander gestapelt. Nur kleine Käfigbereiche haben einen festen Untergrund zum Scharren. Die Hühner sitzen auf Drahtgittern, durch die Kot und Futterreste fallen. Die Tiere haben keinen Auslauf. Aufgrund der Enge verletzen sie sich oft gegenseitig. Die Neugründung von Betrieben mit dieser Haltungsform ist in Deutschland seit 2010 nicht mehr erlaubt.

Bodenhaltung • Hier können sich die Hühner im Stall bewegen, scharren und picken. → 2 Futter und Wasser werden durch Automaten bereitgestellt. An den Stallseiten befinden sich Legenester. Auf einem Quadratmeter Boden dürfen maximal sieben Tiere gehalten werden. Allerdings darf es mehrere Ebenen übereinander geben.

Freilandhaltung • Die Hühner leben in einem Stall mit Sitzstangen, Streu und Nestern. Tagsüber haben sie Auslauf im Freien. → 3 Die Auslauffläche beträgt vier Quadratmeter pro Huhn. Es ist mehr Personal nötig, um die versteckten Nester und Eier im Freien zu finden. Von ökologischer Haltung spricht man, wenn noch mehr auf die Bedürfnisse der Hühner geachtet wird. Sie haben mehr Platz und bekommen Futter in besonders guter Qualität.

> Bei der Haltung von Hühnern unterscheidet man Kleingruppenhaltung, Bodenhaltung, Freilandhaltung und ökologische Haltung.

Aufgabe

1. Beschreibe, wie sich die Haltungsformen unterscheiden.

Lexikon
Videos
Tipps

raboro

die **Kleingruppenhaltung**
die **Bodenhaltung**
die **Freilandhaltung**
die **ökologische Haltung**

Material A

Artgerechte Haltung

Die Kleingruppenhaltung wird oft als Tierquälerei kritisiert. Nach dem Tierschutzgesetz müssten Tiere entsprechend ihren Bedürfnissen gehalten werden. Das nennt man artgerechte Haltung.

1 Lies den Text. → 4
a ⊠ Beschreibe das Zusammenleben, die Ernährung und den Lebensraum der Bankivahühner.
b ⊠ Vergleiche den verfügbaren Platz und die Ernährungsweise der Haushühner in Kleingruppenhaltung, Bodenhaltung und Freilandhaltung.
c ⊠ Stelle Vermutungen an, warum Hühner oft nicht artgerecht gehalten werden.
d ⊠ Sammle Argumente, die zum Verbot von Betrieben mit Kleingruppenhaltung führten.

Bankivahuhn Der Mensch hält seit 5000 Jahren Haushühner als Nutztiere. Leistungsfähige

Haushühner legen heute bis zu 300 Eier im Jahr. Alle heutigen Hühnerrassen stammen vom Bankivahuhn ab. Es lebt wild in den Wäldern Indiens und Südostasiens. Bankivahühner werden ein Kilogramm schwer und sind viel kleiner als die meisten Haushühner. Sie leben in Gruppen aus mehreren Hennen und einem Hahn. Sie ernähren sich von Knospen und Samen der Waldkräuter. Im Waldboden scharren sie nach Würmern und Larven. Sie baden im Sand, um ihr Gefieder zu pflegen. Zum Übernachten fliegen sie auf Bäume. Einmal im Jahr brütet die Henne vier bis sechs Eier aus.

4

Material B

Der Eiercode

1 Bei Hühnereiern kann man anhand eines Aufdrucks auf ihre Herkunft schließen.
a ⊠ Ordne den beiden Eiern in Bild 5 eine Form der Hühnerhaltung zu. Begründe deine Zuordnungen. → 5 6
b ⊠ Erkläre, welches der beiden Eier meist teurer verkauft wird.
c ⊠ Stelle Vermutungen darüber an, aus welchen Gründen die Betriebsnummer mit auf die Eier aufgedruckt wird.

5 Eier mit Code

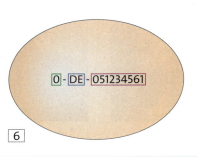

6

Haltungsart
0 ökologisch (Bio)
1 Freilandhaltung
2 Bodenhaltung
3 Käfighaltung

Herkunftsland
z.B.
DE Deutschland
NL Niederlande
PL Polen

Legebetriebsnummer

Das Pferd – aus der Steppe in den Reitstall

[1] Wildpferde in der Steppe

Der ursprüngliche Lebensraum der Pferde sind weitläufige Steppen. Bei uns leben sie meistens in Reitställen. Was kennzeichnet Pferde?

Fluchttiere in Herden • Wild lebende Pferde leben in Steppen. → [1] Das sind Landschaften, in denen nur Gras und Kräuter wachsen, aber keine Bäume.
Sie leben in Herden zusammen. Die Herde bietet ihnen Schutz. Die Tiere warnen sich bei Gefahr und flüchten. Pferde sind Fluchttiere.

Verständigung • Pferde verständigen sich mit ihrer Körpersprache und dem Gesichtsausdruck. → [2] – [4] Wenn die Ohren aufgestellt sind, ist ein Pferd aufmerksam. Wenn ein Pferd seine Ohren anlegt, ist das eine Drohung. Es kann dann auch zubeißen oder treten, wenn es bedrängt wird.

Vom Wildpferd zum Hauspferd • Aus dem Wildpferd hat der Mensch das Hauspferd gezüchtet. Es gibt mittlerweile sehr viele Pferderassen. Früher wurden Pferde in der Landwirtschaft

[2] Aufmerksames Pferd

[3] Drohendes Pferd

[4] Ängstliches Pferd

Menschen leben mit Tieren

Lexikon
Video
Tipps

der **Zehenspitzengänger**
der **Huf**
der **Hufbeschlag**

bei der Arbeit auf dem Acker eingesetzt, um Lasten zu tragen und Geräte zu ziehen. Heute werden sie vor allem in der Freizeit und für den Reitsport genutzt oder sie ziehen Kutschen. Sie werden in Reitställen gehalten und müssen regelmäßig auf die Weide gelassen werden, weil Pferde viel Bewegung benötigen.

Auf Zehenspitzen unterwegs • Pferde haben lange, schlanke Laufbeine. →5 Sie treten mit den Zehenspitzen auf. Daher bezeichnet man die Pferde als Zehenspitzengänger. Die Zehen sind von Hufen umgeben, die aus hartem Horn bestehen. Durch die Hufe werden Schritte und Sprünge abgefedert. Das schützt vor Schäden an den Gelenken. Das harte Horn der Hufe nutzt sich schnell ab, wenn die Pferde auf steinigen Wegen und Straßen laufen. Deshalb werden Hufeisen unter den Hufen befestigt. →6 Das nennt man Hufbeschlag.

Pflanzenfresser • Wenn man Pferde auf einer Weide sieht, dann grasen sie oft. →7 Pferde sind Pflanzenfresser. Ihr Gebiss ist an die Ernährung angepasst. →8 Sie rupfen das Gras mit den scharfen Schneidezähnen ab und zerreiben es zwischen den breiten Backenzähnen. Im Reitstall werden die Pferde mit Getreide und Heu gefüttert. Sie fressen auch Äpfel und Karotten.

> Pferde leben in Herden und sind Fluchttiere. Sie sind Zehenspitzengänger und Pflanzenfresser.

5 Hinterbein und Huf des Pferds

6 Huf mit Hufeisen →

7 Grasendes Pferd

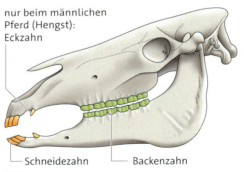

8 Schädel und Gebiss eines Pferds

Aufgaben

1 Beschreibe die natürlichen Verhaltensweisen von Pferden.

2 Erkläre, warum man Pferde als Zehenspitzengänger bezeichnet und wie die Zehen angepasst sind. →5

Das Pferd – aus der Steppe in den Reitstall

Material A

Pferdearbeit

Pferde waren früher Arbeitstiere. Sie zogen Lasten. Heute nutzen wir Pferde fast ausschließlich für unsere Freizeit. Pferde werden heute auch in der Therapie eingesetzt. Reiten kann Menschen helfen, die gelähmt sind oder sich schlecht bewegen können. Menschen mit seelischen Problemen können durch den Kontakt mit Pferden eigenes Selbstvertrauen aufbauen und Ängste überwinden.

1 ☒ Beschreibe, zu welchen Zwecken Pferde eingesetzt werden. Nutze dazu auch die Bilder. → 1 2

2 Beim Hufbeschlag nagelt ein Hufschmied heiße Hufeisen mit Hufnägeln an den Hufen fest. → 3
☒ Erkläre, weshalb der Hufbeschlag bei den Reitpferden notwendig und nicht schmerzhaft ist.

1

2

3

Material B

Das Pferdegebiss

1 ☒ Erkläre anhand des Gebisses, wovon sich Pferde ernähren. → 4

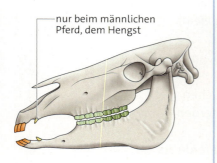

4 Pflanzenfressergebiss

Material C

Verschiedene Tierfüße

1 ☒ Entscheide und begründe, ob das Zebra und das Dromedar Paarhufer oder Unpaarhufer sind. → 5 6

2 ☒ Entscheide, welches der beiden Tiere an den harten Boden der Steppe und welches an sandigen Wüstenboden angepasst ist. Begründe deine Entscheidung.

5 Zebra

6 Dromedar

Erweitern und Vertiefen

Rinder und Pferde sind Huftiere

Paarhufer • Der Rinderfuß hat zwei Zehen mit jeweils drei Knochen. → 7 Das Rind ist ein Zehenspitzengänger, weil es nur mit den vordersten Zehenknochen auftritt. Beim Auftreten werden beide Zehen gespreizt. So sinkt das Rind auf lockerem Boden nicht ein. Die Zehenknochen haben Hornüberzüge, die Klauen. → 8 Horn ist totes und hartes Material, ähnlich unseren Fußnägeln. Weil die beiden Klauen zwei Hufen ähneln, nennt man Tiere mit solchen Zehen Paarhufer. „Paar" bedeutet, dass etwas zweifach vorhanden ist.

Unpaarhufer • Pferde haben lange Laufbeine mit kräftigen Oberschenkelknochen. → 9 Dadurch können Pferde schnell laufen. Auch sie berühren den Boden mit ihren Zehenspitzen und sind Zehenspitzengänger. Die übrigen Zehen haben sich im Lauf ihrer Entwicklung zurückgebildet. Nur die mittlere Zehe blieb bestehen. Da Pferde keine paarigen Zehen haben, bezeichnet man sie als Unpaarhufer. → 10 Das Endglied der Zehe ist von einer schützenden Hornschale umgeben, dem Huf.

Aufgabe

1 Vergleiche die Beinskelette und Füße von Rindern und Pferden.

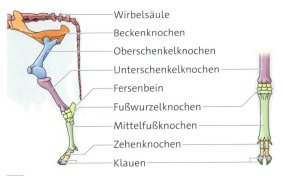

7 Hinterbein eines Rinds

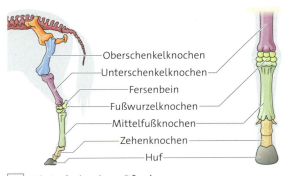

9 Hinterbein eines Pferds

8 Klauen eines Rinds (Paarhufer)

10 Huf eines Pferds (Unpaarhufer)

Menschen leben mit Tieren

Zusammenfassung

Die Kennzeichen des Lebens • Lebewesen zeigen alle fünf Kennzeichen des Lebens: Sie bewegen sich aktiv und reagieren auf Umweltreize. → 1 Sie nehmen Stoffe auf und verarbeiten sie. Lebewesen wachsen und pflanzen sich fort. Unbelebte Gegenstände wie der Roboterhund zeigen nie alle fünf Kennzeichen gemeinsam.

1 Zwei Lebewesen?

Vom Wildtier zum Haustier • Schon vor langer Zeit hielten Menschen Wildtiere in ihrer Nähe. Die Menschen gewöhnten die Wildtiere dabei an sich. Diesen Vorgang nennt man Zähmung. Bald nutzten Menschen das Fleisch, die Milch, die Wolle und die Eier der Tiere. Hunde wurden wegen ihrer Wachsamkeit gehalten. Menschen vermehrten gezielt nur die Tiere, die vorteilhafte Merkmale hatten. Dieses Vorgehen nennt man Züchtung. Durch Züchtung haben sich die heutigen Haustiere entwickelt. → 2

Heimtiere • Der Mensch lebt oft eng mit Tieren zusammen. Unsere häufigsten Heimtiere sind Hunde, Katzen, Kaninchen, Meerschweinchen, Fische und Vögel. → 3 Sie stammen alle von Wildtieren ab und wurden gezüchtet. Einige Menschen halten exotische Tiere wie Schlangen oder Echsen. Sie sind Wildtiere, die wie Heimtiere gehalten werden. Wer Heimtiere hält, trägt eine hohe Verantwortung für die Tiere.

Nutztiere • Haustiere, die der Mensch zu seinem wirtschaftlichen Nutzen hält, nennt man Nutztiere. Sie liefern uns vor allem Nahrung wie Fleisch, Milch und Eier, aber auch Grundstoffe für Kleidung oder ihre Arbeitskraft. Unsere häufigsten Nutztiere sind Rinder, Schweine und Hühner. Es gibt unterschiedliche Formen der Tierhaltung. Eine artgerechte Tierhaltung orientiert sich an den natürlichen Lebensweisen der Tiere. → 4 Um den hohen Bedarf zum Beispiel an Fleisch zu decken, werden viele Nutztiere wie zum Beispiel Schweine in großer Anzahl in Ställen gehalten. Man nennt dies Intensivtierhaltung.

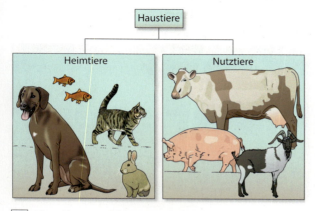

2 Haustiere: Heimtiere und Nutztiere

3 Heimtier

4 Nutztier

Teste dich! (Lösungen auf Seite 374)

Die Kennzeichen des Lebens

1. Vergleiche den Wolf und den Roboterhund mithilfe der Kennzeichen des Lebens. → 1

Heimtiere und Nutztiere

2. Nenne drei Haustiere. Beschreibe jeweils, weshalb der Mensch diese Tiere hält.

3. Erkläre, wie der Mensch aus dem Wildtier Wolf so viele Hunderassen züchten konnte.

4. Beschreibe, wie Katzen nachts jagen. Gehe dabei auch auf die Pfoten und die Augen ein.

5. Rinder sind wichtige Nutztiere.
a. Nenne die Ziele, die der Mensch bei der Züchtung von Rindern verfolgt.
b. Begründe, weshalb Milchkühe regelmäßig Nachwuchs bekommen müssen.

6. Wildschwein – Hausschwein
a. Beschreibe die natürliche Lebensweise von Wildschweinen.
b. Beschreibe, wie Hausschweine artgerecht gehalten werden.

7. Wann ist die Haltung von Haushühnern artgerecht? Nenne die Bedingungen.

8. Pferde – genauer beobachtet
a. Beschreibe, woran man erkennt, dass ein Pferd Angst hat.
b. Begründe, warum Pferde Hufeisen tragen.

9. Auf weichem Untergrund haben Lebewesen Fußspuren hinterlassen. → 5 Auf welchen Teilen des Fußes sind sie gelaufen? Ordne zu: Zehengänger, Zehenspitzengänger, Sohlengänger, Paarhufer, Unpaarhufer.

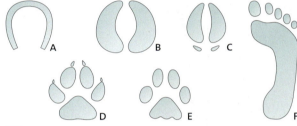

5 Verschiedene Fußspuren

10. Gebisse lassen Rückschlüsse auf die Ernährung von Tieren zu.
a. Ordne die Schädel der Katze, dem Hausschwein und dem Pferd zu. → 6 Gib dabei an, ob die Tiere Allesfresser, Pflanzenfresser oder Fleischfresser sind.
b. Begründe deine Zuordnungen.
c. Beschreibe die Funktionen folgender Zähne: Backenzähne beim Pferd, Reißzähne und Fangzähne bei der Katze.

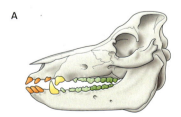  

6 Schädel und Gebisse von Katze, Hausschwein und Pferd

Die Vielfalt der Wirbeltiere

Vögel haben Federn und fliegen durch die Luft. Katzen haben ein Fell und leben an Land. Sind Katzen und Vögel trotzdem verwandt miteinander?

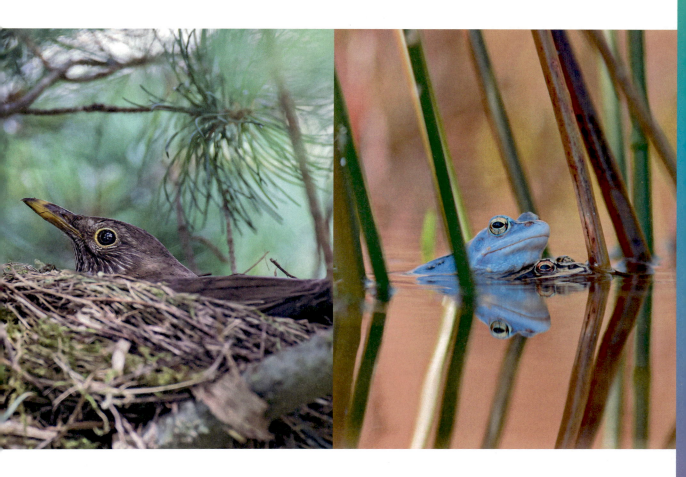

Die Drossel bebrütet ihre Eier. Wie entwickeln sich die Vogelküken im Ei? Was passiert, nachdem die Küken geschlüpft sind?

Moorfrösche sieht man selten. Wieso trägt das Weibchen das Männchen huckepack? Frösche gehören zu den Amphibien. Was zeichnet diese Tiergruppe aus?

Die Merkmale der Wirbeltiere

1 Verschiedene Wirbeltiere

Die abgebildeten Tiere sehen sehr verschieden aus, sind aber trotzdem miteinander verwandt. Woran kann man das erkennen?

Wirbelsäule • Alle diese Tiere haben eine Gemeinsamkeit: ein innen liegendes Skelett mit einer Wirbelsäule. Auch der Mensch besitzt eine Wirbelsäule. → 2 Sie besteht aus vielen Wirbelknochen, die durch Gelenke miteinander verbunden sind. So verleiht sie dem Körper eine große Stabilität und eine hohe Beweglichkeit. Nach diesem gemeinsamen Merkmal ist die Gruppe der Wirbeltiere benannt. Sie besteht aus den Säugetieren, Vögeln, Reptilien, Amphibien und Fischen.

Stammbaum der Wirbeltiere • Die Entwicklung der Wirbeltiere kann man anhand von Versteinerungen nachvollziehen. Sie zeigen, dass alle Wirbeltiere von einem gemeinsamen Vorfahren abstammen. → 3

Skelett und Fortbewegung • Der Knochenbau der Gliedmaßen bestimmt die Fortbewegung eines Tiers. Flossen ermöglichen den Fischen das Schwimmen, während viele Amphibien und Reptilien durch die seitlich vom Körper abstehenden Gliedmaßen langsam kriechen können. Beine, die unterhalb des Körpers ansetzen, ermöglichen den Säugetieren dagegen ein schnelles

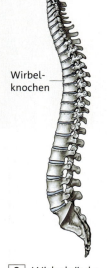

2 Wirbelsäule des Menschen

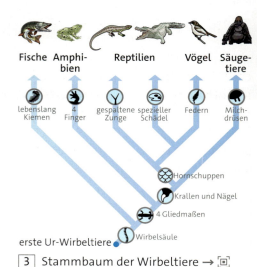

3 Stammbaum der Wirbeltiere →

Die Vielfalt der Wirbeltiere

jesivo

Lexikon
Video
Tipps

das **Wirbeltier**
die **Wirbelsäule**
die **Wirbelknochen**
die **Metamorphose**

Laufen. Vögel bewegen sich mithilfe ihrer Flügel vor allem fliegend fort. Der Körper aller Wirbeltiere ist in Kopf, Körper und zwei Paar Gliedmaßen oder Flossen gegliedert. → 4

Fortpflanzung und Entwicklung • Aus den befruchteten Eizellen von Fischen und Amphibien entwickeln sich im Wasser zunächst Larven, die sich von den erwachsenen Tieren unterscheiden. Aus den Larven entwickeln sich durch Metamorphose die Jungtiere. Metamorphose bedeutet Umwandlung. Das Larvenstadium fehlt bei der Entwicklung der auf dem Land lebenden Wirbeltiere. Die Eier von Reptilien haben eine dünne, pergamentartige Schale, die sie vor dem Austrocknen schützt. Die feste Kalkschale der Vogeleier bietet zusätzlich einen Schutz vor Beschädigungen. Die Nachkommen der Säugetiere entwickeln sich geschützt im Körper des Muttertiers.

Haut und Atmung • Fische atmen mithilfe von Kiemen, ihre Haut ist von Schuppen bedeckt. Amphibien atmen als Larven mithilfe von Kiemen, als erwachsene Tiere über Lungen und ihre feuchte Haut. Reptilien, Vögel und Säugetiere atmen mithilfe von Lungen. Die Haut von Reptilien ist mit Schuppen bedeckt. Vögel haben Federn, Säugetiere haben meist ein Fell.

> Wirbeltiere haben ein Innenskelett mit Wirbelsäule. Sie sind miteinander verwandt. Wirbeltiere werden in fünf Gruppen eingeteilt.

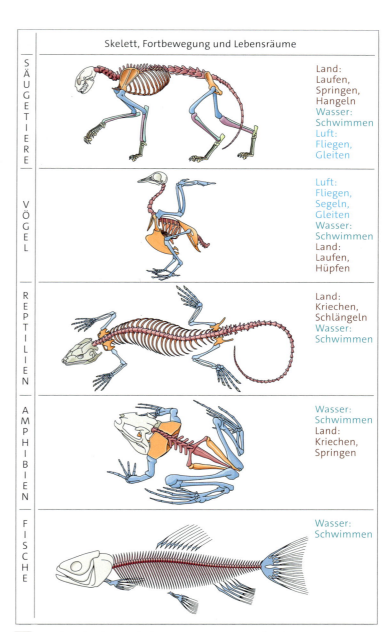

4 Merkmale der Wirbeltiergruppen im Vergleich

Aufgabe

1 ▶ Beschreibe die Merkmale der fünf Wirbeltiergruppen.

Die Merkmale der Wirbeltiere

Material A

Die Wirbeltiere

1. ✏ Vervollständige den Bestimmungsschlüssel. → 1 Schreibe dazu die Zahlen 1–5 zusammen mit den Namen der Wirbeltiergruppen in dein Heft.

2. ✏ Gib für jede Wirbeltiergruppe zwei Tiere als Beispiel an. Du kannst die Tiere in diesem Buch finden oder im Internet nach Beispielen suchen.

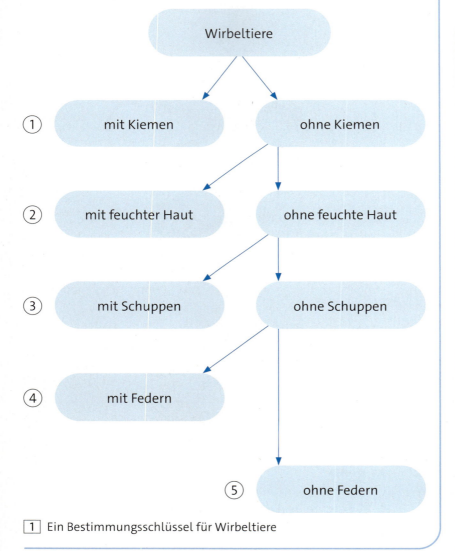

1 Ein Bestimmungsschlüssel für Wirbeltiere

Material B

Das Schnabeltier

1. ✏ Beschreibe die Merkmale des Schnabeltiers. → 2

2. ✏ Entscheide, zu welcher Wirbeltiergruppe das Schnabeltier gehört. Begründe deine Entscheidung.

Das Schnabeltier lebt in Australien im Wasser und an Land. Es atmet mit Lungen und wird bis zu 40 Zentimeter lang. Es besitzt einen Hornschnabel. Zur Fortpflanzung legt das Weibchen in einer Höhle große Eier. Die geschlüpften Jungtiere ernähren sich von Milch. Die Milchdrüsen enden beim Weibchen in einem Drüsenfeld im Brustbereich. Die Jungtiere lecken die austretende Milch auf. Das Schnabeltier besitzt wasserabweisende Haare.

2 Das Schnabeltier

Tipps

Material C

Knochenbau vergleichen

1 ▶ Beschreibe den Knochenbau beim Armskelett von Vogel und Mensch. → 3

2 ✗ Nenne Ähnlichkeiten und Unterschiede zwischen den beiden Armskeletten. Erstelle eine Tabelle.

3 ✗ Begründe, warum die Armskelette von Vogel und Mensch ähnlich gebaut sind.

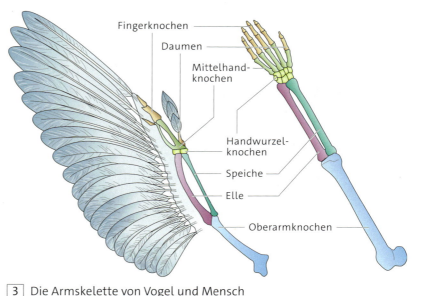

3 Die Armskelette von Vogel und Mensch

Material D

Die Körpertemperatur

In einem Versuch wurde an einem Sommertag die Lufttemperatur zu bestimmten Uhrzeiten gemessen. → 4 Gleichzeitig wurde die Körpertemperatur von zwei verschiedenen Wirbeltieren gemessen.

1 ✗ Erstelle aus den Messwerten ein Diagramm (waagerecht: Uhrzeit, senkrecht: Temperatur in °C).

2 ✗ Ordne den Tieren die Begriffe wechselwarm oder gleichwarm zu. → 5 Begründe deine Zuordnung.

3 ✗ Notiere Vermutungen über die Fortbewegungsfähigkeit von gleichwarmen und wechselwarmen Wirbeltieren zu verschiedenen Tages- und Jahreszeiten.

5 Ein gleichwarmes und ein wechselwarmes Wirbeltier

Uhrzeit	Temperatur		
Sommertag	Luft	Tier 1	Tier 2
8 Uhr	16,0 °C	38,8 °C	16,0 °C
10 Uhr	22,0 °C	38,8 °C	21,5 °C
14 Uhr	35,0 °C	38,8 °C	34,7 °C
18 Uhr	26,0 °C	38,8 °C	26,0 °C
20 Uhr	20,0 °C	38,8 °C	20,0 °C

4

Die Merkmale der Fische

1 Bachforellen leben in fließenden Gewässern.

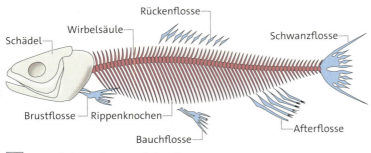

2 Das Skelett einer Bachforelle

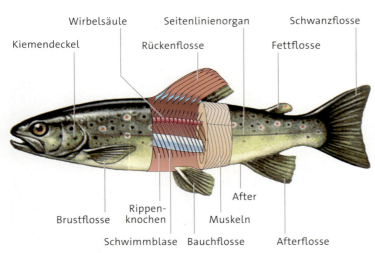

3 Der Körperbau einer Bachforelle

Die Bachforelle lebt in Bächen mit schnell fließendem Wasser. Trotz der starken Strömung muss sie sich kaum bewegen, um an ihrem Platz zu bleiben.
5 Wie funktioniert das?

Körperbau • Fische haben ein Innenskelett mit Wirbelsäule und Rippen. → 2 3 Sie haben Flossen als Gliedmaßen. Mit der muskulösen Schwanz-
10 flosse bewegt sich ein Fisch vorwärts, Brust- und Bauchflossen dienen der Steuerung. Rückenflosse und Afterflosse halten die Bachforelle senkrecht im Wasser.
15 Der Körper ist vorn und hinten zugespitzt und seitlich abgeplattet. Diese Körperform nennt man Stromlinienform. Sie bewirkt, dass das Wasser sehr leicht am Körper der Fische vorbei-
20 strömen kann. Dadurch kann die Bachforelle sehr schnell schwimmen. Und sie muss sich im strömenden Wasser kaum bewegen, um am gleichen Platz zu bleiben. → Die gasgefüllte
25 Schwimmblase ermöglicht es dem Fisch, ohne Anstrengung im Wasser zu schweben und nicht abzusinken.

Atmung • Hinter dem Kopf der Bachforelle liegen die Kiemendeckel. Sie
30 bedecken die Atmungsorgane, die Kiemen. Zum Atmen nimmt der Fisch Wasser in sein Maul auf und leitet es an den Kiemen entlang wieder nach außen. Dabei wird der lebenswichtige
35 Sauerstoff aus dem Wasser durch die Kiemen ins Blut aufgenommen. Zugleich wird Kohlenstoffdioxid aus dem Blut an das Wasser abgegeben.

54   Die Vielfalt der Wirbeltiere

xotovi

Lexikon
Videos
Tipps

der **Fisch**
die **Flosse**
die **Kiemen**
der **Laich**
die **Larve**
   wechselwarm

Körperbedeckung • Die Haut der Fische ist mit knöchernen Schuppen bedeckt, die sich wie Dachziegel überlappen. → 4 Eine dünne Oberhaut bedeckt die Schuppen. Drüsenzellen bilden Schleim. Die Schleimschicht über der Haut lässt das Wasser leichter an den Fischen vorbeiströmen.

Fortpflanzung und Entwicklung • Das Weibchen legt im Wasser Eizellen ab, sie bilden den Laich. Danach gibt das Männchen Spermienzellen in das Wasser ab. Im Wasser verschmelzen Eizellen mit Spermienzellen. Dieser Vorgang heißt Befruchtung. Man spricht von äußerer Befruchtung, weil sie nicht im Körper stattfindet. In der befruchteten Eizelle entwickelt sich ein sogenannter Embryo. Er ernährt sich vom Dotter der Eizelle. Nach etwa drei Monaten schlüpft eine Larve aus der Eihülle. Sie trägt am Bauch in einem Sack die Reste des Dotters. → 5 Aus den Larven entwickeln sich Jungfische.

Sinnesorgane • Die Bachforelle sieht mit ihren Augen unter Wasser gut. Zusätzlich besitzt sie, wie alle Fische, ein Seitenlinienorgan. → 3 Damit erkennt sie feine Wasserströmungen, die von Hindernissen, Beutetieren oder Feinden ausgelöst werden. So kann sich die Bachforelle auch bei schlechter Sicht und Dunkelheit orientieren.

Körpertemperatur • Die Körpertemperatur von Fischen steigt und sinkt mit der Wassertemperatur. Fische sind wechselwarm.

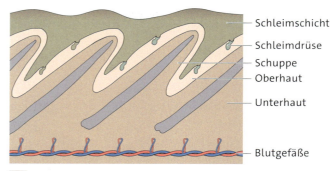

4 Querschnitt durch die Haut eines Fischs

5 Eine Bachforellenlarve mit Dottersack

Fische bewegen sich mithilfe ihrer Flossen vorwärts und sind oft stromlinienförmig gebaut.
Fische atmen durch Kiemen. Ihre Haut besitzt Schuppen. Fische legen Eier, aus denen Larven schlüpfen. Daraus entwickeln sich Jungfische durch Metamorphose.
Fische sind wechselwarm.

Aufgaben

1 ◪ Nenne die Merkmale der Fische.

2 ◪ Die Bachforelle bleibt fast bewegungslos in der Strömung „stehen". Erkläre, wie das möglich ist.

3 ◪ Beschreibe die Entwicklung der Bachforelle. →

Die Merkmale der Fische

Material A

Der Körperbau der Fische

1. ▶ Ordne den Zahlen 1–10 diese Fachwörter zu: Kopf, Rückenflosse, Schwanzflosse, Afterflosse, Wirbelsäule, Kiemen mit Kiemenblättchen, Brustflosse, Schwimmblase, Maul, Bauchflosse.

2. ▶ Beschreibe die verschiedenen Aufgaben der Flossen und der Schwimmblase bei der Fortbewegung im Wasser.

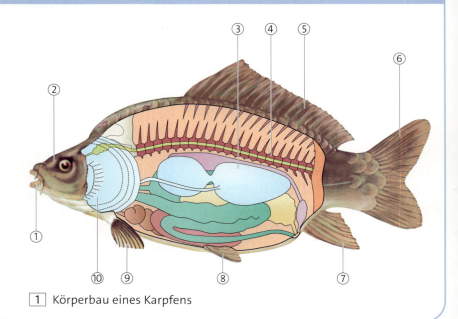

1 Körperbau eines Karpfens

Material B

Die Entwicklung der Bachforelle →

1. ▶ Ordne den Entwicklungsstadien in den Bildern 2–5 die folgenden Begriffe zu:
   - Jungfisch
   - Larve (jung)
   - befruchtete Eizelle
   - Larve (alt)

2. ▶ Erkläre, weshalb sich der Dottersack während der Entwicklung der Larve zurückbildet.

3. ▶ Welches der vier Bilder zeigt das Entwicklungsstadium des Embryos? Begründe deine Antwort.
   Tipp: Lies die Vorseite.

Die Vielfalt der Wirbeltiere

Video Tipps

Material C

Die Präparation eines Fischs

Materialliste: eine noch nicht ausgenommene Forelle, Präparierschale, Schere, Pinzette, Sonde, Papiertücher, Lupe, weißes Papier, Bleistift → 6

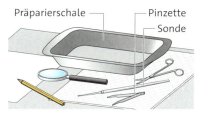

6 Material zum Präparieren

1 Betrachte zunächst den Fisch von außen.
   ▶ Zeichne den Umriss des Fischs.

2 Suche Maul, Augen, Schwanzflosse, Rückenflosse, Afterflosse, Brustflossen, Bauchflossen, After, Seitenlinienorgan und Fettflosse.
   ▶ Zeichne diese Körperteile in den Fischumriss ein und beschrifte die Zeichnung.

3 Schneide mit der Schere ein Stück einer Flosse und ein Stück der Fettflosse ab. Betrachte beide Stücke.
   ▶ Beschreibe, wodurch sich die Flossen unterscheiden.

4 Zupfe mit der Pinzette eine Schuppe aus der Haut. Betrachte sie mit der Lupe.
   ▶ Zeichne sie in dein Heft.

5 Hebe mit der Pinzette den Kiemendeckel an.
   ▶ Notiere, was du darunter erkennst.

6 Schneide mit der Schere den Kiemendeckel ab.
   ▶ Verfolge mit der Sonde den Weg des Wassers und beschreibe ihn.

7 Trenne mit der Schere ein Kiemenblättchen ab.
   ▶ Betrachte es mit der Lupe und zeichne es.

8 (A) Schneide mit der Schere vom After bis zu den Kiemen. → 7 (B) Schneide dann weiter in Richtung Rücken. (C) Setze neu am After an und schneide bis zur Wirbelsäule. (D) Klappe die Haut auf. Hebe sie über der Seitenlinie ab.
   Tipp: Führe die Schere sehr flach, damit du die inneren Organe nicht verletzt. Klappe die abgetrennten Teile hoch. So siehst du, wie du weiterschneiden musst.
   a ▶ Vergleiche die Lage der inneren Organe mit Bild 7.
   b ▶ Fertige eine weitere Umrisszeichnung der Forelle an. Zeichne die inneren Organe ein und beschrifte sie.

9 Nach der Untersuchung:
   • Arbeitsplatz aufräumen
   • Präparierbesteck reinigen
   • Tische reinigen
   • Hände waschen

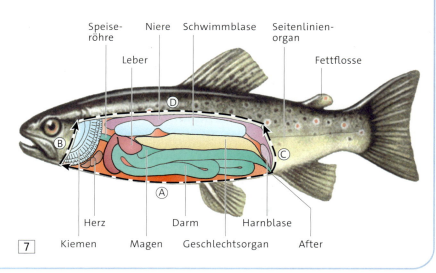

7

Die Merkmale der Amphibien

1 Ein Teichfrosch an Land

2 Ein Teichfrosch im Wasser

Am Rand von Gewässern kann man Frösche beobachten. Sie schwimmen, tauchen und bewegen sich auch am Ufer fort. Wie schaffen es Frösche, sowohl im Wasser als auch an Land zu leben?

Amphibien • Frösche können sowohl an Land als auch im Wasser leben. Sie gehören zu den Lurchen. Lurche heißen auch Amphibien.
Frösche, Unken und Kröten haben keinen Schwanz. Sie heißen Froschlurche. Daneben gibt es auch Amphibien mit Schwanz: die Molche und Salamander. Sie heißen Schwanzlurche.

Fortbewegung • Froschlurche bewegen sich an Land oft mit weiten Sprüngen fort. Sie haben lange und kräftige Hinterbeine. Im Wasser schwimmen sie, indem sie die Hinterbeine kräftig nach hinten stoßen. →▣ Schwanzlurche kriechen an Land schlängelnd vorwärts. Im Wasser dient ihr Schwanz als Ruder.

Ernährung • Der Teichfrosch ernährt sich von Insekten, Spinnen und anderen kleinen Tieren. Manchmal fängt er seine Beute im Sprung mit offenem Maul. →2 Oft schleudert er seine klebrige Zunge heraus. →▣ Mit der Zunge zieht er die Beute ins Maul und schluckt sie unzerkaut herunter.

Skelett • Das Skelett des Teichfroschs besteht aus dem Schädel, der Wirbelsäule und dem Gliedmaßenskelett. →3 Beckengürtel und Schultergürtel verbinden die Gliedmaßen mit der Wirbelsäule. Der erwachsene Frosch besitzt keine Schwanzwirbelsäule und hat einen kräftigeren Knochenbau als Fische. Das stabile Innenskelett trägt den Körper des Froschs an Land.

Lexikon
Videos
Tipps

qosute

der **Froschlurch**
der **Schwanzlurch**
die **Amphibie**
die **Hautatmung**

Haut und Atmung • Frösche atmen durch die Lunge und über die Haut. So können sie Sauerstoff sowohl an der Luft als auch unter Wasser aufnehmen. Sie sind auf beide Atemwege angewiesen. Die Schleimdrüsen halten die Haut mit einer Schleimschicht feucht und ermöglichen so die Hautatmung auch an der Luft. Unter der Haut befindet sich ein dichtes Netz aus Blutgefäßen. → 4 Die Haut ist deshalb sehr gut durchblutet. Der Sauerstoff dringt durch die dünne Haut und wird vom Blut weitertransportiert. Frösche leben in feuchter Umgebung, sodass ihre Haut nicht austrocknet. Bei Austrocknung kann die Haut keinen Sauerstoff mehr aufnehmen. Dann erstickt der Frosch. Im Winter können Frösche ausschließlich mit Hautatmung am Grund von Gewässern überleben. Die Haut besitzt außerdem Giftdrüsen. Diese schützen vor Fressfeinden und vor Bakterien.

Amphibien sind wechselwarm • Frösche können keine eigene Körperwärme erzeugen. Ihr Körper hat deshalb die gleiche Temperatur wie die Umgebung. Frösche sind wechselwarm wie alle Amphibien. Bei sinkenden Umgebungstemperaturen in Herbst und Winter bewegen sich Frösche langsamer. Sie suchen im Bodenschlamm von Gewässern einen Überwinterungsplatz. Dort fallen sie in Kältestarre und verbringen die kalte Jahreszeit geschützt vor Fressfeinden. Da sie sich in der Kältestarre kaum bewegen, brauchen sie nur wenig Sauerstoff.

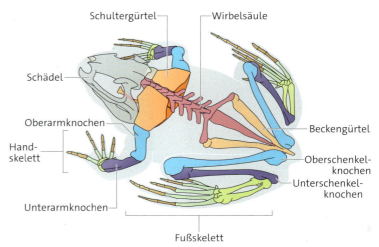

3 Das Skelett eines Frosches

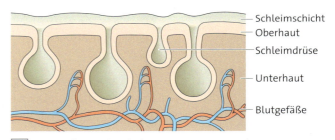

4 Querschnitt durch die Haut eines Frosches

> Frösche gehören zu den Amphibien. Diese haben ein kräftigeres Skelett als Fische. Amphibien sind wechselwarm und atmen über Haut und Lunge.

Aufgaben

1 ◻ Erkläre, welche Merkmale dem Frosch ein Leben an Land ermöglichen.

2 ◻ Begründe, weshalb ein Frosch in Wüsten nicht leben kann.

Die Merkmale der Amphibien

Material A

1 Der Feuersalamander

2 Der Laubfrosch

3 Die Gelbbauchunke

4 Der Bergmolch

5 Der Moorfrosch

6 Die Erdkröte

Heimische Amphibien

1 In Deutschland leben 21 Arten von Amphibien. Man unterscheidet Froschlurche und Schwanzlurche.
 a 🔲 Ordne die Kurzbeschreibungen A–F den Vertretern 1–6 zu. → 7
 b 🔲 Ordne die Amphibien 1–6. Erstelle ein Ordnungssystem in deinem Heft. → 8

2 Der Bergmolch lebt überwiegend im Wasser, der Laubfrosch überwiegend an Land. Er klettert oft an Stängeln von Pflanzen hoch. 🔲 Erkläre anhand der Bilder, wie der Bergmolch und der Laubfrosch an ihren Lebensraum angepasst sind.

A Farbe schwarz mit gelben Flecken oder Streifen, Schwanz rund und ohne Flossensaum
B Farbe blau-grau, Unterseite orange, Schwanz abgeplattet mit Flossensaum
C Farbe blau-grau, Bauchunterseite ohne Flecken, Haut glatt
D Farbe braun, Bauchunterseite ohne Flecken, Haut mit Warzen
E Farbe grün, Bauchunterseite ohne Flecken, Haut glatt, Finger mit Saugnäpfen
F Farbe grau-braun, Bauchunterseite schwarz-gelb gefleckt, Haut mit Warzen

7

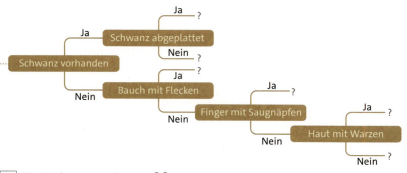

8 Ein Ordnungssystem →

Material B

Atmung bei Amphibien

Die Diagramme zeigen den Anteil an der Sauerstoffaufnahme über die Haut im Vergleich zur Lunge bei dem Kammmolch und der Erdkröte.

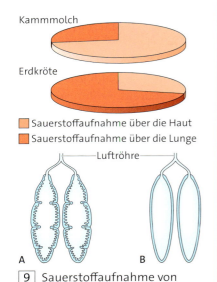

9 Sauerstoffaufnahme von Kammmolch und Erdkröte → 🔳

1. ▶ Beschreibe die beiden Kreisdiagramme. → 9

2. ✖ Ordne die in A und B dargestellten Lungen dem Kammmolch oder der Erdkröte zu. Begründe deine Zuordnungen.

3. ✖ Leite aus Bild 9 ab, welche Lebensräume Kammmolch und Erdkröte vorwiegend aufsuchen.

Material C

Fisch und Frosch

Frösche können an Land springen. Sie sind aber auch gute Schwimmer. In Bild 10 sind der Körperbau und die Merkmale von Fischen und Fröschen schematisch dargestellt.

1 Betrachte die Skelette von Fisch und Frosch.
  ✖ Vergleiche die Gliedmaßen von Fisch und Frosch.

2 Der Frosch ist ein guter Schwimmer.
  a ▶ Beschreibe die Fortbewegung von Fisch und Frosch im Wasser. → 🔳
  b ✖ Erkläre, wie Fisch und Frosch an eine Fortbewegung im Wasser angepasst sind.

3 Das Wort Amphibien stammt aus dem Griechischen: *amphi* – beides und *bios* – Leben.
  ✖ Begründe aufgrund der Merkmale des Froschs seine Zugehörigkeit zu den Amphibien. → 10

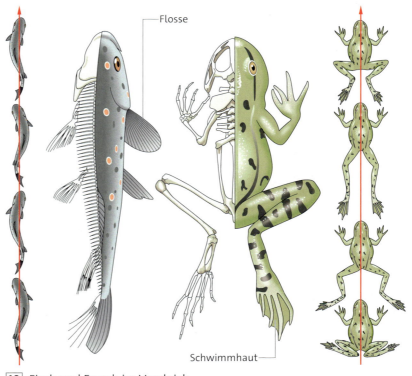

10 Fisch und Frosch im Vergleich

Die Entwicklung der Amphibien

1 Quakender Teichfrosch

Im Frühjahr hört man oft das laute Quaken der männlichen Frösche. Wozu dient das Quakkonzert?

Paarung • Zur Paarungszeit locken die Männchen der Frösche mit ihrem Quaken die Weibchen an. Sie haben Schallblasen, die das Quaken verstärken. → 1 Sobald Männchen und Weibchen zueinanderfinden, klammert sich das Männchen mit seinen Vorderbeinen auf dem Rücken des Weibchens fest. Sie trägt ihn zum Wasser, wo sie sich später paaren.

Am Laichgewässer • Während der Paarung gibt das Weibchen Tausende von schwarzen Eizellen ins Wasser ab. Diese sind mit einer dickflüssigen Hülle aus Nährstoffen umgeben. → 2A Dieser Laich wird vom Weibchen als große Ballen im Wasser abgelegt. Gleichzeitig stößt das Männchen seine Spermienzellen aus. Die Befruchtung erfolgt außerhalb des Körpers im Wasser. Man nennt das äußere Befruchtung. Die Spermienzellen schwimmen durch das Wasser, dringen in die Eizellen ein und befruchten diese. Wenn die befruchteten Eier von der Sonne erwärmt werden, wird die Entwicklung der Embryos angeregt. → 2B → ▣ Die Fortpflanzung der Amphibien kann nur in Gewässern stattfinden. Sie ist an das Leben im Wasser angepasst.

Vom Laich zur Kaulquappe • Aus den Eiern schlüpfen nach zwei bis vier Wochen Larven: die Kaulquappen. Sie bewegen sich mit ihrem Ruderschwanz fort. → 2C Zu Beginn atmen sie mithilfe von äußeren Kiemen. Dieses erste Larvenstadium endet nach ungefähr 10 Tagen. Danach werden die Kiemen

A

B

C

Gallerthülle

Embryo

äußere Kiemen

2 Froschentwicklung: **A** befruchtete Eier, **B** Embryo im Ei (etwa 8. Tag), **C** geschlüpfte Kaulquappe (etwa 10. Tag),

Die Vielfalt der Wirbeltiere

Lexikon
Videos
Tipps

der **Laich**
die **äußere Befruchtung**
die **Kaulquappe**
die **Larvenstadien**

von einer Hautfalte überwachsen und sind von außen nicht mehr zu sehen. Dieses zweite Larvenstadium dauert etwa 40 Tage. → 2D Danach beginnen die Hinterbeine zu wachsen. Die Vorderbeine kommen erst später zum Vorschein. → 2E
Mit ihrem Mund raspeln die Kaulquappen Algen ab. Sie fressen noch keine tierische Nahrung. Die Kaulquappen schwimmen nun auch oft zur Wasseroberfläche, um Luft zu holen. Ihre Lunge beginnt zu wachsen und ihre Funktion aufzunehmen. Das dritte Larvenstadium endet nach weiteren 20 Tagen.

Von der Kaulquappe zum Frosch • Bei der Umwandlung von der Kaulquappe zum Frosch bildet sich nach mehreren Wochen der Ruderschwanz fast vollständig zurück. Man spricht dann von einem Jungfrosch. → 2F Er atmet nun nicht mehr mit Kiemen, sondern durch die Lunge und die Haut. Dadurch kann der Jungfrosch an Land gehen. Dort bewegt er sich mit seinen inzwischen großen Sprungbeinen und den Vorderbeinen fort. Diese Verwandlung der Tiere wird Metamorphose genannt. Es ist jetzt Juni oder Juli. Die gesamte Entwicklung vom Ei bis zum jungen Frosch dauert drei bis vier Monate.

> Frösche legen ihren Laich im Wasser ab. Die Befruchtung erfolgt außerhalb des Körpers. Aus den Eiern schlüpfen die Kaulquappen. Während der Metamorphose wandeln sie sich zu Fröschen um.

Aufgaben

1. Betrachte Bild 2. Beschreibe die Entwicklung folgender Merkmale:
   a Kiemen
   b Gliedmaßen
   c Ruderschwanz

2. Erläutere zwei Bedingungen, die erfüllt sein müssen, damit sich aus dem Laich Jungfrösche entwickeln können.

D zweites Larvenstadium (etwa 20. Tag), **E** drittes Larvenstadium (etwa 60. Tag), **F** Jungfrosch (etwa 80. Tag) →

Die Entwicklung der Amphibien

Erweitern und Vertiefen

Die Krötenwanderung

1 Erdkrötenpaar bei der Wanderung

2 Kröten im Eimer

Frühjahrswanderung • Erdkröten überwintern frostgeschützt unter Baumstümpfen, größeren Steinen, im Laub oder in Erdlöchern. In den ersten warmen, feuchten Nächten des Frühjahrs beginnen Erdkröten ihre Laichwanderung. → ▣ Das kleinere Erdkrötenmännchen klammert sich auf den Rücken des Weibchens und lässt sich zum Laichgewässer tragen. Manchmal schleppt eine Krötendame sogar mehrere Männchen. Erdkröten suchen in der Regel die Gewässer auf, in denen sie selbst als Kaulquappen lebten. Die wandernden Kröten legen dabei rund 600 Meter pro Tag zurück, wobei die Tiere vor allem nachts unterwegs sind. Insgesamt legen die Weibchen bei ihrer Wanderung zum Laichgewässer bis zu fünf Kilometer zurück.

Gefährdung und Schutz • Der Straßenverkehr stellt für die langsam wandernden Tiere die größte Gefahr dar, weil viele von ihnen überfahren werden. Im Frühjahr werden daher Zäune aufgebaut. Somit wird verhindert, dass Erdkröten die Straßen überqueren. Naturschutzgruppen bauen „Fallen", zum Beispiel Eimer, die sie in der Nähe von Straßen in den Boden eingraben. Die eingefangenen Tiere werden regelmäßig mit den Eimern auf die andere Straßenseite gebracht. → 2 Nach manchen Nächten können sich in einem Eimer bis zu 100 Tiere befinden. An einigen Straßen werden sogar Tunnel für die wandernden Kröten gebaut.

Aufgabe

1 ⊠ Zwischen zwei Städten soll eine Straße gebaut werden. → 3 Erläutere, wie und wo du die Straße im Hinblick auf die Frühjahrswanderung der Kröten naturverträglich bauen würdest.

3 Wie soll die Straße gebaut werden?

Die Vielfalt der Wirbeltiere

Material A

Die Entwicklung

1. Ordne den Ziffern 1–7 Entwicklungsstadien zu: erstes Larvenstadium, Jungfrosch, Laichschnüre, geschlechtsreifer Froschlurch, drittes Larvenstadium, befruchtetes Ei mit Embryo, zweites Larvenstadium.

2. Beschreibe die in Bild 4 dargestellte Entwicklung der Erdkröte.

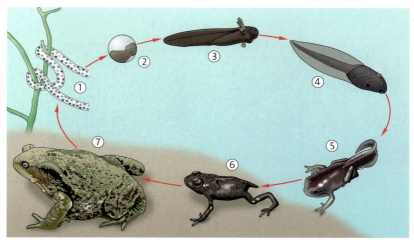

4 Die Metamorphose einer Erdkröte

Material B

Die Gefährdung

Der Mensch hat im Lauf der Zeit viele Gewässer trockengelegt oder verkleinert, um Äcker und Siedlungsflächen anzulegen. Auch Gifte und Unkrautvernichtungsmittel, die in der Landwirtschaft eingesetzt werden, können durch die feuchte Haut der Amphibien aufgenommen werden.

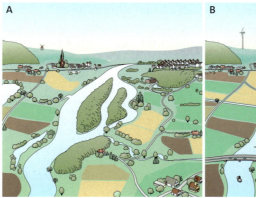

5 Eine Landschaft – im Jahr 1950 und heute

1. Vergleiche die Landschaft von 1950 und heute. → 5

2. Amphibien suchen im Lauf des Jahrs verschiedene Lebensräume auf. Die Tiere brauchen Überwinterungsquartiere und auch Laichgewässer. Dafür begeben sie sich auf Wanderung. →

a Erkläre, weshalb die meisten Amphibien gefährdet sind. Denke dabei an ihre Fortpflanzung und Überwinterung. → 5

b Nenne Gefahren für die Amphibien auf ihren Wanderungen.

c Beschreibe Möglichkeiten, die Amphibien zu schützen.

Die Merkmale der Reptilien

1 Eine Smaragdeidechse sonnt und häutet sich.

Grün leuchtet der Körper der Smaragdeidechse in der Morgensonne. Warum leben sie nur in warmen Gegenden und warum müssen sie sich häuten?

Reptilien • Smaragdeidechsen und Zauneidechsen haben eine Wirbelsäule, sie zählen zu den Wirbeltieren. → 3 Seitlich an den Schulterblättern und dem Beckengürtel setzen die Knochen der kurzen Beine an. Sie werden über Kreuz bewegt, dies führt zu einer schlängelnden Bewegung. → 2 → ▣

Weil Eidechsen bei der Fortbewegung ihren Körper nicht weit vom Boden abheben, bezeichnet man sie als Kriechtiere oder Reptilien. Neben Eidechsen gehören auch Krokodile, Schlangen und Schildkröten zu den Reptilien.

Reptilien sind wechselwarm • Die Körpertemperatur der Reptilien wechselt mit der Umgebungstemperatur. Reptilien sind wechselwarme Tiere. Die Wärme für den Stoffwechsel erhalten sie durch stundenlanges Sonnenbaden. Die Wintermonate verbringen sie bei uns in Höhlen und Felsspalten in Kältestarre. Das Herz schlägt dann nur sehr langsam und die Atmung ist stark verlangsamt. Die meisten Reptilien leben daher in wärmeren Gegenden der Erde.

Körperbedeckung • Die Haut der Reptilien ist mit Hornschuppen bedeckt und schützt die Tiere vor Verletzungen. → 4 Reptilien trocknen an Land wegen ihrer verhornten Haut nicht

2 Fortbewegung   3 Skelett einer Eidechse

Die Vielfalt der Wirbeltiere

Lexikon
Videos
Tipps

jerihe

das **Reptil**
die **Hornschuppe**
die **Häutung**
die **innere Befruchtung**

aus. Ihre Haut ist also eine Angepasstheit an das Landleben. Reptilien wachsen ihr ganzes Leben lang. Weil ihre Haut nicht mitwächst, muss sie immer wieder erneuert werden. Diesen Vorgang nennt man Häutung. Zurück bleiben trockene Hautfetzen. → 1

Atmung • Durch die Hornschuppen kann von der Haut kein Sauerstoff aufgenommen werden, anders als bei Amphibien. Reptilien sind daher auf Lungenatmung angewiesen. Dafür ist die Oberfläche der Lunge im Vergleich zu Amphibien durch Einfaltungen stark vergrößert. Dies ermöglicht eine höhere Sauerstoffaufnahme aus der Luft.

Fortpflanzung und Entwicklung • Im Frühling suchen sich die Weibchen der Eidechsen einen Partner für die Fortpflanzung. Im Juni findet die Paarung statt. Die Eizellen des Weibchens werden im Gegensatz zu denen der Fische und Amphibien im Körper befruchtet. Man spricht von innerer Befruchtung. Das Weibchen legt die Eier in einem Loch im Boden oder unter Steinen ab. Danach verlässt sie die Eier. Sie werden durch die Wärme der Sonne ausgebrütet. Nach 2 bis 3 Monaten schlüpfen die Jungtiere aus den Eiern. → 5 Sie sind schon so weit entwickelt, dass sie sich um sich selbst kümmern können.

Gefährdung • Zauneidechsen und Smaragdeidechsen stehen unter Naturschutz. Ihre Lebensräume sind bedroht. Das liegt vor allem daran, dass sie durch den Bau von neuen

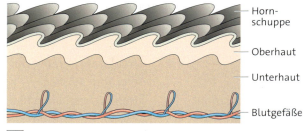

4 Querschnitt durch die Haut eines Reptils

5 Eine schlüpfende Zauneidechse

Straßen und Gebäuden in kleinere Teile gespalten oder zerstört werden.

> Eidechsen gehören zu den Reptilien. Ihre trockene Haut besteht aus Hornschuppen. Reptilien sind wechselwarme Tiere.

Aufgaben

1 ▶ Beschreibe die Fortbewegung der Eidechsen. → 2 → ⊡

2 ✉ Erkläre, weshalb sich Eidechsen häuten. → 1

3 ✉ Begründe, warum man Eidechsen häufig auf Steinmauern oder Felsen sehen kann. → 1

Die Merkmale der Reptilien

Material A

Wir basteln ein Eidechsenmodell

Mit einem Modell kann man die Fortbewegung von Eidechsen nachvollziehen.

Materialliste: Schere, kariertes Papier, Bleistift, Buntstifte, Klebstoff

1 Übernimm die Vorlage maßstabsgerecht auf ein Blatt Papier. → 1 Bemale den Eidechsenkörper mit Buntstiften. Schneide die Teile für Körper und Beine aus. Klebe die Körperhälften zusammen. Klebe dann die Beine auf die Markierungen am Körper.

a ▸ Bewege abwechselnd das linke Vorderbein und das rechte Hinterbein und dann das rechte Vorderbein und das linke Hinterbein nach vorne.

b ▸ Beschreibe die Fortbewegung einer Eidechse anhand deines Modells.

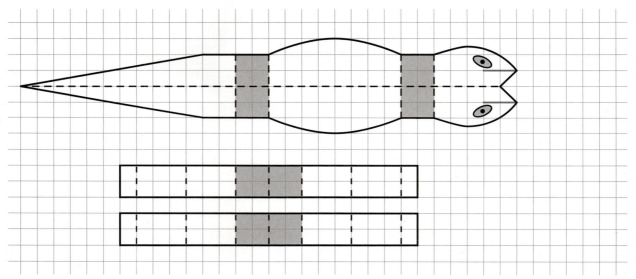

1 Bastelvorlage für ein Eidechsenmodell

2 So kann das Eidechsenmodell aussehen.

Material B

Die Eier von Amphibien und Reptilien

In den beiden Bildern ist der Aufbau von befruchteten Eiern bei Amphibien und Reptilien dargestellt. → 3 4

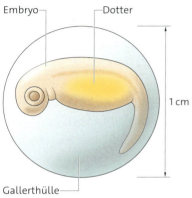

3 Ei eines Froschs

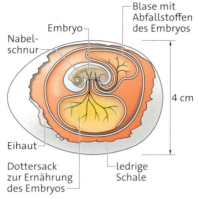

4 Ei einer Zauneidechse

1 ⊠ Vergleiche den Aufbau der befruchteten Eier von Amphibien und Reptilien.

2 ⊠ Erkläre, warum der Aufbau der Eier den Reptilien die Eiablage an Land ermöglicht.

Material C

Die Aktivität

Die Zauneidechse ist wechselwarm, so wie alle Reptilien. Im kalten Winter laufen die Vorgänge in ihrem Körper langsam ab. Ihr Herz schlägt nur einmal oder zweimal pro Minute. Im wärmeren Frühling steigt die Körpertemperatur. Dann wird die Zauneidechse aktiv. Unter Aktivität versteht man, dass Tiere Verhaltensweisen wie Fortpflanzung oder Nahrungssuche zeigen. Jedes Tier hat einen Vorzugsbereich an Umweltbedingungen, unter denen es gut leben kann. Bei bestimmten Temperaturen ist die Zauneidechse am aktivsten.

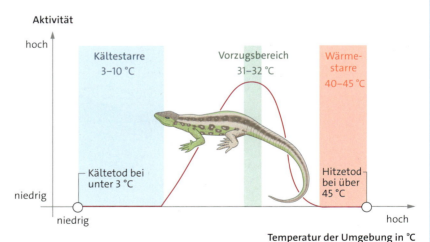

5 Aktivität der Zauneidechse bei verschiedenen Temperaturen

1 ⊠ Beschreibe, was im Diagramm dargestellt ist. → 5

2 ⊠ Werte das Diagramm in Bezug auf die Aktivität aus.

3 ⊠ Begründe mithilfe des Diagramms, warum Reptilien nur in den wärmsten Gegenden Deutschlands vorkommen.

Die Merkmale der Vögel

1 Eine Taube und eine Krähe streiten um Futter.

Tauben und Krähen sind wahre Flugkünstlerinnen. Mit wenigen Flügelschlägen erheben sie sich in die Luft. Was zeichnet die Vögel aus?

Körperbau • Vögel haben ein innen liegendes Skelett mit Wirbelsäule. → 2 Die Vordergliedmaßen sind zu Flügeln umgebildet. Mit ihnen können die meisten Vögel fliegen. Die Federn der Flügel bilden dabei die Tragflächen. Bis auf die Halswirbel sind alle Wirbel der Wirbelsäule miteinander verwachsen. Starre Verbindungen der Rippen untereinander und zum großen Brustbein sorgen für eine hohe Festigkeit des Knochengerüsts, sodass sich der Rumpf beim Fliegen nicht verbiegt. Außerdem sorgen diese Verbindungen dafür, dass der Vogel beim Fliegen eine Stromlinienform einnimmt.

Die beiden Schlüsselbeine sind zu dem V-förmigen Gabelbein verwachsen. Das große Brustbein und das Gabelbein halten die starke Flugmuskulatur.

Leichtbauweise • Die Knochen der Vögel sind hohl. → 2 Der Hornschnabel ist zahnlos. Auch die Federn bestehen aus Horn und ihre Bestandteile sind hohl. Dadurch ist der Vogelkörper sehr leicht, man spricht von einer Leichtbauweise. Sie erleichtert den Vogelflug.

Federn • Der Körper eines Vogels ist fast vollständig von Federn bedeckt. Sie stecken in der Haut des Unterarms und der Hand. → 3 Direkt am Körper wachsen die zerfransten Daunenfedern. → 4 Wie eine Daunenjacke schließen sie ein Luftpolster ein, das die Wärmeabgabe nach außen verringert. Bei niedrigen Temperaturen spreizen die Vögel die Federn ab, wodurch das Luftpolster noch dicker wird. Über den Daunenfedern liegen die Deckfedern. Sie bilden eine geschlossene Schicht und schützen den Vogel vor

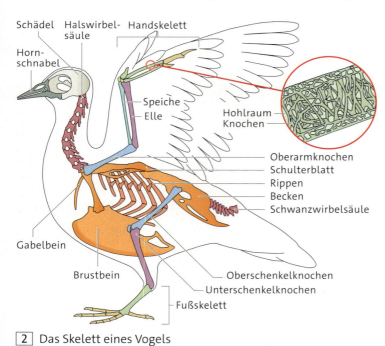

2 Das Skelett eines Vogels

comoma

Lexikon
Video
Tipps

der **Vogel**
die **Leichtbauweise**
die **Feder**
  gleichwarm

Wind und Wetter. Die Schwungfedern bilden Tragflächen beim Fliegen. Sie sind zwar sehr leicht, aber trotzdem stabil. Mit den Steuerfedern kann der Vogel die Flugrichtung bestimmen.

Vögel sind gleichwarm • Ein Vogel nimmt viel Nahrung auf, weil er zum Fliegen viel Energie braucht. Außerdem produziert der Vogelkörper mit den aufgenommenen Nährstoffen so viel Wärme, dass seine Körpertemperatur immer gleich hoch bleibt.

Atmung • Vögel atmen mit ihrer Lunge. → 5 Die mit der Lunge verbundenen Luftsäcke funktionieren wie Blasebälge. Beim Einatmen dehnen sie sich aus und „saugen" Luft von außen durch die Lunge hindurch ein. Beim Ausatmen ziehen sie sich zusammen und pumpen Luft durch die Lunge hindurch nach außen. Dadurch kann die Lunge mit einem Atemzug zweimal Sauerstoff aus der Luft ins Blut aufnehmen.

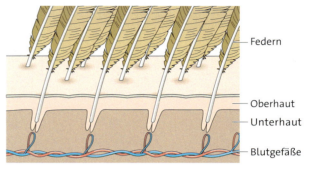

3 Querschnitt durch die Haut eines Vogels

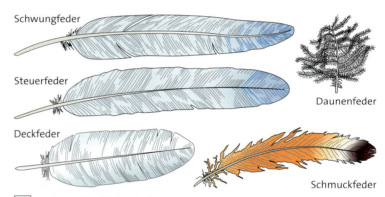

4 Unterschiedliche Federn

> Vögel sind leicht gebaut. Das teilweise starre Skelett bietet breite Ansatzpunkte für die kräftige Flugmuskulatur. Die Vordergliedmaßen sind zu Flügeln umgebildet. Der Vogelkörper ist mit Federn bedeckt. Vögel sind gleichwarm. Sie atmen mit Lungen und Luftsäcken.

Aufgabe

1 Vergleiche die Körperbedeckung, die Atmung und die Entwicklung von Vögeln und Amphibien.

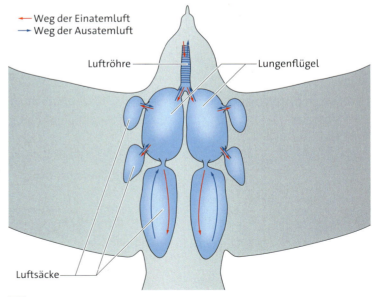

5 Atmung eines Vogels →

Die Merkmale der Vögel

Material A

Das Skelett eines Vogels

1. ☒ Ordne den Zahlen die Fachbegriffe richtig zu: → 1
   - Becken
   - Brustbein
   - Elle
   - Fußskelett
   - Gabelbein
   - Halswirbelsäule
   - Handskelett
   - Hornschnabel
   - Oberarmknochen
   - Oberschenkelknochen
   - Rippenknochen
   - Schädel
   - Schwanzwirbelsäule
   - Speiche
   - Unterschenkelknochen

2. ☒ Erkläre die Bedeutung des starren Skeletts für den Vogelflug.

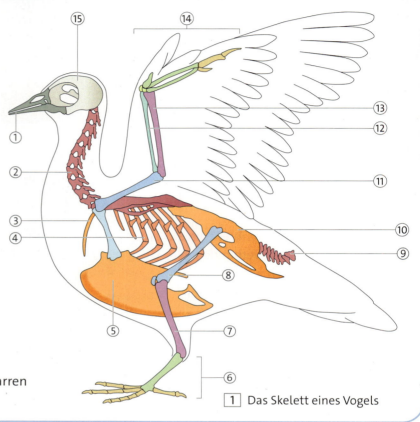

1 Das Skelett eines Vogels

Material B

Die Leichtbauweise von Vögeln

Tier	Länge	Masse
Amsel	26 cm	110 g
Eichhörnchen	27 cm	480 g
Buntspecht	23 cm	95 g
Mauswiesel	22 cm	130 g
Seeadler	105 cm	6700 g
Biber	100 cm	30 000 g

2 Gleich groß – gleich schwer?

Sind Vögel und gleich große Säugetiere gleich schwer?

1. ☒ Vergleiche die Massen (das Gewicht) der gleich großen Tiere in der Tabelle. → 2 Formuliere das Ergebnis in einem Satz.

2. ☒ Erkläre, wie der Unterschied bei der Masse zustande kommt. Vergleiche dazu die Knochen. → 3

3. ☒ Erkläre die Bedeutung des Unterschieds bei der Masse für die Vögel.

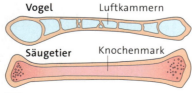

3 Knochenvergleich

72 Die Vielfalt der Wirbeltiere

Tipps

Material C

Verschiedene Federn

Materialliste: Vogelfedern

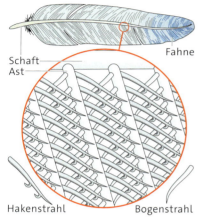

[4] Zusammengefügt

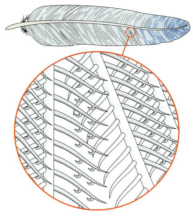

[5] Auseinandergerissen

1 ▸ Ordne die mitgebrachten Federn diesen Federtypen zu: Daunenfeder, Deckfeder, Schwungfeder, Steuerfeder, Schmuckfeder. → Seite 71

2 ▸ Beschreibe die Kennzeichen der Federn.

3 Deckfedern, Schwungfedern und Steuerfedern besitzen eine geschlossene Fahne. → [4] [5] Die Äste der Fahne lassen sich auseinanderreißen und wieder zusammenfügen.
▸ Erkläre mithilfe der Bilder, was geschieht:
• beim Auseinanderreißen
• beim Zusammenfügen

Material D

Halten Daunen warm?

1 ▸ Beschreibe den Versuchsaufbau. → [6]

2 ▸ Erkläre, welche Teile des Versuchsaufbaus dem Vogelkörper und welche der Umwelt des Vogels entsprechen. Beachte: Das Becherglas dient lediglich der Versuchsdurchführung.

3 ▸ Erläutere anhand der Messwerte, wie Vögel das Absinken der Körpertemperatur verringern können. → [7]

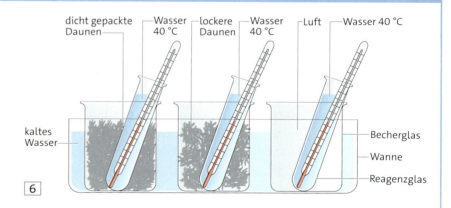

	Beginn	5 min	10 min	15 min	20 min
Daunen, dicht	40 °C	32,2 °C	27,1 °C	23,9 °C	23,4 °C
Daunen, locker	40 °C	35,1 °C	29,8 °C	27,1 °C	25,7 °C
Luft	40 °C	29,5 °C	26,3 °C	22,3 °C	19,5 °C

[7] Wassertemperaturen in den Reagenzgläsern

Die Entwicklung der Vögel

1 Ein geschlüpftes Küken →

Aus Eiern, die wir im Laden kaufen, schlüpfen keine Küken. Manchmal kannst du jedoch auf einem Bauernhof oder im Zoo beobachten, wie Küken aus einem Ei schlüpfen. Wie kommt das Küken in das Ei?

Eientwicklung • Die Entwicklung eines Hühnereies beginnt im Eierstock der Henne. Dort reifen einige winzige Eizellen zu großen Dotterkugeln heran. Auf ihrer Oberfläche liegt der Keimfleck, der den Zellkern der Eizelle enthält. → 2 Einzeln lösen sich die reifen Dotterkugeln vom Eierstock und wandern durch den Eileiter.

Befruchtung • Während der Paarung gibt der Hahn Spermienzellen in die Kloake der Henne ab. Die Spermienzellen schwimmen im Eileiter bis zur Dotterkugel. Eine Spermienzelle dringt in sie ein und die Zellkerne von Spermienzelle und Eizelle verschmelzen. Dies ist die Befruchtung. →

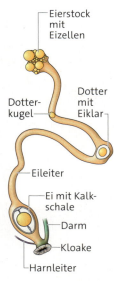

2 Ein unbefruchtetes Ei entsteht.

Das Hühnerei • Die befruchtete Eizelle wandert im Eileiter bis zur Kloakenöffnung. Dabei werden die restlichen Eibestandteile hinzugefügt: das nährstoffreiche Eiklar, die wasserabweisenden Eihäute, die Dotterhaut, den Dotter haltende Hagelschnüre, die Luftkammer und die Kalkschale. Sie entsteht durch die Schalendrüse.

Kükenentwicklung • Etwa 24 Stunden nach der Befruchtung legt die Henne das Ei durch die Kloake ab. Die Kükenentwicklung im Ei beginnt mit der Entwicklung der Blutgefäße. Sie umziehen den Dotter. Der Embryo entsteht im Bereich des Keimflecks. Dieser wird größer und entwickelt sich zur Keimscheibe. Aus dieser entsteht der Embryo. Für seine Entwicklung benötigt er Nährstoffe aus dem Dotter und Eiklar. Durch die Kalkschale und die Eihäute gelangt Sauerstoff in das Ei. Bald sind Kopf, Beine und Flügel beim Embryo erkennbar. Nach 21 Tagen ist die Entwicklung abgeschlossen. Das Küken bricht die Schale mit seinem Eizahn auf und schlüpft. →

Wird eine Eizelle nicht befruchtet, legt die Henne ein unbefruchtetes Ei. Diese können wir im Laden kaufen.

> Vögel legen dotterreiche Eier. Die Befruchtung erfolgt im Inneren des weiblichen Körpers.

Aufgabe

1 Beschreibe mithilfe von Bild 2 die Entwicklung des Eies in der Henne.

gewufu

Lexikon
Videos
Tipps

die **Keimscheibe**
der **Dotter**
das **Eiklar**
die **Eihaut**
die **Kalkschale**

Material A

Der Blick in ein rohes Ei

Materialliste: rohes Ei, spitze Schere, Pinzette, Eierkarton, Petrischale, Küchenpapier, Lupe

1 Lege ein rohes Ei längs auf die Vertiefung eines Eierkartons. Kratze vorsichtig mit der Schere eine Kerbe in die Schale des Eies. → 3 Hebe nun mit der Pinzette die Eischale stückchenweise ab, sodass eine Öffnung entsteht, die etwa so groß wie ein 2-Euro-Stück ist. → 4

a Notiere die Bestandteile des Eies, die du erkennst.
b Nenne die Aufgaben der verschiedenen Häute im Hühnerei. → 5

2 Betrachte das Innere des Eies mit der Lupe.
a Beschreibe die Oberfläche des Dotters.
b Notiere deine Beobachtungen.

3 Gieße den Inhalt des Eies vorsichtig in die Petrischale. Ziehe mit der Pinzette an den Hagelschnüren.
a Notiere deine Beobachtung.
b Beschreibe, welche Aufgabe die Hagelschnüre im Ei haben.

4 Nach der Untersuchung: Sammle die Eier für den Kompost. Räume auf und reinige Schere, Pinzette, Petrischale und deinen Tisch. Wasche deine Hände.

3

4

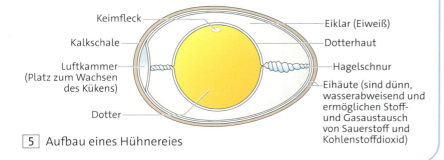

5 Aufbau eines Hühnereies

Material B

Die Kükenentwicklung

1 Ordne folgende Begriffe den Ziffern in Bild 6 zu: Kopf, Schnabel, Kalkschale, Dotter, Embryo mit Kopf und Herz, Küken kurz vorm Schlüpfen, Blutgefäß, Flügel.

2 Erkläre die Bedeutung des Dotters für die Kükenentwicklung.

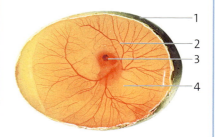

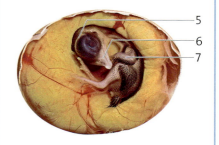

6 Entwicklung des Kükens im Ei

Paarung und Brutpflege bei Vögeln

1 Singendes Amselmännchen

Im Frühjahr und im Herbst hört man oft den Gesang von Amselmännchen. Warum singen Singvögel?

Revier • Mit seinem Gesang markiert ein Amselmännchen ein Revier gegenüber anderen Amselmännchen. Ein Revier umfasst ein Gebiet, das einer Amselfamilie ausreichend Nahrung und einen sicheren Nistplatz bietet. Kommt ein Amselmännchen in das Revier eines anderen Männchens, so versucht dieses, den Eindringling mit lautem Zwitschern zu vertreiben. Ist das erfolglos, kommt es zum Kampf. Sie picken und kratzen sich, bis der Unterlegene aus dem Revier flieht.

Balz • Das schwarz gefärbte Amselmännchen lockt mit seinem Gesang auch die braun gefärbten Amselweibchen an. Mit lautem Zwitschern, aufgeplusterten Federn und aufrechter Haltung stolziert das Männchen und umwirbt so das Weibchen. Sie zeigt anschließend ihre Paarungsbereitschaft. Man nennt das Verhalten der beiden Balz. → 🖻 Danach begattet das Männchen das Weibchen.

Aufzucht der Küken • Das Amselweibchen baut aus Gräsern und dünnen Zweigen ein Nest. Es legt drei bis fünf Eier hinein und bebrütet sie. Wenn die Küken schlüpfen, haben sie noch keine Federn. Sie sind fast blind und hilflos. Sie sind Nesthocker. Wenn sich ein Elternvogel auf den Rand des Nestes setzt, dann strecken die Küken durch die Erschütterung des Nestes ihre Köpfe nach oben und reißen ihre Schnäbel auf. Die Eltern füttern die Küken mit Insekten. Die Küken werden fünf Wochen lang von den Eltern versorgt. Die Brutpflege hört erst auf, wenn sich die Küken selbstständig versorgen können. Im Gegensatz zu Amselküken sind Entenküken nach der Geburt selbstständig, haben Federn und geöffnete Augen. Sie sind Nestflüchter.

> Bei Vogelküken unterscheidet man Nesthocker und Nestflüchter.

Aufgabe

1 ⊠ Begründe, weshalb Amselmännchen singen.

2 Fütterung der Küken

Die Vielfalt der Wirbeltiere

Lexikon
Video
Tipps

wecace

der **Singvogel**
die **Balz**
der **Nesthocker**
der **Nestflüchter**
die **Brutpflege**

Material A

Nesthocker und Nestflüchter

3 Ente mit Küken

4 Kohlmeise mit Küken

	Augen	Befiederung	Nahrungsaufnahme
Nestflüchter	?	?	?
Nesthocker	?	?	?

5 Vergleich von Nesthockern und Nestflüchtern

1 ▶ Ordne die Ente und die Kohlmeise den Nestflüchtern oder Nesthockern zu. Begründe deine Zuordnungen. → 3 4

2 ✖ Übernimm die Tabelle in dein Heft. Ersetze dabei die Fragezeichen durch Merkmale. → 5

3 ✖ Stelle Vermutungen an, welche Vor- und Nachteile Nesthocker und Nestflüchter haben. Beachte dabei die Jungtiere und die Elterntiere.

Material B

Das Verhalten von Amseln

Nach der Balz paaren sich das Amselmännchen und das Amselweibchen. Für die Entwicklung der Küken im Ei braucht es Wärme.

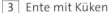

6

7

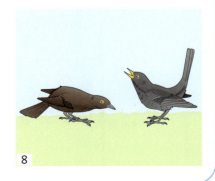

8

1 ▶ Beschreibe, was du in den Bildern unten siehst. → 6 – 8

2 ✖ Erkläre die Verhaltensweisen der Amseln in den Bildern 6–8.

3 ✖ Erkläre das Verhalten der beiden Amselmännchen, das der Situation in Bild 6 in der Regel vorausgeht.

Die Merkmale der Säugetiere

1 Säugende Katze mit Jungtieren

Entspannt liegt die Katze auf der Seite und säugt ihre Jungen mit Milch. Das kennt man auch von Hunden, Kaninchen und vielen anderen Tieren.
5 Was verbindet all diese Tiere zur Gruppe der Säugetiere?

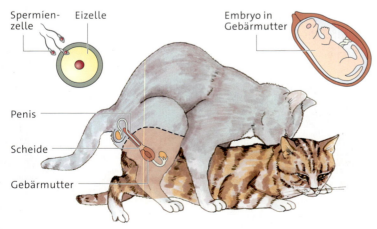

2 Paarung von Katze und Kater

Fortpflanzung • Bei der Paarung begatten männliche Säugetiere die weiblichen Säugetiere. Die Männchen geben
10 ihre Samenzellen ab, die die Eizellen der Weibchen befruchten. Man nennt diesen Vorgang innere Befruchtung, weil er im Körper stattfindet. Die Jungtiere entwickeln sich bis zur Geburt im
15 Körper der Weibchen. → 2

Säugen • Säugetiere gebären lebende Jungtiere. Nach der Geburt werden die Jungtiere von ihren Müttern mit Milch gesäugt. → 1 Die Milch wird in
20 Milchdrüsen gebildet, die in Milchgänge münden und schließlich in einer Zitze enden. Die Milch enthält viele wichtige Nährstoffe wie Eiweiße, Zucker, Fette und Stoffe, die das
25 Wachstum der Jungtiere fördern.

Die Vielfalt der Wirbeltiere

haciro

Lexikon
Tipps

das **Säugetier**
die **innere Befruchtung**
das **Fell**
    gleichwarm
die **Lunge**

Körperbau • Säugetiere besitzen ein innen liegendes Skelett mit einer stützenden Wirbelsäule. → 3 Abhängig von ihrer Lebensweise können Säugetiere mit ihren vier Gliedmaßen laufen, klettern, graben, schwimmen oder fliegen. Das Gebiss ist an die Ernährung angepasst. Hunde und Katzen sind Fleischfresser. Kühe und Pferde dagegen gehören zu den Pflanzenfressern. Die meisten Jungtiere von Säugetieren haben vor dem Zahnwechsel zuerst ein Milchgebiss.

Körperbedeckung • Die Haut der Säugetiere ist behaart. → 4 Auch Wale und Delfine haben an der Schnauze noch wenige Haare. Zwischen den Fellhaaren entsteht ein Luftpolster. Dadurch wird der Wärmeverlust verringert. Säugetiere haben eine gleichbleibend hohe Körpertemperatur unabhängig von der Umgebungstemperatur. Daher werden sie als gleichwarm bezeichnet.

Atmung • Säugetiere atmen mit ihren Lungen. Hier erfolgt der Gasaustausch: Das Blut nimmt Sauerstoff aus der Luft auf und gibt Kohlenstoffdioxid ab.

Typische Merkmale • Einige der genannten Merkmale finden sich auch bei anderen Wirbeltieren. Allerdings haben nur Säugetiere ein Fell und säugen ihre Jungtiere mit Milch.

> Säugetiere bringen lebende Jungtiere zur Welt. Diese säugen sie mit Milch. Säugetiere sind gleichwarm und haben ein Fell.

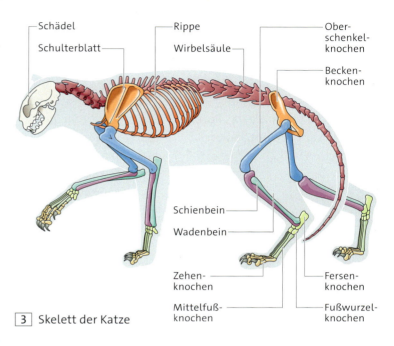

3 Skelett der Katze

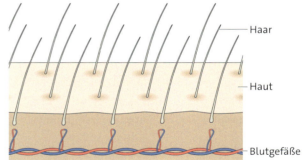

4 Querschnitt durch die Haut eines Säugetiers

Aufgaben

1 ▶ Nenne die zwei typischen Merkmale der Säugetiere.

2 ▶ Säugetiere pflanzen sich durch innere Befruchtung fort. Erläutere, was man darunter versteht.

3 ▶ Erläutere, wie sich ein Säugetier vor Wärmeverlust schützt.

Die Merkmale der Säugetiere

Material A

Das Rote Riesenkänguru

1. ✏️ Erläutere, aufgrund welcher Merkmale das Rote Riesenkänguru ein Säugetier ist. → [1] [2]

Das Rote Riesenkänguru hat ein kurzes, raues Fell. Es kann bis zu 1,80 Meter groß und 90 Kilogramm schwer werden. → [1] Aber selbst bei dieser größten Känguruart der Welt ist das frisch geborene Jungtier nur so groß wie ein Gummibärchen.
Das Jungtier wird 20–40 Tage nach der Paarung sehr wenig entwickelt geboren. Innerhalb weniger Minuten krabbelt es selbstständig von der Geburtsöffnung in den Beutel der Mutter. Dort saugt es sich an einer der vier Zitzen fest. Nach einem halben Jahr verlässt das Jungtier zum ersten Mal den Beutel. Bis es acht Monate alt ist, kriecht es aber immer wieder zurück. Danach ist es zu groß und steckt nur noch den Kopf zum Saugen in den Beutel. Oft ist zu diesem Zeitpunkt schon das nächste Jungtier im Beutel. Kängurus gehören wie die Koalas zu den Beuteltieren.

[1] [2]

Material B

Säugetier – ja oder nein?

1. ✏️ Nenne jeweils mindestens drei Merkmale von Skorpion und Guppy. → [3] [4]

2. ✏️ Begründe, ob es sich bei Skorpion und Guppy um Säugetiere handelt. Beziehe die Merkmale der beiden Tiere in deine Begründung mit ein.

3. ✏️ Überprüfe anhand der bekannten Merkmale, ob der Mensch zu den Säugetieren gehört.

Der Skorpion „brütet" seine befruchteten Eier im Körper aus und bringt dann lebende Junge zur Welt.
Die Jungtiere bleiben bis zur ersten Häutung auf dem Rücken der Mutter. Sie ernähren sich in dieser Zeit von körpereigenen Reserven.

Das Guppyweibchen gibt seine Eizellen nicht in das Wasser ab. Sie werden im Körper befruchtet. Nach zwei bis drei Wochen bekommt das Weibchen bis zu 30 Jungtiere. Nach der Geburt kümmern sich Guppys nicht mehr um ihre Jungen.

[3] Der Skorpion →

[4] Der Guppy →

80   Die Vielfalt der Wirbeltiere

Methode

So erstelle ich einen Steckbrief

Forschende nutzen Steckbriefe, um Pflanzen oder Tiere miteinander zu vergleichen. Steckbriefe enthalten eine kurze, übersichtliche Beschreibung von wichtigen Merkmalen des jeweiligen Lebewesens. → 5
So gehst du vor, um den Steckbrief eines Tiers zu erstellen:

1. Finde Informationen Zunächst benötigst du Informationen über das Tier. Nutze dazu ein Lexikon, Fachbücher oder das Internet. Überlege dir, welche Merkmale und Eigenschaften das Tier am besten beschreiben: Körpermerkmale, Ernährung, Lebensraum, Zusammenleben, Fortpflanzung und Gefährdung.

2. Lege die Gliederung fest Nutze Oberbegriffe, mit denen du die Merkmale eines Tiers beschreiben kannst. Überlege dir eine sinnvolle Gliederung deines Steckbriefs, indem du die Reihenfolge der Oberbegriffe festlegst.
Beispiel: Lege für dein Tier die Oberbegriffe Körpermerkmale, Ernährung, Lebensraum, Zusammenleben, Fortpflanzung und Gefährdung fest.

3. Suche ein Foto aus Ein farbiges Bild macht deinen Steckbrief interessanter. Entscheide, wie du die Texte und das Bild platzierst. Verwende eine gut lesbare Schrift.
Beispiel: Suche ein Bild von deinem Tier und platziere es über dem Text.

Aufgabe

1 Welches Säugetier findest du interessant?

Der Rotfuchs

Körpermerkmale: Schwanz, oberer Rumpf und Kopf hellrot; Bauch und Kehle weiß; Kopf-Rumpf-Länge (ohne Schwanz): 60–75 Zentimeter; Schwanzlänge: 30–45 Zentimeter, großer und buschiger Schwanz

Ernährung: Allesfresser, frisst Feldmäuse, Haushühner, Vogeleier, Regenwürmer, Früchte, Aas

Lebensraum: Wälder, Grasland, Äcker und Siedlungsgebiete, lebt im selbst gegrabenen Erdbau (Fuchsbau), Kulturfolger

Zusammenleben: Familiengruppen oder Einzelgänger

Fortpflanzung: paart sich im Winter, Tragzeit etwa 50 Tage, 4–6 Jungtiere, Jungtiere erste 14 Tage blind

Gefährdung: nicht gefährdet

5 Beispiel eines Steckbriefs

a Erstelle dazu einen Steckbrief auf einem DIN-A4-Blatt.
b Präsentiere deinen Steckbrief vor der Klasse und stelle ihn aus.

Säugetiere in allen Lebensräumen

1 Das Große Mausohr – eine Fledermaus

Fledermäuse jagen fliegend in der Luft. Der Maulwurf führt ein verborgenes Leben im Boden. Wale sind in den großen Weltmeeren zu Hause. Säugetiere kommen in vielen verschiedenen Lebensräumen vor. Welche Angepasstheiten zeigen sie an ihren Lebensraum?

Säugetier in der Luft • Fledermäuse sind die einzigen Säugetiere, die aktiv fliegen können. Sie haben aber keine Federn wie die Vögel, sondern ein dichtes, oft seidiges Fell. Die Flügel einer Fledermaus werden von einer zarten Flughaut gebildet. Sie wird zwischen den stark verlängerten Fingern, den Beinen und dem Schwanz aufgespannt. → 1

In Ruhephasen halten sich die Fledermäuse mit ihren Hinterbeinen zum Beispiel an Höhlendecken fest. Der Kopf hängt dabei nach unten. Sie müssen dafür keine Kraft aufwenden und bleiben dort auch im Winter hängen. Die Fledermäuse, die bei uns in Europa leben, sind recht klein und ernähren sich von Insekten. Sie gehen überwiegend in der Nacht auf die Jagd nach Mücken und Nachtfaltern. Dabei orientieren sie sich mithilfe von Ultraschall: Sie stoßen hohe Töne aus, die Menschen nicht hören können. Die Töne werden von Gegenständen und Beutetieren als Echo zurückgeworfen. Anhand des Echos erkennen Fledermäuse, wo sich Hindernisse oder Beutetiere befinden. →

die **Angepasstheit**

Säugetier im Boden • Der Maulwurf lebt im Boden. Hier sucht er nach Regenwürmern sowie Insekten und deren Larven. Er findet sie entweder beim Graben oder beim Durchstreifen seiner Gänge. Dabei hilft ihm sein Rüssel, mit dem er gut riechen und tasten kann. Obwohl er keine Ohrmuscheln hat, kann er auch gut hören. Der Maulwurf hat ein dichtes Fell und kleine Augen, die teilweise von Fell bedeckt sind. Seine Gliedmaßen sind kurz. Die Handflächen sind nach außen gedreht. → 2 Das Sichelbein, ein zusätzlicher Knochen, verbreitet die Hand zur Grabhand.

2 Ein Maulwurf →

Säugetier im Wasser • Der Blauwal ist mit einer Länge von 30 Metern und einem Körpergewicht von 180 Tonnen (so viel wiegen 2400 Menschen von 75 kg) das größte Tier der Welt. → 3 Er ernährt sich ausschließlich von Krill. Das sind winzige Krebse. Davon benötigt der Blauwal jeden Tag eine Tonne. Er filtert seine Nahrung aus dem Meerwasser. Der Blauwal atmet mithilfe von Lungen. Deshalb müssen die Jungtiere sofort nach der Geburt an die Wasseroberfläche gebracht werden. → Die Jungtiere werden mit Milch gesäugt. Das Fell ist nur noch in Form von feinen Haaren am Maul erkennbar.

> Säugetiere kommen in vielen Lebensräumen vor. Sie sind in ihrem Körperbau und der Lebensweise an den jeweiligen Lebensraum angepasst.

3 Ein Blauwal neben einem Taucher

Aufgaben

1. Beschreibe die Angepasstheiten der Fledermaus an das Leben in der Luft.

2. Beschreibe die Angepasstheiten des Maulwurfs an das Leben im Boden.

3. Nenne Merkmale, die den Blauwal als Säugetier kennzeichnen.

Säugetiere in allen Lebensräumen

Material A

Verschiedene Flugrouten

1 Unterschiedliche Flugrouten verschiedener Fledermäuse

1 Fledermäuse jagen zu unterschiedlichen Zeiten und an verschiedenen Orten.
 a ▣ Ordne den Fledermäusen ihre Flugroute zu. → 1 – 4
 b ▣ Begründe deine Zuordnungen.
 c ▣ Nenne Vorteile, die bei der unterschiedlichen Nutzung eines gemeinsamen Lebensraums auftreten.

2 Breitflügelfledermäuse jagen entlang von Baumreihen und Wiesen.

3 Zwergfledermäuse umkreisen Hecken und Lampen im Zickzackflug.

4 Wasserfledermäuse fangen ihre Beute mit den Füßen aus dem Wasser.

Material B

Armskelette von zwei Säugetieren

1 ▣ Vergleiche die Armskelette von Maulwurf und Mensch. → 5

2 ▣ Beschreibe die Angepasstheit des Armskeletts des Maulwurfs an das Leben im Boden.

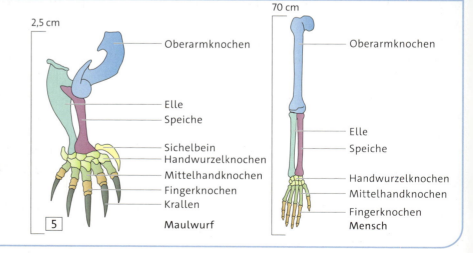

5 Maulwurf / Mensch

Erweitern und Vertiefen

Zwei Kulturfolger

6 Das Eichhörnchen

7 Der Igel

Das Eichhörnchen – ein Baumartist • Das Eichhörnchen läuft den Baumstamm in Spiralen hoch und herunter. → 🗆 Manchmal verfolgen sich Eichhörnchen mit großem Tempo. Lange Krallen und Haftballen unter den Füßen sorgen für sicheren Halt. In der Baumkrone springt das Tier von Ast zu Ast. Sein buschiger Schwanz dient der Steuerung und bremst den Fall.
Die Nahrung des Eichhörnchens ändert sich je nach Jahreszeit. Eichhörnchen sind Allesfresser. Sie ernähren sich überwiegend von Beeren, Nüssen und anderen Früchten. Auch Kleintiere wie Würmer und Schnecken sowie Vogeleier werden verspeist. Für den Winter sammelt das Eichhörnchen Nüsse, Eicheln und Kastanien und vergräbt sie im Waldboden. Dazu scharrt das Tier ein Loch, legt eine Nuss hinein, scharrt das Loch wieder zu, drückt die Erde fest und stößt zum Schluss mit der Schnauze nach.
Du kannst Eichhörnchen oft im Park oder in Gärten beobachten. Diese Lebensräume und viele weitere sind vom Menschen gestaltet. Tiere, die in diesen Lebensräumen leben, nennt man Kulturfolger.

Der Igel ist ein Fleischfresser • Der Igel schnauft und niest leise, wenn er seine Umgebung erkundet. Er geht in der Dämmerung und nachts auf Jagd. Er frisst überwiegend Insekten, Larven und Regenwürmer, aber auch kleine Mäuse, Jungvögel und Frösche. Der Igel hat scharfe, spitze Zähne. Damit ist er an seine Ernährungsweise gut angepasst. Bei Gefahr rollt sich der Igel zusammen, sodass nur noch seine spitzen Stacheln zu sehen sind. Igel leben heute überwiegend in naturnahen Gärten, Parks und auf Friedhöfen. Auch der Igel ist ein Kulturfolger.

> Die Kulturfolger sind Wildtiere, die dem Menschen in seine Lebensräume gefolgt sind und dort ständig leben.

Aufgaben

1 ⊠ Erstelle einen Spickzettel mit jeweils zehn Stichpunkten zu Eichhörnchen und Igel.

2 ⊠ Nenne weitere Kulturfolger. Begründe jeweils, dass das Tier ein Kulturfolger ist.

Die Vielfalt der Wirbeltiere

Zusammenfassung

Wirbeltiere • Alle Tiere mit einer Wirbelsäule heißen Wirbeltiere. Ihre Körper sind in Kopf, Rumpf und Schwanz unterteilt. Alle Wirbeltiere haben zwei Paar Gliedmaßen oder Flossen.

Aufgrund von Unterschieden in den Merkmalen sind die Wirbeltiere in fünf Gruppen eingeteilt: die Fische, die Amphibien, die Reptilien, die Vögel und die Säugetiere.

Wirbeltier-gruppe	Fische	Amphibien	Reptilien	Vögel	Säugetiere
Haut	schleimig, Schuppen	glatt, feucht	trocken, Schuppen	Federn	meist behaart
Atmung	Kiemen	Haut und Lungen	Lungen	Lungen	Lungen
Lebensraum	Wasser	Wasser und Land	Land	Land und Luft	Land, Wasser, Luft
Gliedmaßen	Flossen	Beine	meist Beine	Flügel und Beine	Beine (Flossen, Flügel)
Fortpflanzung	äußere Befruchtung, Eiablage im Wasser	äußere Befruchtung, Eiablage im Wasser	innere Befruchtung, Eiablage in der Erde	innere Befruchtung, Nestbau, Brutpflege	innere Befruchtung, lebendgebärend, säugen Nachkommen

1

Fische • Die Körpertemperatur der Fische hängt von ihrer Umgebungstemperatur ab, sie sind wechselwarm. Sie atmen mit Kiemen im Wasser. Ihre schleimige Haut mit Knochenschuppen erleichtert das Gleiten im Wasser und schützt vor Verletzungen. Fische pflanzen sich durch äußere Befruchtung fort. Aus den befruchteten Eizellen entwickeln sich Larven.

Amphibien • Sie leben in feuchten Lebensräumen im Wasser sowie an Land. Amphibien sind wechselwarm. Erwachsene Tiere atmen an Land mit Lungen. Ihre Haut schützt vor Krankheitserregern und ermöglicht das Atmen unter Wasser. Die Fortpflanzung findet durch äußere Befruchtung statt. Kaulquappen atmen mit Kiemen, die sich während ihrer Entwicklung zurückbilden.

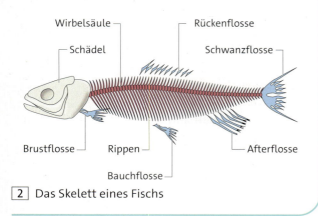

2 Das Skelett eines Fischs

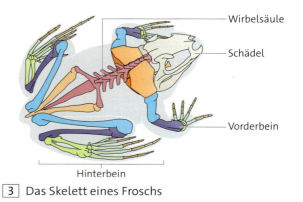

3 Das Skelett eines Froschs

Reptilien • Eidechsen und Schlangen gehören zu dieser Wirbeltiergruppe. Reptilien bewegen sich meist kriechend an Land fort und atmen mit Lungen. Ihre Haut bildet Hornschuppen aus, die vor Austrocknung schützen. Reptilien sind wechselwarm.
Die weiblichen Tiere legen nach der inneren Befruchtung Eier in die Erde ab. Aus den Eiern mit dünner Schale schlüpfen selbstständige Jungtiere.

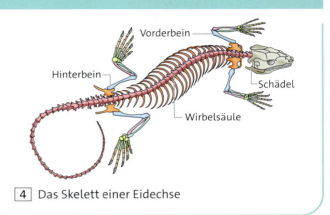

4 Das Skelett einer Eidechse

Vögel • Die vorderen Gliedmaßen der Vögel sind zu Flügeln umgewandelt. Die Haut ist mit Federn bedeckt. Mithilfe der Flügel können die meisten Vögel fliegen. Das Skelett ist sehr leicht, weil die Knochen hohl sind. Die Körpertemperatur der Vögel hängt nicht von der Umgebungstemperatur ab, sie sind gleichwarm.
Nach der inneren Befruchtung legen die Weibchen Eier mit einer festen Kalkschale. Nach dem Ausbrüten der Eier schlüpfen die Küken. Die Küken sind entweder Nesthocker oder Nestflüchter. Nesthocker sind nackt, blind und hilflos. Sie müssen wochenlang von den Eltern versorgt werden. Nestflüchter haben Federn und sind direkt nach dem Schlüpfen selbstständig.

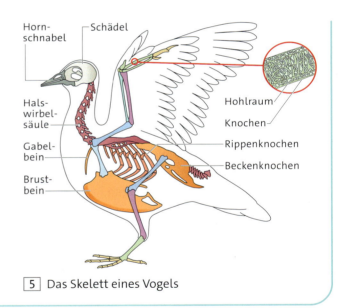

5 Das Skelett eines Vogels

Säugetiere • Die Säugetiere atmen mit Lungen. Ihre Haut ist von Fell bedeckt. Sie sind gleichwarm. Nach der inneren Befruchtung entwickeln sich die Jungtiere im Mutterleib. Fast alle Säugetiere bringen lebende Jungtiere zur Welt. Die Jungtiere werden gesäugt.
Säugetiere sind in Körperbau und Lebensweise an viele verschiedene Lebensräume angepasst. Sie können schwimmen, laufen und fliegen.

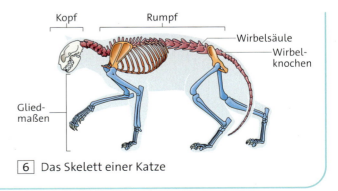

6 Das Skelett einer Katze

Die Vielfalt der Wirbeltiere

Teste dich! (Lösungen auf Seite 375)

Merkmale der Wirbeltiere

1 Nenne die fünf Gruppen der Wirbeltiere.

2 Beschreibe die Merkmale, die alle Wirbeltiere gemeinsam haben.

3 Die Wirbeltiergruppen unterscheiden sich in ihrer Haut.
a Ordne den Bildern A–D Wirbeltiergruppen zu: Vögel, Fische, Säugetiere, Reptilien. → 1
b Beschreibe den Aufbau der Haut von Fischen.

4 Vergleiche Befruchtung und Entwicklung für die fünf Wirbeltiergruppen. Fülle dazu die Tabelle in deinem Heft aus. → 2

Fische

5 Notiere in deinem Heft die richtigen und korrigiere die falschen Aussagen:
a Fische atmen mit Kiemen.
b Das Maul der Fische dient nur der Nahrungsaufnahme.
c Die Schwimmblase der meisten Fische ist mit Fett gefüllt.
d Bei der Fortbewegung der Fische sorgt die Schwanzflosse für den Antrieb.
e Bei der Entwicklung der Fische tritt keine Larve auf.
f Die befruchteten Eier entwickeln sich im Körper.

Amphibien

6 Beschreibe die Metamorphose am Beispiel einer Erdkröte. → 3

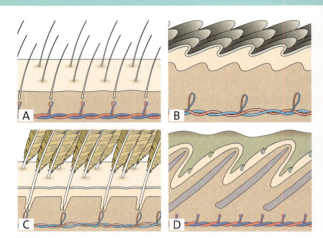

1 Wirbeltiergruppen: Aufbau der Haut

	Befruchtung	Ort der Eiablage	Entwicklung der Jungtiere
Fische	?	?	?
Amphibien	?	?	?
Reptilien	?	?	?
Vögel	?	?	?
Säugetiere	?	?	?

2 Vergleich der Befruchtung und Entwicklung bei verschiedenen Wirbeltiergruppen

3 Metamorphose (Verwandlung) einer Erdkröte

Übungen

7 Erkläre, warum Amphibien sowohl im Wasser als auch an Land atmen können.

8 Nenne zwei Gründe dafür, dass Amphibien auf feuchte Lebensräume angewiesen sind.

9 Begründe, warum Amphibien gefährdet sind. Nenne mögliche Schutzmaßnahmen.

Reptilien

10 Nenne verschiedene Tiergruppen, die zu den Reptilien gehören.

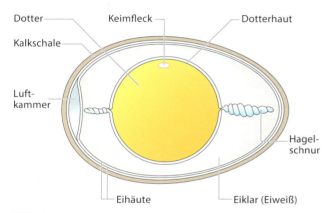

4   Der Aufbau eines Hühnereies

5   Katzen sind Säugetiere.

11 Erkläre, wieso Reptilien auch als Kriechtiere bezeichnet werden.

12 Begründe, warum Reptilien überwiegend in warmen Gebieten der Erde vorkommen.

Vögel

13 Erkläre die Leichtbauweise von Vögeln.

14 Beschreibe die Lage und die Aufgabe von Daunen-, Deck-, Schwung- und Steuerfedern.

15 Beschreibe in einer Tabelle die Aufgaben aller Bestandteile des Hühnereies. → 4

16 Bei den Vögeln gibt es Nesthocker und Nestflüchter. Erläutere die beiden Begriffe.

Säugetiere

17 Nenne Merkmale, die nur Säugetiere haben, aber andere Wirbeltiergruppen nicht.

18 Erkläre, warum Katzen zu den Säugetieren gehören. → 5

19 „Wildschweine sind Kulturfolger." Erkläre diese Aussage.

20 Notiere in deinem Heft die richtigen Aussagen und korrigiere die falschen:
a Es gibt keine fliegenden Säugetiere.
b Alle Säugetiere säugen ihre Jungtiere.
c Wale atmen mit Kiemen.
d Eichhörnchen fressen auch tierische Nahrung.
e Kulturfolger leben in der Nähe des Menschen.
f Igel suchen tagsüber nach Nahrung.

Wirbellose

Eine fremde Besucherin aus dem All? Nein, diese Libelle gehört zu den Insekten. Das ist die artenreichste Gruppe der Wirbellosen. Welche Tiere gehören noch dazu?

Schnecken haben keine Knochen und keine Wirbelsäule. Wie ist ihr Körper dann aufgebaut?

Die Wirbellosen spielen in der Natur eine entscheidende Rolle. Auch der Mensch ist auf sie angewiesen. Warum sind Wirbellose so wichtig?

Die Vielfalt der Wirbellosen

1 Eine Krabbenspinne fängt eine Honigbiene. → 🔍

Die Krabbenspinne und die Honigbiene sehen auf den ersten Blick sehr unterschiedlich aus. Sie haben aber auch Gemeinsamkeiten und werden beide der Gruppe der Wirbellosen zugeordnet. Welche Tiere gehören noch in diese Gruppe und was haben sie gemeinsam?

Merkmale der Wirbellosen • Wirbellose Tiere haben im Gegensatz zu den Wirbeltieren kein Innenskelett aus Knochen und keine Wirbelsäule. Die Vielfalt der Wirbellosen ist unvorstellbar groß. Zu ihnen gehören neben Insekten und Spinnen auch Schnecken, Regenwürmer und viele weitere Tiere.

Gruppen der Wirbellosen • Die Honigbiene ist ein Insekt. Wie bei allen Insekten ist ihr Körper in drei Abschnitte gegliedert: Kopf, Brust und Hinterleib. Alle Insekten haben sechs Beine, die ebenfalls in Abschnitte gegliedert sind. Daher zählt man die Insekten zu den Gliederfüßern. Spinnen sind Gliederfüßer mit acht gegliederten Beinen. Gliederfüßer mit mehr als acht Beinen gehören zu den Tausendfüßern. Der Körper der Regenwürmer ist in gleichmäßige Ringe gegliedert. Sie gehören zu den Ringelwürmern. Bei Schnecken ist der Körper nicht in Abschnitte gegliedert. Sie zählen zu den Weichtieren.

> Wirbellose haben kein Innenskelett aus Knochen und keine Wirbelsäule.

Aufgaben

1. ☐ Nenne die gemeinsamen Merkmale aller wirbellosen Tiere.

2. ☒ Ordne je ein Lebewesen aus Bild 2 den folgenden Gruppen zu: Weichtiere, Ringelwürmer, Gliederfüßer.
Begründe deine Antwort.

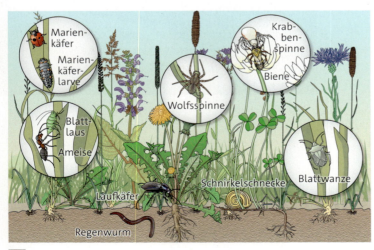

2 Wirbellose auf einer Wiese und im Boden

Methode

Tiere nach Kriterien ordnen

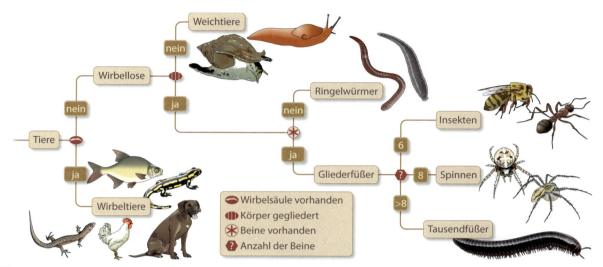

3 Ordnungssystem der Wirbellosen

Damit man nicht den Überblick verliert, ordnet man Lebewesen in Gruppen. → 🖻 Um Wirbellose zu ordnen, kann man zum Beispiel die Körpergliederung sowie das Vorhandensein und die Anzahl der Beine vergleichen. Ein ähnlicher Körperbau liefert oft Hinweise über eine Verwandtschaft. Viele Tiere sind umso näher miteinander verwandt, je ähnlicher sie sich sind. Das ist aber nicht immer so.

So gehst du vor, wenn du Tiere ordnest:

1. Welche Lebewesen willst du ordnen? Überlege dir, welche Lebewesen du nach Gruppen ordnen möchtest.
Beispiel: Du willst verschiedene Tiere ordnen, die du auf einer Wiese gefunden hast.

2. Lege das erste Kriterium fest Suche ein Merkmal, das bei den Tieren unterschiedlich ist. Dieses Merkmal ist dein Kriterium für den Vergleich.
Beispiel: Besitzt das Tier eine Wirbelsäule?

3. Ordne nach dem Kriterium Bringe Lebewesen zusammen, die sich in dem Merkmal ähneln, und trenne sie von jenen, die sich darin unterscheiden.
Beispiel: Alle Tiere, die eine Wirbelsäule haben, bilden eine Gruppe. Alle Tiere ohne Wirbelsäule bilden eine andere Gruppe. → 3

4. Füge weitere Kriterien hinzu Suche nach weiteren Kriterien, indem du Schritt 2 und 3 weiterführst. Je mehr Kriterien du vergleichst, desto detaillierter ist deine Einteilung. Wenn du alle Lebewesen verschiedenen Gruppen zugeordnet hast, ist dein Ordnungssystem vollständig.
Beispiel: Alle Wirbellosen ohne Körpergliederung gehören zu den Weichtieren. → 3

Die Vielfalt der Wirbellosen

Material A

Tiere ordnen

Im Unterricht sollen Tiere nach Kriterien geordnet werden. Lea und Finn präsentieren ihre Ergebnisse zur Auswertung an der Tafel. → |1|

gefährlich	Krokodil
klein	Regenwurm, Schmetterling, Kreuzspinne, Weinbergschnecke
fliegend	Fledermaus, Amsel
Wassertier	Grasfrosch, Delfin, Karpfen, Stockente

Ergebnis von Lea:

keine Beine:	Regenwurm, Delfin, Karpfen, Weinbergschnecke
zwei Beine:	Amsel, Fledermaus, Stockente
4 Beine:	Grasfrosch, Krokodil
6 Beine:	Schmetterling
8 Beine:	Kreuzspinne

Ergebnis von Finn:

|1| Wer hat sinnvoll geordnet?

1 ☒ Ordne die Tiere aus Bild 1 den Wirbeltieren und den Wirbellosen zu.

2 ☒ Beurteile, ob Lea und Finn die Tiere nach sinnvollen Kriterien geordnet haben.

3 ☒ Gib weitere Kriterien an, nach denen man die Tiere ordnen kann.

Material B

Vergleich Insekt – Spinne

Insekten und Spinnen sind eng miteinander verwandt.

1 ☒ Vergleiche den Körperbau von Insekten und Spinnen im Hinblick auf Gemeinsamkeiten und Unterschiede. → |2| |3|

2 ☒ Begründe anhand der Merkmale, dass Spinnen enger mit den Insekten verwandt sind als mit den Ringelwürmern.

3 Betrachte die beiden Tiere in den Bildern 4 und 5. ☒ Ordne sie den Spinnen oder Insekten zu. Begründe jeweils deine Zuordnungen.

|2| Insekt und Spinne im Vergleich

Spinnen haben wie Insekten gegliederte Beine. Beide gehören daher in die Gruppe der Gliederfüßer. In dieser Gruppe ist die Anzahl der Beine ein wichtiges Kriterium, um die Tiere in Gruppen zu ordnen. Insekten haben sechs Beine, Spinnen haben dagegen acht Beine. Bei Insekten ist der Körper deutlich in Kopf, Brust und Hinterleib gegliedert. Bei Spinnen sind Kopf und Brust verwachsen.
3

|4| Der Skorpion

|5| Die Kopflaus

Material C

Wir ordnen Wirbellose

In Bild 6 sind verschiedene Wirbellose dargestellt.

1. ⊠ Ordne diese Wirbellosen folgenden Gruppen zu:
   a) Insekten
   b) Spinnen
   c) Gliederfüßer
   d) Tausendfüßer
   e) Ringelwürmer
   f) Weichtiere

2. ⊠ Ordne die abgebildeten Wirbellosen nach zwei von dir festgelegten Merkmalen in Gruppen.

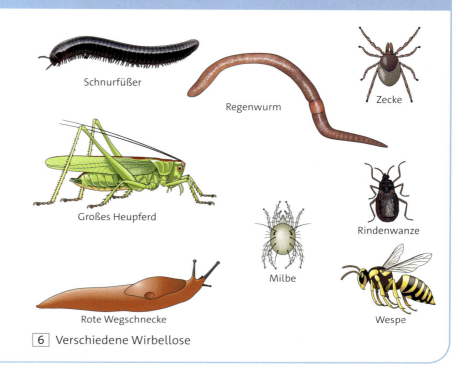

6 Verschiedene Wirbellose

Material D

Wirbellose sind vielseitig

1. Die Bilder 7–9 zeigen Wirbellose, die in extremen Lebensräumen überleben können.

a ⊠ Ordne den Tieren die Eigenschaften zu, die ihnen das ermöglicht:
   • verlieren sehr wenig Wasser über die Körperoberfläche
   • können sehr geringe Lichtmengen nutzen
   • halten auch niedrige Temperaturen aus

b ⊠ Ordne den Eigenschaften die Angepasstheit zu, die sie ermöglicht:
   • extrem große Augen
   • Körperflüssigkeit enthält eine Art Frostschutzmittel
   • dicker Panzer

7 Der Skorpion

8 Die Mücke

9 Der Kalmar → ▫

Die Merkmale der Insekten

1 Diestelfalter und Honigbiene

Eine Honigbiene und ein Distelfalter wurden durch die Farbe und den Duft der Blüten angelockt. Trotz ihres unterschiedlichen Aussehens sind beide Tiere Insekten. Welche Gemeinsamkeiten haben Insekten?

Vielfalt der Insekten • Insekten gehören zu den Wirbellosen und bilden die artenreichste Gruppe des gesamten Tierreichs. → 2 → 🔲 Eine Art ist eine Gruppe von Lebewesen, die sich durch ihre Merkmale von anderen Gruppen abgrenzen lässt. Die Mitglieder der Gruppe können ausschließlich untereinander fruchtbare Nachkommen zeugen. Alle Distelfalter gehören zu derselben Art. Sie können sich nur untereinander fortpflanzen. Arten können in Gruppen zusammengefasst werden. Die Distelfalter gehören zum Beispiel in die Gruppe der Schmetterlinge. Sie stellt mit weltweit mehr als 150 000 Arten eine große Gruppe innerhalb der Insekten dar.

Körperbau • Am Beispiel der Honigbiene kann man den typischen Bauplan eines Insekts gut erkennen. Ihr Körper ist in drei Abschnitte gegliedert: Kopf, Brust und Hinterleib. → 3 An ihrem Kopf hat sie zwei Augen, zwei Fühler und die Mundwerkzeuge. Mit den Fühlern kann die Honigbiene tasten und riechen. Mit den Mundwerkzeugen leckt und saugt sie Nahrung auf. An der Brust sitzen sechs gegliederte Beine und zwei Flügelpaare. Am Hinterleib lassen sich mehrere bewegliche Ringe unterscheiden. Sie bestehen aus Chitin. Das ist ein harter, aber biegsamer Stoff. Die Ringe schützen den Körper wie ein Panzer. Man bezeichnet dies als Außenskelett.

Facettenaugen • Den größten Teil des Insektenkopfs nehmen die Augen ein. → 4 Sie sind unbeweglich und ähneln einem Netz. Man nennt sie Facettenaugen. Jedes Facettenauge ist aus sehr vielen Einzelaugen zusammengesetzt.

2 Die Verteilung der Tierarten

Lexikon
Video
Tipps

bixefi

die **Art**
das **Außenskelett**
das **Facettenauge**
der **offene Blutkreislauf**

Atmung • Insekten haben weder Lungen noch Kiemen. Stattdessen nehmen sie Luft durch kleine Atemöffnungen an den Seiten der Brust und des Hinterleibs auf. Feine Röhren, die den ganzen Körper durchziehen, leiten die Luft direkt zu den Organen und versorgen sie so mit Sauerstoff.

Nervensystem • Bei Insekten ist das Nervensystem wie eine Strickleiter aufgebaut: Es besteht aus vielen Nervenknoten, die durch Nervenstränge miteinander verbunden sind. → 3 Am Kopf befindet sich ein verdickter Nervenknoten, der die Funktion eines Gehirns übernimmt.

Blutkreislauf • Bei Insekten kann das Blut farblos, grün, gelb oder rot gefärbt sein. Das Blutgefäßsystem der Insekten wird aus einem Herzen und kurzen Seitengefäßen gebildet. Das Herz der Insekten ist muskulös und schlauchförmig. → 3
Das Herz und die Seitengefäße haben Öffnungen. Dadurch wird das Blut in die Körperhöhle gepumpt, wo es die Organe umspült und mit Nährstoffen versorgt. Das Blut fließt durch die Öffnungen wieder zum Herzen zurück. Man spricht dabei von einem offenen Blutkreislauf.

> Typische gemeinsame Merkmale aller Insekten sind die Gliederung in Kopf, Brust und Hinterleib, ein Außenskelett und Facettenaugen. Insekten haben sechs Beine und oft Flügel.

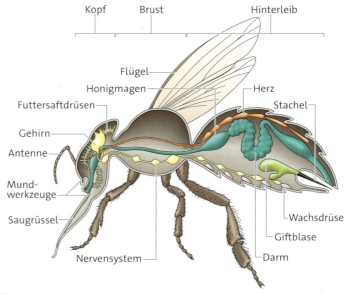

3 Der Körperbau der Honigbiene

4 Die Facettenaugen einer Fliege

Aufgaben

1 ▶ Beschreibe den Aufbau eines Facettenauges. → 4

2 ✉ Erkläre, wie bei Insekten die inneren Organe geschützt werden.

Die Merkmale der Insekten

Material A

Untersuchung von Honigbienen

Materialliste: tote Honigbienen von einem Imker, feine Schere, spitze Pinzette, Präpariernadeln, Lupe (Vergrößerung bis zu 10-fach), Stereomikroskop (Vergrößerung bis zu 20-fach), Zeichenpapier, Millimeterpapier, Bleistift

1 Zerlegte Honigbiene

1 ▶ Lege eine Honigbiene auf das Zeichenpapier, indem du sie mit den Fingerspitzen am Hinterleib anfasst. Drücke den Hinterleib vorsichtig leicht zusammen und lass wieder los. Beschreibe die Körpergliederung.

2 Betrachte die Honigbiene seitlich, von oben und von unten mit der Lupe. Vergleiche den Aufbau des Körpers mit Bild 3 auf Seite 97.
▶ Zähle die Ringe am Hinterleib.

3 Trenne mit der Pinzette vorsichtig die Beine und Flügel ab. Trenne mit der Schere Kopf, Brust und Hinterleib.

Lege alle Teile geordnet hin. → 1

4 Lege ein Vorderbein auf ein Stück Millimeterpapier und betrachte es mit dem Stereomikroskop. Durch das Millimeterpapier bekommst du eine Vorstellung von der tatsächlichen Größe.
▶ Skizziere ein Vorderbein.

5 Betrachte einen Flügel mit dem Stereomikroskop.
a ▶ Beschreibe den Flügel.
b ▶ Zeichne den Flügel.

6 Betrachte den Kopf unter dem Stereomikroskop.
a ▶ Beschreibe den Aufbau eines Fühlers.
b ▶ Beschreibe, wie die Augen aussehen.

7 Betrachte ein Hinterbein mit dem Stereomikroskop.
a ▶ Fertige eine beschriftete Zeichnung von der Innenseite des Hinterbeins an.
b ▶ Beschreibe die Angepasstheit des Hinterbeins an seine Aufgabe. → 2
c ▶ Vergleiche den Bau eines Hinterbeins mit dem Bau eines Vorderbeins. Betrachte dazu ein Vorderbein mit dem Stereomikroskop. Was ist gleich, was verschieden?

Wenn eine Honigbiene auf der Suche nach Nahrung eine Blüte anfliegt, bleibt Pollen an ihrem Körper haften. Mit den Bürsten der Hinterbeine streift sie den Pollen ab. Dann entfernt sie mit dem Kamm des einen Hinterbeins den Pollen aus der Bürste des anderen Hinterbeins. Mit den Schiebern drückt sie den Pollen in die Körbchen, die sich außen an den Hinterbeinen befinden.

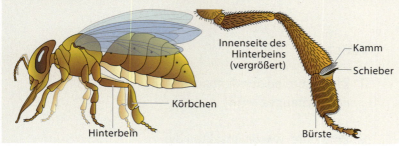

2 Die Hinterbeine der Honigbiene sind Sammelbeine.

Material B

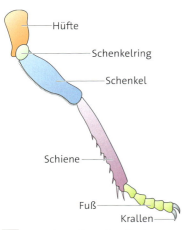

3 Bauplan eines Laufbeins

4 Verschiedene Insektenbeine

Sprungbein einer Heuschrecke · Sammelbein einer Honigbiene · Schwimmbein einer Wasserwanze · Grabbein einer Maulwurfsgrille

Gegliederte Beine

Der Aufbau der Beine ist bei allen Insekten gleich. In Bild 3 ist der Bauplan gut zu sehen. Trotzdem sehen die Beine oft sehr unterschiedlich aus. → 4 Sie sind an ihre jeweiligen Aufgaben angepasst.

A Das Bein besitzt eine Vertiefung ähnlich wie ein Körbchen.

B Das Bein ist verbreitert und verstärkt wie eine Schaufel.

C Das Bein ist verlängert und wirkt wie ein Katapult.

D Das Bein trägt Borsten und wirkt wie ein Paddel.

1 ▣ Beschreibe den Aufbau eines Laufbeins. → 3

2 In Bild 4 sind verschiedene Insektenbeine abgebildet. ▣ Ordne den vier Insektenbeinen die Beschreibungen A–D sinnvoll zu.

3 ▣ Vergleiche die Insektenbeine in Bild 4 mit dem Laufbein in Bild 3. Gehe dabei jeweils auf den Schenkel, die Schiene und den Fuß ein.

4 ▣ Erläutere an zwei Beispielen, wie Insektenbeine an ihre Aufgaben angepasst sind.

5 ▣ Benenne die Beintypen in den Bildern 5 und 6.

6 Ein Floh kann 3 mm groß werden. Er kann 50 cm weit und 30 cm hoch springen. ▣ Berechne, wie weit und wie hoch ein Kind mit einer Größe von 150 cm bei ähnlichen Voraussetzungen springen könnte.

5 Katzenfloh

6 Gelbrandkäfer →

Die Merkmale der Insekten

Erweitern und Vertiefen

Das Leben im Insektenstaat

1 Imker bei der Entnahme einer Wabe

2 Wabe mit Honigzellen

3 Tiere eines Bienenvolks

Insektenstaat • Honigbienen, Waldameisen, Termiten und viele andere Insekten leben in Gemeinschaften zusammen, in denen Arbeitsteilung herrscht. Man spricht dabei von einem Insektenstaat. Die Arbeitsteilung ist nur durch eine intensive Verständigung möglich. Die Verständigung erfolgt unterschiedlich: Waldameisen verständigen sich zum Beispiel über Duftstoffe und Honigbienen teilen sich die Lage und Entfernung von Futterquellen durch besondere Tänze mit.

Bienenvolk • Imker halten Honigbienen in Bienenstöcken. Darin hängen mehrere Holzrahmen dicht nebeneinander, in denen die Honigbienen Waben aus Wachs gebaut haben. → 1 Diese bestehen aus Tausenden sechseckigen Hohlräumen, den Zellen. → 2 Hier entwickeln sich die Larven. Auf den ersten Blick sehen alle Tiere im Bienenstock gleich aus. Doch es gibt Unterschiede: In jedem Bienenstock lebt ein Bienenvolk mit einer Königin, Drohnen und Arbeiterinnen. → 3 Die meisten Tiere sind die unfruchtbaren weiblichen Arbeiterinnen. Die männlichen Drohnen erkennt man an ihren großen Augen und ihrem plumpen Körper. Ihre einzige Aufgabe ist es, sich mit der Königin zu paaren. Im Herbst werden sie aus dem Bienenstock vertrieben und sterben. Die etwas größere Königin ist das einzige fruchtbare Weibchen. Alle Tiere eines Bienenvolks stammen von ihr ab. Sie kann pro Tag bis zu 2000 Eier legen, aus denen die Arbeiterinnen schlüpfen. Ab einer bestimmten Anzahl an Arbeiterinnen beginnt die Königin, unbefruchtete Eier zu legen, aus denen Drohnen entstehen.

Video Tipps

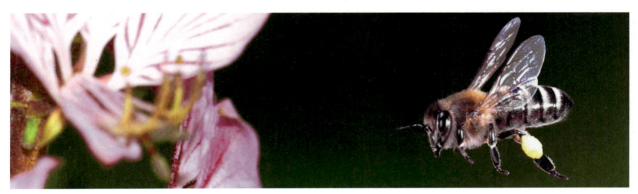

4 Honigbiene beim Sammeldienst →

Königinnen • Sie entwickeln sich in großen Brutzellen am Rand der Waben. Eine Larve entwickelt sich nur zur Königin, wenn sie mit einem besonderen Futtersaft gefüttert wird, dem Gelée royale. Die Königin, die zuerst schlüpft, tötet ihre Konkurrentinnen mit ihrem Giftstachel und übernimmt das halbe Bienenvolk. Die alte Königin verlässt den Bienenstock mit den restlichen Honigbienen und sucht einen geeigneten Ort für ihr neues Bienenvolk.

Dienst im Bienenstock • Nach dem Schlüpfen arbeitet eine Honigbiene erst drei Wochen im Bienenstock. In dieser Zeit erfüllt sie verschiedene Aufgaben. Zunächst reinigt sie leere Zellen und füttert die Larven mit Honig und Pollen. Ab der zweiten Woche erzeugen Drüsen am Hinterleib der Honigbiene Wachs. Dann beteiligt sie sich am Bau von Waben. Danach verarbeitet die Honigbiene in ihrem Honigmagen Nektar zu Honig, der in Vorratswaben gespeichert wird. → 2 Am Ende ihres Dienstes im Bienenstock bewacht sie das Flugloch und wehrt fremde Tiere mit ihrem Giftstachel ab.

Sammeldienst • Ab der vierten Woche bis zum Ende ihres etwa fünfwöchigen Lebens arbeitet die Honigbiene als Sammlerin. Beim Besuch einer Blüte saugt sie mit ihrem Saugrüssel den Nektar in ihren Honigmagen. Dort wird er zu Honig verarbeitet, der dann in Vorratswaben gespeichert wird und dem Bienenvolk als Nahrung dient. Im Spätsommer entnimmt der Imker oder die Imkerin einen großen Teil des Honigs. Als Ersatz erhält das Bienenvolk Zuckerwasser. Die Honigbiene sammelt auch Pollen, der beim Besuch der Blüte in ihrem Haarkleid hängen bleibt.

> Ein Bienenvolk besteht aus einer Königin, Drohnen und Arbeiterinnen. Die Tiere erfüllen jeweils ganz bestimmte Aufgaben.

Aufgaben

1 Beschreibe, wie der Honig entsteht, den wir im Supermarkt kaufen können.

2 Erläutere am Beispiel der Honigbiene, was man unter einem Insektenstaat versteht.

Wie Insekten sich ernähren

1 Ein Taubenschwänzchen auf Nektarsuche →

Durch seinen langen Saugrüssel ist dieser Schmetterling bei der Nahrungssuche an besondere Blütenformen angepasst. Wie unterscheiden sich die Mundwerkzeuge der Insekten?

Mundwerkzeuge • Insekten nehmen ihre Nahrung mit Mundwerkzeugen zu sich. Diese befinden sich an der Unterseite des Kopfs vor der Mundöffnung. Die Mundwerkzeuge verschiedener Insekten haben den gleichen Bauplan. Sie können aber sehr unterschiedlich aussehen, denn sie sind an die jeweilige Ernährungsweise angepasst.

Saugrüssel und Stechrüssel • Bei Schmetterlingen wie dem Taubenschwänzchen ist der Unterkiefer zu einem langen, schlauchförmigen Saugrüssel geformt. → 1 Damit können sie Nektar aus Blüten mit einem tiefen Blütenboden saugen.
Blutsaugende Insekten wie zum Beispiel Stechmücken besitzen einen Stechrüssel. Er ist hart und spitz genug, um die Haut anderer Lebewesen zu durchdringen.

Beißwerkzeuge • Viele Insekten oder ihre Larven besitzen zum Zerkleinern und Kauen von harter Nahrung kräftige Mundwerkzeuge mit großen Beißzangen. Diese findet man besonders bei räuberischen Käfern, Ameisen und Heuschrecken, die damit ihre Beute töten und zerlegen.

> Insekten sind auf eine bestimmte Nahrung spezialisiert. Ihre Mundwerkzeuge sind an diese Nahrung angepasst. Sie können daher sehr unterschiedlich aussehen.

Aufgabe

1 Beschreibe die verschiedenen Mundwerkzeuge der Insekten mit je einem Beispiel.

die **Mundwerkzeuge**

Material A

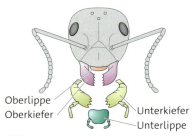

Oberlippe
Oberkiefer
Unterkiefer
Unterlippe

2 beißend

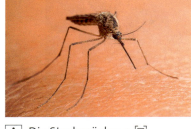

A Die Stechmücke → ▣

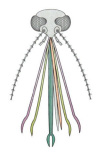

3 stechend

B Der Schmetterling → ▣

4 saugend-leckend

C Die Ameise → ▣

5 saugend

D Die Honigbiene → ▣

Mundwerkzeuge

1 ▶ Ordne die Mundwerkzeuge in den Bildern 2–5 den Insekten A–D zu.

2 ▶ Beschreibe den Zusammenhang zwischen der Ernährung und dem Bau der Mundwerkzeuge.

3 Lebewesen müssen Nahrung aufnehmen, um zu überleben. Die Mundwerkzeuge der Eintagsfliege sind jedoch verkümmert. → 6
▶ Erkläre, warum das für die Eintagsfliege kein großer Nachteil ist.

Die Larve der Eintagsfliege lebt bis zu 3 Jahre im Wasser. Sie ernährt sich von Pflanzen. Aus der Larve schlüpft die Eintagsfliege. Sie lebt nur einige Tage. In dieser Zeit findet die Paarung statt und die Weibchen legen ihre Eier.

6 Die Eintagsfliege

Insekten in Verwandlung

1 Brutzellen mit Larven, Puppen und einer Honigbiene

Eine Ansammlung von Larven und eine erwachsene Honigbiene – auf den ersten Blick sind das zwei völlig unterschiedliche Lebewesen. Doch es handelt sich um Tiere derselben Art. Insekten sind wahre Verwandlungskünstler. Wie läuft ihre Verwandlung ab?

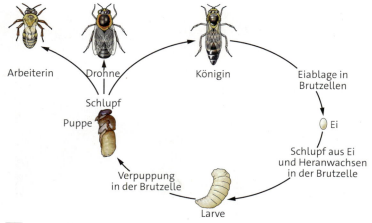

2 Entwicklungsstadien der Honigbiene

Vollkommene Metamorphose • Die Honigbiene durchläuft wie alle Insekten mehrere Entwicklungsstadien. Die Königin des Bienenvolks legt bis zu 2000 Eier pro Tag in den Brutzellen des Bienenstocks ab. → 1 2 Aus jedem befruchteten Ei schlüpft nach drei Tagen eine Larve. Sechs Tage später wird ihre Brutzelle mit einem Wachsdeckel verschlossen. Dann entwickelt sich die Larve als Puppe weiter, sie verpuppt sich. Nach insgesamt 21 Tagen schlüpft die Honigbiene als Vollinsekt aus ihrer Brutzelle. Die Entwicklung vom Ei über die Larve und die Puppe zum Vollinsekt heißt vollkommene Metamorphose. Auch das Tagpfauenauge durchläuft eine vollkommene Metamorphose. Das Weibchen dieses Schmetterlings klebt bis zu 200 Eier zum Beispiel an die Unterseite von Brennnesselblättern. Nach etwa zwei Wochen schlüpfen aus den Eiern behaarte, kleine Raupen, die Larven der Schmetterlinge. Sie fressen an den Blättern und wachsen schnell. Weil die feste Hülle ihres Körpers nicht mitwächst, reißt sie mehrmals auf. Ihr entschlüpft dann die größere Raupe. Wenn die Raupe ausgewachsen ist, heftet sie sich an eine geeignete Stelle und verpuppt sich. Nach einigen Wochen Puppenruhe schlüpft der Schmetterling. → 3 → ▣

Ein Vorteil der vollkommenen Metamorphose ist, dass die Tiere in den verschiedenen Entwicklungsstadien oft an unterschiedlichen Orten leben und sich unterschiedlich ernähren. Dadurch müssen Larven und Vollinsekten ihre Nahrung nicht miteinander teilen.

Lexikon
Videos
Tipps

mozime

die **Larve**
die **Puppe**
das **Vollinsekt**
die **Metamorphose**

3 Ein Tagpfauenauge schlüpft aus der Puppenhülle.

Unvollkommene Metamorphose · Nicht alle Insekten verändern ihr Aussehen nach dem Schlupf aus dem Ei bis zum Vollinsekt. Manche Insekten wie die Heuschrecke bilden keine Puppe. Hier schlüpft aus einem Ei eine winzige Larve ohne Flügel, die der erwachsenen Heuschrecke schon sehr ähnlich sieht. → 4 Nach fünf Häutungen erreicht sie die Größe des Vollinsekts.
Diese Entwicklung vom Ei über die Larve zum Vollinsekt bezeichnet man als unvollkommene Metamorphose. Das Wort unvollkommen bezieht sich darauf, dass es kein Puppenstadium gibt.

> Die meisten Insekten entwickeln sich vom Ei über Larve und Puppe zum Vollinsekt. Das nennt man vollkommene Metamorphose. Bei der unvollkommenen Metamorphose fehlt das Puppenstadium.

Aufgaben

1 Erkläre, was mit dem Fachwort Metamorphose gemeint ist.

2 Vergleiche die Metamorphose des Tagpfauenauges und der Heuschrecke. Gehe auf die Gemeinsamkeiten und Unterschiede ein.

4 Unvollkommene Metamorphose einer Heuschrecke

Insekten in Verwandlung

Material A

Die Entwicklung von Schmetterlingen

1 Betrachte die Bilder 1–3.
a ▸ Nenne die dargestellten Entwicklungsstadien des Distelfalters.
b ▸ Nenne das Entwicklungsstadium, das zur vollkommenen Metamorphose fehlt.

[1] [2] [3] Distelfalter

2 Die Mundwerkzeuge → [4]
a ▸ Beschreibe die Entwicklung der Mundwerkzeuge von der Larve zum Vollinsekt.
b ▸ Erläutere, wie sich diese Entwicklung auf die Nahrungsaufnahme auswirkt.

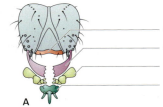
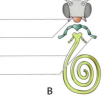

Oberlippe
Oberkiefer
Unterkiefer
Unterlippe

A   B

[4] Mundwerkzeuge: **A** Larve, **B** Vollinsekt

Material B

Der Larvenbefall

Die Larven des Kohlweißlings ernähren sich hauptsächlich von Wildkohlblättern. Sie fressen aber auch angebauten Kohl. → [5] [6]

1 ▸ Erkläre die Bedeutung von Wildpflanzen für Schmetterlinge wie den Kohlweißling.

2 Eine Landwirtin und ein Naturschützer unterhalten sich über die Gefährdung von heimischen Schmetterlingen.

a ▸ Stelle Vermutungen an, welche Positionen die Personen einnehmen könnten.

b ▸ Beurteile, welche Lösungsansätze denkbar wären.

[5] Der Kohlweißling   [6] Larvenbefall an Kohl

Material C

Vom „Mehlwurm" zum Mehlkäfer

Materialliste: großes Einmachglas, Gazetuch, Gummi, Lupe, Sieb, Zeitungspapier, Kleie, Mehl, 20 Mehlwürmer, trockenes Brot, Apfelscheiben, feuchtes Tuch für die Hände

Achtung! • Behandle lebende Tiere vorsichtig!

1 Fülle in das Einmachglas etwas Kleie, Mehl und Brotreste als Nahrung für die Mehlwürmer.

2 Mehlwürmer brauchen wenig Wasser. Ihnen genügt es, wenn du wöchentlich eine Scheibe Apfel in das Glas legst. Entferne die Apfelreste sorgfältig, damit sich kein Schimmel bildet.

3 Gib 20 Mehlwürmer in das Glas und verschließe es mit dem Gummi und dem Gazetuch. → 7

4 Untersuche das Zuchtgefäß wöchentlich. Lege dazu das Zeitungspapier auf den Tisch und siebe den Inhalt deines Zuchtgefäßes so lange, bis nur noch Tiere und Brotreste in deinem Sieb sind.

7 Zuchtgefäß für Mehlkäfer

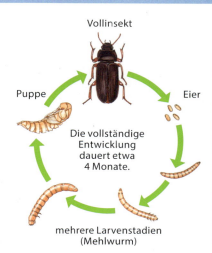

9 Entwicklung des Mehlkäfers

Beobachtungstabelle: Mehlkäferzucht					
	1. Woche	2. Woche	3. Woche	4. Woche	5. Woche
Lebende Larven	20	…	…	…	…
Tote Larven	0	…	…	…	…
Larvenhüllen	0	…	…	…	…
Puppen	0	…	…	…	…
Lebende Käfer	0	…	…	…	…
Tote Käfer	0	…	…	…	…

8 Beispiel für eine Beobachtungstabelle

5 ▸ Zähle Larven, Puppen und Käfer aus und halte das Ergebnis in deiner Beobachtungstabelle fest. → 8

6 Betrachte eine Puppe und einen Käfer mit der Lupe. ▸ Welche Körperteile des Käfers deuten sich bei der Puppe an? Nenne sie.

7 Entwicklung
a ▸ Beschreibe die Entwicklung des Mehlkäfers. → 9
b ▸ Erkläre, ob eine vollkommene oder unvollkommene Metamorphose vorliegt.

8 ▸ Ist der Mehlwurm ein Wurm? Beurteile die Bezeichnung Mehlwurm.

Vogel und Insekt im Vergleich

1 Ein Bienenfresser erbeutet eine Biene.

Der Bienenfresser, ein Vogel, fängt Bienen und andere fliegende Insekten. Obwohl beide Tiere im selben Lebensraum leben, sind sie sehr verschieden gebaut. Welche Unterschiede gibt es?

Vögel • Die Vögel gehören zu den Wirbeltieren. Diese haben ein innen liegendes Skelett aus Knochen und eine Wirbelsäule. Die Knochen sind über Gelenke beweglich verbunden und über Sehnen an Muskeln befestigt. → 2A Dieses Innenskelett stützt den Körper und macht ihn beweglich.

Insekten • Der Körper der Insekten ist von einem festen Panzer aus Chitin umhüllt. → 2B Der Panzer bildet das Außenskelett. Er stützt den Körper. Die Einzelteile des Panzers sind durch Gelenkhäute beweglich verbunden.

Entwicklung • Vögel und Insekten pflanzen sich beide fort. Ihre weitere Entwicklung verläuft jedoch völlig unterschiedlich. Im befruchteten Vogelei reift ein Küken heran, das bereits wie ein Vogel aussieht. Bei Insekten entwickeln sich aus den Eiern Larven, die sich schrittweise zu erwachsenen Insekten verwandeln.

> Wirbeltiere haben ein Innenskelett mit einer Wirbelsäule. Wirbellose haben ein Außenskelett aus Chitin.

2 Skelette: **A** Innenskelett (Vogel), **B** Außenskelett (Insekt)

Aufgaben

1 Beschreibe den Aufbau und die Aufgaben des Innenskeletts und des Außenskeletts.

2 Vergleiche die Entwicklung von Vögeln und Insekten.

Lexikon
Videos
Tipps

senaxa

das **Innenskelett**
das **Außenskelett**

Material A

Die Körpergliederung

Die Körper von Vogel und Schmetterling sind unterschiedlich gegliedert.

1 ▣ Beschreibe die Körpergliederung des Vogels und des Schmetterlings. → 3 4

2 ▣ Vergleiche die Köpfe.

3 ▣ Vergleiche Rumpf und Schwanz des Vogels mit Brust und Hinterleib des Schmetterlings. Gehe auf Gemeinsamkeiten und Unterschiede ein.

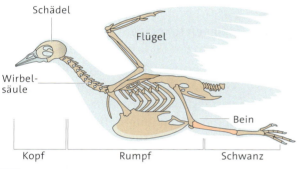

3 Die Körpergliederung eines Vogels

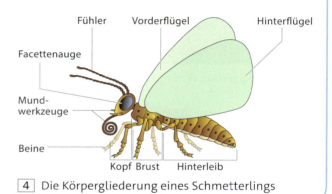

4 Die Körpergliederung eines Schmetterlings

Material B

5 Der Kolibri → ▣

6 Das Taubenschwänzchen → ▣

Insekt oder Vogel?

1 ▣ Vergleiche den Kolibri mit dem Taubenschwänzchen. → 5 – 7 Notiere Gemeinsamkeiten und Unterschiede.

Der Kolibri und das Taubenschwänzchen sehen sich zum Verwechseln ähnlich. In ihrem Lebensraum kann man sie oft beobachten, wie sie bei der Aufnahme von Nektar vor den Blüten in der Luft „stehen". Dabei schlagen sie so schnell mit ihren Flügeln, dass man die Bewegung mit bloßem Auge nicht erkennen kann.

7

Spinnen – Jägerinnen auf acht Beinen

1 Die Kreuzspinne in ihrem Netz

Viele Menschen haben Angst vor Spinnen. Dabei sind Spinnen wie die Kreuzspinne faszinierende Tiere mit besonderen Jagdstrategien. Was zeichnet Spinnen aus?

Körperbau • Spinnen erkennt man besonders an ihren acht Beinen. Die Beine sind in Abschnitte gegliedert, so wie bei den Insekten. Auch der Körper ist in Abschnitte gegliedert. Er ist von einem Außenskelett aus Chitin umhüllt. Der Kopf und die Brust sind miteinander verwachsen. → 2

Am vorderen Ende des Kopf-Brust-Stücks befinden sich acht Augen. Vor dem Mund hat die Kreuzspinne zwei Kieferzangen mit Giftklauen und zwei Kiefertaster, die zum Tasten dienen. Im Hinterleib befindet sich ein schlauchförmiges Herz, das Blut durch den Körper pumpt. Auf der Bauchseite liegen Atemöffnungen.

Spinnen sind Jäger • Mit ihren Spinndrüsen am Ende des Hinterleibs erzeugt die Kreuzspinne Spinnfäden. Damit baut sie ihr Netz. → 1 Im Netz verfangen sich Insekten. Die Kreuzspinne lähmt oder tötet ihre Beute durch einen Biss mit ihren Giftklauen. Dann gibt sie aus ihrem Mund Verdauungssäfte ab. Sie bewirken, dass das Innere der Beute flüssig wird. Das nennt man Außenverdauung. Anschließend saugt die Spinne ihre Nahrung auf.

> Spinnen haben acht gegliederte Beine. Ihr Körper besteht aus dem Kopf-Brust-Stück und dem Hinterleib. Sie fangen Beute im Netz und verdauen sie außerhalb des Körpers.

2 Körperbau der weiblichen Kreuzspinne

Aufgaben

1 ☒ Beschreibe den Vorgang der Außenverdauung.

2 Spinnen sind Gliederfüßer, so wie die Insekten.
☒ Begründe die Zuordnung der Spinnen zu dieser Gruppe anhand ihrer Merkmale.

die **Außenverdauung**

Material A

Die Jagdformen der Spinnen

1. ⊠ Beschreibe die Angepasstheiten von Spinnen an ihr Jagdverhalten. → 3 4

Die Veränderliche Krabbenspinne baut keine Netze, sondern lauert ihrer Beute auf Blüten auf. Die Weibchen können ihre Körperfarbe an die Blütenfarbe angleichen. So sind sie gut getarnt.

Springspinnen jagen Insekten, indem sie diese aus mehreren Zentimetern Entfernung anspringen, sie festhalten und ihnen Gift einspritzen. Sie haben kräftige Sprungbeine und sehen sehr gut.

3 Die Veränderliche Krabbenspinne

4 Die Springspinne → 🔳

Material B

Die Verwandtschaft

Mit welchen Tieren sind die Spinnen eng verwandt?

1. ⊠ Vergleiche den Körperbau der Tiere. → 5 – 8

2. ⊠ Begründe anhand der Merkmale, mit welchen der Tiere in den Bildern 5–8 die Spinnen enger verwandt sind.

5 Die Zecke

7 Der Weberknecht

6 Die Kakerlake

8 Die Stinkwanze

Schnecken – Weichtiere mit Schleimspur

1 Die Rote Wegschnecke und die Weinbergschnecke

Viele Schnecken haben ein hartes, stabiles Gehäuse. Warum gehören sie trotzdem zu den Weichtieren? Und was zeichnet Schnecken aus?

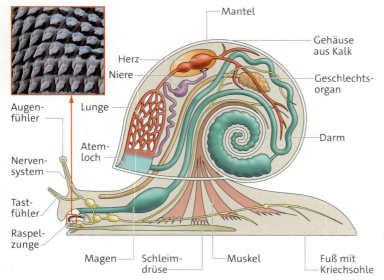

2 Der Körperbau der Weinbergschnecke

Feucht und schleimig • Schnecken brauchen Feuchtigkeit. Deshalb sieht man sie vor allem bei Regen, in der Dämmerung oder nachts und in feuchten Lebensräumen wie feuchten Wiesen. Beim Kriechen hinterlassen sie glänzende Schleimspuren. Der Schleim wird aus einer großen Schleimdrüse am Fuß der Schnecke abgegeben. → 2 Die Schnecke kann auf dem Schleim geschützt vorwärtsgleiten.

Weichtiere • Schnecken haben einen weichen Körper. Sie haben weder ein Innenskelett aus Knochen wie Wirbeltiere noch ein festes Außenskelett wie Insekten. Daher zählen Schnecken zu den Weichtieren. Viele Schnecken haben ein stabiles Gehäuse aus Kalk. → 1 Das Gehäuse schützt die inneren Organe der Schnecke.

Lexikon
Video
Tipps

nuriwo

die **Weichtiere**
die **Raspelzunge**
der **Zwitter**
der **Schädling**

Körperbau • Unter dem Gehäuse der Weinbergschnecke sind ihre inneren Organe verborgen. → 2 Sie liegen in einer Hülle, dem Mantel. Von außen ist der längliche Fuß gut sichtbar. Er ist mit Muskeln und einer Kriechsohle ausgestattet. Am Kopf sitzen zwei lange Augenfühler, an denen sich die Augen befinden. Damit kann die Schnecke hell und dunkel unterscheiden. Außerdem befinden sich am Kopf zwei kurze Tastfühler, die der Orientierung dienen.

Raspelzunge • Die Zunge der Weinbergschnecke ist an ihre Ernährung angepasst. Bei Schnecken, die sich vor allem von Pflanzen ernähren, ist die Zunge mit feinen Zähnchen aus Chitin besetzt. → 2 Damit raspeln sie Material von Pflanzen ab und nehmen es dann auf. Man bezeichnet die Zunge als Raspelzunge.

Atemloch • Die Weinbergschnecke atmet durch ein Atemloch im Mantel. → 2 Es lässt sich über einen Muskel öffnen und schließen. Zum Einatmen und Ausatmen senkt und hebt die Schnecke den unteren Teil ihres Mantels. So strömt Luft ein und aus.

Entwicklung • Schnecken sind Zwitter. Das bedeutet, dass jedes Tier männliche und weibliche Geschlechtsorgane besitzt. Nach der Paarung legt eine Schnecke etwa 50 Eier im Boden ab. → 3 Nach wenigen Wochen schlüpfen die Jungtiere. Sie tragen bereits ein Gehäuse. → ▣

Zu unrecht verurteilt • Weinbergschnecken werden oft als Schädlinge betrachtet. So nennt man Tiere, die dem Menschen wirtschaftlichen Schaden zufügen. Eigentlich sind sie aber nützlich. Sie fressen am liebsten verwelkte und abgestorbene Teile von Pflanzen, aber kaum junge Triebe. Außerdem fressen sie die Eier von Nacktschnecken, die sich tatsächlich bevorzugt von gesunden Pflanzen und jungen Trieben ernähren.

> Schnecken zählen zu den Weichtieren. Die Weinbergschnecke hat ein Gehäuse, eine Raspelzunge und ein Atemloch. Schnecken sind Zwitter.

Aufgaben

1 ✉ Beschreibe den Körperbau der Weinbergschnecke, wie man ihn von außen erkennt. → 1

2 ✉ Beschreibe den Aufbau und die Aufgabe der Raspelzunge.

3 ✉ Erläutere am Beispiel der Schnecken, was ein Zwitter ist.

3 Eier der Weinbergschnecke im Boden

Schnecken – Weichtiere mit Schleimspur

Material A

Die Bewegung der Schnecke

Materialliste: Glasplatte, Weinbergschnecke oder Schnirkelschnecke

[1] Die Kriechsohle von unten

Der Fuß der Schnecke besteht hauptsächlich aus Muskeln. Er ist an der Unterseite zu einer Kriechsohle abgeplattet.

1 Setze eine Schnecke auf eine Glasplatte. Betrachte sie von unten und beobachte, wie sie sich fortbewegt. → [1]
  a ▸ Beschreibe deine Beobachtungen.
  b ▸ Erkläre deine Beobachtungen mithilfe des Modells. → [3]

2 Lass die Schnecke über die Glasplattenkante kriechen.
  a ▸ Beschreibe das Aussehen der Glasplattenkante nach dem Versuch.
  b ▸ Setze die Schnecke wieder auf die Glasplatte. Betrachte sie von unten und prüfe, ob sie sich verletzt hat.

[2] Die Kriechsohle ist robust.

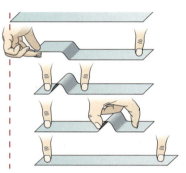

[3] Modell zur Kriechbewegung

Material B

Die Raspelzunge

Materialliste: Salatblatt, Weinbergschnecke oder Schnirkelschnecke

[4] Vergrößerte Raspelzunge

1 Nimm die Schnecke vorsichtig auf die Hand und halte ihr das Salatblatt hin. Beobachte, wie die Schnecke an dem Salatblatt frisst.

a ▸ Beschreibe, was du hörst.
b ▸ Erkläre die Nahrungsaufnahme einer Schnecke mithilfe deiner Beobachtung und der Bilder 4 und 5.

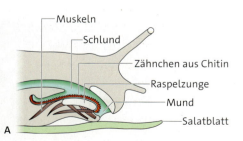
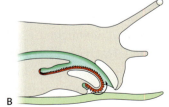

[5] Nahrungsaufnahme der Schnecke

Labels: Muskeln, Schlund, Zähnchen aus Chitin, Raspelzunge, Mund, Salatblatt

Material C

Muscheln und Tintenfische

1. ✏️ Ordne den Zahlen Fachwörter zu. → 6 Nutze das Bild 2 auf Seite 112 und die Lexikonartikel. → 7 8

2. ✏️ Vergleiche Atmung und Ernährung der drei Tiere.

3. ✏️ Begründe anhand der Merkmale, dass die Tiere zu den Weichtieren und nicht zu den Insekten zählen.

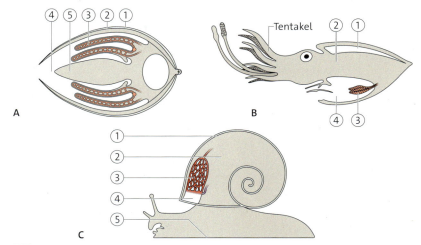

6 Weichtiere: **A** Teichmuschel, **B** Tintenfisch, **C** Weinbergschnecke

Die Muschel

Im Eingeweidesack befinden sich alle Organe der Muschel. Er wird durch zwei aufklappbare Schalenhälften aus Kalk geschützt. Muscheln erzeugen in ihrer Atemhöhle mithilfe Millionen kleiner Wimperhärchen einen Wasserstrom. So gelangt Wasser von der Einströmöffnung zu den Kiemenblättern, mit denen die Muschel atmet. Mit dem Wasser gelangen auch Kleinstlebewesen und abgestorbene Pflanzenteile in die Muschel. Sie bleiben auf dem Schleimfilm der Kiemen kleben. Von dort aus werden sie zum Mund befördert und in Magen und Darm verdaut. Wegen dieser Ernährungsweise zählen Muscheln zu den Filtrierern.

7

Der Tintenfisch

Hinter dem Kopf des Tintenfischs befindet sich der Rumpf. Er enthält die Organe und ist von einem Mantel umschlossen. Im Rücken umgibt der Mantel eine Kalkplatte, den Schulp. Er stabilisiert den Körper des Tintenfischs. Um den Mund sind die Tentakel angeordnet. Sie haben Saugnäpfe. Der Tintenfisch fängt mit den Tentakeln Krebse, Fische und Weichtiere und führt sie zum Mund. Dieser ist von harten Kiefern gesäumt. Die im Magen verdaute Beute wird in die Mantelhöhle ausgeschieden. Hier befinden sich auch die Kiemen, mit denen der Tintenfisch atmet.

8

Regenwürmer – Nützlinge des Bodens

1 Der Regenwurm zieht ein Blatt in seine Röhre.

Klein, zart und ziemlich unscheinbar: der Regenwurm. Und doch ist seine Arbeit im Verborgenen ungemein wichtig. Welche Bedeutung hat der Regenwurm für unseren Boden?

Körperbau • Ein Regenwurm kann bis zu 30 Zentimeter lang werden. Sein Körper besteht aus bis zu 180 Ringen, die auch Segmente genannt werden. → 2 Deshalb gehört er zu den Ringelwürmern. Alle Segmente sind ähnlich gebaut. Am vorderen Ende ist der Regenwurm etwas schmaler und runder als am hinteren Ende. Im vorderen Drittel befindet sich eine helle Verdickung. → 3 Sie wird Gürtel genannt und dient der Paarung.

Fortbewegung • Unter der Haut des Regenwurms befinden sich Muskeln. Die Ringmuskeln verlaufen um den Körper herum. → 2 Die Längsmuskeln durchziehen den Körper von vorne nach hinten. Zur Fortbewegung spannt der Regenwurm die Muskeln abwechselnd an. Wenn sich die Längsmuskeln zusammenziehen, wird das Tier kürzer und dicker. Wenn sich die Ringmuskeln zusammenziehen, wird der Regenwurm länger und dünner. → ▣
An jedem Segment befinden sich acht Borsten, die sich im Boden verhaken

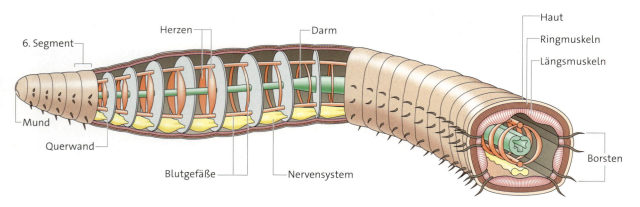

2 Der Bau des Regenwurms

116 Wirbellose

fexeca

Lexikon
Videos
Tipps

der **Ringelwurm**
die **Hautatmung**
der **Zwitter**
der **Nützling**

und ein Zurückrutschen verhindern. So kann sich der Regenwurm auch senkrecht in seinen Röhren bewegen. → 1

Atmung • Der Regenwurm atmet über die Haut. Das nennt man Hautatmung. Die Haut muss dafür immer feucht sein, weil nur unter diesen Bedingungen Sauerstoff aufgenommen werden kann. Wenn die Haut austrocknet, erstickt der Regenwurm.

Entwicklung • Ein Regenwurm ist ein Zwitter. Das heißt, er hat männliche und weibliche Geschlechtsorgane und bildet Eizellen und Spermienzellen. Bei der Paarung legen sich zwei Regenwürmer aneinander, tauschen Spermienzellen aus und trennen sich wieder. → 3 Die fremden Spermienzellen werden außerhalb des Körpers in Schleim aufbewahrt, der aus dem Gürtel abgegeben wird. Dann gibt der Regenwurm seine Eizellen in den Schleim ab. Sie werden dort befruchtet. Der Schleim härtet an der Luft aus und wird vom Regenwurm abgestreift. So entsteht eine Hülle, die man Kokon nennt. → 4 Im Kokon entwickeln sich die Jungtiere.

Bodenqualität • In einem Quadratmeter Boden leben bis zu 400 Regenwürmer. Sie graben Röhren und lockern den Boden so auf. Dadurch wird der Boden besser durchlüftet und speichert mehr Wasser. Regenwürmer ernähren sich von Bakterien und Einzellern im Boden und von Pflanzenteilen, die sie in ihre Röhren ziehen. → 1

3 Regenwürmer bei der Paarung →

4 Der Kokon eines Regenwurms

Die unverdaulichen Reste scheiden sie aus. Ihr Kot enthält viele Mineralstoffe. Diese machen den Boden fruchtbarer und bewirken so ein besseres Pflanzenwachstum. Auf diese Weise sind sie für den Menschen vor allem in der Landwirtschaft nützlich. Alle Kleintiere, aus denen der Mensch einen Vorteil zieht, nennt man Nützlinge.

> Der Körper des Regenwurms besteht aus Segmenten. Zur Fortbewegung spannt er die Ringmuskeln und Längsmuskeln an. Er atmet über die feuchte Haut, ist ein Zwitter und verbessert die Bodenqualität.

Aufgabe

1 ✉ Beschreibe, wie ein Regenwurm sich senkrecht im Boden fortbewegt.

Regenwürmer – Nützlinge des Bodens

Material A

Die Fortbewegung

Achtung! • Behandle lebende Tiere vorsichtig!

Materialliste: Regenwurm, Glasplatte, Papier, Lupe, Alufolie, Sprühflasche mit Wasser

1 Lege einen Regenwurm auf eine Glasplatte. Verhalte dich ruhig und beobachte genau, wie sich Körperform und Lage des Regenwurms verändern, wenn er sich vorwärtsbewegt. Sprühe den Regenwurm ab und zu mit etwas Wasser ein, damit die Haut feucht bleibt und er atmen kann.

a ▸ Beschreibe die verschiedenen Bewegungen, die du beobachtest.
b ▸ Erkläre deine Beobachtung anhand des Körperbaus des Regenwurms. → 1

2 Lege die Alufolie auf den Tisch und setze den Regenwurm vorsichtig darauf. Halte dein Ohr ganz dicht an den Regenwurm, sobald er beginnt sich zu bewegen.

a ▸ Notiere das Geräusch, das du hörst, während der Regenwurm über die Alufolie kriecht.
b ▸ Erkläre das Geräusch, das du gehört hast, mit der Fortbewegung des Regenwurms auf der Alufolie.

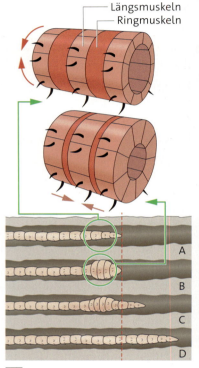

1 Bewegung des Regenwurms

Material B

Hell oder dunkel →

Materialliste: Regenwurm, Petrischale, leere Streichholzschachtel, Schere, Taschenlampe, Sprühflasche mit Wasser

1 Entferne das Innenteil der Streichholzschachtel und schneide auf einer kurzen Seite eine Öffnung hinein. → 2 Schiebe die Schachtel wieder zusammen. Lege sie zu einem Regenwurm in eine Petrischale. Beleuchte den Versuchsaufbau mit der Taschenlampe. Sprühe den Regenwurm ab und zu mit Wasser ein.

2 ▸ Filme den Versuch mit einem Smartphone oder einem Tablet. Setze den Regenwurm dann wieder in der Natur aus.

3 ▸ Erkläre das Verhalten des Regenwurms anhand deines Videos.

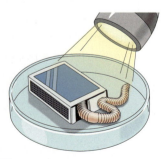

2 Der Versuchsaufbau

118 Wirbellose

Video Tipps

Material C

Wirbellose und Temperatur

Wirbellose sind wechselwarm. Wenn es kalt wird, sinkt ihre Körpertemperatur. Der Stoffwechsel verlangsamt sich und die Tiere bewegen sich langsamer, bis sie in die Kältestarre fallen. Die Aktivität der Tiere geht aber auch zurück, wenn es zu warm wird.

1 ⊠ Beschreibe, wodurch sich wechselwarme Tiere auszeichnen.

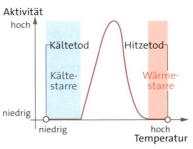

3 Aktivität von Wirbellosen

2 ⊠ Nenne den Zusammenhang, den Bild 3 darstellt.

3 ⊠ Erkläre den Zusammenhang, den die rote Linie im Diagramm zeigt. Nutze dazu die Infos im Kasten.

4 ⊠ Erkläre anhand des Diagramms, in welchen Fällen
a Wirbellose in eine Starre fallen.
b der Tod eintritt.

Material D

Die monatliche Kotmenge

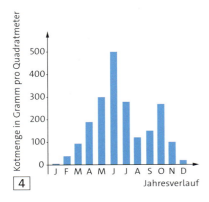

4

Forschende haben die Kotmenge von Regenwürmern auf einem Quadratmeter Bodenoberfläche innerhalb eines Jahrs für jeden Monat gemessen.

1 ⊠ Beschreibe die Ergebnisse der Untersuchung. → 4

2 Lies dann den Lexikoneintrag. → 5

a ⊠ Erkläre die Ergebnisse der Untersuchung für die Wintermonate (Dezember, Januar, Februar). → 4
b ⊠ Erkläre, warum die Kotmenge im Frühjahr und im Herbst ansteigt. → 4
c ⊠ Erkläre, weshalb die Kotmenge im Juli und im August viel geringer ist als im Juni. → 4

Regenwürmer – Ruhen bei Kälte und Hitze
Regenwürmer verbringen den Winter in Kältestarre. Sie liegen zu einem Knoten eingerollt und bewegungslos in einer Ruhehöhle bis zu einem Meter tief im Boden. Die Ruhehöhle wird mit Kot und Schleim ausgekleidet und verfestigt.
Auch in heißen Trockenphasen ruhen die Regenwürmer.

5

Wirbellose

Zusammenfassung

Wirbellose • Im Gegensatz zu den Wirbeltieren haben die Wirbellosen kein Innenskelett aus Knochen und keine Wirbelsäule. Man teilt sie anhand bestimmter Merkmale in Gruppen ein:
- Zu den Gliederfüßern zählen die Insekten und die Spinnen.
- Zu den Weichtieren gehören die Schnecken und zu den Ringelwürmern die Regenwürmer.

Entwicklung der Insekten • Aus den Eiern der Bienen und Schmetterlinge schlüpfen Larven, die sich erst zur Puppe und dann zum Vollinsekt entwickeln. Man spricht dabei von einer vollkommenen Metamorphose.
Manche Insekten wie die Heuschrecken bilden keine Puppe. Hier schlüpfen aus den Eiern Larven, die sich zum Vollinsekt entwickeln. Das ist die unvollkommene Metamorphose.

Wie Insekten sich ernähren • Insekten sind oft auf eine bestimmte Nahrung spezialisiert. Ihre Mundwerkzeuge sind an diese Nahrung angepasst. Sie weisen bei allen Insekten den gleichen Bauplan auf, können aber sehr unterschiedlich geformt sein. So gibt es zum Beispiel Saugrüssel bei Schmetterlingen, Stechrüssel bei Mücken und Beißzangen bei Ameisen.

Wirbeltiere und Insekten • Wirbeltiere haben ein Innenskelett aus Knochen und eine Wirbelsäule. Ihre Muskeln sind über Sehnen mit den Knochen verbunden. Bei Insekten bildet der Panzer aus Chitin das Außenskelett. Die Einzelteile des Panzers sind durch Gelenkhäute beweglich miteinander verbunden.

Körperbau der Insekten • Insekten wie die Honigbiene haben ein Außenskelett aus Chitin. Ihr Körper ist in drei Abschnitte gegliedert: Kopf, Brust und Hinterleib. Am Brustabschnitt sitzen sechs gegliederte Beine und oft zwei oder vier Flügel.
Die Insekten sind die artenreichste Gruppe des gesamten Tierreichs.

[1] Schlupf eines Schmetterlings aus der Puppe

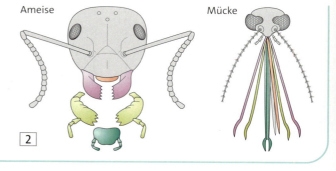

[2]

Weinbergschnecke und Regenwurm • Die Weinbergschnecke hat einen weichen Körper und ein stabiles Gehäuse aus Kalk. Sie ist ein Weichtier. Der lange Körper des Regenwurms besteht aus Segmenten, die alle ähnlich aufgebaut sind. Er ist ein Ringelwurm. Beide sind auf Feuchtigkeit angewiesen und Zwitter.

Teste dich! (Lösungen auf Seite 377)

Der Körperbau der Insekten

1. ✉ Ordne der Honigbiene die folgenden Wörter zu: Brust, Fühler, gegliederte Beine, Hinterleib, Kopf, Facettenauge, Flügel. → 3

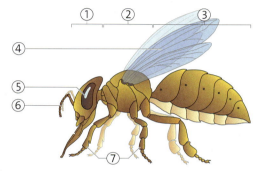

3 Der Körperbau einer Honigbiene

Die Entwicklung der Insekten

2. ✉ Erläutere die vollkommene und die unvollkommene Metamorphose an den Beispielen Schmetterling und Heuschrecke.

3. ✉ Beurteile, ob die Metamorphose beim Marienkäfer vollkommen oder unvollkommen ist. → 4

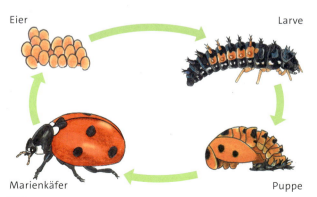

4 Die Entwicklung des Marienkäfers

Wie Insekten sich ernähren

4. Mundwerkzeuge
a. ✉ Ordne den Insekten die folgenden Mundwerkzeuge zu: Stechrüssel, Beißzangen, Saugrüssel. → 5 – 7
b. ✉ Erläutere an zwei Beispielen, dass die Mundwerkzeuge der Insekten an die jeweilige Nahrungsaufnahme angepasst sind.

Wirbeltiere und Insekten im Vergleich

5. ✉ Vergleiche Insekten und Wirbeltiere im Hinblick auf ihren Körperbau und ihr Skelett.

6. ✉ Erkläre, wie sich Insekten trotz ihres starren Außenskeletts bewegen können.

Weinbergschnecke und Regenwurm

7. ✉ Begründe mit drei Merkmalen, dass die Weinbergschnecke kein Insekt ist.

8. ✉ Vergleiche die Atmung der Weinbergschnecke und des Regenwurms.

9. ✉ Beschreibe die Fortpflanzung des Regenwurms.

Die Vielfalt der Blütenpflanzen

Bäume, Sträucher, Kräuter und Gräser sehen verschieden aus – und doch zählen sie alle zu den Samenpflanzen. Aus welchen Teilen besteht eine Samenpflanze?

Viele Pflanzen tragen Blüten. Oft werden sie von Insekten besucht. Welche Vorteile haben die Pflanzen und die Insekten davon?

Aus einem kleinen Samen entsteht eine neue Pflanze. Was ist für diese Entwicklung notwendig?

Der Aufbau der Blütenpflanzen

1 Der Stadtgarten Überlingen am Bodensee

In der Natur, in Gärten und Parks kannst du viele verschiedene Pflanzen mit Blüten in leuchtenden Farben entdecken. Sie unterscheiden sich nicht nur durch ihre Farben, sondern auch durch ihre Formen. Was kennzeichnet eine Blütenpflanze?

Blütenpflanzen • Zu den Blütenpflanzen zählen alle Pflanzen, die Blüten bilden. Dies sind nicht nur die blühenden Pflanzen auf einer Wiese, sondern auch der Kirschbaum, die Erdbeere oder die Tomatenpflanze. Alle Blütenpflanzen haben den gleichen Grundbauplan. Sie bestehen aus zwei Teilen: Die Wurzel befindet sich unter der Erde. → 2 Zum Spross gehören alle Teile über der Erde. → 3 Der Spross wird in die Sprossachse, die Blätter und die Blüten unterteilt.

Die Wurzel • Die Pflanze erhält den nötigen Halt in der Erde durch ihre Wurzel. Sie besteht meist aus einer Hauptwurzel, die sich in viele Seitenwurzeln verzweigt. → 2 Über die Wurzel nimmt die Pflanze Wasser und die darin enthaltenen Mineralstoffe auf. → ▣ Das Wasser und die Mineralstoffe benötigt die Pflanze zum Leben. An den Wurzelenden befinden sich feine Wurzelhaare. Sie vergrößern die Wurzeloberfläche noch weiter und verbessern damit die Aufnahme von Wasser. Wurzeln dienen auch als Speicherorgan für Nährstoffe.

2 Die Löwenzahnwurzel

Die Vielfalt der Blütenpflanzen

Lexikon
Video
Tipps

qebejo

die **Wurzel**
der **Spross**
die **Sprossachse**
das **Blatt**
die **Blüte**

Die Sprossachse • Die Blätter und die Blüten werden von der Sprossachse getragen. Sie ist für die Form und die Festigkeit der Pflanze entscheidend. Durch die Sprossachse werden Wasser und Mineralstoffe in Leitungsbahnen von den Wurzeln zu den Blättern geleitet. → ▣ In den Blättern werden Nährstoffe gebildet. Sie werden von der Sprossachse nach unten zu den Wurzeln transportiert und dort gespeichert. Die Sprossachse wird bei Kräutern auch Stängel genannt. Bei Sträuchern heißt sie Zweig und bei Bäumen Zweig, Ast oder Stamm.

Die Blätter • In den Blättern bildet die Pflanze Nährstoffe, die sie zum Wachstum benötigt. Vor allem auf der Unterseite des Blatts befinden sich kleine Öffnungen, die Spaltöffnungen. Durch sie kann die Pflanze das Gas Kohlenstoffdioxid aus der Luft aufnehmen. Aus Kohlenstoffdioxid und Wasser bildet die Pflanze mithilfe des Sonnenlichts den Nährstoff Traubenzucker und das Gas Sauerstoff. Diesen Vorgang nennt man Fotosynthese. Der Sauerstoff wird durch die Spaltöffnungen nach außen abgegeben. Aus dem Traubenzucker kann die Pflanze alle Stoffe herstellen, die sie für ihre Lebensvorgänge benötigt.

Die Blüte • Aus der Blüte entwickeln sich Früchte und Samen. Diese dienen der Fortpflanzung der Blütenpflanze. Blüten kommen je nach Art in unterschiedlichen Formen, Größen und Farben vor.

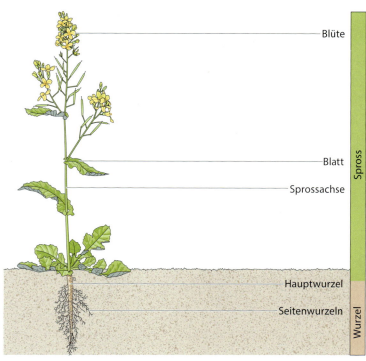

3 Bauplan einer Blütenpflanze

> Blütenpflanzen bestehen aus den Wurzel und dem Spross. Die Wurzel nimmt Stoffe auf und gibt der Pflanze Halt. In den Blättern werden die Nährstoffe gebildet. Die Blüten dienen der Fortpflanzung.

griechisch
phos: das Licht
synthesis: die Zusammensetzung

Aufgaben

1 ▣ Decke im Bild 3 die Beschriftungen ab. Benenne nun die Einzelteile.

2 ▣ Beschreibe die Bildung von Traubenzucker in der Pflanze.

3 ▣ Ist ein Apfelbaum, der Früchte trägt, immer noch eine Blütenpflanze? Begründe deine Antwort.

Der Aufbau der Blütenpflanzen

Material A

Flache und tiefe Wurzeln

Nach sehr starken Stürmen findet man im Wald manchmal entwurzelte Bäume. → 1

1 ⊠ Gib an, ob die Fichte ein Flachwurzler oder ein Tiefwurzler ist. → 2 3 Begründe deine Antwort.

2 Die Latschenkiefer kann auf einem schrägen, steilen Hang im hohen Gebirge wachsen.
⊠ Entscheide, zu welchem Wurzeltyp die Latschenkiefer gehört. Begründe deine Entscheidung.

1 Fichte nach einem Sturm

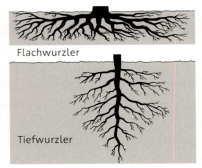

2 Flachwurzler und Tiefwurzler

Flachwurzler sind Pflanzen, deren Wurzeln sich wie ein Teller nur in den oberen Bodenschichten ausbreiten. Sie bevorzugen feuchte Standorte mit hohem Grundwasserstand. Bei Tiefwurzlern dringt die starke Hauptwurzel tief in den Boden ein. So kann sich die Pflanze auch in lockerem, sandigem Boden verankern. Die Wurzeln der Tiefwurzler reichen bis in tief liegendes Grundwasser.

3

Material B

Oberflächenvergrößerung

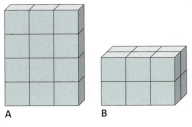

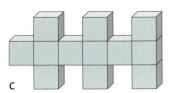

4 Figuren aus Würfeln

Die Figuren sind jeweils aus 12 Würfeln zusammengesetzt. → 4 Jeder Würfel hat eine Kantenlänge von 1 Zentimeter.

1 ⊠ Ermittle die Oberfläche der drei Figuren. → 4 Zähle dazu pro Würfel die freien Oberflächen (jeweils 1 Quadratzentimeter groß). Addiere sie für die jeweilige Figur.

2 ⊠ Erläutere den Zusammenhang zwischen Oberfläche und Form der Figuren.

3 ⊠ Vergleiche die Figuren mit der Wurzel. → 5

4 ⊠ Erläutere die Vorteile von vielen Wurzelhärchen.

5 Wurzel mit Wurzelhaaren

Methode

Ein Herbar anlegen

Viele Menschen sammeln Dinge aus der Natur, um sie besser erforschen zu können. Ein Herbar ist eine Sammlung von Pflanzen oder ihren Blättern.

1. Sammle Blätter Lege die Blätter von Bäumen, Sträuchern und Kräutern in einzelne Plastiktüten. → 6 Schreibe den Fundort von jedem Pflanzenteil auf einen Notizzettel.

2. Bestimme die Blätter Mit Büchern oder einer App bestimmst du die Blätter. Notiere die Namen auf den Notizzetteln. *Tipp:* Die Methode auf der Seite 161 kann dir dabei helfen.

3. Trockne und presse die Blätter Lege ein Pflanzenblatt zwischen zwei Löschblätter und mit dem zugehörigen Notizzettel in eine Zeitung. → 7 Nach mehreren Lagen Zeitungspapier folgt das nächste Pflanzenblatt. Beschwere den Stapel Zeitungspapier mit Büchern. Lass die Blätter eine Woche lang trocknen.

4. Bewahre die Blätter auf Klebe die getrockneten Pflanzenblätter auf festes Papier. → 8 Übertrage die Informationen des Notizzettels darauf. Hefte die Bögen in Klarsichthüllen in einem Ordner ab.

6 Benötigte Materialien

7 Pressen und Trocknen

8 Anlegen eines Herbars

Aufgaben

1. Beschreibe die Schritte beim Anlegen eines Herbars.

2. Lege ein Herbar aus mindestens zehn verschiedenen Pflanzenblättern an.

Der Aufbau der Blütenpflanzen

Erweitern und Vertiefen

Besondere Angepasstheiten bei Pflanzen

1 Efeu – eine Kletterpflanze

2 Kaktus in der Wüste

3 Berberitze mit Blattdornen

Pflanzen bestehen aus den Grundorganen Wurzel, Sprossachse und Blatt. Die Grundorgane können abgewandelt sein. Dadurch sind Pflanzen an ihren Lebensraum und ihre Lebensweise angepasst. Man bezeichnet dieses biologische Prinzip als Angepasstheit.

Abwandlung der Wurzel • Der Efeu ist eine sehr häufige Kletterpflanze in unseren Wäldern. → 1 Seine Wurzeln sind nicht nur im Boden zu finden. Ein Teil seiner Wurzeln wächst am kletternden Spross. Mit diesen sogenannten Haftwurzeln kann der Efeu sich an Bäumen verankern und hochwachsen, aber kein Wasser aufnehmen. Auf diese Weise kann der Efeu in die Höhe wachsen und dort auch in dunklen Wäldern genügend Sonnenlicht bekommen.

Abwandlung der Sprossachse • Einige Pflanzen müssen häufig Trockenphasen überstehen. Sie lagern dazu Wasser in ihren Grundorganen ein. Wenn es lange nicht regnet, können sie auf das eingelagerte Wasser zurückgreifen. Bekannte Beispiele sind die Kakteen. Ihre Sprossachsen sind stark verdickt. → 2 Wenn es doch einmal regnet, können die Kakteen sehr viel Wasser in der Sprossachse speichern.

Abwandlung der Blätter • Bei Kakteen sind die Blätter zurückgebildet und zu Dornen umgewandelt. Aber nicht nur bei Kakteen sind einige Blätter so abgewandelt, dass sie fast nicht mehr als Blatt zu erkennen sind. Berberitzen wachsen oft in der Nähe von Waldrändern. → 3 Bei der Berberitze sind einige der Blätter zu Blattdornen umgewandelt. Diese schützen die Pflanze vor Fressfeinden.

> Die Grundorgane von Pflanzen können abgewandelt sein. Sie sind so an ihren Lebensraum und ihre Lebensweise angepasst.

Aufgabe

1 ☒ Beschreibe an einem Beispiel, wie Pflanzen durch Umwandlung ihrer Grundorgane an ihre Lebensweise angepasst sind.

Material C

Die Speicherorgane

Viele Pflanzen lagern in ihren Organen Nährstoffe ein, um im Frühjahr auszutreiben.

1 ⊠ Betrachte das Bild. → 4 Begründe, welches Grundorgan bei den Pflanzen jeweils zur Nährstoffspeicherung abgewandelt ist.

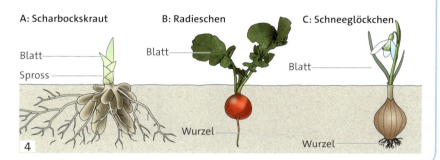

A: Scharbockskraut — Blatt, Spross
B: Radieschen — Blatt, Wurzel
C: Schneeglöckchen — Blatt, Wurzel

4

Material D

Die Ranken

1 Die Zaunwicke hat Ranken. → 5

a ⊠ Beschreibe, welches Grundorgan zu einer Ranke umgebildet ist.

b ⊠ Erläutere die Funktion, die die Ranken für die Wicke erfüllen.

5

Material E

Beim Sonnentau sind die Laubblätter umgebildet. Auf den runden Blättern befinden sich rote Härchen. An ihrer Spitze sitzt ein klebriges Tröpfchen. Wenn sich ein Insekt auf die Haare setzt, dann bleibt es kleben. Der Sonnentau krümmt sein Blatt um das Insekt und verdaut es mit der Tröpfchenflüssigkeit. Sonnentau ist eine der wenigen heimischen fleischfressenden Pflanzen. Er nutzt tierische „Nahrung" als Mineralstoffquelle. Er bevorzugt sonnige und feuchte Standorte.

6

7 Der Sonnentau

Der Sonnentau

1 ⊠ Beschreibe die Funktion der Tröpfchen. → 6 7

2 ⊠ Vermute, weshalb die Härchen beim Sonnentau auffällig rot sind.

3 ⊠ Ordne dem Sonnentau den passenden Lebensraum zu und begründe. → 8

	Moore	Mischwald	Trockenwiese
Mineralstoffgehalt des Bodens	gering	hoch	sehr hoch
Lichtverhältnisse am Boden	sonnig	schattig	sonnig
Bodenfeuchte	sehr feucht	feucht	trocken

8 Umweltbedingungen verschiedener Lebensräume

Der Aufbau der Blütenpflanzen

🛠 Methode

Naturwissenschaftliche Vorgänge in Stop-Motion-Filmen darstellen

Pflanzen brauchen Wasser für den Aufbau von Nährstoffen, das Wachstum und die Stabilität. Die Aufnahme und der Transport von Wasser ist ein Vorgang, der im Verborgenen der Pflanze stattfindet. Gehe diesem Vorgang auf den Grund und mache ihn in einem Stop-Motion-Film sichtbar. → 1 → ▣

Stop-Motion ist eine Foto- und Filmtechnik, mit der du Gegenstände digital in Bewegung versetzen kannst. Du fotografierst den Gegenstand, bewegst ihn ein kleines Stück, fotografierst ihn dann wieder und immer so weiter. Wie bei einem „Daumenkino" wird Foto an Foto gereiht – und ein Film entsteht.

So stellt ihr einen Stop-Motion-Film her:

1. Bildet ein Filmteam Findet euch zu einem Team zusammen. Es soll aus mindestens drei Personen bestehen:
- Der Regisseur / Die Regisseurin gibt die Anweisungen gemäß dem Storyboard.
- Die Illustratorin / Der Illustrator bewegt die Gegenstände.
- Der Kameramann / Die Kamerafrau macht die Fotos.

2. Erarbeitet den Inhalt Alle Personen im Team erarbeiten sich das notwendige Wissen über das Thema des Films. Haltet in Stichpunkten die Schritte des Vorgangs fest, den ihr später darstellen wollt.
Beispiel: Lest die Abschnitte zu Wurzel, Spross und Blättern. Notiert, wie diese Pflanzenorgane am Wassertransport beteiligt sind.

1 Produktionsfläche für einen Stop-Motion-Film

3. Erstellt das Storyboard Überlegt euch nun, wie ihr den Vorgang im Film darstellen wollt. Dazu erstellt ihr zunächst ein Storyboard, das die Szenenabfolge eures Films zeigt.
Beispiel: Der Weg des Wassers von der Wurzel bis zu den Blättern kann über verschiedene Szenen dargestellt werden. → 2
Das Storyboard zu dem Stop-Motion-Film erstellt ihr, indem ihr
- den einzelnen Szenen jeweils einen aussagekräftigen Titel gebt.
- beschreibt, was und wie ihr die Teilschritte in den einzelnen Szenen darstellen wollt.
- für jede Szene auflistet, welche Gegenstände benötigt werden.

Tipps: Als Gegenstände könnt ihr Bildkarten und Textkarten (= Legekarten) oder auch Knete oder andere Materialien verwenden. Mit Legosteinen oder Naturmaterialien lassen sich ebenfalls sehr individuelle Filme erstellen.
Über den QR-Code oben auf der rechten Seite gelangt ihr zu einem Beispiel, wie ihr den Film beginnen könnt. → ▣

Die Vielfalt der Blütenpflanzen

Videos
Tipps

SZENE	TITEL	TEILSCHRITT/INHALT	MATERIAL/GEGENSTÄNDE
1. Phänomen/ Problemstellung	Von der Wurzel bis zum Blatt – der Wassertransport in Blütenpflanzen	?	?
2. Wurzel	?	?	?
3. Sprossachse	?	?	?
4. Blatt – Produktionsort	?	?	?
5. Blatt – Abgabeort	?	?	?

2 Storyboard für einen Stop-Motion-Film zum Wassertransport in Blütenpflanzen

4. Bereitet die Foto-/Filmerstellung vor Richtet die Produktionsfläche ein. → 1 Testet die Lichtverhältnisse und den Aufnahmewinkel, bevor ihr mit der eigentlichen Produktion startet. Folgende Materialien benötigt ihr:
- digitales Endgerät (zum Beispiel ein Tablet)
- Tisch (Achtet auf die Beleuchtung.)
- feste Halterung für das Endgerät
- weiße Unterlage (zum Beispiel einen Fotokarton)
- gegebenenfalls Software oder App

5. Erstellt die Fotos / den Film Zum Aufnehmen eurer Fotos könnt ihr eine Kamera oder die Kamerafunktion eines digitalen Endgeräts nutzen. Legt die Karten oder anderes Material für jede Szene nacheinander in die Produktionsfläche und erstellt die Fotos. Verschiebt das Material zwischen den Fotos nur in kleinen Bewegungen. Je mehr Aufnahmen ihr macht, desto weniger ruckelt der Film am Ende.
Danach müsst ihr die Fotos noch mit einem Bearbeitungsprogramm zu einem Film zusammenfügen. Ihr könnt aber auch Apps nutzen, die eure Fotos direkt in Stop-Motion-Filme zusammenfügen.

6. Bearbeitet den Film Egal ob ihr die Fotos am Computer mit einem Videoprogramm zusammengefügt oder eine App benutzt habt: Prüft die Abspielgeschwindigkeit und lasst Filmabschnitte mit vielen Informationen länger stehen. Dazu könnt ihr ein Foto einfach mehrmals einfügen.

Erweiterung Ergänzt euren Stop-Motion-Film durch eine Tonaufnahme. Erklärt dabei den Vorgang, der im Film dargestellt wird.

Aufgaben

1 ⊠ Bildet Filmteams und erstellt einen Stop-Motion-Film zum Wassertransport bei Blütenpflanzen.

2 ⊠ Zeigt euch eure Filme gegenseitig. Bewertet eure Filme. Achtet dabei besonders auf die folgenden Kriterien:
- fachliche Richtigkeit
- Verständlichkeit
- Wahl der Gegenstände (Legekarten, Knete …)
- Länge und Tempo des Films

Pflanzen brauchen Licht

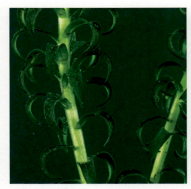
[1] Wasserpest im Dunkeln

[2] Wasserpest im Sonnenlicht

[3] Zellen der Wasserpest, mit dem Mikroskop betrachtet

altgriechisch
chloros: grün
phyllon: das Blatt

Die Wasserpest ist eine Wasserpflanze. Wenn man sie beleuchtet, steigen Gasbläschen von den Laubblättchen auf. Welches Gas entsteht da?

Fotosynthese • Alle Lebewesen sind aus winzig kleinen Zellen aufgebaut. Die Zellen von grünen Pflanzen enthalten unter anderem „Körnchen" mit dem grünen Farbstoff Chlorophyll. →[3]
Die Pflanzen brauchen ihn für die Fotosynthese. Bei diesem Vorgang wird aus dem Gas Kohlenstoffdioxid und Wasser Traubenzucker gebildet. →[4] Das Sonnenlicht liefert die Energie dafür.

Die Wasserpest erhält das Kohlenstoffdioxid für die Fotosynthese aus dem Wasser. Landpflanzen nehmen es aus der Luft auf.
Im Traubenzucker aus der Fotosynthese ist die Energie des Sonnenlichts gespeichert.
Bei dem Vorgang entsteht auch das Gas Sauerstoff. Wasserpflanzen geben den Sauerstoff an das Wasser ab. →[2]
Landpflanzen geben ihn an die Luft ab.

Stoffaufbau • Pflanzen brauchen einen Teil des Traubenzuckers aus der Fotosynthese zur Herstellung von eigenen Baustoffen wie Holz oder auch Farbstoffen. Dazu benötigen sie zusätzlich Mineralstoffe. Diese Stoffe sind im Wasser gelöst.
Der Rest des Traubenzuckers wird in die geschmacksneutrale und wasserunlösliche Stärke umgewandelt. Sie enthält viel Energie und kann in Speicherorganen wie den Wurzeln gespeichert werden.

> Pflanzen stellen mithilfe von Sonnenlicht aus Kohlenstoffdioxid und Wasser Traubenzucker her. Bei der Fotosynthese wird auch Sauerstoff erzeugt und abgegeben.

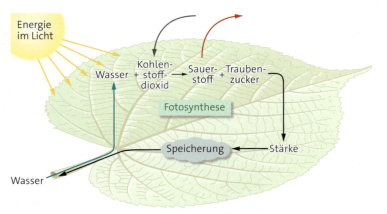
[4] Fotosynthese: Das Licht ermöglicht den Stoffaufbau. →

Aufgaben

1 Nenne das Gas, das im Bild 2 entsteht.

2 Begründe, weshalb in Bild 1 kein Gas entsteht.

Die Vielfalt der Blütenpflanzen

wexovi

Lexikon
Videos
Tipps

die **Fotosynthese**
das **Chlorophyll**
der **Traubenzucker**
die **Stärke**

Material A

Die Fotosynthese bei der Wasserpest

A
abgekochtes Wasser
(kohlenstoffdioxidfrei)

B
kohlenstoffdioxidreiches
Wasser

C
kohlenstoffdioxidreiches
Wasser

5 Versuchsaufbau

Sprosse der Wasserpest stehen in unterschiedlichen Versuchsansätzen, um zu untersuchen, wann die Fotosynthese stattfindet. → 5

1 Beschreibe die zu erwartenden Ergebnisse bei den drei Versuchsansätzen. Werden Sauerstoffbläschen aufsteigen?

2 Welche Bedingungen sind für die Fotosynthese notwendig? Erläutere die Versuchsergebnisse.

Material B

Van Helmonts Pflanzenversuche

Vor über 380 Jahren untersuchte Johan Baptista van Helmont, wovon sich Pflanzen ernähren. Dazu pflanzte er ein Weidenbäumchen in 90 Kilogramm (90 kg) getrocknete Erde. → 6 Fünf Jahre später wog er die Weide und die Erde erneut. → 7

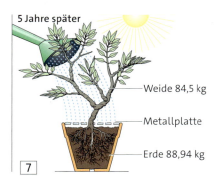

1 Beschreibe das Versuchsergebnis.

2 Begründe, warum die Erde vor den Messungen getrocknet wurde.

3 Finde eine Erklärung für das Versuchsergebnis:
a Erkläre das Versuchsergebnis mit deinem Wissen über den Vorgang der Fotosynthese.
b Erkläre, warum die Masse (das Gewicht) der Erde im Topf abnimmt.

Der Aufbau von Blüten

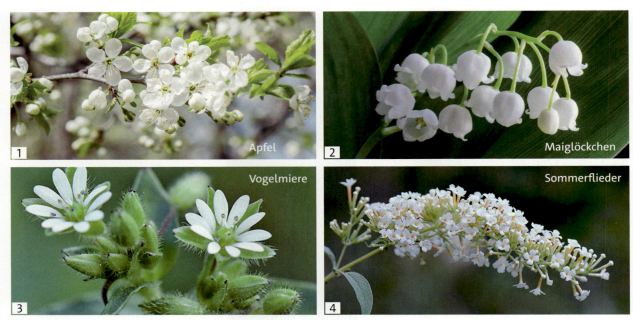

1 Apfel 2 Maiglöckchen 3 Vogelmiere 4 Sommerflieder

1 – 4 Was haben die Blüten gemeinsam und was unterscheidet sie?

Im Frühling siehst du in der Natur viele Blüten. Sie unterscheiden sich nicht nur durch ihre Farbe. Auch weiße Blüten können verschieden sein.
5 Was haben Blüten gemeinsam und was unterscheidet sie?

Aufbau einer Blüte • Blüten haben alle den gleichen Grundbauplan. Sie unterscheiden sich nur in der Anzahl der
10 einzelnen Teile und in ihrem Aussehen.

5 Kirschblüte

Von außen nach innen sind dies die Kelchblätter, die Kronblätter, die Staubblätter und der Stempel. Die Reihenfolge dieser Blütenblätter
15 ist bei allen Blüten gleich.

Kelchblätter • Meist sind die Kelchblätter grün. Sie dienen der Blüte bis zu ihrem Aufblühen als Schutz.

Kronblätter • Die Kronblätter sind der
20 auffälligste Teil der Blüte. → 5 – 7 Durch ihre bunte Färbung sollen Insekten zur Bestäubung angelockt werden.

Staubblätter • Staubblätter sind die männlichen Blütenorgane. Sie bilden
25 den Pollen. Ein Staubblatt besteht aus dem dünnen Staubfaden und einer gelben Verdickung am oberen Ende, dem Staubbeutel mit den Pollen. → 5 – 7

Die Vielfalt der Blütenpflanzen

Lexikon
Tipps

bisofu

die **Blüte**
das **Kelchblatt**
das **Kronblatt**
das **Staubblatt**
das **Fruchtblatt**

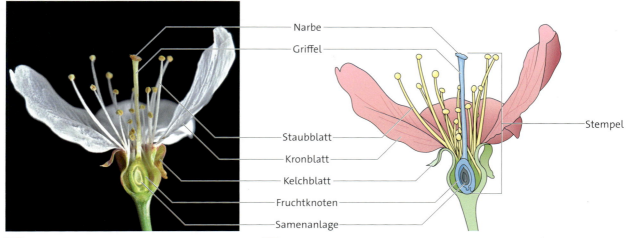

6 Kirschblüte (Längsschnitt)

7 Kirschblüte (Schnittzeichnung)

Der Stempel • Die Fruchtblätter sind die weiblichen Blütenorgane. Sie sind miteinander verwachsen und werden als Stempel bezeichnet. → 6 7 Der dicke untere Teil des Stempels ist der Fruchtknoten mit der Samenanlage. Es folgen der längliche Griffel und am oberen Ende die breite Narbe.

Blütenstände • Bei vielen Pflanzen befinden sich die Blüten nicht einzeln, sondern dicht nebeneinander an der Pflanze. Sie bilden dann einen Blütenstand. Das kann man beim Maiglöckchen und auch beim Sommerflieder gut erkennen. → 2 4

Legebild und Blütendiagramm • Wenn man eine Blüte in ihre Bestandteile zerlegt und diese nach der Art ihrer Blätter in vier Kreisen anordnet, dann erhält man ein Legebild. → 8
Diese Anordnung wird oft schematisch als Blütendiagramm gezeichnet. → 9

Blüten bestehen aus Kelchblättern, Kronblättern, Staubblättern und Fruchtblättern. Der Stempel in der Blüte besteht aus Fruchtknoten, Griffel und Narbe.

Aufgaben

1 ▶ Nenne die Teile einer Blüte und ihre jeweilige Funktion.

2 ▶ Stimmt es, dass eine Blüte nur aus Blättern besteht? Begründe deine Antwort.

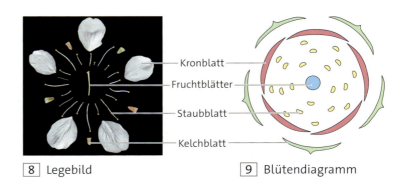

8 Legebild

9 Blütendiagramm

Der Aufbau von Blüten

Material A

Die Bestandteile der Blüte

1. Ordne die Namen A–G und die Beschreibungen a–g den Blütenbestandteilen 1–7 zu. → 1

A Kelchblätter   B Kronblätter   C Staubblätter   D Narbe

E Stempel (Fruchtblätter)   F Griffel   G Fruchtknoten

a Er bildet den breiten oberen Teil des Stempels.

b Er bildet den länglichen mittleren Teil des Stempels.

c Sie sind die weiblichen Blütenorgane. Sie sind miteinander verwachsen und werden als Stempel bezeichnet.

d Sie sind die männlichen Blütenorgane. Sie enthalten den Pollen.

e Sie sind meist grün. Bis zum Aufblühen schützen sie die Blüte.

f Er bildet den dicken unteren Teil des Stempels.

g Sie sind der auffälligste Teil der Blüte. Durch ihre bunte Färbung sollen Insekten zur Bestäubung angelockt werden.

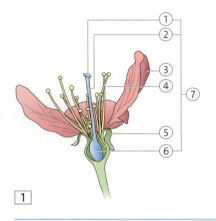

1

Material B

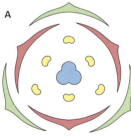

Zwei Blütendiagramme

Blüten lassen sich als Blütendiagramme darstellen. → 2

1. Ordne die vier Farben den Blütenteilen zu. → 2

2. Ordne den Blüten 3 und 4 das passende Blütendiagramm zu. → 2
Achtung: Bei einer der Blüten sehen die Kelchblätter und die Kronblätter gleich aus!

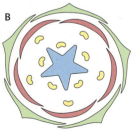

2 Blütendiagramme

3 Kleiner Storchschnabel

4 Bärlauch

Material C

Legebilder von Blüten

5 Die Rapsblüte

Alle Blüten sind ähnlich aufgebaut. Sie bestehen aus Kelch-, Kron-, Staub- und Fruchtblättern. Zum Blütenvergleich ordnet man die Blütenteile in einem Legebild an. Das Blütendiagramm ist die schematische Zeichnung des Legebilds.

Materialliste: Rapsblüte, Messer oder Skalpell, Pinzette, Blatt Papier, Zirkel, Stift, Klebefolie, Lupe oder Stereomikroskop

1 Zeichne als Legehilfe mit dem Zirkel vier Kreise mit demselben Mittelpunkt in die Mitte eines Blatts. → 6

2 Zupfe die Rapsblüte mit der Pinzette vorsichtig auseinander. Benutze eventuell ein Skalpell als Hilfe.
a ▶ Betrachte die Blütenteile mit der Lupe oder dem Stereomikroskop. → S. 138 Beschreibe, was du siehst.
b ▶ Erstelle ein Legebild der Rapsblüte. Lege die Blütenteile von außen nach innen an die Kreise. → 6 7 Fixiere sie dann mit Klebefolie.
c ▶ Beschrifte dein Legebild. Zähle die einzelnen Blütenteile und notiere die Anzahl in einer Tabelle.

Kronblätter: 5
Kelchblätter: 5
Staubblätter: mindestens 15

8 Die Apfelblüte

3 ▶ Betrachte die Apfelblüte. → 8 Ergänze das Blütendiagramm der Apfelblüte in deinem Heft. → 9

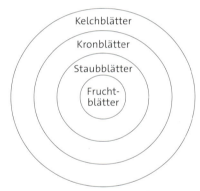

6 Vorlage für Blütendiagramm und Legebild

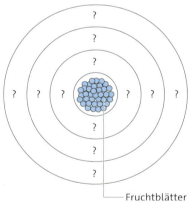

9 Vorlage für das Blütendiagramm (Apfel)

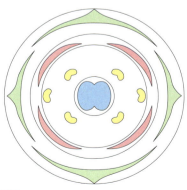

7 Blütendiagramm (Raps)

137

Vergrößern mit Lupe und Stereomikroskop

1 Die Tulpenblüte

2 Fruchtblatt und Staubblätter einer Tulpe (50-fach vergrößert)

Oft bleibt uns die Welt der kleinen Dinge verschlossen. So können wir beim Betrachten der Tulpenblüte nicht alle Details mit dem bloßen Auge erkennen. Dafür brauchen wir Hilfsmittel wie die Lupe oder das Stereomikroskop, die uns Dinge vergrößert zeigen.

Die Lupe • Wenn man einen Wassertropfen über einen Gegenstand hält, dann erscheint der Gegenstand darunter etwas vergrößert. Bereits die Römer betrachteten Gegenstände auf diese Weise vergrößert. Je stärker der Tropfen gewölbt ist, desto größer erscheint der betrachtete Gegenstand.
Eine Lupe enthält einen großen, flachen „Tropfen" aus Glas. → 3 Man nennt ihn Sammellinse. Je stärker die Sammellinse einer Lupe gewölbt ist, desto größer erscheint der betrachtete Gegenstand. Wenn auf der Lupe zum Beispiel „7×" steht, dann sieht man die Tulpenblüte durch diese Lupe 7-mal größer als mit dem bloßen Auge. Kleinere Bestandteile wie die Staubblätter kann man dann besser erkennen.

3 Die Lupe

Okulare

Objektiv

4 Das Stereomikroskop

Das Stereomikroskop • Dieses Mikroskop hat mehrere Sammellinsen: → 4
- Die Sammellinsen über dem Gegenstand bilden das Objektiv. Objekt ist ein Fremdwort für Gegenstand.
- Die Sammellinsen vor den Augen bilden die Okulare. Oculus ist das lateinische Wort für Auge.

Wenn das Okular zum Beispiel 5-fach vergrößert und das Objektiv 10-fach, dann erscheint das Objekt 50-fach vergrößert: 5 mal 10 gleich 50.
Bei dieser Vergrößerung lassen sich Blütenbestandteile wie Fruchtblatt und Staubblätter besser untersuchen.
→ 2 Stereomikroskope erreichen bis zu 100-fache Vergrößerungen.

> Mit der Lupe oder dem Stereomikroskop betrachtet man kleine Gegenstände vergrößert.

Aufgabe

1 ▸ Beschreibe, was Wassertropfen und Lupen gemeinsam haben.

Die Vielfalt der Blütenpflanzen

Material A

Die Wassertropfenlupe

Du kannst dir mit einfachen Mitteln eine Lupe selbst bauen.

Materialliste: feste Pappe, Locher, Plastikfolie, Klebestreifen, Pipette

1. Schneide einen 3 cm × 10 cm großen Streifen aus der Pappe. Stanze mit einem Locher an das eine Ende ein Loch. → 5

2. Lege nun ein Stück Plastikfolie über das Loch und befestige es mit Klebestreifen.

3. Gib mit der Pipette einen Wassertropfen genau über dem Loch auf die Folie. → 6

4. Nun kannst du durch den Tropfen Objekte vergrößert sehen. Sieh dir mit deiner Lupe die Buchstaben im Buch genau an. → 7
Miss die Größe der Buchstaben im Buch mit einem Lineal. Schätze die Größe des Buchstabens ab, den du durch den Tropfen siehst.
◼ Schätze die Vergrößerung deiner Wassertropfenlupe ab.

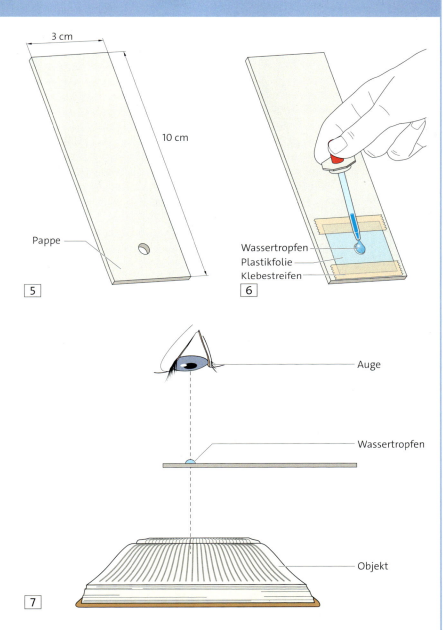

5. Schaue dir mit deiner Lupe die farbigen Bilder im Buch genauer an.
◼ Was stellst du fest? Beschreibe.

6. Betrachte den Wassertropfen deiner Lupe von der Seite. Welche Form hat er?
◼ Zeichne die Lupe in der Seitenansicht.

139

Die Fortpflanzung von Blütenpflanzen

1 Eine Biene besucht eine Kirschblüte. →

2 Die männliche Blüte der Kiefer

Wenn die Pflanzen im Frühjahr blühen, dann sieht man oft Bienen, die an ihren Hinterbeinen große gelbe Polster tragen. → 1
5 Und in Kiefernwäldern werden von den Kiefern große gelbe Staubwolken vom Wind weggetragen. → 2
Was haben die beiden Beispiele mit der Fortpflanzung von Blütenpflanzen
10 zu tun?

Kirschblüten locken Bienen an • Die Blüten duften und haben fünf auffallend große weiße Kronblätter. Dadurch werden die Bienen auf der Suche nach
15 Nahrung angelockt. → 1 In den Blüten finden sie einen süßen Saft, den Nektar. Er wird an der Innenseite der Kronblätter von Nektardrüsen gebildet. Bienen nehmen den nährstoffreichen
20 Nektar auf und stellen daraus Honig her. Aber auch der Pollen der Blüten ist eine Nahrungsquelle der Bienen.

Bestäubung durch Insekten • Kirschblüten haben männliche und weib-
25 liche Blütenorgane. Deshalb nennt man sie zweigeschlechtlich. Ihre Staubblätter dienen den Bienen als zusätzliche Futterquelle. Die Staubbeutel enthalten Pollen, die so zahlreich und
30 winzig sind, dass man vom Blütenstaub spricht. Auf dem Weg in die

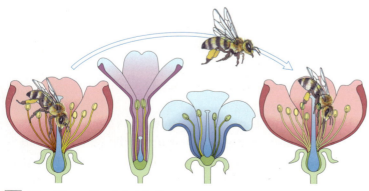

3 Eine Biene überträgt Pollen.

140 Die Vielfalt der Blütenpflanzen

dirime

Lexikon
Videos
Tipps

die **Bestäubung**
der **Nektar**
der **Pollen**
die **Insektenbestäubung**
die **Windbestäubung**

Blüte bleiben Pollen am Haarkleid der Biene hängen und werden an den Hinterbeinen gesammelt. Wenn die Tiere andere Blüten besuchen, dann werden einige Pollen vom Körper der Biene an der klebrigen Narbe des Stempels der neuen Blüte abgestreift. → 3 Die Übertragung des Pollens von einer Blüte auf die andere nennt man Bestäubung. Nur wenn Blüten bestäubt werden, können sich Früchte entwickeln. Da die Bestäubung durch Bienen und andere Insekten wie Hummeln erfolgt, spricht man von Insektenbestäubung. → 4

Bestäubung durch den Wind • Der Haselstrauch bildet eingeschlechtliche Blüten aus. Sie haben entweder Staubblätter oder Fruchtblätter. Die männlichen Blüten hängen im Frühjahr von den Ästen. Beim leichtesten Windhauch lösen sich kleine Wolken aus Millionen von gelben Pollenkörnern. → 5A Der Pollen gelangt auf die klebrigen Narben der weiblichen Stempelblüten. Sie liegen innerhalb kleiner Knospen, aus denen nur die rötlichen Narben herausragen. → 5B Der Haselstrauch wird durch den Wind bestäubt. Für viele unserer Bäume wie die Kiefer, alle Gräser und einige Kräuter gilt dies ebenfalls. Man spricht von Windbestäubung.

> Die Übertragung des Pollens einer Blüte auf die Narbe einer anderen Blüte nennt man Bestäubung. Man unterscheidet zwischen Insektenbestäubung und Windbestäubung.

4 Eine Hummel sucht nach Nektar. →

5 Die Blüten des Haselstrauchs

Aufgaben

1. Beschreibe den Ablauf der Bestäubung durch Insekten. → 3

2. In der Blütezeit trägt der Haselstrauch noch keine Blätter. Erläutere die Vorteile für die Pflanze.

3. Stelle Vermutungen an, weshalb an einem Haselstrauch männliche und weibliche Blüten unterschiedliche Reifezeiten haben.

Die Fortpflanzung von Blütenpflanzen

Material A

Die Bestäubung durch Wind oder Insekten

1. ☒ Gib an, welche der Blüten vom Wind und welche von Insekten bestäubt werden. → [1] – [4] Begründe deine Antwort.

2. ☒ Hummeln sind schwere Insekten mit langen Rüsseln. Vermute, welche der vier Blüten vor allem von Hummeln bestäubt werden.

Material B

Der Wiesensalbei – Bestäubung auf besondere Weise

1. ☒ Beschreibe, wie der Pollen auf den Körper der Hummel gelangt. → [5]

2. ☒ Beschreibe, wie die Bestäubung der älteren Blüte erfolgt. → [5]

Bei jungen Salbeiblüten versperren zwei Platten den Weg zum Nektar. Diese Platten sind die umgewandelten unteren Staubblätter. Wenn eine Hummel an den Nektar unten am Fruchtknoten gelangen will, muss sie diese Platten wegdrücken. Dann senken sich die oberen Staubblätter. Der Pollen wird auf dem Rücken der Hummel abgestreift. Die Hummel besucht anschließend eine ältere Blüte.

junge Salbeiblüte — Narbe geschlossen, Staubblatt, Platte

ältere Salbeiblüte — Narbe geöffnet, Staubblatt vertrocknet

Bei älteren Blüten sind die Staubblätter vertrocknet. Hier versperren also keine Platten mehr den Weg. Die Hummel gelangt ungehindert zum Nektar. Die Griffel älterer Blüten sind verlängert und ihre Narben sind geöffnet.

[5] Die Hummel bestäubt den Salbei. → 🔍

Die Vielfalt der Blütenpflanzen

Videos
Tipps

Material C

Die Bedeutung des Wetters bei der Bestäubung

Bienen brauchen zur Bestäubung von Blüten bestimmte Wetterbedingungen. In der Tabelle sind die Kirscherträge angegeben, die in zwei aufeinanderfolgenden Jahren an einen Großmarkt geliefert wurden. → 6 Die Wetterangaben in der Tabelle beziehen sich auf die Blütezeit.

	Temperatur am Tag	Temperatur in der Nacht	Regen	Wind	Ernte
1. Jahr	bis 24 °C	bis −7 °C	260 mm	stark	80 000 kg
2. Jahr	bis 29 °C	bis −2 °C	170 mm	schwach	400 000 kg

6 Kirscherträge in zwei aufeinanderfolgenden Jahren

1 Beschreibe die Daten in der Tabelle. → 6

2 Gib Gründe für die verschiedenen Ernteerträge an.

Material D

In kurzer Gefangenschaft

1 Beschreibe den Blütenaufbau des Aronstabs. → 7

2 Beschreibe, wie die weiblichen Blüten des Aronstabs von den Insekten bestäubt werden. → 7

3 „Im Aronstab sind die Insekten nur für kurze Zeit gefangen." Begründe diese Aussage.

Der Aronstab wächst in feuchten Laubwäldern. Seine Blüten werden von Insekten bestäubt. Der obere Teil der Blüte ist innen von einem rutschigen Ölfilm überzogen. Er verströmt einen Aasgeruch, der aasfressende Insekten anlockt.

Im Blütenhüllblatt liegen Sperrborsten, die nach unten gebogen sind. Durch diese können Insekten in die Blüte eindringen. Sie gelangen jedoch nicht mehr heraus. Darunter sitzen die männlichen und die weiblichen Blüten. Gefangene Insekten bestäuben beim Fluchtversuch die weiblichen Blüten. Nach der Bestäubung senken sich die Borsten ab. Jetzt können die Insekten wieder entkommen.

7 Die Blüte des Aronstabs – vor und nach der Bestäubung →

Von der Blüte zur Frucht

1 Kirschblüten

2 Reife Kirschen

Ein Kirschbaum blüht nur kurze Zeit. Nach der Bestäubung verändern sich die Kirschblüten. Bald darauf trägt der Baum saftige rote Früchte. Wie entsteht eine reife Kirsche?

Pollen bilden Schläuche • Mithilfe von Bienen gelangen Pollenkörner einer Kirschblüte auf die Narbe einer anderen Kirschblüte. Kurz nach dieser Bestäubung beginnt jedes Pollenkorn einen dünnen Schlauch zu bilden. Die Bildung der Pollenschläuche benötigt die nährstoffreichen Stoffe der Narbe. Der Pollenschlauch wächst durch die Narbe in den Griffel. → 3
Während des Wachstums bilden sich in den Pollenschläuchen die männlichen Geschlechtszellen. Diese nennt man auch Spermienzellen. Das Ziel der Pollenschläuche ist die weibliche Geschlechtszelle der Kirschblüte, die Eizelle in der Samenanlage. Der Pollenschlauch, der am schnellsten wächst, dringt in die Samenanlage ein.

Die Befruchtung • In der Samenanlage öffnet sich der Pollenschlauch und setzt eine Spermienzelle frei, die daraufhin mit der Eizelle verschmilzt. Diesen Vorgang nennt man Befruchtung. → 4 Nur wenn in der Blüte eine Befruchtung erfolgt, kann sich eine Kirsche entwickeln.

Die Fruchtbildung • Nach der Befruchtung welken die Kelch-, Kron- und Staubblätter und fallen ab. Man sagt:

Die Vielfalt der Blütenpflanzen

Lexikon
Video
Tipps

der **Pollenschlauch**
die **Befruchtung**
die **Fruchtbildung**

„Die Blüte verblüht." Der Fruchtknoten hingegen wird immer dicker und langsam kann man die Kirsche erkennen.

→ 5 Die Wand des Fruchtknotens entwickelt sich zur Fruchtwand der reifen Kirsche. Diese besteht aus drei Schichten: der glatten äußeren Fruchtschale, dem saftigen Fruchtfleisch und der sehr harten inneren Fruchtschale. Eine derartige Fruchtform bezeichnet man als Steinfrucht. Aus der Samenanlage des Fruchtknotens entwickelt sich im Inneren des Kirschkerns der Samen.

→ 5 Fällt eine reife Kirsche zu Boden, kann der darin enthaltene Samen mit seinen eingelagerten Nährstoffen im nächsten Jahr auskeimen. So wächst ein neuer Kirschbaum heran.

> Bei der Befruchtung verschmilzt eine weibliche Eizelle mit einer männlichen Spermienzelle.
> Aus dem Fruchtknoten entwickelt sich eine Frucht, in der ein oder mehrere Samen liegen.

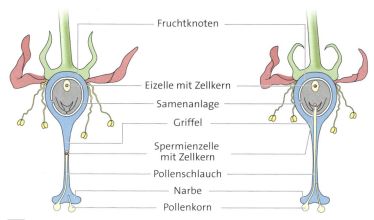

3 Das Auswachsen des Pollenschlauchs

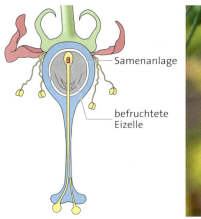

4 Die Befruchtung

Aufgaben

1 ☒ Beschreibe den Vorgang der Befruchtung.

2 ☒ Beschreibe die Entwicklung von der Kirschblüte zur Kirsche nach der Bestäubung. → 3 – 5

3 ☒ Ein gerade erblühender Kirschzweig wird mit einem feinen Netz umhüllt, das nur Licht und Luft durchlässt. Erläutere, wie sich die Blüten weiterentwickeln.

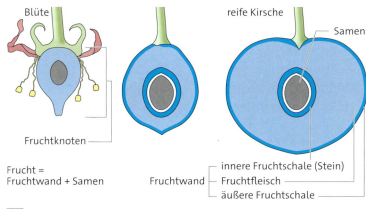

5 Die Fruchtbildung →

Von der Blüte zur Frucht

Material A

Frucht ist nicht gleich Frucht

Früchte gibt es in verschiedenen Größen und Formen, zum Beispiel als Beeren oder Nüsse. Diese große Vielfalt lässt sich auf einige wenige Grundformen zurückführen.
Die Bilder zeigen verschiedene Früchte. → 1 – 4
Daneben sind Fruchtformen dargestellt. → A – D

1 Welche Frucht gehört zu welcher Fruchtform?
a ☒ Ordne jede abgebildete Frucht ihrer jeweils passenden Fruchtform zu.
b ☒ Begründe deine Zuordnung.

2 ☒ Ordne die folgenden Früchte der passenden Fruchtform A–D zu: Bohne, Eichel, Kirsche, Himbeere.

3 ☒ Begründe, weshalb das Eichhörnchen für seine Wintervorräte bevorzugt Nussfrüchte sammelt.

4 ☒ Nenne für jede Fruchtform drei weitere Beispiele. Recherchiere dazu im Internet.

1 Die Brombeere

A Die Steinfrucht
Die äußere Fruchtwand ist weich und saftig. Die innere Fruchtwand ist hart wie Stein.

2 Die Pflaume

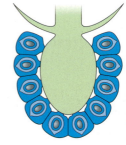
B Die Hülsenfrucht
Wenn die Frucht reift, reißt das Fruchtblatt an zwei Seiten auf.

3 Die Haselnuss

C Die Sammelsteinfrucht
Sammelfrüchte bestehen aus vielen kleinen einsamigen Einzelfrüchtchen.

4 Die Erbse

D Die Nussfrucht
In der harten, trockenen Fruchtschale liegt ein einzelner, sehr nährstoffreicher Samen.

Die Vielfalt der Blütenpflanzen

Material B

Der Pollenschlauch

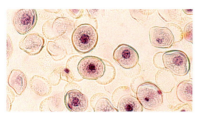

5 Pollenkörner (gefärbt)

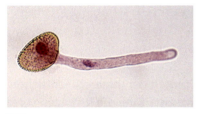

6 Pollenkorn in Nährlösung (gefärbt)

Die beiden Bilder zeigen Pollenkörner. → 5 6 In Bild 6 hat ein Pollenkorn für längere Zeit in einer nährstoffreichen Lösung gelegen.

1 ▶ Beschreibe den Vorgang, der auf den Bildern zu erkennen ist. Benutze Fachbegriffe.

2 ✕ Nenne den Ort in der Pflanze, wo dieser Vorgang abläuft.

3 ✕ Begründe, warum die Kirsche nur dann Samen bilden kann, wenn dieser Vorgang abgelaufen ist.

Material C

Von der Bestäubung bis zur Frucht

Ohne Bestäubung gibt es keine Befruchtung und ohne Befruchtung gibt es keine Frucht. → ▣

1 Betrachte das Bild. → 7
a ▶ Benenne die mit den Buchstaben A–C gekennzeichneten Vorgänge.
b ▶ Benenne die mit den Ziffern 1–7 gekennzeichneten Teile.

2 ✕ Beschreibe mithilfe des Bilds den Unterschied zwischen der Bestäubung und der Befruchtung.

3 ✕ Ordne den Teilen einer reifen Kirschfrucht die Teile der Blüte zu, aus denen sie entstanden ist.

4 Imker und Imkerinnen verleihen oftmals ganze Bienenvölker an Obstbaubetriebe.
✕ Erläutere den Nutzen für:
a Obstbaubetriebe
b Imker und Imkerinnen

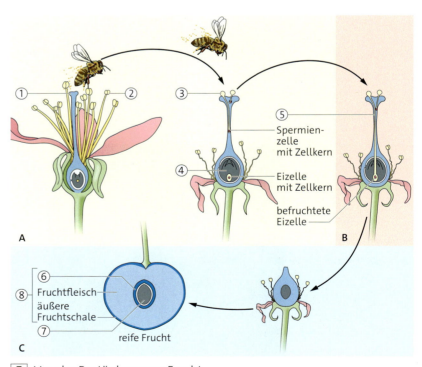

7 Von der Bestäubung zur Frucht

Die ungeschlechtliche Fortpflanzung

1 Das Brutblatt

Kann eine neue Pflanze ohne Befruchtung und Samen entstehen?

Ungeschlechtliche Fortpflanzung • Manche Pflanzen können sich ohne Samen fortpflanzen. Man nennt das ungeschlechtliche Fortpflanzung. Beim Brutblatt zum Beispiel kann eine Mutterpflanze dutzende Nachkommen auf einmal bilden. Als Mutterpflanze bezeichnet man die Pflanze, die Nachkommen erzeugt. Die Nachkommen werden Tochterpflanzen genannt. Das Brutblatt bildet seine Tochterpflanzen an den Blatträndern aus. → 1 Sie sind untereinander und mit der Mutterpflanze identisch. Sobald die Tochterpflanzen erste Wurzeln gebildet haben, fallen sie vom Blattrand und beginnen im Boden festzuwachsen.

Auf ungeschlechtlichem Weg können sich Pflanzen sehr schnell vermehren. Das ist für Landwirtschaft und die Gärtnereien vorteilhaft.

Andere Formen der ungeschlechtlichen Fortpflanzung • Manche Pflanzen vermehren sich wie die Kartoffel durch Knollen. → 2

Andere Pflanzen wie die Erdbeere bilden Ausläufer. → 3 4 Das sind seitlich wachsende Sprosse, an deren Enden sich Tochterpflanzen bilden. Diese heißen Ableger.

Zwiebelgewächse wie die Tulpe bilden Tochterzwiebeln. → 5 Auch aus diesen Tochterzwiebeln kann man neue Pflanzen ziehen.

> Bei der ungeschlechtlichen Fortpflanzung entwickelt sich aus Teilen der Mutterpflanze selbstständig eine neue Pflanze.

Aufgabe

1 Beschreibe die ungeschlechtliche Fortpflanzung am Beispiel des Brutblatts. → 1

2 Kartoffelknollen

Die Vielfalt der Blütenpflanzen

Lexikon
Videos
Tipps

kazidi

die **ungeschlechtliche Fortpflanzung**
der **Ausläufer**
der **Ableger**
die **Tochterzwiebel**

Material A

Erdbeerpflanzen bilden Ausläufer

Aus der Erdbeerblüte entwickelt sich eine Sammelnussfrucht mit vielen neuen Samen. → 3
Neben der geschlechtlichen Fortpflanzung kann sich die Erdbeerpflanze auch ungeschlechtlich fortpflanzen. Auf diese Weise können sehr schnell viele Erdbeerpflanzen gewonnen werden.

1 ⊠ Beschreibe anhand von Bild 4, wie ohne Samen neue Erdbeerpflanzen entstehen. → 4

3 Die Erdbeere

2 ⊠ Wenn die Früchte anfangen zu wachsen, schneiden Gartenprofis alle Ausläufer ab. Vermute warum.

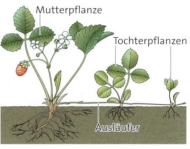

4 Ausläufer der Erdbeere →

Material B

Zwei Arten der Fortpflanzung

Tulpen vermehren sich im Gegensatz zu den meisten anderen Blütenpflanzen zusätzlich ungeschlechtlich über Tochterzwiebeln. → 5

1 ⊠ Vergleiche die ungeschlechtliche Fortpflanzung bei der Tulpe mit der geschlechtlichen Fortpflanzung beim Apfel. → 5 6

2 ⊠ Erläutere die Vorteile der ungeschlechtlichen Fortpflanzung für die Pflanze, im Gartenbau und in der Landwirtschaft.

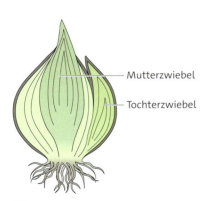

5 Die Tulpenzwiebel

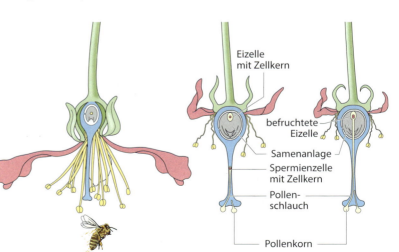

6 Die geschlechtliche Fortpflanzung beim Apfel

Die Verbreitung von Früchten und Samen

1 Wie kommt die Birke auf das Dach?

Pflanzen findest du an den ungewöhnlichsten Orten. Der Löwenzahn wächst auch in Mauerritzen, Birken wachsen manchmal sogar in Dachrinnen. Sie wurden dort sicher nicht angepflanzt. Aber wie gelangten sie dorthin?

Verbreitung durch den Wind • Wenn du eine „Pusteblume" in die Hand nimmst und darauf pustest, dann wirbeln viele Schirmchen davon. Die „Pusteblume" des Löwenzahns besteht aus über 150 Einzelfrüchten. → 3
Die kleinen „Fallschirme" sind aus Haaren gebildet. Sie sorgen dafür, dass die Früchte nur sehr langsam zu Boden fallen. Auf diese Weise kann sie der Wind über weite Strecken mitnehmen. Solche Flugfrüchte finden sich auch bei einigen Bäumen wie Ahorn, Birke oder Erle.

Tiere verbreiten Samen und Früchte • Mit farbigen und schmackhaften Früchten werden Tiere angelockt. Manchmal verlieren die Tiere die Früchte beim Transport. Wenn die

2 Der Löwenzahn

3 Die Früchte des Löwenzahns

Die Vielfalt der Blütenpflanzen

penewu

Lexikon
Video
Tipps

die **Windverbreitung**
die **Tierverbreitung**
die **Wasserverbreitung**
die **Selbstverbreitung**

Früchte gefressen werden, dann gelangen die unverdaulichen Samen über den ausgeschiedenen Kot an einen anderen Ort.

Manche Früchte bleiben am Fell von Tieren haften. Die Samenschale kann klebrig oder mit kleinen Haken besetzt sein wie bei der Klette. → 4
Trockenfrüchte wie Nüsse, Sonnenblumenkerne oder Bucheckern werden von Eichhörnchen und Hamstern als Vorrat für den Winter versteckt. → 5
→ 🖸 Nicht alle Verstecke finden sie wieder. Dann keimen die Samen aus.

Verbreitung durch das Wasser • Viele Wasserpflanzen wie die Seerose bilden mit Luft gefüllte Schwimmfrüchte. → 6 Kokosnüsse gelangen so über Tausende Kilometer im Meer zu neuen Stränden. Auf diese Weise können Inseln, die durch Vulkanausbrüche neu entstanden sind, von Pflanzen besiedelt werden.

Selbstverbreitung • Manche Pflanzen sorgen selbst dafür, dass ihre Samen verbreitet werden. Die reifen Schleuderfrüchte des Springkrauts platzen bei Berührung oder Erschütterung auf und schleudern die Samen dann bis zu zwei Meter weit weg. → 7 Der Klatschmohn hingegen verstreut seine Samen, wenn sich die reifen Samenkapseln im Wind neigen.

> Die Verbreitung von Samen und Früchten erfolgt durch Wind, Wasser, Tiere oder durch Selbstverbreitung.

4 Hund mit Klettfrüchten

5 Eichhörnchen mit Walnuss

6 Schwimmfrucht der Seerose

7 Springkraut mit Schleuderfrucht

Aufgaben

1 ✉ Nenne verschiedene Verbreitungsformen von Früchten und Samen.

2 ✉ Beschreibe, wodurch die Samen in den Bildern an ihre Verbreitungsform angepasst sind. → 4 – 7

3 ✉ Beschreibe, wie auch der Mensch unbeabsichtigt Früchte und Samen verbreiten kann.

4 ✉ Erkläre, wie die Birke in die Dachrinne kommt. → 1

Die Verbreitung von Früchten und Samen

Material A

[1] Die Ahornfrucht

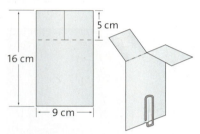

[2] Das Modell der Ahornfrucht

Wir bauen eine „Ahornfrucht"

Die Früchte des Ahorns verfügen haben eigene Tragflügel. → [1]

Materialliste: DIN-A4-Blatt, Bastelschere, Stift, Lineal, 2 Büroklammern, Stoppuhr

1 Schneide das Blatt Papier auf 16 cm × 9 cm zurecht. → [2] Zeichne die beiden Linien auf. Schneide das Stück Papier an der durchgezogenen Linie ein.

2 Falte die zwei Seitenteile an der gestrichelten Linie. Beschwere dein Modell mit einer Büroklammer, die den Samen darstellen soll.

3 Lass dein Modell und eine Büroklammer aus 2 Metern Höhe zu Boden fallen. Miss und notiere jeweils die Zeit, die sie dafür brauchen.

a ◩ Beschreibe den Fall der Büroklammer und deiner „Ahornfrucht".

b ◩ Erläutere den Vorteil der besonderen Bauweise der Ahornfrucht.

Material B

Flugfrüchte im Test

Pflanzen finden sich an den ungewöhnlichsten Orten. Oft sind Flugfrüchte dafür verantwortlich.

Materialliste: Flugfrüchte von Ahorn, Linde, Birke oder Löwenzahn, Bandmaß, Föhn, Schere, Stoppuhr

1 Lass die Flugfrüchte aus 2 Metern Höhe fallen. → [3] Miss und notiere jeweils die Zeit, die sie bis zum Boden brauchen.

2 Erzeuge seitlich mit dem Föhn einen Luftstrom. Wiederhole dieselben Versuche.

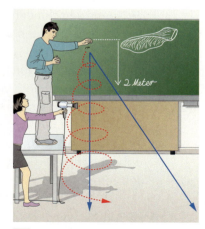

[3] Versuchsaufbau zum Flugtest

◩ Begründe die unterschiedlichen Flugzeiten bei den Schritten 1 und 2.

3 Entferne die Flugvorrichtungen mit einer Schere. Wiederhole die beiden vorangegangenen Schritte.
◩ Begründe die unterschiedlichen Flugzeiten der Früchte im Vergleich zu den Schritten 1 und 2.

4 ◩ Stelle Vermutungen über die Vorteile der Flugvorrichtungen bei der Verbreitung der Samen an.

Die Vielfalt der Blütenpflanzen

Material C

Die Natur als Vorbild

Bei einigen Pflanzen haben sich sehr spezielle Samen entwickelt. In Forschung und Technik wird versucht, diese Erfindungen der Natur nachzumachen. So entstand die Bionik. Dieser Begriff setzt sich aus den Worten Biologie und Technik zusammen.

1. Erkläre den Begriff Bionik.

2. Ordne den Samen 4–6 die entsprechende technische Erfindung A–C zu.

4 Hund mit Klette

5 Zanonia-Samen

6 Löwenzahnsamen

A Gleitschirm

B Klettverschluss

C Drachenflieger

Material D

Die Vulkaninsel Surtsey

1. Stelle Vermutungen an, was Forschende mit dem Experiment vor Island beweisen wollten. Begründe deine Vermutungen. → 7

2. Erläutere, welche Rolle Vögel bei der Ansiedlung von Pflanzen auf Surtsey spielen können.

3. Forschende bezeichnen Surtsey als ein „Labor des Lebens". Erkläre diese Bezeichnung.

Im Jahr 1963 entstand durch einen Vulkanausbruch nahe Island die neue Insel Surtsey. Nur wenige Forschende dürfen diese Insel seitdem betreten. Seit über 50 Jahren erforschen sie dort, wie sich Pflanzen auf einer neuen Insel ansiedeln. Im Rahmen eines Experiments wurden dazu 10 Millionen Plastikperlen vor der 20 Kilometer entfernten bewohnten Nachbarinsel Heimaey ins Meer geschüttet.

7 Eine besondere Insel

Die Insel Surtsey 1963

Die Insel Surtsey heute

Die Samen der Pflanzen

1 Keimende Bohnenpflanzen

Diese seltsamen kleinen Pflänzchen haben sich aus Bohnensamen entwickelt. Bohnensamen lassen sich trocken sehr lange lagern. Was ist nötig, damit sich aus einem Samen eine Pflanze entwickelt?

Bau des Samens • Am Beispiel der Feuerbohne kann man den Aufbau eines Samens sehr gut erkennen. → 2 Wenn man ihn ins Wasser legt, dann lässt sich die äußere harte Samenschale leicht ablösen. Der Bohnensamen ist gut in zwei Hälften teilbar. Im Inneren sieht man ein kleines Pflänzchen: den Keimling mit winzigen Laubblättern, der Keimwurzel und dem Keimstängel. → 2 Die beiden weißen Hälften sind Stärkespeicher. Sie liefern dem Keimling Energie.

Samenruhe • Manche reife Samen beginnen noch im selben Jahr zu keimen. Andere Samen überwintern oder keimen erst nach mehreren Jahren aus. Diese Zeit der Untätigkeit der Samen nennt man Samenruhe.

Quellung • Bohnensamen legt man vor dem Pflanzen einen Tag in Wasser. Die Samen nehmen dann Wasser auf. Diesen Vorgang nennt man Quellung. Nach der Quellung haben die Samen sich vergrößert und sind fast doppelt so schwer. → ▣ Da die Samenschale bald zu eng ist, platzt sie auf und die Keimung beginnt.

2 Aufgeklappter Samen einer Feuerbohne

- erste Laubblätter
- Keimstängel
- Keimwurzel
- Stärkespeicher
- Samenschale

Die Vielfalt der Blütenpflanzen

die **Quellung**
die **Keimung**
das **Wachstum**

Keimung • Wenn die Samen genügend Wärme, Luft und Wasser erhalten, dann läuft die Keimung bei der Feuerbohne innerhalb weniger Tage ab. Die Samen der Feuerbohne brauchen kein Licht zum Keimen. Zuerst durchbricht die Keimwurzel die Samenschale und dringt danach als Hauptwurzel in den Boden ein.

Wachstum • Nach der Keimung bilden sich viele Nebenwurzeln mit feinen Wurzelhärchen, die die Feuchtigkeit aufsaugen. Nach einigen Tagen wächst der Keimstängel nach oben. Sobald sich die ersten Laubblätter entfaltet haben, fällt die Samenschale ab. Bohnensamen enthalten viele Nährstoffe im Stärkespeicher. Der Keimling benötigt diese Nährstoffe für sein Wachstum. Der Stärkespeicher wird also mit der Zeit verbraucht. Sobald die Blätter der Pflanze grün sind, kann sie selbst Nährstoffe bilden. Sie benötigt dann die im Boden befindlichen Mineralstoffe, um eigene Baustoffe herzustellen und zu wachsen. Die Feuerbohne wächst zu einer buschigen Kletterpflanze heran. Nach der Bestäubung und der Befruchtung bilden sich lange Hülsenfrüchte mit neuen Samen.

> Pflanzensamen enthalten den Keimling der neuen Pflanze. Die Quellung ist die Voraussetzung für die Keimung des Samens. Zur Quellung und Keimung brauchen die Bohnensamen Wasser, Wärme und Luft.

Aufgaben

1 ▶ Erläutere die Begriffe Quellung und Keimung.

2 Bei Frost quellen Samen nicht. ⊠ Begründe diese Tatsache.

3 ⊠ Erkläre, welche Folgen es für den Keimling hätte, wenn man die Stärkespeicher entfernen würde, noch bevor die Blätter grün werden.

3 Die Entwicklung einer Feuerbohne →

Die Samen der Pflanzen

Material A

Keimungsbedingungen

Was benötigen Kressesamen, um zu keimen?
In sechs verschiedene Petrischalen werden je 20 Kressesamen ausgesät:
- Schale 1 (ohne Wasser): Die Samen werden auf trockene Erde gelegt.
- Schale 2 (ohne Erde): Die Samen werden auf feuchte Watte gelegt.
- Schale 3 (ohne Luft): Die Samen werden auf feuchte Erde gelegt und die Schale wird in einen Tiefkühlbeutel gestellt. Mit einem Trinkhalm wird die Luft herausgesaugt und anschließend der Beutel luftdicht mit einem Klebeband verschlossen.
- Schale 4 (ohne Licht): Die auf feuchter Erde liegenden Samen werden in einen lichtundurchlässigen Karton gestellt.
- Schale 5 (ohne Wärme): Die auf feuchter Erde liegenden Samen werden in den Kühlschrank gestellt.
- Schale 6: Dies ist der Kontrollansatz. Die Samen liegen bei Zimmertemperatur auf feuchtem Untergrund mit Luftzufuhr.

1 Bild 1 zeigt die Ergebnisse des Experiments.
a ▣ Beschreibe die Ergebnisse.
b ▣ Erkläre, welche Bedingungen erfüllt sein müssen, damit Kressesamen keimen.
c ▣ Begründe, warum die Ansätze jeweils mit mehreren Kressesamen durchgeführt werden.

2 ▣ Erkläre die unterschiedliche Färbung der Kressepflanzen bei den Ansätzen 2 und 4.

3 ▣ Die meisten Samen werden in unseren Gärten im Frühjahr und nicht im Herbst ausgesät. Begründe diese Vorgehensweise.

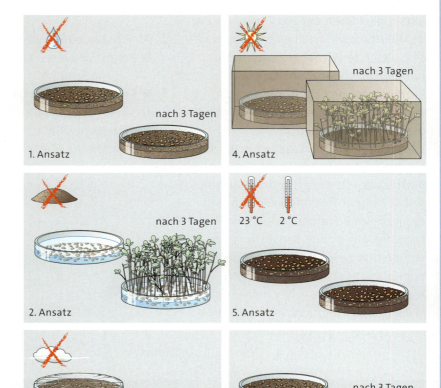

1 Keimung von Kresse unter verschiedenen Bedingungen

Die Vielfalt der Blütenpflanzen

Material B

Wir messen das Pflanzenwachstum

Materialliste: Becherglas, feuchte Erde, gequollene Samen einer Bohnenpflanze, Lineal, Papier und Stift

1. Fülle das Becherglas mit feuchter Erde. Drücke einen Bohnensamen am Rand des Glases in die Erde, sodass du ihn sehen kannst. → 2

2. Stelle das Glas an einen hellen und warmen Ort. Halte die Erde im Glas feucht.

2

3. Warte, bis der Keimstängel etwa 2 cm aus der Erde ragt. Miss danach täglich zwei Wochen lang die gesamte Länge des Stängels. Beobachte auch das Längenwachstum der Keimwurzel.
Notiere deine Beobachtungen in einer Tabelle. → 3
◧ Beschreibe das Wachstum des Keimstängels.

Anzahl Tage	Tag 1	Tag 2	Tag 3	Tag 4	Tag 5
Länge des Keimstängels	? cm	? cm	? cm	? cm	? cm

3

Material C

Die Samen von Kaltkeimern keimen nur bei Temperaturen zwischen –5 °C und 5 °C. Die Quellung der Samen muss stattfinden, bevor die Temperatur unter 0 °C sinkt und das Wasser im Boden gefroren ist. Die Samen der Kaltkeimer enthalten Stoffe, die ein Erfrieren der Samen verhindern.
Die Samen der Warmkeimer quellen und keimen erst bei über 5 °C Bodentemperatur.

4 Warmkeimer – Kaltkeimer

Keimung und Temperatur

Samen von verschiedenen Pflanzen keimen bei unterschiedlichen Temperaturen.

Pflanze	Keimungstemperatur
Schlüsselblume	3–5 °C
Tomate	13–16 °C
Winterweizen	0–1 °C
Basilikum	17–28 °C
Schneeglöckchen	1–3 °C

5 Keimungstemperaturen

1. ◧ Ordne die Pflanzen den Warmkeimern oder den Kaltkeimern zu. → 4 5
Begründe deine Zuordnung.

2. ◧ Begründe, warum man Kaltkeimer bevorzugt im Oktober und November aussät.

3. Die Bohne ist ein Warmkeimer. Ihre Keimungstemperatur liegt zwischen 5 °C und 11 °C.
◧ Stelle eine Vermutung an, wann man Bohnensamen am besten aussät.

Die Pflanzenfamilien

1 Blüte am Apfelbaum

2 Die Erdbeere

Ein Apfelbaum und eine Erdbeerpflanze haben auf den ersten Blick nur wenige Gemeinsamkeiten. Trotzdem sind beide Pflanzenarten eng verwandt. Woran kann man diese Verwandtschaft erkennen?

Pflanzenfamilien • Der Bau der Blüten ist ein wichtiges Unterscheidungsmerkmal bei der Bestimmung von Pflanzen. Dabei spielen vor allem die Anzahl, aber auch Farbe und Form der Blütenblätter eine entscheidende Rolle. Weitere spezielle Merkmale können die Position der Blüten und der Blätter an der Pflanze, die Form der Blätter, die Form der Früchte und ihr Standort sein.
Pflanzen mit ähnlichen Merkmalen fasst man zu Pflanzenfamilien zusammen. Der Name einer Pflanzenfamilie gibt oft Hinweise auf ihre Merkmale. Manchmal ist eine Familie auch nach einem bekannten Vertreter der Familie benannt.

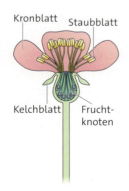

3 Das Blütenschema eines Rosengewächses

Rosengewächse • Wenn man Blüten von Erdbeere und Apfelbaum vergleicht, dann fällt auf, dass sie fünf Kronblätter, fünf Kelchblätter und viele Staubblätter haben. → 1 – 3 Die Übereinstimmung dieser Merkmale zeigt die Verwandtschaft beider Arten. Diese Merkmalskombination ist kennzeichnend für alle Pflanzenarten der sehr vielfältigen Familie der Rosengewächse. Zu ihr gehören auch die Himbeere, der Frauenmantel sowie Kirsch-, Pflaumen- und Mandelbäume.

Lippenblütengewächse • Taubnesseln haben Blüten, die ganz anders aussehen als die der Rosengewächse. Die rechte und die linke Seite der Blüten der Taubnessel sehen gleich aus. Jedoch unterscheiden sich ihre Ober- und Unterseite. Die Kelch- und die Kronblätter sind am Grund miteinander zu einer Röhre verwachsen. Diese bildet eine obere helmartig verlängerte Oberlippe und eine untere flache

Die Vielfalt der Blütenpflanzen

Unterlippe. Man zählt die Taubnesseln daher zu den Lippenblütengewächsen. → 4 6 Im Inneren der Blüte der Taubnessel findet man vier Staubblätter und den Stempel. Es gibt aber auch Lippenblütengewächse, die eine sehr kurze Oberlippe und weniger als vier Staubblätter haben. Viele unserer Gewürzpflanzen wie Minze und Basilikum zählen zu den Lippenblütengewächsen. Alle haben einen vierkantigen Stängel.

Schmetterlingsblütengewächse • Die Erbse hat fünf ungleich große Kronblätter, die miteinander verwachsen sind. Das größte Kronblatt ist nach oben verlängert und bildet die Fahne. Die beiden seitlichen Kronblätter bilden Flügel. → 5 7 Zwischen der Fahne und den Flügeln sind zwei weitere Kronblätter verwachsen. Sie bilden das Schiffchen. Durch die seitlich abstehenden Flügel erinnert die Form der Blüte an einen Schmetterling. Man zählt die Erbse daher zu den Schmetterlingsblütengewächsen. Neun von zehn Staubblättern der Erbse sind zu einer Röhre verwachsen. Sie umgeben den Stempel. Die Erbse bildet sehr eiweißhaltige Hülsenfrüchte. Zu den Schmetterlingsblütengewächsen zählen viele Nahrungspflanzen wie die Linse und die Bohne.

> Alle Pflanzen mit dem gleichen Blütenaufbau und anderen gemeinsamen Merkmalen sind miteinander verwandt. Sie gehören deshalb zur selben Pflanzenfamilie.

huseya

Lexikon Tipps

die **Pflanzenfamilie**
die **Rosengewächse**
die **Lippenblütengewächse**
die **Schmetterlingsblütengewächse**

4 Die Taubnessel → Bild 6

5 Die Erbse → Bild 7

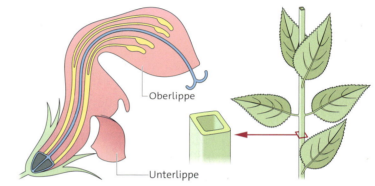

6 Das Blütenschema eines Lippenblütengewächses

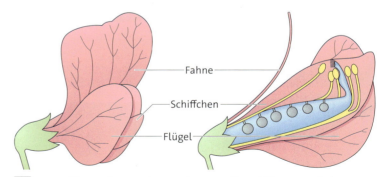

7 Das Blütenschema eines Schmetterlingsblütengewächses

Aufgabe

1 ▶ Nenne Merkmale der Kronblätter bei Rosen-, Lippenblüten- und Schmetterlingsblütengewächsen.

Die Pflanzenfamilien

Material A

Lippenblütengewächse

Die Kronblätter der Lippenblütengewächse bestehen aus einer Ober- und einer Unterlippe, die am Ende zu einer Röhre verwachsen sind. Im Inneren der Blüte liegen meist vier Staubblätter und ein Stempel.

1 ▶ Bestimme mit dem Bestimmungsschlüssel die vier Lippenblütengewächse.
→ 1 – 5

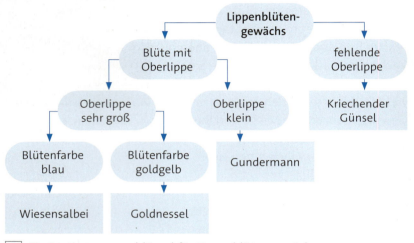

1 Ein Bestimmungsschlüssel für Lippenblütengewächse

Material B

Korbblütengewächse

1 ▣ Die Blüte der Sonnenblumen scheint riesig zu sein. Doch der Eindruck täuscht. Beschreibe den typischen Aufbau eines Korbblütengewächses. → 6

2 ▣ Begründe die Bezeichnung Korbblütengewächs für diese Pflanzenfamilie.

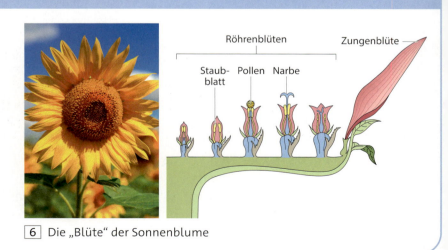

6 Die „Blüte" der Sonnenblume

Die Vielfalt der Blütenpflanzen

Methode

Pflanzen bestimmen mit einer App

Apps sind Zusatzprogramme auf Smartphones und Tablets. Du nutzt sie wahrscheinlich bereits zum Versenden von Nachrichten oder Bearbeiten von Fotos. Apps sind aber auch für viele andere Zwecke nützlich. Du kannst mit ihnen zum Beispiel herausfinden, welche Pflanzen um dich herum wachsen. → 7

So kannst du Pflanzen mit einer App bestimmen:

1. Finde eine geeignete App Oft bieten App-Stores für einen bestimmten Zweck mehrere Apps an. Gib in das Suchfeld deines App-Stores die Suchwörter „Pflanzen bestimmen" ein. Finde die App, mit der du am besten umgehen kannst. Achte dabei auf Kriterien wie den Funktionsumfang, die Benutzeroberfläche, die Kosten der App und den Datenschutz. Installiere die App anschließend auf deinem Smartphone oder Tablet.
Achtung: Wenn eine App Berechtigungen verlangt, die dir unnötig erscheinen, wie den Zugriff auf dein Mikrofon, spricht das gegen die App!

2. Bestimme die Pflanze Starte die App. In den meisten Fällen reicht es aus, ein Foto von der Blüte der Pflanze zu machen, damit die App sie erkennt. Im Zweifelsfall musst du ein Foto der Blätter oder ganzen Pflanze hinzufügen.
Hinweis: Die meisten Apps erkennen Wildpflanzen am besten, funktionieren aber nur eingeschränkt für Garten- und Zierpflanzen.

3. Speichere die Beobachtung Wenn du die Pflanze bestimmt hast, kannst du sie bei vielen Apps in einer eigenen Sammlung speichern.

7 Startmenü einer App zur Pflanzenbestimmung

Aufgaben

1 Suche nach einer blühenden Pflanze und bestimme sie wie links beschrieben.

2 Informiere dich mit der App über die Pflanzenfamilie und Verwendungsmöglichkeiten der Pflanze.

3 Übernimm die Tabelle in dein Heft und trage deine Pflanze ein. → 8

4 Ergänze Kriterien in deiner Tabelle. Ein weiteres Kriterium könnte zum Beispiel die Blütezeit sein. Bestimme zehn weitere Pflanzen und trage sie in die Tabelle ein.

Name	Pflanzenfamilie	Verwendung	Giftigkeit
Wiesen-Klee	Schmetterlingsblütler	Nahrung, Heilmittel	ungiftig
?	?	?	?

8 Beispieltabelle zur Pflanzenbestimmung

Von der Wildpflanze zur Kulturpflanze

1 Das sind alles Möhren!

Die Blätter sind ähnlich, die Wurzeln unterscheiden sich aber deutlich. Wie sind aus Wildpflanzen wie der Wilden Möhre Kulturpflanzen entstanden?

Pflanzenzüchtung • Schon vor langer Zeit erkannte man im Ackerbau, dass nicht alle Pflanzen einer Art gleich gut wachsen. Man vermehrte nur die ertragreichsten Exemplare. Dadurch waren auch die Nachkommen ertragreicher. Wenn zur Vermehrung gezielt Lebewesen ausgewählt werden, die für den Menschen nützliche Eigenschaften aufweisen, spricht man von Züchtung. Durch Züchtung entstehen aus Wildpflanzen Kulturpflanzen.

Heute wissen wir, dass Unterschiede innerhalb einer Art durch zufällige Veränderungen in der Erbinformation entstehen. Sie werden bei der Vermehrung an die Nachkommen weitergegeben. Dieser Mechanismus wird bei der Züchtung genutzt. Die Gartenmöhre, die wir im Supermarkt kaufen, wurde für den Verzehr gezüchtet. Sie unterscheidet sich von der Wilden Möhre in Form, Farbe und Geschmack. → 1

Kartoffel • Die Kartoffelpflanze wird in Europa seit etwa 500 Jahren angebaut. Die Sprossachse der Kartoffelpflanze bildet im Boden Ausläufer. Die Enden dieser Ausläufer verdicken sich zu Beginn des Sommers und bilden Sprossknollen: die Kartoffeln. → 2
In den Sprossknollen lagert die Pflanze viel Stärke sowie Vitamine und Mineralstoffe ein. Durch Züchtung gibt es mittlerweile etwa 5000 Kartoffelsorten weltweit. → 3

2 Kartoffel: Sprossknollen

3 Verschiedene Kartoffelsorten →

162 Die Vielfalt der Blütenpflanzen

vudiva

Lexikon
Video
Tipps

die **Wildpflanze**
die **Züchtung**
die **Kulturpflanze**
die **Fruchtfolge**
die **Monokultur**

Getreide ernährt die Welt • Getreide wird seit etwa 12 000 Jahren angebaut. Es zählt zu den Grundnahrungsmitteln von Mensch und Tier. Als Getreide bezeichnet man Gräser, deren Samen – die Getreidekörner – essbar sind. Das Klima und die Eigenschaften des Bodens beeinflussen den Anbau der Getreidesorten. In Deutschland werden vor allem Weizen, Roggen, Gerste und Hafer angebaut. Weltweit gehören außerdem Mais und Reis zu den wichtigsten Getreidesorten.

Nutzpflanzen • Bei den Kulturpflanzen unterscheidet man Zierpflanzen und Nutzpflanzen.
Zierpflanzen pflanzt man nur zur Dekoration.
Zu den Nutzpflanzen zählen alle Pflanzen, von denen wir uns ernähren. Es gibt aber auch andere Verwendungszwecke für Nutzpflanzen. Raps wird zum Beispiel angebaut, um aus den Samen Rapsöl zu gewinnen, das zu Kraftstoffen verarbeitet wird. Bäume werden als Baumaterial, Brennstoff oder zur Herstellung von Papier genutzt. Es gibt außerdem auch Pflanzen, die gegen Krankheiten helfen. Man nennt sie Heilpflanzen.

Anbau • Jede Pflanze benötigt zum Wachsen bestimmte Mineralstoffe, die sie dem Boden entzieht. Damit die Mineralstoffe nicht aufgebraucht werden, sollte man jedes Jahr andere Pflanzen anbauen. Den regelmäßigen Wechsel zwischen Getreidesorten und Feldfrüchten wie Kartoffel oder

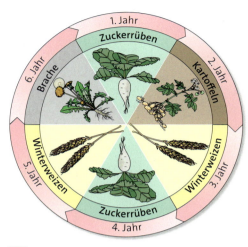

4 Beispiel für eine Fruchtfolge

Rüben nennt man Fruchtfolge. → 4
Nach einigen Jahren wird der Anbau für ein Jahr pausiert, damit der Boden sich erholen kann. Die Fruchtfolge schont den Boden, hat aber auch Nachteile. Die Bewirtschaftung ist teuer und aufwendig. Deshalb sind weltweit Monokulturen sehr verbreitet. Hierbei werden jedes Jahr die gleichen Nutzpflanzen angebaut.

> Kulturpflanzen werden in Nutz- und Zierpflanzen unterteilt. Nutzpflanzen werden zum Beispiel als Nahrungsmittel, Heilpflanze, Baumaterial und Kraftstoff genutzt.

altgriechisch
monos: eins

Aufgaben

1 ⊠ Erkläre, wie Kulturpflanzen aus Wildpflanzen gezüchtet werden.

2 ⊠ Begründe, warum Monokulturen schlecht für den Boden sind.

Von der Wildpflanze zur Kulturpflanze

Material A

Durch Züchtung verändert

Die Wildformen unserer Kulturpflanzen kommen auch heute noch in der Natur vor. Wir erkennen sie aber kaum, weil sie sich häufig stark von den Zuchtformen unterscheiden. Sie sehen anders aus und schmecken anders. Außerdem sind sie oft widerstandsfähiger gegen Schädlinge. Die Zuchtformen sind auf die Pflege durch den Menschen angewiesen.

1 ▣ Nenne Unterschiede zwischen der Zuchtform der Aubergine und ihren Wildformen. → ⬚1

⬚1 Zuchtform und Wildformen der Aubergine

2 ▣ Beschreibe, welche weiteren Unterschiede es bei anderen Pflanzen zwischen den Wildformen und den Zuchtformen gibt.

3 ▣ Nenne zwei Vorteile, die Wildformen gegenüber den Zuchtformen haben.

4 ▣ Erläutere anhand von Beispielen, mit welchen Zielen der Mensch verschiedene Wildformen durch Züchtung verändert hat.

Material B

Die Wilde Möhre

Um die Gartenmöhre zu züchten, wurden Wildformen miteinander gepaart, die nützliche Eigenschaften für den Anbau und Verzehr aufwiesen. Eine der Wildformen ist die Wilde Möhre. → ⬚2 ⬚3 Sie wächst fast überall, zum Beispiel auf Wiesen, an Wegrändern, im Wald und in naturnahen Gärten. Ihre großen weißen Blüten ziehen viele Insekten an, besonders auch Wildbienen.

1 ▣ Erkläre den Zusammenhang zwischen der Wilden Möhre und der Gartenmöhre aus dem Supermarkt.

⬚2 Wilde Möhre auf einer Wiese

⬚3 Wilde Möhre: Wurzel und Blüte

Materialliste: Wilde Möhre, Gartenmöhre, Messer, Haushaltstücher

2 Möhren im Vergleich

a ▣ Vergleiche das Aussehen der Möhren und fertige Skizzen an.

b ▣ Schneide jeweils ein Stück von beiden Möhren ab. Beschreibe, wie sich die Möhren in Geruch und Geschmack unterscheiden.

c ▣ Begründe anhand der untersuchten Eigenschaften, warum sich Gartenmöhren besser für den Verkauf und Verzehr eignen als Wilde Möhren.

noriku

Video Tipps

Material C

Die Vielfalt des Kohls

4 Verschiedene Kohlsorten

Der Mensch hat aus dem Wildkohl, einer Pflanze der Küsten Mitteleuropas, verschiedene Kohlsorten gezüchtet. → 4

1 ▸ Beschreibe die Vielfalt des Kohls. Nutze hierzu das Bild 4 und Alltagswissen.

2 ▸ Beschreibe, welche Teile des Wildkohls durch Züchtung verändert wurden. → 5

3 ▸ Erkläre am Beispiel einer Kohlsorte, wie sie aus Wildkohl gezüchtet wurde. → 6

4 ▸ Informiere dich über den Anbau einer Kohlsorte. Beschreibe Unterschiede zu den Bedingungen des Wildkohls.

Bei einzelnen Pflanzen des Wildkohls traten zufällige Veränderungen auf wie eine dickere Sprossachse oder größere Blätter. Der Mensch hat diese Pflanzen gezielt vermehrt. So entstanden über Jahrtausende verschiedene Kohlsorten mit auffälligen Merkmalen.

6

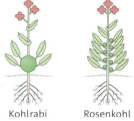

Wildkohl Kohlrabi Rosenkohl Blumenkohl Weißkohl

5 Wildkohl und seine Zuchtformen (schematische Darstellung) →

Material D

Kräutersalz herstellen

Aus Wurzeln, Blättern, Sprossachsen, Blüten, Samen und Früchten von Pflanzen könnt ihr in der Küche Kräuter und Gewürze selbst herstellen.

Materialliste: Waage, Glas mit Deckel, Messer, Mörser, 80 g grobes Salz, 3 g Thymian, 10 g Schnittlauch, 5 g Petersilie, 6 g Basilikum

1 Schneide alle Kräuter klein. Vermische sie im Mörser mit dem Salz.

2 Trockne das Kräutersalz mindestens 30 Minuten lang bei 40 °C im Trockenschrank oder auf einem Backblech im Ofen.

3 Fülle das Kräutersalz in das Glas und verschließe es. Bewahre das Kräutersalz an einem trockenen Ort auf. So bleibt es mehrere Monate lang haltbar.

7 Kräutersalz, selbst hergestellt

Von der Wildpflanze zur Kulturpflanze

Methode

Pflanzen nach Kriterien ordnen

Damit man den Überblick nicht verliert, kann man Dinge nach Kriterien in Gruppen einteilen. Das trifft auf alle Lebewesen zu und auch auf Gegenstände und Vorgänge. Die zu einer Gruppe gehörenden Dinge haben bestimmte Merkmale gemeinsam.

So kannst du Lebewesen ordnen:

1. Was willst du ordnen? Überlege dir, welche Lebewesen du zum Beispiel nach Gruppen ordnen möchtest.
Beispiel: Du willst die Pflanzen ordnen, die dir auf dem Schulweg begegnen wie die Brennnessel, den Holunder, die Kastanie, den Löwenzahn, die Rose und einen Apfelbaum.

2. Lege ein erstes Kriterium fest Suche ein Merkmal, in dem sich die Lebewesen unterscheiden. Dieses Merkmal ist dein Ordnungskriterium.
Beispiel: Welche Wuchsform haben diese Pflanzen?

3. Lege Gruppen fest Benenne anhand deines Ordnungskriteriums Gruppen, denen du die Lebewesen zuordnen kannst.
Beispiel: Kräuter, Sträucher, Bäume

4. Ordne nach dem Kriterium Stelle durch Beobachten oder Recherchieren fest, welche Merkmale die einzelnen Lebewesen haben. Ordne sie dann anhand deines Kriteriums aus Schritt 2 den Gruppen zu, die du in Schritt 3 festgelegt hast.
Beispiel: Die Kastanie hat einen verholzten Stamm. Sie gehört daher zu den Bäumen.

5. Füge weitere Kriterien hinzu Wiederhole die Schritte 2 und 3. Je mehr Gruppen du anhand zusätzlicher Kriterien voneinander abgrenzen kannst, desto detaillierter wird deine Einteilung der Pflanzen.
Beispiel: Kriterien Blütenbau, Blattform, Bedeutung → 1

1 Eine Einteilung der Blütenpflanzen nach Wuchsform und ihrer Bedeutung für die Menschen

Die Vielfalt der Blütenpflanzen

2 Die Blüte der Erdnuss

3 Die Blüte der Lupine

Aufgaben

Pflanzen können für Menschen verschiedene Bedeutungen haben. Es gibt Wildpflanzen und Kulturpflanzen. Die Kulturpflanzen kann man zum Beispiel in Heilpflanzen, Getreide, Obstpflanzen, Gemüsepflanzen und Zierpflanzen unterteilen. → 1

1 ▶ Ordne folgende Pflanzen danach, ob sie Wildpflanzen oder Kulturpflanzen sind: Weizen, Kartoffel, Brennnessel, Mais, Pfirsich, Wein, Löwenzahn, Kastanie, Apfelsine, Tomate, Mohn, Kamille, Gurke.

2 ✖ Ordne die Kulturpflanzen nach ihrer Bedeutung für den Menschen. Lege mindestens drei Ordnungskriterien fest.

3 ✖ Ordne jetzt die Kulturpflanzen nach heimischen und eingeführten Pflanzen.

4 ✖ Ordne die Pflanzen einer Pflanzenfamilie zu. → 2 – 5 Begründe deine Zuordnung mit dem Blütenbau. *Tipp:* Die Seiten 158/159 können dir dabei helfen.

4 Die Blüte der Gartenerbse

5 Die Blüte der Wicke

Einheimische Laub- und Nadelbäume

Zweig einer Rosskastanie

Zweig einer Tanne

1 2 Ähnliche Zweige, aber nicht gleich!

im Winter

beim Austrieb

3 Die Knospe der Kastanie

In unseren Wäldern stehen Laubbäume und Nadelbäume. Worin unterscheiden sich diese Baumtypen voneinander?

Laubbäume • Die Rosskastanie ist bei uns ein häufiger Laubbaum. Ihre auffallend großen Blätter sind ein unverkennbares Merkmal. → 1 Breite, dünne und weiche Laubblätter sind ein Kennzeichen aller einheimischen Laubbäume. Laubbäume geben über die Blätter Wasser ab. Wenn das Wasser gefriert, kann es nicht mehr von den Wurzeln zu den Blättern transportiert werden. Das von den Blättern abgegebene Wasser könnte also im Winter nicht mehr nachgeliefert werden, der Baum würde austrocknen. Laubbäume werfen daher im Herbst ihre Blätter ab. Neue Blüten oder Blätter entstehen in winzigen Knospen. → 3 Sie werden im Herbst gebildet. Im nächsten Frühjahr sprengen die wachsenden Blätter und Blüten die Knospen. Man sagt: Die Knospen treiben aus.

Nadelbäume • Die meisten Nadelbäume haben harte, nadelförmige Blätter, die Nadeln. Eine Wachsschicht auf den Nadelblättern verringert die Verdunstung von Wasser. Aus diesem Grund werfen Nadelbäume ihre Nadeln im Herbst nicht ab. Sie bleiben oft viele Jahre am Baum.
Die Samen der Nadelbäume liegen in holzigen Zapfen. → 2 Form und Größe der Zapfen sind ein wichtiges Unterscheidungsmerkmal für Nadelbäume.

> Die Laubbäume werfen ihre Laubblätter im Herbst ab. Die Nadelblätter der Nadelbäume bleiben meist mehrere Jahre am Baum.

Aufgabe

1 ⊠ Nenne Unterschiede von Laubbäumen und Nadelbäumen.

168 Die Vielfalt der Blütenpflanzen

Material A

Bäume bestimmen

Bäume kannst du zum Beispiel anhand ihrer Blätter oder Nadeln bestimmen. Dabei hilft dir ein Bestimmungsschlüssel. Er ist so aufgebaut, dass du immer zwischen zwei Möglichkeiten entscheiden musst. → 4

Materialliste: Blätter und Nadeln verschiedener Bäume

1 ⊠ Schreibe alle Schritte nacheinander auf, die vom Start zur Esche führen. → 4

2 ⊠ Bestimme die Bäume zu deinen Blättern und Nadeln.

der **Laubbaum**
der **Nadelbaum**
die **Knospe**
der **Zapfen**

Lexikon
Video
Tipps

fayebo

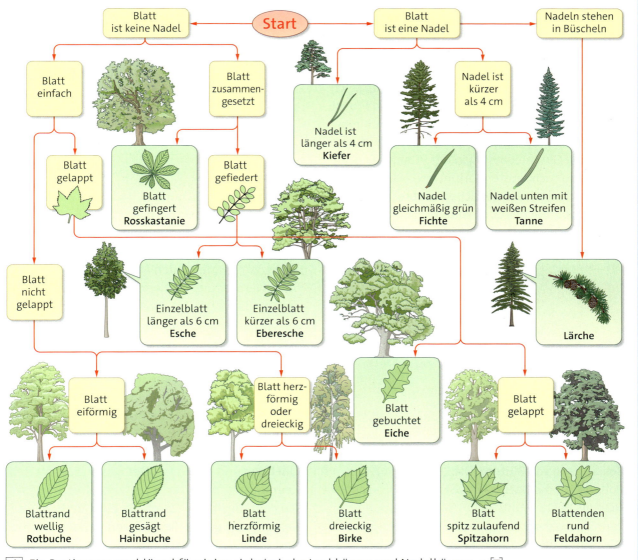

4 Ein Bestimmungsschlüssel für einige einheimische Laubbäume und Nadelbäume → ▣

Die Vielfalt der Blütenpflanzen

Zusammenfassung

Aufbau der Blütenpflanzen • Blütenpflanzen haben alle den gleichen Grundbauplan. Sie bestehen aus Wurzel, Sprossachse, Blättern und Blüten. Die Wurzel verankert die Pflanze im Boden und nimmt Wasser und Mineralstoffe auf. Diese werden in der Sprossachse durch die Pflanze geleitet. Die Blätter stellen mit der Energie im Sonnenlicht Traubenzucker her (Fotosynthese). Mithilfe der Blüte vermehrt sich die Pflanze.

Aufbau von Blüten • Eine Blüte besteht aus Kelchblättern, Kronblättern, Staubblättern und Fruchtblättern. Die Fruchtblätter sind meist zu einem Stempel verwachsen. → 1 Der Stempel ist das weibliche Geschlechtsorgan der Pflanze. Er besteht aus Fruchtknoten, Griffel und Narbe. Das Staubblatt ist das männliche Geschlechtsorgan. Im Staubbeutel liegt der Pollen.

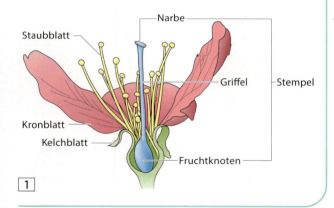

Bestäubung von Blüten • Die Übertragung des Pollens auf die Narbe eines Stempels bezeichnet man als Bestäubung. → 1 Die Bestäubung kann durch Insekten oder den Wind erfolgen. Die Blüten der Pflanzen sind an die Art der Bestäubung angepasst.

Befruchtung von Blüten • Nach der Bestäubung bildet das Pollenkorn einen Pollenschlauch aus, in dem die männliche Geschlechtszelle zur Samenanlage transportiert wird. Bei der Befruchtung verschmilzt die männliche Geschlechtszelle mit der Eizelle. → 2 Nach der Befruchtung bildet sich eine Frucht mit Samen.

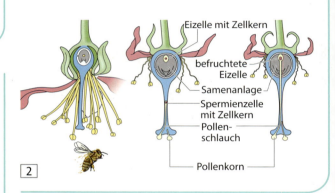

Verbreitung von Früchten und Samen • Die Verbreitung von Früchten und Samen kann durch Wind, Wasser, Tiere, den Menschen oder durch Selbstverbreitung erfolgen. Früchte und Samen sind an die Verbreitungsart angepasst.

Ungeschlechtliche Vermehrung • Einige Pflanzenarten vermehren sich durch Knollen, Zwiebeln, Ableger oder Ausläufer. Dabei entstehen aus der Mutterpflanze identische Tochterpflanzen.

Quellung und Keimung • Der Samen enthält den Keimling der neuen Pflanze. Voraussetzung für die Keimung ist die Quellung. Zur Quellung und Keimung brauchen die Pflanzen Wasser, Wärme und Luft. Die Stärkespeicher enthalten viele Fette und Stärke. Sie ernähren den Keimling.

Teste dich! (Lösungen auf Seite 378)

Der Aufbau der Blütenpflanzen

1 ▣ Fertige eine Schemazeichnung einer Blütenpflanze an. Beschrifte die Bestandteile und nenne ihre Aufgaben.

2 ▣ Bei der Tulpenblüte wurden alle Teile der Blüte quer durchgeschnitten. → 3
Zeichne ein Blütendiagramm der Tulpenblüte und beschrifte die einzelnen Blütenteile.

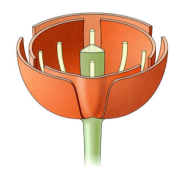

3

Die Pflanzenfamilien

3 ▣ Beschreibe die typischen Merkmale der Familie der Rosengewächse. Nenne zwei Arten dieser Familie.

4 ▣ Beschreibe den Vorgang. → 4

4

Die Verbreitung von Früchten und Samen

5 Pflanzen verbreiten sich auf viele Arten.
a ▣ Nenne vier Verbreitungsarten von Früchten und Samen.
b ▣ Benenne die Verbreitungsart und die Pflanze. → 5
c ▣ Das Eichhörnchen wird manchmal „Gärtner des Waldes" genannt. → 6
Begründe diese Bezeichnung.

5   6

Die ungeschlechtliche Vermehrung

6 Neue Pflanzen ohne Früchte und Samen?
a ▣ Erkläre, was man bei Pflanzen unter der ungeschlechtlichen Fortpflanzung versteht.
b ▣ Nenne verschiedene Formen der ungeschlechtlichen Fortpflanzung.

7 Kartoffeln können Ausläufer bilden.
▣ Begründe, warum dies für die Landwirtschaft von Vorteil ist.

Die Kulturpflanzen

8 ▣ Nenne fünf wichtige Kulturpflanzen. Erläutere, wofür sie genutzt werden.

9 ▣ Kartoffeln werden oft als Feldfrüchte bezeichnet. Begründe, warum die Aussage falsch ist.

Die Vielfalt der Lebensräume

In den Lebensräumen Wiese oder Wald entdeckt man verschiedene Tiere und Pflanzen. Was macht einen Lebensraum aus? Welche Tiere und Pflanzen leben dort?

Rehe fressen Bucheckern und Eicheln. Sie werden wiederum von Luchsen und Wölfen gejagt. In welcher Beziehung stehen die Lebewesen untereinander?

Naturschutz ist in aller Munde. Aber was bedeutet Naturschutz genau? Vor wem oder wovor muss die Natur geschützt werden?

Lebensräume überall

1 Eine Wiese im Sommer

An einem sonnigen Sommertag kannst du auf einer Wiese viele blühende Pflanzen sehen. Du hörst das Summen von Bienen und siehst Schmetterlinge.
5 In einem Wald dagegen findet man andere Lebewesen. Wie ist dieser Unterschied zu erklären?

Die Wiese lebt • Die Pflanzen der Wiese wachsen unterschiedlich hoch.
10 Einige reichen dir bis zur Hüfte. Die meisten jedoch sind niedriger und bedecken den Boden der Wiese vollständig. Schmetterlinge und Bienen sammeln Nektar aus den Blüten.
15 Zwischen manchen Pflanzen haben Spinnen Netze gespannt und warten auf Beute. Auf einer Pflanze sitzt ein Grashüpfer und zirpt. → 2 Marienkäfer krabbeln umher. Sie ernähren sich
20 von Blattläusen und anderen Insekten.

Lebensbedingungen in der Wiese • Beim Betreten einer Wiese spürst du die warme Luft über den Pflanzen. Zwischen den Pflanzen nimmt die
25 Temperatur deutlich ab. Am Boden der Wiese ist es kühl.
Die Pflanzen der Wiese wachsen so dicht, dass das Sonnenlicht und der Wind den Erdboden nicht erreichen
30 können. Die Feuchtigkeit am Boden ist für Schnecken und Regenwürmer überlebenswichtig.

2 Der Gemeine Grashüpfer

Die Vielfalt der Lebensräume

tixuci

Lexikon
Tipps

die **Lebensbedingungen**
die **Temperatur**
die **Feuchtigkeit**
das **Sonnenlicht**
der **Wind**

Lebensraum Wald • Wenn man einen Wald betritt, fällt sofort ein Unterschied zur Wiese auf: Im Wald ist es auch im Sommer kühl. Bäume sorgen für Schatten. Nur wenig Sonnenlicht gelangt zum Erdboden. Der Boden ist im Vergleich zur Wiese viel feuchter und nicht vollständig bewachsen. Hier wachsen auch weniger verschiedene Pflanzenarten. Im Wald leben andere Tiere als auf der Wiese. Man findet im Wald zum Beispiel Wildschweine und Spechte, auf der Wiese dagegen Tagpfauenaugen und Grashüpfer.

Lebensraum See • Auch Gewässer sind Lebensräume. → 4 Dort ist es wärmer als im schattigen Wald, aber kühler als auf der Wiese. Seerosenblätter treiben auf der Wasseroberfläche, sie nutzen die direkte Sonneneinstrahlung zur Fotosynthese. Je tiefer das Wasser ist, desto weniger Sonnenstrahlung gelangt dorthin. Die oberen Wasserschichten sind deshalb wärmer als die tieferen Schichten. Die meisten Fische bevorzugen das kühlere tiefe Wasser. Am feuchten Seeufer wächst Schilfrohr, in dem Enten und andere Vögel Schutz finden und ihre Jungen aufziehen. Auch Zugvögel wie Kraniche und Störche nutzen den See für eine kurze Rast und zur Nahrungsaufnahme.

Viele Lebensräume • Es gibt noch viele weitere Lebensräume, zum Beispiel Flüsse, Meere oder Gebirge. Auch in den Städten finden sich zahlreiche Lebensräume. Dazu gehören zum Beispiel Parks, Gärten und Grünstreifen.

3 Der Schwarzwald

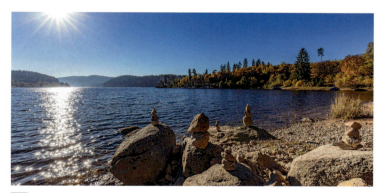

4 Der Schluchsee

In den verschiedenen Lebensräumen herrschen unterschiedliche Lebensbedingungen. Pflanzen und Tiere sind an diese Lebensbedingungen angepasst.

Aufgaben

1 Nenne jeweils zwei Tier- und Pflanzenarten, die auf der Wiese, im Wald oder im und am See leben.

2 Beschreibe drei Angepasstheiten von Tieren oder Pflanzen an ihren Lebensraum.

Lebensräume überall

Material A

Wir untersuchen Lebensbedingungen

In unterschiedlichen Lebensräumen unterscheiden sich die Temperatur, die Feuchtigkeit und das Sonnenlicht. Diese Lebensbedingungen nennt man auch nicht lebende Umweltfaktoren. Man misst sie am besten am Übergang zweier Lebensräume, zum Beispiel am Übergang von Wiese zu Wald.

Materialliste: Thermometer, Messgerät für die Bodenfeuchtigkeit, Messgerät für die Helligkeit (Luxmeter), Bindfaden (ungefähr 30 Meter lang), Schreibmaterial

1 Suche eine Strecke, an der man gut von einer hellen Wiese in den dunklen Wald gelangen kann. Markiere diese Strecke mit dem Bindfaden. Der Anfang des Bindfadens soll auf der Wiese liegen, das Ende des Bindfadens im Wald.
  a ▸ Zeichne die Strecke des Untersuchungsgebiets auf ein DIN-A4-Blatt.
  b ▸ Stelle eine Vermutung über die Veränderungen der Umweltfaktoren entlang dieser Strecke an.

2 Halte bei der Messung der Temperatur und der Helligkeit die Messgeräte in etwa 1 Meter Abstand vom Boden. Stecke bei der Messung der Bodenfeuchtigkeit den Messfühler etwa 5 Zentimeter tief in den Boden.
  a ▸ Miss im Abstand von 5 Metern die Temperatur, die Bodenfeuchtigkeit und die Helligkeit.
  b ▸ Ordne den höchsten Messwerten das oberste Symbol zu, dem niedrigsten das unterste und allen anderen Messwerten das mittlere Symbol. → 1
  c ▸ Übertrage die Symbole in die Zeichnung.

3 ▸ Nenne jeweils den höchsten und den niedrigsten Messwert für die Temperatur, die Feuchtigkeit und die Helligkeit.

4 ▸ Stelle die Messwerte für Temperatur, Bodenfeuchtigkeit und Helligkeit jeweils in einem Säulendiagramm dar.

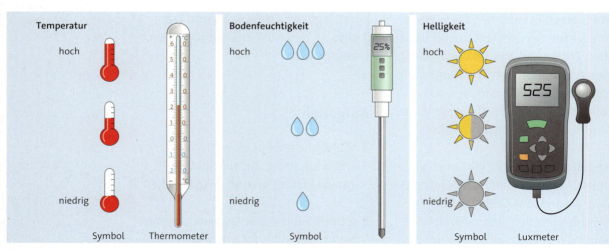

1 Nicht lebende Umweltfaktoren (abiotische Umweltfaktoren), ihre Symbole und Messinstrumente

Die Vielfalt der Lebensräume

Erweitern und Vertiefen

Die Streuobstwiese

Obst und Wiese • Birnen, Äpfel oder Kirschen werden heute meist in Obstplantagen angebaut. Hier stehen niedrig wachsende Obstbäume einer einzigen Art sehr dicht nebeneinander.
Bei einer anderen, früher häufigen Art des Obstanbaus werden hoch wachsende Bäume verschiedener Arten genutzt. Sie wachsen in größerem Abstand voneinander auf einer Wiese. Neben der Obsterzeugung kann diese Wiese als Tierweide oder zur Heugewinnung genutzt werden. Diese Art des Obstanbaus wird Streuobstwiese genannt, weil die Obstbäume verstreut stehen. → 2   Die Bäume sind unempfindlicher gegenüber Krankheiten und Wetterschwankungen. Auf Pflanzenschutzmittel und Dünger kann fast ganz verzichtet werden, anders als bei den Obstplantagen. Auch der Ertrag an Obst ist insgesamt gesehen höher.

Lebensraum • Streuobstwiesen gehören zu den artenreichsten Lebensräumen Europas. Die Wiese und auch die Stämme und Kronen der Bäume stellen Lebensräume dar. Vögel beispielsweise jagen Insekten auf der Wiese und bauen ihre Nester in Baumkronen. → 3   Streuobstwiesen sind aufgrund ihrer Artenvielfalt ein wichtiger Bestandteil der Landschaft. Ihre Anpflanzung wird vom Staat gefördert.

2   Streuobstwiesen im Frühling

3   Der Lebensraum Streuobstwiese

Aufgaben

1   ⊠ Vergleiche Obstbaumplantagen und Streuobstwiesen. → 4

2   ⊠ Erkläre, warum Streuobstwiesen geschützt werden sollten.

Plantage	Streuobstwiese
viele kleine Bäume	wenige große Bäume
?	?

4   Verschiedene Arten des Obstanbaus

Nahrungsbeziehungen im Wald

1 Ein jagender Rotfuchs im Sprung

Der Rotfuchs jagt vorwiegend im Wald, aber auch in menschlichen Siedlungen. Seine Hauptbeute sind Mäuse. Welche Nahrungsbeziehungen gibt es noch?

Der Fuchs ist ein Jäger • In der Dämmerung und nachts durchstreifen Füchse ihr Revier. Sie jagen fast immer allein. Tiere, die sich von anderen Tieren ernähren, nennt man Raubtiere oder Räuber. Die Beutetiere sind meist kleiner als die Raubtiere selbst. Füchse durchsuchen jedes Dickicht und warten vor Mauselöchern. Wenn ein Fuchs eine Maus gesehen hat, dann springt er auf sie zu. → 1 Er drückt sie mit den Vorderläufen zu Boden und tötet sie mit einem Biss. Füchse ernähren sich nicht nur von Mäusen. Auch Kaninchen, Vögel und Regenwürmer gehören zu ihrer Beute.

Im Sommer und im Herbst fressen Füchse auch Beeren und Früchte. Sie sind also Allesfresser. Sie haben fast keine natürlichen Feinde. Junge Füchse werden allerdings manchmal von Uhus und Luchsen gejagt.

Gelbe Mäuse • Der Name der Gelbhalsmaus leitet sich von der gelblichen Fellfärbung am Hals der kleinen Tiere ab. → 2

2 Die Gelbhalsmaus

Die Vielfalt der Lebensräume

Lexikon
Video
Tipps

der **Räuber**
die **Beute**
die **Nahrungskette**
das **Nahrungsnetz**

Gelbhalsmäuse fressen Gräser, Kräuter, Früchte und Samen wie Haselnüsse oder Eicheln. Sie gehören zu den Pflanzenfressern. Sie werden von Füchsen, Luchsen und Eulen gejagt.

Nahrungskette • Zwischen Lebewesen in einem Wald gibt es Nahrungsbeziehungen. Dabei bilden Pflanzen die Grundlage. Sie nutzen Sonnenlicht und erzeugen die Nährstoffe für ihr Wachstum selbst. Deshalb nennt man sie Erzeuger. Pflanzen werden von Pflanzenfressern gefressen, zum Beispiel von der Gelbhalsmaus. Sie wird wiederum von Fleischfressern wie dem Fuchs gefressen. Pflanzenfresser und Fleischfresser müssen andere Lebewesen fressen, um Nährstoffe aufzunehmen. Sie können sie nicht selbst erzeugen. Man bezeichnet sie deshalb als Verbraucher. Die Nahrungsbeziehung zwischen einer Eiche, einer Gelbhalsmaus und einem Fuchs lässt sich als Nahrungskette darstellen. → 3

Nahrungsnetz • Gelbhalsmäuse ernähren sich nicht nur von Haselnüssen, sondern auch von Raupen. → 4 Die Füchse fressen nicht nur Gelbhalsmäuse, sondern auch andere Tiere. Daher sind Nahrungsketten an vielen Stellen miteinander verknüpft. So entsteht ein Nahrungsnetz.

> Pflanzen, Pflanzenfresser und Fleischfresser bilden Nahrungsketten. Die Nahrungsketten sind miteinander verbunden und bilden ein Nahrungsnetz.

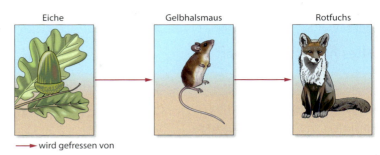

3 Beispiel für eine Nahrungskette im Wald

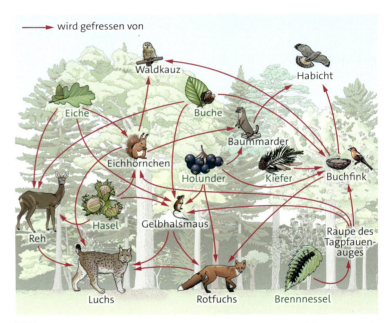

4 Ausschnitt aus einem Nahrungsnetz im Wald →

Aufgaben

1 Erstelle mithilfe der Lebewesen aus Bild 4 drei Nahrungsketten. Beschreibe anschließend diese Nahrungsketten.

2 Erläutere den Unterschied zwischen Nahrungskette und Nahrungsnetz.

Nahrungsbeziehungen im Wald

Material A

Alles hängt zusammen

In einem Wald leben viele verschiedene Lebewesen zusammen. Sie stehen miteinander in Beziehung und sind zum Teil voneinander abhängig.

1 Pflanzen und Tiere des Waldes → 1
a ☒ Erstelle in deinem Heft eine möglichst lange Nahrungskette aus den Pflanzen und Tieren. Stelle die Nahrungsbeziehungen mit Pfeilen dar. Die Pfeilspitze zeigt immer auf das Lebewesen, welches das andere Lebewesen frisst.
b ☒ Erstelle eine weitere Nahrungskette, an deren Ende der Mensch steht.

2 ☒ Erstelle ein Nahrungsnetz, das alle Lebewesen aus Bild 1 enthält.

3 Durch die Untersuchung von Kotproben weiß man, dass Luchse unter anderem Rehe, Kaninchen, Mäuse, Vögel und Füchse fressen.
☒ Zeichne ein Nahrungsnetz mit dem Luchs und seinen Beutetieren. Ergänze in dem Netz auch Lebewesen, von denen sich die Beutetiere ernähren.

Grüner Eichenwickler
Nahrung: junge Eichenblätter

Großer Puppenräuber
Nahrung: Raupen

Eichelhäher
Nahrung: Eicheln, Bucheckern, Früchte, Vogeleier, Jungvögel, Mäuse, Eidechsen

Buchfink
Nahrung: Samen, Beeren, Insekten, Spinnen

Waldkauz
Nahrung: Mäuse, kleine Vögel, Eichhörnchen

Eichhörnchen
Nahrung: Früchte, Samen, Insekten, Jungvögel, Vogeleier

Haselmaus
Nahrung: Eicheln, Bucheckern, Früchte

Wildschwein
Nahrung: Früchte, Wurzeln, Insekten, Pilze, Mäuse, Jungvögel, tote Tiere

Hainbuche

Stieleiche

Schwarzer Holunder

1

180 Die Vielfalt der Lebensräume

sirovi

Tipps

Material B

Welches Tier hat an der Haselnuss gefressen?

Haselsträucher sind in der Natur regelmäßig an Waldrändern zu finden. Häufig werden sie in Hecken gepflanzt, oft auch an Schulhöfen. Die Früchte, die Haselnüsse, schmecken nicht nur dem Menschen. Auch vielen Tieren wie Mäusen, Vögeln oder Insekten dienen sie als Nahrung. Für das „Knacken" der Nüsse haben die Tiere unterschiedliche Techniken. Anhand der Fraßspuren kann man erkennen, welches Tier an der Nuss gefressen hat.

Materialliste: gesammelte Haselnüsse, Tierabbildungen aus Bestimmungsbüchern, Zeichenkarton, Stifte

1 Untersuche die Haselnüsse nach Fraßspuren. Sortiere dann die angefressenen Nüsse heraus.
  ☒ Bestimme, wer an den Nüssen gefressen hat.
  → 2 – 7

2 ☒ Klebe die angefressenen Haselnüsse mit einem Bild des passenden Tiers auf den Zeichenkarton.

3 ☒ Stellt eure Ergebnisse in einer Ausstellung vor.

4 Die Haselmaus

5 Der Eichelhäher

6 Die Gelbhalsmaus

7 Der Haselnussbohrer

2 Der Haselstrauch

Haselmäuse nagen sehr runde Löcher mit Zahnspuren entlang der Kante.

Eichelhäher zerbrechen oder halbieren die Nüsse.

Gelbhalsmäuse nagen Löcher mit Zahnspuren senkrecht zum Öffnungsrand und hinterlassen deutliche Spuren auf der Nussoberfläche.

Haselnussbohrer bohren sehr kleine, runde Löcher in die Nuss.

3 Verschiedene Fraßspuren an Haselnüssen

Pflanzen im Jahresverlauf

1 Die Rotbuche im Jahresverlauf

Die Rotbuche verändert ihr Aussehen im Lauf eines Jahrs deutlich. Im Frühjahr wachsen Blüten und Blätter. Ihre Früchte, die Bucheckern, findet man nur im Herbst. Im Winter trägt die Rotbuche keine Blätter.
Welche Ursachen sind für diese Veränderungen verantwortlich?

Frühjahr • Eine Rotbuche bildet im Frühjahr die ersten Blätter und Seitenzweige. Dazu transportiert der Baum Wasser und die in den Wurzeln gespeicherten Nährstoffe in die Zweige. Rotbuchen können bis zu 45 Meter hoch werden. Sie brauchen warme Standorte. Der Austrieb der Blätter erfolgt erst spät im Jahr. Zum gleichen Zeitpunkt werden auch die Blüten gebildet. Nach der Befruchtung wachsen daraus die Früchte.

Sommer • Während der warmen Jahreszeiten transportieren Bäume Wasser durch die Wurzeln und den Stamm bis zu den Blättern. Die Rotbuche betreibt in ihren Blättern mithilfe des Sonnenlichts Fotosynthese. Der gewonnene Traubenzucker wird für das Wachstum der Bucheckern verwendet. → 2 Über die Blätter wird Wasserdampf nach außen abgegeben.

2 Buchecker im Sommer und im Herbst

Die Vielfalt der Lebensräume

die **Frühblüher**
der **Laubfall**

Herbst und Winter • Im Herbst wird das Chlorophyll abgebaut. Deshalb verfärben sich die Blätter. Ohne das Chlorophyll kann keine Fotosynthese mehr in den Blättern stattfinden. Sie werden abgeworfen. Das nennt man Laubfall. Auch die Bucheckern werden abgeworfen.

Im Winter kann das Wasser im Boden gefrieren. Der Baum kann kein Wasser mehr aufnehmen. Das ist wichtig, weil das Wasser sonst im Stamm gefrieren und ihn zerstören könnte. Bei steigenden Temperaturen im Frühjahr beginnt der Kreislauf erneut.

Buchen im Wald • Im Buchenwald stehen die Bäume dicht nebeneinander. Sie bilden im Sommer ein geschlossenes Kronendach, durch das nur wenig Licht bis zum Boden dringt. Der Lichtmangel sorgt dafür, dass im Sommer kaum Pflanzen auf dem Boden wachsen. Im Frühjahr zeigt sich dagegen ein anderes Bild. → 3 Viele Pflanzen wie Schneeglöckchen und Schlüsselblumen wachsen am Boden. → 4 5 Sie blühen und bilden in kurzer Zeit Früchte. Sie können im Frühjahr schnell wachsen, weil sie mit Zwiebeln oder Knollen überwintern, die viele Nährstoffe enthalten. Weil diese Pflanzen früh im Jahr blühen, werden sie auch Frühblüher genannt. Im Sommer sind nur noch Reste von ihnen zu finden. Die Buchen haben im Frühjahr ihre Blätter noch nicht vollständig ausgebildet. Deshalb fällt im Gegensatz zum Sommer genug Licht für die Frühblüher auf den Boden.

3 Frühblüher im Buchenwald

4 Das Schneeglöckchen → 5 Die Schlüsselblume

> Laubbäume werfen im Herbst ihre Blätter ab. Die Buche bildet erst spät im Frühjahr neue Blätter. Deshalb können im Frühjahr im Buchenwald Frühblüher wachsen. Im Sommer betreibt die Buche Fotosynthese.

Aufgaben

1 Beschreibe und begründe das Aussehen der Rotbuche im Jahresverlauf. → 1

2 Erläutere, weshalb Frühblüher im Buchenwald nur im Frühjahr wachsen können.

Pflanzen im Jahresverlauf

Material A

Bei Pflanzen lassen sich verschiedene Überwinterungsformen unterscheiden. Bäume und Sträucher (Gehölze) tragen ihre Knospen meist höher als 50 Zentimeter über dem Erdboden. Andere Pflanzen besitzen Speicherorgane. Das Maiglöckchen überwintert mit unterirdisch verlaufenden Erdsprossen, der Krokus mit Knollen.
Beim Klatschmohn stirbt die Pflanze ab. Nur die Samen im Boden überstehen den Winter.

1 Überwinterungsformen

Wie Pflanzen überwintern

1 Beschreibe, wie die abgebildeten Pflanzen überwintern. → 1 2

2 Erläutere die Vorteile, die die Überwinterungsformen B und C für das Maiglöckchen und den Krokus haben. → 2

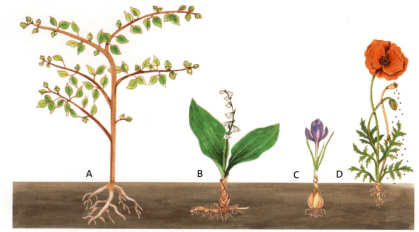

2 **A** Gehölz, **B** Maiglöckchen, **C** Krokus und **D** Mohn

Material B

Wo Pflanzen überwintern

1 Beschreibe, wie Pflanzen den Winter überstehen. → 3

2 Der Märzenbecher und die Schlüsselblume sind Frühblüher. Erläutere, wodurch sie an ihre Lebensweise angepasst sind.

3 Begründe, weshalb der Ackersenf im Buchenwald nicht wachsen kann.

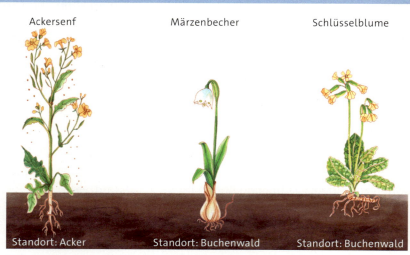

3 Überwinterung verschiedener Pflanzen

Die Vielfalt der Lebensräume

Material C

Frühblüher im Buchenwald

1. ⌧ Beschreibe den Lichteinfall am Boden eines Laubwalds im Jahresverlauf mithilfe der roten Kurve. → 4

2. ⌧ Erläutere, wie es zur Veränderung des Lichteinfalls am Waldboden kommt.

3. ⌧ Beschreibe den Jahreslauf und die Blütezeit des Scharbockskrauts, des Buschwindröschens und der Rotbuche.

4. ⌧ Begründe, dass das Scharbockskraut und das Buschwindröschen zu den Frühblühern gezählt werden.

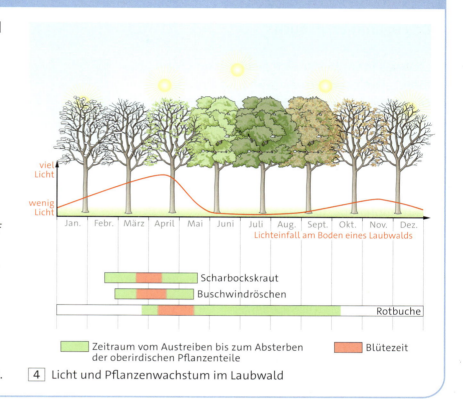

4 Licht und Pflanzenwachstum im Laubwald

Material D

Wasser in der Pflanze

Pflanzen nehmen Wasser aus dem Boden auf. Was passiert mit diesem Wasser?

1. ⌧ Beschreibe den Versuch und sein Ergebnis. → 5

2. ⌧ Begründe das Ergebnis.

3. ⌧ Erkläre, wieso Laubbäume in unseren Wäldern im Winter keine Blätter haben.

5 Was passiert mit dem Wasser in der Pflanze?

Pflanzen im Jahresverlauf

Methode

Das Baummonatsbuch

Lebewesen verändern sich nicht nur im Lauf ihres Lebens, sondern auch im Lauf eines Jahrs. Dies kann man bei Laubbäumen besonders gut beobachten. → 1
Im Rahmen einer Langzeitbeobachtung sollst du beschreiben, wie sich ein Baum während des Jahrs entwickelt. Deine Beobachtungen hältst du in einer Mappe fest – deinem Baummonatsbuch.

1 Der Apfelbaum im Sommer und im Herbst

Achte auf folgende Kriterien:
- Vollständigkeit
- fachliche Richtigkeit
- Übersichtlichkeit
- kreative Gestaltung

So gehst du bei diesem Projekt vor:

1. Wähle ein Beobachtungsobjekt aus Sieh dich draußen nach einem geeigneten Baum für deine Beobachtungen um. Er kann im Wald, auf dem Schulgelände oder auch bei dir im Garten wachsen. Wähle am besten einen Laubbaum aus. Nadelbäume eignen sich für die Beobachtungen von jahreszeitlichen Unterschieden dagegen eher nicht.

2. Plane die Beobachtung Dein Baummonatsbuch soll eine Seite für jeden Monat des Jahrs enthalten. Mache dir einen Zeitplan. Achte darauf, dass deine Beobachtungen möglichst immer am gleichen Tag des Monats stattfinden.

3. Führe die Beobachtung durch Suche deinen Baum gemäß deinem Zeitplan auf. Beobachte genau, was du an dem Baum und in seiner Umgebung wahrnehmen kannst, und mache dir Notizen. Du erhältst außerdem für jeden Monat ab März einen speziellen Arbeitsauftrag. Berücksichtige diesen besonders bei deinen Beobachtungen.

2 Beispiel für ein Deckblatt

Die Vielfalt der Lebensräume

Lexikon

Arbeitsaufträge für die Monate

Oktober Lege ein Deckblatt an. → 2 Es soll mindestens eine Überschrift, deinen Namen, deine Klasse und den Namen deiner Schule enthalten. Die übrige Seite kannst du frei gestalten. Stelle auf einer zweiten Seite deinen Baum vor. Gib dazu seinen Namen, seine ungefähre Höhe und den Stammumfang an. Beschreibe auch seinen Standort. Füge ein Foto des Baums hinzu. Du kannst die Besonderheiten seines Standorts anhand von Fotos zeigen. Du kannst auch etwas Platz lassen für den Fall, dass du im Verlauf des Jahrs Ergänzungen hinzufügen möchtest.

3 Beispielseite für den April

November bis Februar Fertige für jeden dieser vier Monate eine Seite an, auf der du das Aussehen und die Veränderungen deines Baums beschreibst. Belege deine Beobachtungen mit Fotos.

März Klebe auf dieser Seite ein Stück Borke und Nahaufnahmen der Borke ein.

April Schneide einen Zweig ab, presse ihn mithilfe von schweren Büchern und klebe ihn neben ein Foto deines Baums. → 3

Mai Sammle einige Blätter deines Baums, presse auch sie zwischen Büchern und klebe sie neben das Mai-Foto deines Baums.

Juni Fotografiere eine Blüte deines Baums und beschreibe ihren Aufbau. Zeichne auch ein Blütendiagramm auf deine Seite. Bestimme die Pflanzenfamilie, wie auf Seite 161 beschrieben. Ergänze sie auf der zweiten Seite deines Baummonatsbuchs.

Juli Beobachte besonders gründlich die Umgebung deines Baums. Notiere, welche anderen Pflanzen dort wachsen und welche Tiere du sehen kannst.

August Belege mit Detailaufnahmen deines Baums besonders gründlich die Veränderungen zum Juli.

September Beschreibe die Früchte deines Baums. Fertige außerdem Fotos und Zeichnungen der Früchte an.

Lebensräume auf dem Schulgelände

1 Auf dem Schulgelände gibt es viel zu entdecken.

In der Pause entdeckt Malina in einem Strauch eine Kreuzspinne. Sie ruft ihre Freundinnen und Freunde. Alle rennen zu ihr und wollen die Spinne sehen. → 2

Umweltfaktoren • Jeder Lebensraum ist von Umweltbedingungen geprägt, die in ihm herrschen. Diese Umweltbedingungen werden auch Umweltfaktoren genannt.
Das Wachstum einer Pflanze wird davon beeinflusst, ob Tiere an ihr fressen und welche anderen Pflanzen in ihrer Nähe wachsen. Alle Lebewesen, die zusammen in einem Lebensraum vorkommen, beeinflussen sich gegenseitig und ihre Umwelt. Deshalb sind sie Umweltfaktoren. Man nennt sie lebende oder biotische Umweltfaktoren.
Das Wachstum von Pflanzen wird auch von der Temperatur, der Bodenfeuchtigkeit und vom Sonnenlicht beeinflusst. Man spricht von nicht lebenden oder abiotischen Umweltfaktoren.

Lebensgemeinschaft • Beete, Mauern, Hecken, Wiesen, ein einzelner Baum oder ein Strauch sind verschiedene Lebensräume auf dem Schulgelände. In jedem dieser Lebensräume leben verschiedene Pflanzen und Tiere, aber auch Bakterien und Pilze. Alle Lebewesen, die in einem gemeinsamen Lebensraum leben, bilden eine Lebensgemeinschaft.

2 Eine Kreuzspinne in ihrem Netz →

roricu

Lexikon
Video
Tipps

der **Lebensraum**
die **Lebensgemeinschaft**
die **lebenden Umweltfaktoren**
die **nicht lebenden Umweltfaktoren**

Lebensräume auf dem Schulgelände • Auf der Wiese oder im Schulgarten kann man zum Beispiel Regenwürmer, Schmetterlinge, Bienen, Klee oder Brennnesseln finden. In einer Kräuterspirale wachsen oft Pfefferminze, Zitronenmelisse und Thymian. Man kann Marienkäfer, Schwebfliegen und Schnecken beobachten. In den Ritzen der Mauern leben Asseln und Spinnen. → 3 Auf Bäumen wie Birken und Eichen leben Vögel, Käfer und Ameisen. Sogar die Pflasterritze ist ein Lebensraum, dort wächst zum Beispiel Löwenzahn. → 4 Weitere Lebensräume auf dem Schulgelände sind ein Sandkasten, Hecken oder das Schulgebäude.

Lebensräume untersuchen • Um einen Lebensraum beschreiben zu können, muss man wissen, welche Pflanzen und Tiere dort vorkommen. Die Vielfalt der Pflanzen und Tiere auf einem Schulgelände lässt sich in einer Karte darstellen. Das kannst du auf den Materialseiten üben. Mithilfe von Bestimmungsbüchern sowie einer geeigneten App für dein Smartphone oder Tablet kannst du Tiere und Pflanzen bestimmen. Bei der Bestimmung kleinerer Tiere und Pflanzen hilft eine Lupe.

> Auf dem Schulgelände gibt es verschiedene Lebensräume, in denen Bakterien, Pilze, Pflanzen und Tiere leben. Sie werden von lebenden und nicht lebenden Umweltfaktoren beeinflusst.

3 Eine Kräuterspirale

4 Eine Löwenzahnpflanze in einer Pflasterritze

Aufgaben

1 Nenne fünf Lebensräume auf deinem Schulgelände.

2 Nenne Tiere und Pflanzen, die du auf dem Schulgelände finden kannst.

3 Erläutere den Einfluss des Menschen auf die Lebensräume des Schulgeländes.

Lebensräume auf dem Schulgelände

Material A

Wir kartieren unser Schulgelände

Verschiedene Lebensräume haben unterschiedliche Lebensbedingungen. Diese werden unter anderem von den Umweltfaktoren Temperatur, Feuchtigkeit und Sonnenlicht geprägt. In verschiedenen Lebensräumen leben unterschiedliche Tiere und Pflanzen.

Materialliste: Klemmbrett, DIN-A4-Blatt, Lineal, Zirkel, Kompass, Buntstifte, Thermometer

1 Erstellt eine Karte eures Schulgeländes aus der Vogelperspektive.
  a ▣ Zeichnet die Schulgebäude und den Schulhof ein, ebenso Mauern, Zäune, Wege, Rasenflächen und den Spielplatz. Größe und Lage sollten ungefähr mit der Wirklichkeit übereinstimmen.
  b ▣ Kennzeichnet Einzelheiten mit Buchstaben oder Symbolen und beschreibt diese.
  c ▣ Bestimmt mit dem Kompass, in welcher Richtung Norden liegt. Notiert diese Himmelsrichtung mit einem Pfeil in eurer Karte.

1 Karte eines Schulgeländes

  d ▣ Tragt nun alle Bäume und Sträucher als Kreise in die Karte ein. Verwendet dazu den Zirkel.
  e ▣ Färbt mit den Buntstiften die einzelnen Elemente eurer Karte. → 1

2 ▣ Nennt die unterschiedlichen Lebensräume auf eurem Schulgelände: Wiese, Schulgarten, Wegränder, Bäume, Sträucher, Steinmauern, Sandflächen, Schulteich …

3 Bildet für jeden Lebensraum eine Arbeitsgruppe.
  a ▣ Messt mit dem Thermometer die Temperatur auf der Erdoberfläche und etwa einen Meter über dem Boden.
  b ▣ Beschreibt, ob euer Lebensraum sonnig, halbschattig oder schattig ist.
  c ▣ Beschreibt, ob euer Lebensraum feucht oder trocken ist.
  d ▣ Beschreibt, wie der Boden beschaffen ist.

Die Vielfalt der Lebensräume

Videos
Tipps

Material B

Die Pflanzen auf unserem Schulgelände

Die Umweltfaktoren an einem Standort bestimmen, welche Pflanzen dort wachsen.

Materialliste: Bestimmungsbuch oder geeignete App, Kamera, Notizblätter, Buntstifte, kleine Schaufel, Lupe

1 Bildet wieder für jeden Lebensraum eine Gruppe, die diesen untersucht.
a Fotografiert die Bäume, Sträucher und Kräuter in eurem Lebensraum. Bestimmt sie mit der App oder dem Bestimmungsbuch.
b Notiert die Namen der Pflanzen, die ihr bestimmen konntet.
c Zeichnet die Pflanzen in die Karte eures Lebensraums ein. → Material A
d Stellt Vermutungen an, warum diese Pflanzen in dem von euch untersuchten Lebensraum vorkommen.

2 Grabt mit der Schaufel eine Pflanze vorsichtig aus. Zeichnet den Aufbau der Pflanze genau auf. Beschriftet die Bestandteile.
Achtung! • Pflanzen sind Lebewesen. Geht achtsam mit ihnen um!

3 Ordnet die Pflanzen jeweils einer Pflanzenfamilie zu.

2 Hahnenfuß („Butterblume")

3 Breitwegerich

Material C

Die Tiere auf unserem Schulgelände

4 Großes Tagpfauenauge

Achtung! • Behandelt alle Tiere vorsichtig und lasst sie nach der Beobachtung wieder frei!

Materialliste: Kamera, Fangglas, Lupe, Notizblätter, Bestimmungsbuch oder App

1 Bildet wieder eine Gruppe für jeden Lebensraum.
a Fotografiert die Tiere in eurem Lebensraum und bestimmt sie mithilfe eines Bestimmungsbuchs oder einer geeigneten App. Kleine Tiere könnt ihr in einem Glas fangen und mit der Lupe betrachten.
b Notiert die Namen der Tiere, die ihr bestimmen konntet, an der Fundstelle in der Karte. → Material A

2 Beobachtet die Pflanzen in eurem Lebensraum. Notiert, welche Pflanzen von welchen Tieren besucht werden. → 4 Erkennt ihr Fraßspuren an den Pflanzen?

3 Ordnet die Tiere jeweils einer Tiergruppe zu.

Lebensräume in der Stadt

1 Stuttgart – ein Mosaik verschiedener Lebensräume

Auch Städte enthalten Lebensräume. Wodurch sind diese gekennzeichnet?

Die Stadt lebt • Städte sind Lebensräume mit typischen Umweltfaktoren und Lebensgemeinschaften. Der Umweltfaktor Luftqualität ist besonders prägend. In Städten ist der Anteil an Luftschadstoffen viel höher als im Umland. Auch die Trockenheit der Luft spielt eine große Rolle. Durch die Bebauung gibt es wenig Schatten. Zusätzlich speichert Beton Wärme gut, sodass es in Städten wärmer ist als im Umland. Viele Tiere sind an diese Lebensbedingungen angepasst. Einige Tiere wie Waschbären oder Dachse haben Vorteile von der Anwesenheit der Menschen. Sie finden leichter Nahrung. → 2 Fledermäuse nutzen vom Menschen errichtete Gebäude als Schlafplatz. Ein großer Teil der städtischen Lebensgemeinschaft ist jedoch auf naturnähere Flächen angewiesen. Welche Tiere und Pflanzen in welchen Bereichen vorkommen, hängt davon ab, wie stark diese bebaut sind. Die Stadt ist ein Mosaik von Lebensräumen. → 1

2 Ein Dachs auf Nahrungssuche

Je grüner, desto besser • Nur auf Flächen, die nicht versiegelt sind, können sich Pflanzen ansiedeln. Daher ist eine der wichtigsten Maßnahmen, um die Artenvielfalt in den Städten zu erhalten, die Erweiterung und Pflege des Stadtgrüns. Zum Stadtgrün gehören kleine Lebensräume wie Parks, Kleingärten, Straßenbäume und begrünte Gebäude. → 3
Hier gibt es Pflanzen und Tiere, die sonst in der Stadt nicht überleben könnten. Die Pflanzen nehmen Kohlenstoffdioxid auf. Außerdem binden ihre Blätter Feinstaub. Dadurch helfen sie, die Qualität der Luft zu verbessern. Bäume spenden Schatten. Durch die Verdunstung sinkt die Umgebungstemperatur. Von diesen Auswirkungen der Pflanzen profitieren auch die Menschen. Viele zusammenhängende Lebensräume bilden ein Netz. → 1 Innerhalb dieses Netzes können die Lebewesen ihren Lebensraum wechseln. Solche Netze sind stabiler als vereinzelte Lebensräume.

> Städte sind vielfältige Lebensräume. Um die Artenvielfalt der Städte zu erhalten, hilft es, sie zu begrünen.

Aufgaben

1 ◨ Nenne positive Auswirkungen, die das Stadtgrün hat.

2 ◈ Stelle Vermutungen an, warum ein Netz aus Lebensräumen stabiler ist als vereinzelte Lebensräume.

Lexikon Tipps: pofiyi

das **Stadtgrün**

Material A

Begrünte Fassaden

Begrünte Fassaden können die Grünflächen einer Stadt vermehren. → 3 4 Über das Bepflanzen von Gebäuden wird viel diskutiert. → A – K

1. ▶ Ordne die Argumente A–K Personen zu, die für oder gegen begrünte Fassaden argumentieren würden.

2. ☒ Soll man die Häuserfassaden in Städten begrünen? Nimm Stellung dazu.

3 Begrünung mit Kletterpflanzen

4 Vertikale Begrünung

Manche Kletterpflanzen brauchen Kletterhilfen aus Holz, die die Pflanzen stützen. Dieses Holz sowie abgestorbene Kletterpflanzen erhöhen die Brandgefahr für ein Haus.

A

Mäuse gelangen über Kletterpflanzen in die Wohnungen.

B

In der Fassadenbegrünung herrscht ein anderes Klima als im Rest der Stadt. Daher siedeln sich dort andere Pflanzen- und Tiergemeinschaften an. Das erhöht die Artenvielfalt des Lebensraums.

C

Die Begrünung lockt Insekten und Vögel an. Die Insekten können in die Wohnungen eindringen und die Lärmbelästigung durch Vögel steigt.

D

Begrünte Fassaden brauchen weniger Raum als Grünflächen.

E

Die Pflanzen an den Fassaden betreiben Fotosynthese und verbessern so die Luftqualität in der Stadt.

F

Begrünte Fassaden verursachen viel Arbeit. Jeden Herbst müssen große Mengen Laub von den Gehwegen und von den Fensterbrettern entfernt werden.

G

Die Begrünung von Fassaden bietet einen natürlichen Schutz vor Lärm und Wärmeverlust.

H

Im dichten Blattwerk der begrünten Fassaden sammelt sich Feuchtigkeit. Diese Feuchtigkeit wird dauerhaft nah an der Hauswand gehalten. Dadurch kann sich schädlicher Schimmel bilden.

I

Kletterpflanzen haben Haftwurzeln. Sie können ins Mauerwerk eindringen und Risse verursachen. Zum Teil brechen sogar Stücke aus dem Mauerwerk heraus.

J

Begrünte Fassaden werten ein Haus optisch auf. Das Wohlbefinden der bewohnenden und der vorbeigehenden Personen steigt. Insgesamt bereichern diese Fassaden das Stadtbild.

K

Lebensräume in der Stadt

Methode

Suchen und Finden im Internet

Wenn du etwas wissen möchtest, dann kannst du einfach das Internet fragen. Oft erhältst du dabei aber unendlich viele Suchergebnisse. Wenn man geschickt sucht, dann lässt sich das Richtige leichter finden.
So kannst du erfolgreich im Internet suchen:

1. Formuliere die Frage Notiere eine klare Frage oder ein Thema für deine Suche.
Beispiel: Wie können Wildschweine in der Stadt überleben? → 1

2. Wähle eine Suchmaschine aus Suchmaschinen helfen dir beim Finden von Informationen. Benutze am besten eine Suchmaschine für Kinder und Jugendliche. Sie liefert meist eine überschaubare Anzahl von Ergebnissen mit leicht verständlichen Informationen.

3. Gib Suchwörter ein Gib einen oder zwei Begriffe zu deiner Frage in eine Suchmaschine für Kinder und Jugendliche ein.
Beispiel: Wildschwein, Stadt

1 Wildschweine – Überleben in der Stadt

4. Bewerte die Treffer Überprüfe, ob du die gefundenen Informationen verstehst und ob sie die Frage beantworten.
Speichere geeignete Internetseiten bei deinen Favoriten oder Lesezeichen, damit du sie immer wieder schnell aufrufen kannst.

5. Beantworte die Frage Formuliere eine Antwort auf die Frage in Schritt 1.
Beispiel: Wildschweine sind Allesfresser. Deshalb finden sie im Müll oder in Gärten viel Nahrung.

Aufgaben

1 Waschbären kann man in Deutschland immer häufiger in Städten beobachten. → 2
 a ☒ Notiere Fragen zum Vorkommen und zur Lebensweise von Waschbären.
 b ☒ Recherchiere im Internet, um deine Fragen zu beantworten.

2 ☒ Erstelle eine Präsentation mit deinen Infos über das Leben eines Waschbären. → Methode: Eine Präsentation erstellen und halten

2 Auch der Waschbär kann in der Stadt leben.

tujame

Lexikon
Tipps
Videos

Methode

Eine Präsentation erstellen und halten

Informationen zu einem Thema kannst du in einer Präsentation vorstellen. Dazu kannst du folgendermaßen vorgehen:

1. Überlege dir Fragen Was könnte dich und die Zuhörenden am Thema interessieren?
Beispiel: Wie lebt der Marder in der Stadt?

2. Sammle, bearbeite und ordne die Informationen Fachwörter solltest du erklären können. Sortiere deine Informationen, indem du Zwischenüberschriften formulierst.

3. Erstelle die Präsentation Wähle ein Präsentationsmedium. Das kann ein Lernplakat oder eine Computerpräsentation sein. Erstelle alle Materialien, auch eine Gliederung und eine Liste deiner Quellen.

4. Bereite das Präsentieren vor Notiere Stichpunkte auf Karteikarten. Überlege dir einen überraschenden oder fesselnden Einstieg.
Beispiel: Foto eines Marders mit Jungtieren
Übe allein, im Freundeskreis oder mit deiner Familie. Bitte deine Zuhörerschaft um Rückmeldung und überarbeite deine Präsentation.

5. Erstelle ein Handout Gestalte den Inhalt übersichtlich, mit einem Lückentext oder einer Quizaufgabe am Ende. Lass Platz für Notizen.

6. Halte den Vortrag Lege deine Materialien, Anschauungsobjekte und Karteikarten bereit. Lies beim Vortrag möglichst wenig ab. Nach der Präsentation stehst du für Fragen bereit. Bedanke dich für die Aufmerksamkeit.

3

Tipps für eine Computerpräsentation
- Wähle ein Layout für alle Folien.
- Die Anzahl deiner Folien richtet sich nach der Länge deiner Präsentation. Plane ein bis zwei Minuten pro Folie ein.
- Beginne mit einem Einstiegsbild, das das Interesse der Zuhörenden weckt. → 3
- Die zweite Folie sollte deine Gliederung enthalten.
- Dunkle Schrift auf hellem Hintergrund lässt sich besser lesen als umgekehrt.
- Die Schriftgröße sollte mindestens 18 pt sein.
- Verwende auf allen Folien die gleiche Schriftart. Wähle eine Schriftart, die gut lesbar ist.
- Schreibe nicht zu viel Text. Hebe wenige wichtige Informationen hervor.
- Nutze nur Grafiken, die wirklich etwas mit dem Inhalt zu tun haben. Grafiken, die nur Schmuck sind, verwirren die Zuhörenden.
- Nenne deine Quellen direkt auf der Folie oder in einem Quellenverzeichnis.

Natur schützen

1 2 Im Naturschutzgebiet Taubergießen brütet der gefährdete Eisvogel.

In Baden-Württemberg leben nur noch wenige Brutpaare des Eisvogels. Er gilt als gefährdet. Welche Gründe gibt es dafür? Was kann dagegen getan werden?

Gefahr durch den Menschen • Der Eisvogel braucht sehr sauberes Wasser, wie es in naturnahen Bächen, Flüssen und Seen zu finden ist. → 1 Nur so kann er kleine Fische jagen und natürliche Steilwände für die Anlage seiner Brutröhren finden. → 2 Durch Eingriffe des Menschen ist der Bestand des Eisvogels stark zurückgegangen. Beispiele für die Eingriffe sind die Verbauung von Flüssen, Gewässerverschmutzung, Störungen an den Brutplätzen durch Boote und Beseitigung von Brutplätzen.

Naturschutz • Um bedrohten Tieren und Pflanzen zu helfen, müssen die Ursachen ihrer Bedrohung beseitigt und ihr Lebensraum geschützt werden. Das ist Aufgabe des Naturschutzes. Seit 1921 werden dafür Naturschutzgebiete eingerichtet. In Baden-Württemberg gibt es mehr als 1000 Naturschutzgebiete. → 3

Biotopschutz • Lebensräume werden auch Biotope genannt. Der Biotopschutz beschäftigt sich mit dem Schutz ganzer Lebensräume. Den gefährdeten Lebensraum Magerrasen

3 Schild für ein Naturschutzgebiet

Die Vielfalt der Lebensräume

Lexikon
Videos
Tipps

curima

der **Naturschutz**
der **Biotopschutz**
der **Artenschutz**
die **Rote Liste**

kann man zum Beispiel schützen, indem man regelmäßig Tiere darauf weiden lässt. So verhindert man, dass er von Sträuchern und Bäumen überwuchert wird. Das ist wichtig für viele Pflanzen und Insekten. → 4

Artenschutz • Wenn man bestimmte Tiere oder Pflanzen schützt, spricht man von Artenschutz. Eine Art ist eine Gruppe von Lebewesen, die sich durch ihre Merkmale von anderen Gruppen abgrenzen lässt. Zum Artenschutz werden verschiedene Maßnahmen ergriffen. Man hilft zum Beispiel dem Fischadler, indem man Kleingewässer und Nester künstlich anlegt. → 5
Die Anlage neuer Gewässer hilft auch Amphibien wie dem Laubfrosch. → 6
In Wäldern sollten abgestorbene Bäume und heruntergefallene Äste belassen werden. Dieses Totholz dient vielen Tieren wie Insekten als Nistmöglichkeit und als Nahrungsquelle. Besonders wichtig für den Artenschutz ist es zu wissen, wo die Tiere ihre Nester und Bruthöhlen anlegen.

Rote Liste • Grundlage für den Artenschutz ist weltweit die Rote Liste der gefährdeten Arten. Hier werden für alle Arten ihr Gefährdungsgrad und die Gefährdungsursachen aufgelistet.

Naturschutzverbände • Weltweit setzen sich viele Menschen für Naturschutz ein. Das kann man zum Beispiel beim Naturschutzbund (NABU) und beim Bund für Umwelt und Naturschutz (BUND) tun.

4 Gefährdeter Lebensraum: Magerrasen

5 6 Gefährdete Tiere: Fischadler und Laubfrosch

> Viele bedrohte Tierarten, Pflanzenarten und Lebensräume stehen unter Schutz.

Aufgaben

1 ◨ Nenne Gründe für die Gefährdung des Eisvogels.

2 ◨ Beschreibe die Aufgabe der Roten Liste.

3 ◨ Nenne Maßnahmen, die dem Eisvogel, dem Fischadler und den Insekten helfen.

Natur schützen

Material A

Nisthilfe für Insekten

Materialliste für die Klasse:
2 Seitenbretter
(100 cm × 14 cm × 2,4 cm),
2 Bretter für Boden und Dach
(61 cm × 14 cm × 2,4 cm),
Rückwand (65,5 cm × 67,5 cm),
Hasendraht

Materialliste für jede Gruppe:
2 Bretter (15 cm × 8 cm × 1,8 cm),
2 Bretter (11,4 cm × 8 cm × 1,8 cm),
Schrauben (5 mm × 50 mm),
Nägel, Hammer, Säge, Bohrer
(6 mm), Fichtenzapfen, Holunderäste, Hartholz, Klinker mit
kleinen Löchern (bis 10 mm),
Lehm, Schraubstock

Achtung! • Tragt beim Sägen, Bohren und Behauen Handschuhe und Schutzbrille. Spannt die Werkstücke fest ein.

1 Ein selbstgebautes „Insektenhotel"

Jede Gruppe:

1 ▶ Verbindet die ersten vier Bretter mit Nägeln zu einem „Zimmer". → 1

2 ▶ Befüllt das Zimmer mit einer der folgenden Möglichkeiten:
  • Naturholzzimmer: Sägt die Naturholzstücke auf 8 cm Länge ab. Bohrt Löcher ungefähr 5 cm tief hinein. Fügt die Holzstücke zum Schluss dicht in das Zimmer ein.
  • Pflanzenstängelzimmer: Schneidet Holunderäste auf 8 cm Länge ab. Höhlt einige Stängel mithilfe eines Bohrers aus. Steckt die Stängel dicht in das Zimmer.
  • Zapfenzimmer: Befüllt das Zimmer mit Fichtenzapfen.
  • Steinzimmer: Behaut einen Klinkerstein auf Zimmergröße und fügt ihn ein. Füllt die Löcher mit Lehm.

Gesamte Klasse:

3 ▶ Ordnet die Zimmer nebeneinander und übereinander an. So entsteht ein „Insektenhotel" mit 16 Zimmern. → 1
Schraubt die Seitenbretter und das Bodenbrett zusammen. Setzt das Dach schräg ein. Schraubt die Rückwand an.

4 ▶ Verschließt das „Insektenhotel" zum Schutz mit dem Hasendraht.

Material B

Die Artenvielfalt im Wald untersuchen

Man hat untersucht, ob sich die Anzahl der Tierarten verändert, wenn man abgestorbene Bäume nicht aus dem Wald entfernt. Dazu wurden zwei Waldflächen untersucht, die Flächen A und B. → 2

Zunächst wurde die Anzahl der Käferarten und die Anzahl der Vogelarten auf beiden Flächen bestimmt. Von der Fläche A wurden dann tote Bäume entfernt, auf der Fläche B wurden sie belassen. Nach 15 Jahren wurde die Anzahl der Tierarten erneut bestimmt. → 3

1. ☒ Beschreibe die in Bild 3 dargestellten Untersuchungsergebnisse.

2. ☒ Erkläre, warum die Anzahl der gezählten Käferarten auf beiden Flächen unterschiedlich ist.

3. ☒ Erkläre die Anzahl der Vogelarten in Fläche B.

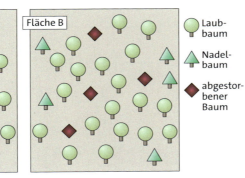
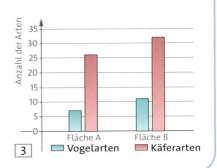

2 Fläche A / Fläche B — Laubbaum, Nadelbaum, abgestorbener Baum
3 Vogelarten / Käferarten

Material C

Bodenschutz geht alle an

1. ☒ Was kannst du tun, um den Boden zu schützen? Sieh dir die Bilder an. → 4 5
   a Stelle Verhaltensregeln zum Schutz des Bodens auf.
   b Diskutiere die Regeln mit der Person neben dir.

2. ☒ Sammle weitere Ideen für deinen persönlichen Beitrag zum Bodenschutz.

4 Welchen Weg nimmst du?

5 Wohin mit dem Müll?

Die Vielfalt der Lebensräume

Zusammenfassung

Lebensräume • Ein Lebensraum ist ein Gebiet, in dem bestimmte Pflanzen und Tiere leben. In jedem Lebensraum gibt es spezielle Lebensbedingungen, die Umweltfaktoren. Sie bestimmen, welche Lebewesen in einem Lebensraum leben können.

Lebensgemeinschaft • Alle Lebewesen, die zusammen in einem Lebensraum vorkommen, bilden eine Lebensgemeinschaft. Sie beeinflussen sich und ihre Umwelt gegenseitig.

Einflüsse der lebenden Natur auf andere Lebewesen nennt man lebende Umweltfaktoren (biotische Umweltfaktoren).

Lebensräume untersuchen • Lebende Umweltfaktoren kann man mithilfe von Bestimmungsbüchern und -Apps erforschen. Die Temperatur, die Feuchtigkeit, die Helligkeit und die Windstärke gehören zu den nicht lebenden Umweltfaktoren (abiotische Umweltfaktoren). Sie lassen sich mithilfe von Messgeräten untersuchen.

Nahrungsbeziehungen im Wald • Pflanzen sind die Nahrungsgrundlage für alle anderen Lebewesen. Pflanzenfresser ernähren sich von Pflanzen. Fleischfresser fressen Pflanzenfresser oder andere Fleischfresser. So ergibt sich eine Nahrungskette. Die meisten Tiere fressen verschiedene andere Pflanzen oder Tiere. Dadurch sind die Nahrungsketten zu einem Nahrungsnetz verbunden. → 1

1 Ein Nahrungsnetz im Lebensraum Wald

Pflanzen im Jahresverlauf • Im Herbst werfen viele Pflanzen ihre Blätter ab. Den Winter überdauern sie zum Beispiel als Samen oder in Überwinterungsformen wie Erdsprossen, Knollen oder Zwiebeln. Im Frühjahr treiben diese Pflanzen oft früh aus und blühen, sie sind Frühblüher. Bäume beginnen im Frühjahr wieder, Wasser und Nährstoffe in die Zweige zu transportieren. Sie bilden erneut Blätter und Blüten. Im Sommer kommt es nach der Befruchtung zur Bildung von Früchten und Samen. Diese werden im Herbst abgeworfen und der Kreislauf beginnt erneut.

Natur schützen • Im Naturschutz werden Tiere und Pflanzen vor menschlichen Eingriffen geschützt. Die Rote Liste gibt Auskunft darüber, welche Tiere und Pflanzen gefährdet sind. Mit gezielten Maßnahmen kann das Überleben und die Ausbreitung dieser Arten unterstützt werden. Eine wichtige Rolle spielen auch der Schutz und die Pflege naturbelassener Lebensräume mit allen dort vorkommenden Pflanzen und Tieren. → 2

2

Teste dich! (Lösungen auf Seite 379)

Lebensräume und Nahrungsbeziehungen

1. ✉ Nenne verschiedene Umweltfaktoren.

2. ✉ Erkläre den Satz: „Pflanzen und Tiere sind an ihren Lebensraum angepasst."

3. ✉ Erkläre die Begriffe Nahrungskette und Nahrungsnetz. Begründe, warum Pflanzen die Grundlage aller Nahrungsnetze sind.

4. ✉ Ordne die Lebewesen aus dem Lebensraum Gewässer in einem Nahrungsnetz an. → 3

Pflanzen im Jahresverlauf

5. ✉ Nenne Möglichkeiten von Pflanzen, den Winter zu überdauern.

6. ✉ Begründe jeweils:
   a Auf dem Boden des Laubwalds kommt das meiste Licht im Frühjahr und Herbst an. → 4
   b Laubbäume werfen ihre Blätter im Herbst ab. → 5

7. ✉ Beschreibe den Wassertransport in einem Laubbaum im Sommer und im Winter. → 6

Natur schützen

8. ✉ Wo kannst du nachschauen, ob und wie stark eine Tierart oder Pflanzenart gefährdet ist? Nenne den Namen des Verzeichnisses.

9. ✉ Nenne zwei Naturschutzverbände.

10. ✉ Beschreibe Schutzmaßnahmen für zwei Tierarten.

Gelbrandkäfer Nahrung: Wasserinsekten, Molche, kleine Fische, Fischlarven

Wasserspitzmaus Nahrung: Wasserinsekten, Schnecken, kleine Fische und Frösche

Teichmolch Nahrung: Wasserinsekten, Würmer, Kaulquappen, Schnecken

Teichfrosch Nahrung: Insekten, Schnecken, Würmer, kleine Molche

Karpfen Nahrung: Insektenlarven, Schnecken, Würmer

Schlammschnecke Nahrung: Algen, tote Tiere, grüne Pflanzen

Graureiher Nahrung: Fische, Frösche, Molche, Wasserinsekten, Mäuse

Grünalgen

3

4   5

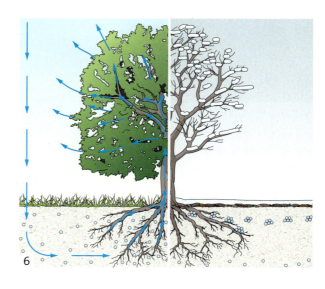

6

Materialien trennen – Umwelt schützen

Was wird aus dem Müll, den wir täglich produzieren?

Welche Müllsorten gibt es und was kann man alles recyceln?

Gibt es Recycling auch in der Natur?

Müll – Problem oder wertvoll?

[1] Wie viel Müll produzieren wir?

Täglich werfen wir Dinge weg: Verpackungen, Zeitschriften, kaputte Gegenstände und vieles mehr. Dabei kommen riesige Mengen zusammen. Was wird mit dem Abfall gemacht?

Abfallmengen • In Deutschland fallen für jede Person im Jahr durchschnittlich 450 kg Haushaltsabfall an. Der Abfall aller Deutschen könnte in einem Jahr etwa 150 Fußballstadien randvoll mit Müll füllen. Ein Großteil des Mülls muss verbrannt werden, damit nicht überall riesige Müllberge entstehen. Bei der Verbrennung entstehen jedoch Schadstoffe. Daher gilt: Müll vermeiden und die Abfälle verwerten!

Abfälle als Wertstoffe • Abfälle werden nach Stoffgruppen getrennt gesammelt, damit man einen Teil des Mülls als Stoff für neue Produkte verwenden kann. Solche Stoffgruppen sind unter anderem Glas, Papier, Metall, Kunststoff und Biomüll. Das sorgfältige Sortieren der Abfälle ist eine wichtige Voraussetzung für eine weitere Verwertung.

Wirtschaftliche Bedeutung • Betriebe können mit dem Sammeln und Verwerten von Abfall viel Geld verdienen. 140 000 Beschäftigte arbeiten deutschlandweit in diesem Bereich und erzielen einen jährlichen Umsatz von mehr als 31 Milliarden Euro.

> Täglich fallen bei uns große Abfallmengen an. Wenn die Abfälle in Stoffgruppen sortiert werden, können viele Abfälle einer weiteren Verwertung zugeführt werden.

Aufgaben

1. Nenne Stoffgruppen, in die Abfälle unterteilt werden können.

2. Erstelle eine Tabelle zu den Stoffgruppen. → [2] Sortiere die folgenden Abfälle ein: Joghurtbecher, verschimmeltes Brot, Zeitschrift, Konservendose, Deckel eines Joghurtbechers, leere Glasflasche.

Stoffgruppe	?	?	?	?	?
Beispiel	?	?	?	?	?

[2] Beispieltabelle

3. Entwickle mindestens drei Ideen, wie sich Abfälle vermeiden lassen.

die **Stoffgruppen**

Material A

Wie viel Müll entsteht in der Schule?

1. 🗴 Notiert gemeinsam, welche Arten von Müll in eurem Klassenzimmer anfallen.

2. 🗴 Erkundigt euch, wohin der Müll aus den Klassenzimmern transportiert wird.

3. 🗴 Berechnet die Müllmenge eurer Klasse pro Tag, pro Monat und pro Jahr. → 3

4. 🗴 Es gibt Unterrichtsräume, in denen besonderer Müll anfällt (Hauswirtschaft, Chemie, Technik). Fragt bei den Fachlehrkräften nach, welche Vorschriften es für die Müllsammlung gibt.

3 Wie wiegt man einen Müllsack?

Material B

Das Müllprojekt

1. 🗴 Führt in eurer Schule das Projekt durch „Unsere Schule soll sauberer werden".
   - Teilt euch dazu die Arbeit auf: Bildet Gruppen, die nach Unterrichtsende den Pausenhof, die Gänge oder zum Beispiel die Mensa nach Müll absuchen.
   - Fotografiert den Müll und sammelt ihn ein. Erstellt mit den Fotos eine Präsentation für eure Schule.
   - Beurteilt den Umgang mit Müll an eurer Schule.
   - Sammelt innerhalb der Schule Vorschläge zur Verbesserung.

Material C

Mit Abfällen kann man Geld verdienen

1. In Schulen fallen große Mengen an Altpapier an. Ankaufstellen zahlen Geld für Altpapier.

   a Sammelt im Klassenzimmer Altpapier. → 4 Entwerft ein Hinweisplakat zu eurem Vorhaben.

   b Wiegt für die kommenden vier Wochen jeweils am Freitag aus, wie viel Altpapier zusammengekommen ist.

   c 🗴 Berechnet:
   - Wie viel Papier kann eure Klasse in einem Jahr sammeln?
   - Wie viel Papier käme an der ganzen Schule in einer Woche und in einem Jahr zusammen?

   d 🗴 Ermittelt die nächste Ankaufstelle für Altpapier. Bringt die aktuellen Preise und die Bedingungen für Lieferung und Abholung in Erfahrung.

   e 🗴 Berechnet, wie viel Geld die Schule einnehmen kann, wenn sie das Altpapier von einem Jahr verkaufen würde.

4 Das Altpapier sammeln

Müll – Problem oder wertvoll?

Erweitern und Vertiefen

Gegenstände, Stoffe und ihre Eigenschaften

1 Verschiedene Gegenstände aus Glas

2 Teller aus verschiedenen Stoffen

Material – Stoff • Das Material Glas hat bestimmte Eigenschaften: Es ist zum Beispiel hart und durchsichtig. → 1 Andere Materialien haben andere Eigenschaften. Aluminium hat beispielsweise die Eigenschaft, dass es leichter ist als viele andere Metalle. Statt Material sagt man in den Naturwissenschaften auch Stoff.
Ein Beispiel für einen Stoff ist Salz. Zwei Stoffeigenschaften von Salz sind die weiße Farbe und der salzige Geschmack. Ein weiteres Beispiel ist der Stoff Gummi. Eine seiner Stoffeigenschaften ist die Dehnbarkeit.

Gegenstand • Ein Teller ist kein Stoff, sondern ein Gegenstand. → 2 Er kann zum Beispiel aus den Stoffen Porzellan oder Holz gefertigt werden. Ein Fahrrad, ein Smartphone und viele andere Gegenstände bestehen aus ganz vielen Stoffen.

Stoffe unterscheiden • Stoffe lassen sich anhand ihrer Eigenschaften unterscheiden:
- Gegenstände aus den Stoffen Eisen, Nickel und Cobalt werden von Magneten angezogen. Man nennt diese Stoffe ferromagnetisch. Ferrum ist das lateinische Wort für Eisen. Holz, Gummi, Plastik, Glas oder Porzellan werden nicht von Magneten angezogen. → 3 → 🔲
- Metalle wie Eisen, Kupfer und Aluminium leiten den elektrischen Strom und die Wärme sehr gut. → 🔲 Sie werden als Leiter bezeichnet. Holz, Gummi, Glas, Plastik und Porzellan leiten elektrischen Strom und Wärme kaum und werden daher Nichtleiter oder Isolatoren genannt. → 4
- Beim Erhitzen können feste Stoffe schmelzen und Flüssigkeiten verdampfen. Dies geschieht bei Temperaturen, die stofftypisch sind: die Schmelztemperatur und die Siedetemperatur.

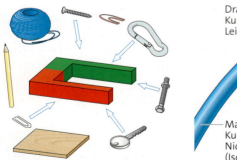

3 Der Magnet zieht die Gegenstände aus Eisen an.

4 Ein Kabel aus zwei Stoffen

Lexikon
Videos
Tipps

bukuta

der **Stoff**
der **Gegenstand**
die **Dichte**

Eis aus Wasser schmilzt zum Beispiel bei 0 Grad Celsius, Wasser siedet bei 100 Grad Celsius.
- Gleich große Würfel aus verschiedenen Stoffen wiegen unterschiedlich viel. → 5 Ein Würfel aus Eisen mit einem Volumen von einem Kubikzentimeter (1 cm³) wiegt 7,9 Gramm (7,9 g). Ein gleich großer Würfel aus Holz wiegt nur 0,7 g. Man sagt: „Eisen hat eine größere Dichte als Holz." Die Dichte ist eine Stoffeigenschaft. Bei Eisen beträgt sie 7,9 Gramm pro Kubikzentimeter (7,9 $\frac{g}{cm^3}$), bei Holz sind es 0,7 Gramm pro Kubikzentimeter (0,7 $\frac{g}{cm^3}$). Der Eisenwürfel geht in Wasser unter, weil Eisen eine größere Dichte hat als Wasser (1,0 $\frac{g}{cm^3}$). → 6

> In den Naturwissenschaften bezeichnet man Materialien oft mit dem Begriff Stoff.
> Jeder Gegenstand besteht aus einem oder aus mehreren Stoffen.
> Stoffe kann man anhand ihrer Eigenschaften unterscheiden und voneinander trennen.

Aufgaben

1. Nenne mindestens fünf Stoffe, aus denen man Teller herstellen kann. → 2

2. Sortiere nach Stoff und Gegenstand: Schere – Silber – Sand – Auto – Buch – Papier – Baum – Tisch – Luft – Wasser – Kette – Gold – Regal – Holz – Luft.

3. Erstelle eine ungeordnete Liste mit Begriffen, die Stoffe oder Gegenstände bezeichnen. Tausche die Liste mit deinem Gegenüber aus und sortiere dann seine Liste.

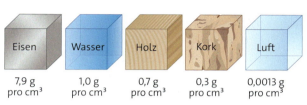

5 Die Dichte verschiedener Stoffe

6 Würfel aus Eisen und Holz in Wasser

Würfel besteht aus:	Dichte in $\frac{g}{cm^3}$
Aluminium	2,7
Eisen	7,9
Holz	0,4–0,8
Polyacryl (PA)	1,2
Polyethylenterephthalat (PET)	1,4
Polypropylen (PP)	0,9
Polystyrol (PS)	1,0
Wasser	1,0

7

4. Suche fünf Gegenstände in dem Raum, in dem du dich gerade befindest. Gib jeweils an, aus welchen Stoffen sie bestehen.

5. „Ein Glas ist ein Gegenstand, Glas ist ein Stoff." Erläutere diese Aussage.

6. Gib an, welche Würfel auf dem Wasser schwimmen und welche untergehen. → 7 Begründe deine Angaben.

Müll trennen und sortieren

1 Die Farben der Mülltonnen bedeuten etwas.

Wir produzieren viele Arten von Müll. Warum sortieren wir sie?

Wertstoffe • Alles, was du im Laden kaufen kannst, ist ein Produkt. Produkte sind zum Beispiel Nahrungsmittel, Kleidung und Einrichtungsgegenstände. Sie werden unter Verwendung von Rohstoffen hergestellt. Primärrohstoffe sind Stoffe aus der Natur.
Bei der Herstellung und Nutzung von Produkten entsteht immer auch Müll. Wertstoffe bilden einen wichtigen Teil unseres Hausmülls. Sie lassen sich wiederverwerten. Für dieses Recycling können aufwendige Verfahren und viel Energie erforderlich sein. Alles, was den Grünen Punkt trägt, gehört in eine Wertstofftonne oder den Gelben Sack.
→ 2 Das können Joghurtbecher aus Kunststoff sein. Auch Tetrapaks wie bei Milchverpackungen sowie Plastiktüten enthalten Wertstoffe.
Ein Gesetz verpflichtet die Hersteller, Verpackungen zurückzunehmen. Die Hersteller beauftragen dafür Unternehmen, die sich um die Wertstoffe kümmern. Die Kosten dafür werden auf den Verkaufspreis aufgeschlagen.

2

Papier • Papier und Pappe sind ein großer Bestandteil unseres Mülls.
→ 3 Das Altpapier wird in Papiertonnen gesammelt. Es kann in Papierfabriken verwendet werden, um Recyclingpapier für Kartons oder Schulhefte herzustellen. Das Altpapier wird dann als Sekundärrohstoff bezeichnet.

Glas • Auch Glas lässt sich sehr gut wiederverwerten. Einwegglas wird farblich getrennt gesammelt, gereinigt und anschließend geschmolzen. Dann kann es wieder zu Flaschen oder Trinkgläsern geformt werden. → ▫ Mehrwegflaschen werden im Geschäft zurückgenommen.

Metalle • Konservendosen gehören in den Wertstoffmüll. Für große Metallabfälle gibt es die Schrotthandlung oder den Wertstoffhof. Wertvolle Metalle sind auch in Smartphones enthalten. Der Elektroschrott wird getrennt gesammelt.

Biomüll • Vor allem in der Küche und im Garten fällt Biomüll an. Auf dem Kompost verrotten diese Materialien vollständig. Da aber nicht jeder Haushalt einen Komposthaufen hat, gibt es Biotonnen. Ihr Inhalt wird in große Kompostierungsanlagen gebracht.

Sperrmüll • Mancher Haushaltsmüll ist zu sperrig für die Mülltonne. Dieser Sperrmüll wird mit speziellen Fahrzeugen eingesammelt, gepresst und dann in Trennanlagen sortiert oder verbrannt.

Lexikon
Video
Tipps

ruwogu

der **Rohstoff**
die **Mülltrennung**
der **Wertstoff**

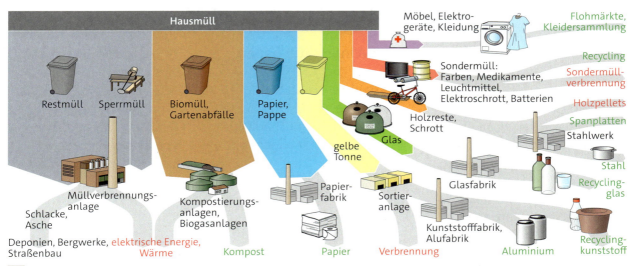

3   Was geschieht mit unserem Hausmüll?

Problemmüll • Materialien, die bisher nicht genannt wurden, sind oft Sonderfälle. Dazu gehören Energiesparlampen, die giftiges Quecksilber enthalten, und Batterien. Ihre Wiederverwertung ist sehr aufwendig, teilweise sogar unmöglich. Sie müssen gesondert gesammelt und „entsorgt" werden.

Trennverfahren • Die Wertstoffe werden in Müllsortieranlagen auf verschiedene Arten getrennt:
- Magnetabscheider ziehen Eisen und Nickel aus dem Stoffgemisch.
- Windsichter trennen die anderen Metalle durch einen Luftstrom nach ihrem Gewicht.
- Metalle „verraten" sich auch durch ihre hohe elektrische Leitfähigkeit.
- Tetrapaks lassen sich mit Maschinen aus dem Verpackungsmüll herausnehmen (das Ausleseverfahren) und dann in die Wertstoffe Papier, Plastik und Aluminium zerlegen.

Alle Wertstoffe werden sauber und getrennt erfasst. Ein geringer Anteil der nicht wiederverwertbaren Stoffe wird als Restmüll auf Deponien gelagert oder in Müllverbrennungsanlagen verbrannt.

> Durch Mülltrennung können Wertstoffe recycelt werden. Der Restmüll wird gelagert oder verbrannt.

Aufgaben

1 ▶ Gib an, was in den Mülltonnen mit den verschiedenen Farben gesammelt werden soll. → 1 3

2 ✖ Begründe, warum die Müllsorten getrennt gesammelt werden.

3 ✖ „Für die Papierherstellung gibt es einen Primär- und einen Sekundärrohstoff." Erkläre diese Aussage.

Müll trennen und sortieren

Material A

Mülltrennung im Versuch

Stellt in großen Bechergläsern „Müllgemische" her: viele Stückchen von Papier, Radiergummi, Büroklammern, Steine, Holz, Sand, Sägespäne …

1 ▶ Notiert in einer Tabelle, welche Eigenschaften die verschiedenen Materialien jeweils haben.

2 Überlegt euch verschiedene Trennmethoden. Trennt die Müllgemische. →

Material B

Einen Windsichter bauen

Materialliste: Schutzbrille, Handschuhe, große PET-Flasche, Schere, Netz aus Kunststoff, Klebestreifen, Föhn, Müllgemisch

Achtung! • Scharfe Kanten!

1 ▶ Entferne von der PET-Flasche den oberen und den unteren Teil. Du erhältst ein Kunststoffrohr. Decke das untere Ende mit dem Netz ab. Klebe das Netz fest. Fülle etwas Müllgemisch ein. → 1

2 ▶ Beschreibe, was du beim Einschalten des Föhns beobachten kannst. →

3 ▶ Erkläre, wie der Windsichter funktioniert.

1 Selbst gebauter Windsichter

Material C

Schwimm-Sink-Trennung

Mithilfe des Schwimm-Sink-Verfahrens können Kunststoffe voneinander getrennt werden. Förderbänder transportieren den Kunststoffmix zu einer großen Wanne mit Wasser. Einige Kunststoffe schwimmen auf dem Wasser, andere gehen unter. Sie werden nun getrennt eingesammelt. →

Materialliste: Becherglas (250 ml), PET-Flasche, Einwegbecher aus PP, Glasstab, wasserfester Stift, Wasser, Spülmittel, Schutzbrille

1 Der Versuch zeigt, wie die Trennung zweier Kunststoffe funktioniert. → 2

a Gib vier fingerbreit Wasser und einen Tropfen Spülmittel in das Becherglas.
b Zerschneide die PET-Flasche und den PP-Einwegbecher in kleine Schnipsel (höchstens 1 cm groß).
c Markiere 10 Schnipsel der PET-Flasche mit dem Stift.
d Mische 10 Schnipsel der PET-Flasche mit 10 Schnipseln des Einwegbechers.
e Gib die Schnipsel in das Becherglas und rühre um.
f ▶ Beschreibe deine Beobachtungen.
g ▶ Erkläre deine Beobachtungen. *Tipp:* die Dichte

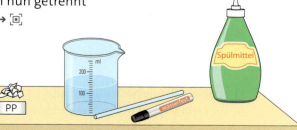

2

Materialien trennen – Umwelt schützen

Material D

Der Klassenausflug zu einer Müllsortieranlage

3 In der Müllsortieranlage

1 ▶ Nenne Müllsorten, die in der Anlage angeliefert werden.

2 ⊠ Erkläre die Funktion von zwei Teilen der Anlage.

3 ⊠ Erläutere, weshalb Müllvermeidung für die Umwelt so wichtig ist.

Papier und Pappe – genauer betrachtet

1 Das Papier ist unser täglicher Begleiter.

Schulhefte, Zeitschriften, Kartons oder Einkaufstüten – Papier ist unser täglicher Begleiter.

Herstellung • Papier wird aus Holz hergestellt. Aus unserer Region eignen sich schnell wachsende Hölzer wie Fichten, Tannen oder Birken.
Die Holzstämme werden zunächst entrindet und zu Spänen zerkleinert.
Durch das Einweichen der Späne in Wasser entsteht ein Faserbrei. Er wird je nach Verwendungszweck chemisch behandelt.
Durch die Zugabe weiterer Stoffe lassen sich die Eigenschaften des Papiers beeinflussen. Leim sorgt für eine höhere Festigkeit des Papiers. Bleichmittel hellen das Papier auf.

Der fertige Faserbrei wird nun zu langen Bahnen gepresst und getrocknet. → 3

Papier im Abfall • Reine Papierabfälle gehören in die Blaue Tonne oder einen Papiercontainer.
Teilweise gelangt Papier mit Tetrapaks und Etiketten in den Gelben Sack. Die Tetrapaks sind Getränkekartons, die aus Papier, Kunststoff und Aluminium zugleich bestehen. Man spricht von einem Verbundstoff.
Küchentücher, Windeln oder Staubsaugerbeutel enthalten ebenfalls Papier. Sie müssen aber nach ihrem Gebrauch wegen der Verunreinigungen in die Restmülltonne geworfen werden.

2 Papier, mit dem Mikroskop betrachtet

das **Papier**
der **Verbundstoff**

Recycling • Im Vergleich zur Papierherstellung aus Holz entfallen bei der Herstellung aus Altpapier einige Arbeitsschritte. Die Fasern lassen sich durch Zugabe von Wasser leicht aus dem Altpapier lösen. Dadurch entsteht wieder ein Faserbrei. Je nach Qualität des herzustellenden Papiers wird nun die Druckfarbe ausgewaschen. Dem Faserbrei werden anschließend wieder weitere Stoffe zugegeben, bevor er erneut zu Papier gepresst wird. → 3 Nach sechs- bis siebenmaligem Wiederverwerten sind die Holzfasern nicht mehr zur Papierherstellung geeignet. Sie sind also nicht beliebig oft ohne Qualitätsverlust wiederverwertbar.

Gründe für Recycling • Bei Holz handelt es sich um einen nachwachsenden Rohstoff. Warum soll Papier trotzdem recycelt werden?
Das übermäßige Abholzen von Wäldern ist für Natur und Klima schädlich. Zur Neuherstellung von Papier werden viel Energie und Wasser benötigt. Insgesamt werden bei uns etwa 80 % des Papiers wiederverwertet. Beispielsweise werden Kartons, Toilettenpapier und Tageszeitungen aus Recyclingpapier hergestellt. Gütesiegel wie der Blaue Engel helfen uns beim Einkauf, Produkte aus 100 % Recyclingpapier zu erkennen. → 4

> Papier wird aus Holzfasern hergestellt. Die benötigten Fasern lassen sich aus Altpapier wiedergewinnen. Dadurch kann unsere Umwelt geschont werden.

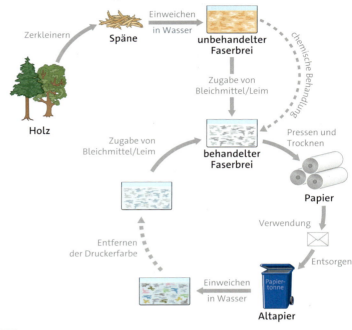

3 Die Herstellung von Papier aus Holz und Altpapier

Aufgaben

1. 🖂 Nenne verschiedene Gegenstände, die bei dir zu Hause aus Altpapier bestehen.

2. 🖂 Beschreibe die Herstellung von Papier aus Holz in eigenen Worten. → 3

3. 🖂 Gib an, welche Arbeitsschritte bei der Herstellung aus Altpapier entfallen. → 3

4. 🖂 Der Blaue Engel wirbt mit dem „3-in-1-Effekt": „Recyclingpapier aus 100 % Altpapier schützt Wald, Wasser und Klima." → 4 Erläutere diese Aussage.

4

Papier und Pappe – genauer betrachtet

Material A

Das Papierquiz

Nutze deine Kenntnisse über Papier und seine Herstellung!

1. ✏ Ordne den Buchstaben A–G im Diagramm die richtigen Begriffe zu: →⟨1⟩ verunreinigtes Toilettenpapier, Papierrollen, Primärrohstoff, Schreibpapier, Tetrapak, Recyclingpapier, Sekundärrohstoff. Schreibe die Zuordnungen in dein Heft.

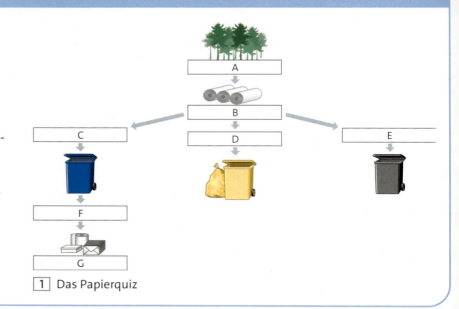

⟨1⟩ Das Papierquiz

Material B

Fakten zum Recycling

In Deutschland verbraucht jede Person jährlich etwa 225 kg Papier. Wenn diese Menge aus Recyclingfasern hergestellt wird, benötigt man 250 kg Altpapier. Für die gleiche Menge „Neupapier" braucht man dagegen 680 kg Holz. Das übermäßige Abholzen von Wäldern ist für Natur und Klima sehr schädlich. Hinzu kommt der sehr hohe Energie- und Wasserbedarf bei der Neuherstellung von Papier.

⟨2⟩ Papier- und Holzverbrauch

1. ✏ Berechne, wie viel Papier eine vierköpfige Familie in Deutschland jährlich verbraucht.

2. ✏ Gib an, wie viel Wasser bei der Herstellung von 1 kg Papier durch Recycling gespart werden kann. →⟨3⟩

3. Ein durchschnittlicher Computer benötigt eine Kilowattstunde elektrischer Energie, um etwa 5 Stunden in Betrieb zu sein.
✏ Berechne, wie viele Stunden du den PC mit der beim Recycling eingesparten Energie nutzen könntest. →⟨3⟩

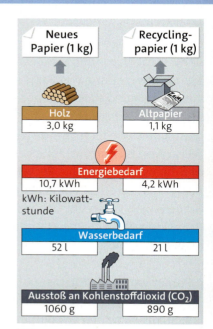

⟨3⟩ Aufwand für die Papierproduktion (pro kg Büropapier)

Material C

Die „Papierfabrik"

Stelle dein eigenes Papier aus Altpapier her.

Materialliste zu 1: Altpapier (zum Beispiel Zeitungspapier, Toilettenpapier), Schüssel, Schraubglas, warmes Wasser

1 So stellst du den Faserbrei für das Papier her:
Zerkleinere das Altpapier in kleine Schnipsel und weiche sie in reichlich warmem Wasser ein. Der Faserbrei sollte möglichst über Nacht einweichen. Für den Transport kannst du ihn in ein Schraubglas füllen.

Materialliste zu 2: 2 gleich große Holzrahmen (Bilderrahmen ohne Glasscheibe), Fliegengitter aus Metall, Schere, Tacker

2 So stellst du den Schöpfrahmen her:
Bespanne zunächst einen der beiden Holzrahmen mit dem Fliegengitter. Befestige das Gitter mit einem Tacker. Fertig ist der Siebrahmen. Der zweite Rahmen wird nur lose aufgelegt. Er wird als Formrahmen bezeichnet.

Materialliste zu 3: Kunststoffwanne, Pürierstab, wasserdichte Unterlage, 2 Filzplatten oder Vliestücher, Schwamm, Nudelholz, Schutzbrille

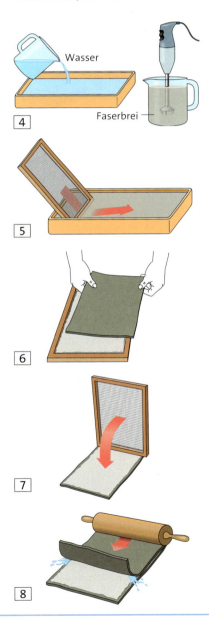

3 Die Papierherstellung
a Püriere den Faserbrei mit dem Pürierstab.
b Fülle die Kunststoffwanne etwa zur Hälfte mit Wasser. Gib so viel Brei hinzu, bis die Wasseroberfläche vollständig bedeckt ist. → 4
c Tauche den Schöpfrahmen in den Faserbrei und hebe ihn vorsichtig wieder heraus. → 5 Lege den Rahmen zum Abtropfen auf den Wannenrand.
d Entferne den Formrahmen und lege eine Filzmatte auf das geschöpfte Papier. → 6 Drehe beides gemeinsam vorsichtig um, sodass die Filzmatte unten liegt. Reibe mit einem feuchten Schwamm über das Gitter und löse den Siebrahmen vom Papier. → 7
e Lege eine zweite Filzmatte auf das Papier. Walze das Papier mit dem Nudelholz, um das Restwasser herauszupressen. → 8
f Das Papier kann nun zum Trocknen ausgelegt oder aufgehängt werden.

4 Vergleicht euer selbst hergestelltes Papier mit industriell hergestelltem Recyclingpapier. Erklärt die Unterschiede.

Kunststoffe – genauer betrachtet

[1] Der Kölner Dom – ein Winzling gegenüber dem Berg von Verpackungen

In Deutschland fallen jährlich fast 18 Millionen Tonnen Verpackungsmüll an. Die Müllhalde würde mehr als 100-mal so viel wiegen wie der Kölner Dom. Ein Großteil des Mülls besteht aus Kunststoffverpackungen: Joghurtbecher, Käseverpackungen und Plastikflaschen.

Herstellung • Erdöl ist der Primärrohstoff für Kunststoffe. Bestimmte Erdölbestandteile werden abgetrennt und chemisch weiterverarbeitet. So entstehen verschiedene Kunststoffe. → [2]

Die Eigenschaften der jeweiligen Kunststoffsorte bestimmen den Einsatzbereich im Alltag.

PET-Flaschen • Einwegflaschen aus PET, in denen Mineralwasser, Cola oder Limo verkauft werden, sind mit einem Pfand belegt. Wenn man die leeren Pfandflaschen zurückgibt, wird das Pfand zurückgezahlt. Die Flaschen werden gereinigt, eingeschmolzen und zu neuen Flaschen geformt. Mehrwegflaschen aus dickwandigem PET sind ebenfalls mit einem Pfand belegt. Die Flaschen werden gereinigt und bis zu 25-mal wieder befüllt.

Gelber Sack • Folien, Joghurtbecher und Plastiktüten wirfst du in den Gelben Sack oder die Gelbe Tonne. Hier werden unter anderem alle Verkaufsverpackungen aus Kunststoff gesammelt. Ein Abfallunternehmen holt den gesammelten Müll ab und bringt ihn zu einer Müllsortieranlage.

Polypropylen (PP)	Polyethylenterephthalat (PET)	Polyacryl (PA)
Folie		Feinstrumpfhose, Angelschnur

[2] Drei Kunststoffsorten

216 Materialien trennen – Umwelt schützen

Recycling • Um Kunststoffe als Sekundärrohstoffe wieder einsetzen zu können, ist eine sortenreine Trennung wichtig. Der Kunststoffmüll kommt auf Förderbändern an und wird zunächst grob vorsortiert. Große Teile und Planen aus Kunststoff werden von Hand aussortiert. Der Rest wird zerkleinert und gereinigt.

Das Schwimm-Sink-Verfahren ermöglicht es, Kunststoffe voneinander zu trennen. → 🔲 Hierbei macht man sich zunutze, dass einige Kunststoffe auf dem Wasser schwimmen und andere Kunststoffe untergehen. Moderne Anlagen verwenden für die Trennung noch komplexere Verfahren.

Granulat • Die getrennten Kunststoffreste werden getrocknet, umgeschmolzen und zerrieben. → 3 Die Kunststoffkörnchen werden jetzt als Granulat bezeichnet. Aus dem Granulat werden neue Kunststoffprodukte hergestellt.

Gründe für Recycling • Der Rohstoff Erdöl steht nicht unbegrenzt zur Verfügung, er wächst nicht nach. Irgendwann wird es kein Erdöl mehr zur Kunststoffherstellung geben. Zudem sind die Erdölpreise in den letzten Jahren stark gestiegen. Deshalb ist es wichtig, Kunststoffe zu recyceln.

> Kunststoffe können recycelt werden. Sortenreine Kunststoffe sind für die Herstellung neuer Produkte wertvoll, da Erdöl nicht unbegrenzt zur Verfügung steht.

Lexikon
Video
Tipps

zecisa

die **Kunststoffsorten**
der **Gelbe Sack**
das **Schwimm-Sink-Verfahren**

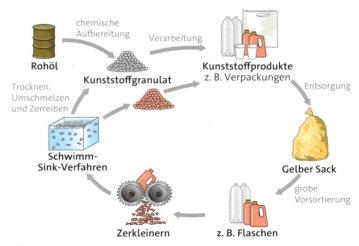

3 Der Kunststoffkreislauf

Aufgaben

1 ▶ Verschiedene Kunststoffsorten
a Gib die Abkürzungen der folgenden Kunststoffe an:
- Polypropylen
- Polyethylenterephthalat
- Polyacryl

b Nenne zu jedem der drei Kunststoffe ein Anwendungsbeispiel aus deinem Alltag.

2 ✉ Beschreibe den Kunststoffkreislauf. → 3 Schreibe die wesentlichen Schritte in dein Heft.

3 ✉ Begründe, warum es wichtig ist, Kunststoffe zu recyceln.

4 ✉ Berechne, wie viele Kilogramm Verpackungsmüll pro Jahr vermieden würden, wenn jede Person in Deutschland 5 kg weniger Verpackungsmüll pro Jahr verursacht.

Kunststoffe – genauer betrachtet

Material A

Das zweite Leben eines Trinkbechers (Demoversuch)

Ein Einwegbecher aus dem Kunststoff PP kann nach dem Gebrauch zu neuem Leben erweckt werden.

Materialliste: kleine Kuchenbackform, antihaftbeschichtet; 5–8 PP-Einwegbecher (je nach Größe der Backform), Heizplatte, Schere

Achtung! • Giftige Dämpfe! Versuch im Abzug durchführen! Verbrennungsgefahr an heißer Heizplatte!

1 Stelle nach der Anleitung deine eigene Figur aus recyceltem PP her. → 1

① Schneide die PP-Einwegbecher in kleine Schnipsel.

② Gib die Schnipsel in die Backform. Stelle die Backform auf die Heizplatte im Abzug. Erhitze langsam die gefüllte Backform, bis alle Schnipsel geschmolzen sind.

③ Nach dem Abkühlen kannst du die PP-Figur aus der Form nehmen.

1

Material B

Biokunststoffe

1 Gib Anwendungsbeispiele für Biokunststoffe an. → 2

2 Nenne Vorteile von Biokunststoffen gegenüber herkömmlichen Kunststoffen.

Bei Tüten aus Kunststoff kann es mehrere Hundert Jahre dauern, bis die Tüte zersetzt ist. Biokunststoffe können eine Alternative sein. Sie werden ohne Erdöl hergestellt. Sie verrotten rasch, aber langsamer als Biomüll, sodass sie nicht in die Biotonne gehören. Schon heute werden Verpackungen, Fäden zum Nähen von Wunden, Anzuchttöpfe für Pflanzen und Einweggeschirr aus Biokunststoffen hergestellt.

2

Material C

Kunststoffmüll im Meer

3 Seemöwe mit Plastikmüll

Im Meer sammeln sich Unmengen von Kunststoffmüll. Das Bundesumweltamt schätzt, dass es rund 80 Millionen Tonnen Plastik in den Weltmeeren gibt. → Davon lagern rund 70 % auf dem Meeresgrund, 15 % schwimmen auf dem Meer und 15 % werden an die Strände gespült. Vögel und andere Tiere halten den Müll für Nahrung und sterben daran.

1 Berechne, welche Mengen an Kunststoffmüll sich am Meeresgrund, auf dem Meer und an den Stränden befinden. Stelle die Ergebnisse in einem Diagramm dar.

2 Beschreibe, wie der Müll ins Meer gelangen konnte.

3 In Irland gibt es eine Steuer von 22 Cent auf Einwegplastiktüten. Begründe, ob diese Steuer in der ganzen EU eingeführt werden sollte.

218 Materialien trennen – Umwelt schützen

Erweitern und Vertiefen

Aus PET-Flaschen werden Pullis

PET • Einweggetränkeflaschen bestehen aus PET. Das ist eine Abkürzung für die chemische Bezeichnung des Kunststoffs **P**oly**e**hylen-**t**erephthalat. Wie fast alle Kunststoffe wird PET aus Erdöl oder Erdgas gewonnen. Daher ist es für die Recyclingindustrie sehr wertvoll. Wenn PET sortenrein gesammelt und recycelt wird, kann es sogar wieder als Verpackung für Nahrungsmittel verwendet werden. Allerdings ist dies sehr aufwendig. Daher landet viel PET in der Müllverbrennungsanlage. → 4

PET-Fasern • Es gibt noch eine andere Art der Wiederverwertung:
Die PET-Flaschen werden gewaschen, sortiert und in kleine Stücke geschreddert. Daraus entstehen dann PET-Flocken. Diese werden erhitzt und zu feinen Fäden gespritzt. Die Fäden werden dann zu Fasern gesponnen. Diese Fasern können zu synthetischem Gewebe verarbeitet werden, besser bekannt als Fleece. Aber auch für andere Gegenstände werden diese Fasern verwendet. → 5
Das Recycling der PET-Flaschen spart Rohstoffe und ist daher auch kostengünstig.

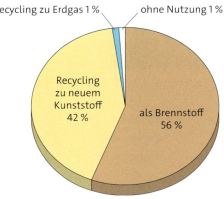

4 Was geschieht mit unserem Kunststoffmüll?

Aufgaben

1 Nenne die Rohstoffe, aus denen PET gewonnen wird.

2 Beschreibe den Weg von der Getränkeflasche zur Fleecejacke.

3 Nenne weitere Produkte aus recyceltem PET.

4 Werte das Diagramm in Bild 4 aus.

5 Das kann aus alten PET-Flaschen werden …

Problemabfälle

 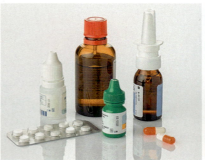 

1 – 3 Der Sondermüll – Abfall mit gefährlichen Inhaltsstoffen

Abfälle können für den Menschen und die Umwelt gefährlich sein. Wie geht man mit Sondermüll um?

Batterien • Batterien und Akkus enthalten Metalle wie Zink, Lithium oder Nickel und elektrisch leitende Stoffe, die oft zum Teil giftig sind. → 1 Leere Batterien müssen vom Hersteller zurückgenommen werden. Je nach Batterietyp werden sie recycelt oder auf eine Deponie gebracht. Es kommt vor, dass alte Batterien auf ungesicherte Deponien zum Beispiel in Afrika oder Asien gebracht werden und dort schwere Umweltschäden verursachen. Die beim Recycling entstehenden Sekundärrohstoffe können beim Bau neuer Batterien verwertet werden.

Medikamente • Arzneimittel dürfen nicht ins Grundwasser gelangen! → 2 Die Wirkstoffe können von Kläranlagen nicht herausgefiltert werden und gelangen ins Trinkwasser. Medikamente können in der Restmülltonne „entsorgt" werden. Zusammen mit anderem brennbaren Müll werden sie in Müllverbrennungsanlagen verbrannt.

Asbest • Über viele Jahrzehnte wurde Asbest beim Hausbau als Dämmstoff eingesetzt. Im Jahr 1993 wurde er aufgrund seiner krebserregenden Wirkung gesetzlich verboten. Beim Sanieren von Altbauten fällt aber häufig asbesthaltiger Bauschutt an. Dieser muss luftdicht verpackt, besonders gekennzeichnet und auf speziell geschützten Deponien endgelagert werden. → 3

> Recycling, Verbrennung und Deponierung sind drei Möglichkeiten, wie in Deutschland mit Sondermüll umgegangen wird.

Aufgaben

1 ⬜ Nenne weitere gefährliche Abfälle, die dir im Alltag begegnen.

2 ⬜ Begründe, warum weder flüssige noch feste Medikamente über die Toilette entsorgt werden dürfen.

3 ⬜ Recycling, Verbrennung, Deponierung – nenne Vor- und Nachteile zu den jeweiligen Verfahren.

cesofu

Lexikon
Tipps

der **Asbest**
die **Deponierung**

Material A

Projekt „Batterierecycling"

Supermärkte und andere Läden, die Batterien und Akkus verkaufen, sind mit Sammelboxen ausgestattet. → 4

4 Sammelboxen für Altbatterien

1 ▶ Nenne mehrere Gründe, warum alte Batterien zurückgegeben werden müssen.

2 ⊠ Akkus können wieder aufgeladen werden. Beschreibe, welchen Vorteil das gegenüber Batterien hat.

3 ⊠ Die Batterie-Umfrage
a Entwickelt in der Gruppe einen Fragebogen unter anderem mit folgenden Fragen:
 • Welche Batterien verwendet ihr?
 • Welche Geräte werden mit den Batterien betrieben?
 • Was passiert mit den leeren Batterien?
b Führt mit diesem Fragebogen eine Umfrage unter euren Familienangehörigen, Mitschülerinnen und Mitschülern sowie Lehrkräften durch.
c Erstellt in der Gruppe ein Plakat mit euren Ergebnissen und präsentiert diese der Klasse.
d Vergleicht die Umfrageergebnisse. Diskutiert, wo Verbesserungen im Umgang mit Batterien nötig sind.

Material B

Medikamentenabfälle

Die Tabellen zeigen Ergebnisse einer Umfrage zum Thema Medikamentenabfälle vom Bundesministerium für Bildung und Forschung. → 5 6

1 ▶ Stelle die Werte von beiden Tabellen jeweils in einem Säulendiagramm dar.

2 ⊠ Vergleiche die beiden Diagramme miteinander und versuche eine Erklärung für das unterschiedliche Verhalten zu finden.

Ich entsorge übrig gebliebene Flüssigkeitsreste von Medikamenten in der Spüle oder in der Toilette.	
immer	156
häufig	190
manchmal	324
selten	271
nie	1082

5 Tabelle A

3 ⊠ Verfasse einen kurzen Infotext. Beschreibe in deinem Text:
a die richtige Abfallbeseitigung von Medikamenten

Ich entsorge übrig gebliebene Tabletten in der Spüle oder in der Toilette.	
immer	26
häufig	63
manchmal	107
selten	207
nie	1620

6 Tabelle B

b die Folgen einer falschen Beseitigung von Medikamentenabfällen

Auch die Natur recycelt

1 Verschiedene Zersetzer

In der unberührten Natur findet man keinen Abfall. Wie verarbeitet die Natur pflanzliches und tierisches Material?

Der Kreislauf des Lebens • Abgestorbene Pflanzen, tote Tiere, ausgefallene Haare und Kot werden von verschiedenen Tieren, Pilzen und Bakterien zersetzt. Diese Tiere, Pilze und Bakterien werden Zersetzer oder Destruenten genannt. →1 Bakterien sind sehr kleine, einzellige Lebewesen. Stoffe, die nach der Zersetzung übrig bleiben, können von anderen Lebewesen wieder als Nährstoffe genutzt werden.

Regenwürmer sind wichtig • Neben vielen anderen Bodentieren haben die Regenwürmer einen wichtigen Anteil an der Zersetzung. Was durch ihren Körper hindurchgeht, bildet neuen, wertvollen Boden. Außerdem wird durch die Regenwurmröhren der Wasserabfluss und die Bodendurchlüftung gefördert und den Pflanzen das Durchwurzeln des Bodens erleichtert.

> In der Natur werden pflanzliche und tierische Abfallstoffe durch Tiere, Bakterien und Pilze zersetzt. Dabei entstehen Nährstoffe, die von anderen Lebewesen genutzt werden können.

lateinisch destruere: zerstören

Aufgaben

1 Nenne Lebewesen, die pflanzliche und tierische Abfallstoffe zersetzen.

2 Stelle Vermutungen an, was passieren würde, wenn es keine Zersetzung geben würde.

hakofu

Lexikon
Video
Tipps

der Zersetzer
der Destruent

Material A

2 Das Regenwurmglas →

Achtung! • Behandle die Regenwürmer vorsichtig. Bringe sie zurück in die Natur.

Was macht der Regenwurm im Boden?

Materialliste: Regenwürmer, großes Schraubglas mit durchlöchertem Deckel, dunkle Erde, heller Sand, Laub, Gras, dunkles Tuch, Sprühflasche mit Wasser

1 Fülle in das Glas abwechselnd hellen Sand und dunkle Erde. → 2 Gib zum Schluss Laub und Gras hinzu. Befeuchte den Boden mit Wasser. Lege die Regenwürmer vorsichtig auf die obere Schicht. Verschließe das Glas und decke es mit dem Tuch ab. Stelle es in einen dunklen, kühlen Raum. Kontrolliere alle 2 Tage und befeuchte die Oberfläche etwas.
a ▸ Beobachte, wie sich die Regenwürmer eingraben.
b ▸ Notiere in den nächsten Wochen die Veränderungen im Glas. Dokumentiere die Veränderungen mit Fotos.
c ▸ Erstelle aus den Notizen und Fotos ein Poster.

Material B

Bodentiere bestimmen

1 Bodentiere kannst du an der Anzahl ihrer Beinpaare bestimmen. → 3
▸ Bestimme die verschiedenen Bodentiere. → 4

Anzahl Beinpaare	Bodentiere
ohne Beine	Schnecken, Würmer
3 Beinpaare	Insekten, Springschwänze
4 Beinpaare	Spinnentiere
7 Beinpaare	Asseln
mehr als 7 Beinpaare	Hundertfüßer, Tausendfüßer

3 Übersicht Beinpaare

4 Verschiedene Bodentiere

Müllverbrennung – der letzte Nutzen

1 Die Müllverbrennungsanlage von außen

2 Die Lagerung des Mülls in der Anlage

Ein großer Teil unseres Hausmülls wird nicht als Rohstoff zur Herstellung neuer Produkte verwendet, sondern verbrannt. Wie sinnvoll ist diese Verbrennung?

Was wird verbrannt? • In Müllverbrennungsanlagen wird hauptsächlich Restmüll verbrannt. Aber auch knapp die Hälfte aller Stoffe, die in der Gelben Tonne oder im Gelben Sack gesammelt werden, landen in Müllverbrennungsanlagen. Viele dieser Abfälle bestehen aus Kunststoffen, die aus Erdöl hergestellt wurden. Daher sind diese Stoffe gut brennbar.

Die Müllverbrennungsanlage • Der Müll wird verbrannt. → 3 Die entstehende Wärme wird genutzt, um Wasser zu verdampfen. Der Dampf strömt mit großer Geschwindigkeit durch eine Turbine und dreht die Turbinenräder. → 4 Die Turbine treibt einen Generator an. Der Generator stellt elektrische Energie ähnlich bereit wie ein Fahrraddynamo.

Bei Müllverbrennungsanlagen wird ein Teil der Wärme oft auch zum Heizen von Wohnhäusern genutzt.

Feste Verbrennungsreste • Wenn man 1000 kg Müll verbrennt, dann hat man am Ende 250 kg festen Verbrennungsrückstand, die Schlacke. Sie kann im Straßenbau verwendet werden. Zusätzlich entstehen 30 kg an Stäuben, die durch Filter aus den Abgasen getrennt werden. Da die Stäube umweltgefährdende Stoffe enthalten, müssen sie auf speziellen Deponien gelagert werden.

Abgase • Durch Staubfilter und andere aufwendige Verfahren gelingt es, die giftigen Anteile aus dem Abgas zu

qezeju

Lexikon
Tipps

die **Müllverbrennungsanlage**
die **Turbine**
der **Generator**
das **Kohlenstoffdioxid**

entfernen. Am Ende werden vor allem das Gas Kohlenstoffdioxid und Wasserdampf durch den Schornstein an die Umwelt abgegeben.
Kohlenstoffdioxid ist ein farbloses und geruchloses Gas, das in geringen Mengen ungiftig ist. Allerdings sorgen große Mengen dieses Gases mit dafür, dass sich die durchschnittliche Temperatur auf der Erde erhöht. Dies ist gemeint, wenn vom Treibhauseffekt und der globalen Erwärmung gesprochen wird. Die auf den ersten Blick harmlos erscheinende Erwärmung wird voraussichtlich dramatische Folgen haben. Das Klima auf der Erde wird sich ändern, die Meeresspiegel steigen an, Wüsten dehnen sich aus und es kommt vermehrt zu heftigen Unwettern.

Thermische Verwertung • Im Rahmen der Müllverbrennung wird auch von thermischer Verwertung gesprochen. Der Begriff thermisch wird oft verwendet, wenn man von Wärme spricht. Beim Nutzen der Wärme aus der Verbrennung von Müll werden zwar verbrauchte Stoffe noch einmal verwertet. Allerdings gibt es hier keinen Kreislauf. Anders als beim Recycling von Glas oder Papier ist die thermische Verwertung nur einmal möglich.

> In Müllverbrennungsanlagen wird Wärme erzeugt und in elektrische Energie umgewandelt.
> Die Abgase werden von giftigen Anteilen gereinigt. Klimaschädliches Kohlenstoffdioxid wird an die Atmosphäre abgegeben.

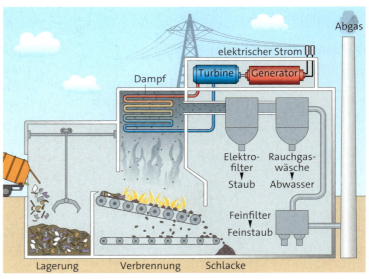

3 Das vereinfachte Schema einer Müllverbrennungsanlage

4 Die Turbine

Aufgaben

1 Nenne den Nutzen der Verbrennung von Müll.

2 Beschreibe den Aufbau einer Müllverbrennungsanlage. → 3

3 Thermische Verwertung oder thermisches Recycling? Begründe, welche Bezeichnung du passender findest.

Müllverbrennung – der letzte Nutzen

Material A

Müllverbrennung oder Recycling?

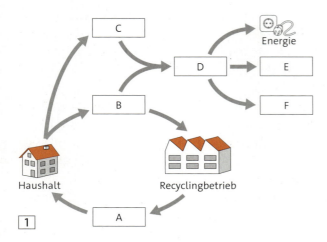

1 Die Zeichnung zeigt, wie Abfälle, Recycling und die Müllverbrennungsanlage zusammenhängen. → 1

a ▸ Übernimm die Zeichnung in dein Heft. Trage statt der Buchstaben A–F die passenden Begriffe ein:
Gelber Sack / Gelbe Tonne,
Restmüll, Produkt,
Müllverbrennungsanlage,
Schlacke, Staub.

b ▸ Kennzeichne in deiner Zeichnung die Stelle, an der Recycling erkennbar ist.

c ▸ Ist es sinnvoll, den Inhalt der Gelben Säcke zu verbrennen? Begründe deine Antwort.

Material B

Auf der Mülldeponie

1 ▸ Begründe, warum eine Deponie oben und unten abgedichtet sein muss. → 2

2 ▸ Erkläre, warum das ordnungsgemäße Deponieren von Müll viel teurer ist als das Verbrennen von Müll.

Stäube und Schlacke aus der Müllverbrennung werden auf Mülldeponien gelagert. Auch Teile des Restmülls werden nicht verbrannt, sondern deponiert. Der Müll wird auf der Deponie nach dem Abladen zusammengepresst. Unter der Mülldeponie liegen Abdichtungsfolien und wasserundurchlässige Schichten. Darüber sind Rohre, die Sickerwasser auffangen. Es muss gereinigt werden, bevor es in die Umwelt entlassen wird. Die Deponie bekommt zuletzt oben Abdichtungsfolien, Erdschichten und eine Bepflanzung. Dort ragen auch Rohre heraus. Hier wird Faulgas aufgefangen, das in der Deponie entsteht. Es wäre für die Umwelt schädlich. Da es aber gut brennt, kann man damit in Kraftwerken elektrische Energie gewinnen.

226 Materialien trennen – Umwelt schützen

Material C

Müllverbrennung – nimm selbst Stellung

3 Demonstration gegen Müllverbrennung

Es gibt Argumente für und gegen die Verbrennung von Abfällen. → 4 5 Bilde dir eine eigene Meinung.

1 ☒ Erstelle eine Tabelle mit Argumenten für die Verbrennung von Abfällen und Argumenten dagegen.

2 ☒ Schreibe selbst eine Mail an die Redaktion einer Internetzeitung.
Stelle in der Einleitung zunächst das Abfallproblem kurz dar. Nenne im Hauptteil sowohl Argumente für die Müllverbrennung als auch Argumente dagegen. Begründe am Ende deiner Mail deine eigene Meinung zum Thema.

Sehr geehrte Redaktion,

seit Jahren steigen die Abfallmengen deutlich an. Während früher Abfälle auf Deponien gelagert wurden, werden sie heute verbrannt. Zum einen spart die Verbrennung enorm viel Platz. Zum anderen sind Deponien eine Gefahr für die Umwelt. Über Regenwasser können giftige Inhaltsstoffe aus den Abfällen ins Grundwasser gelangen. In Zeiten knapper werdender Rohstoffe ist die Verbrennung von Abfällen in mehrfacher Hinsicht sinnvoll. Durch die Verbrennung können elektrische Energie und Heizwärme gewonnen werden. Dies schont Rohstoffe wie Öl, Kohle oder Gas. Nicht brennbare Anteile wie zum Beispiel Metalle können anschließend recycelt werden. Das Abgasproblem hat man durch intelligente Filtertechnik und Abtrennverfahren gut in den Griff bekommen. Lediglich das ungiftige Gas Kohlenstoffdioxid wird noch an die Umgebung abgegeben.

Mit freundlichen Grüßen
Fabian Meyer

4 Mail mit Argumenten für Müllverbrennung

Sehr geehrte Redaktion,

in keinem anderen Land wird der Müll so gut getrennt wie in Deutschland. Und das mit Erfolgen: Bei Papier und Glas liegen die Recyclingquoten bei 80 %. Leider sieht dies bei Kunststoffen weit weniger gut aus. Nahezu die Hälfte der Gelben Säcke wandert direkt in die Müllverbrennungsanlagen. Dort werden sie verheizt und sind danach nie wieder nutzbar. Dies ist eine Schande in einer Zeit immer knapper werdender Rohstoffe. Zudem entsteht bei der Verbrennung das klimaschädliche Gas Kohlenstoffdioxid. Die Abfallunternehmen geben die Wertstoffe nur aus reiner Geldgier an Müllverbrennungsanlagen. Es ist billiger, die Wertstoffe zu verbrennen als sie zu sortieren und anschließend als Rohstoff für neue Produkte einzusetzen. Müllverbrennungsanlagen behindern aktiv das echte Recycling.

Mit freundlichen Grüßen
Fiona Fischer

5 Mail mit Argumenten gegen Müllverbrennung

Materialien trennen – Umwelt schützen

Zusammenfassung

Müll • Unsere Hausabfälle enthalten viele Wertstoffe. Sie werden nach den Stoffgruppen Glas, Papier, Metall, Kunststoff und Biomüll getrennt und sortiert, damit man sie wiederverwerten kann. Beim Recycling setzt man sie wieder zur Herstellung neuer Produkte ein. → 1
Der Restmüll wird verbrannt und deponiert.

Papier und Pappe – genauer betrachtet • Papier wird aus dem Rohstoff Holz hergestellt. Das Recycling von Papierabfällen schont die Wälder und spart Energie und Wasser.

Kunststoffe – genauer betrachtet • Kunststoffe werden meist aus dem Rohstoff Erdöl hergestellt. Es ist wichtig, Kunststoffe zu recyceln, weil Erdöl nicht unbegrenzt zur Verfügung steht.

1 Das Recycling von gebrauchten Produkten

Problemabfälle • Abfälle, die für Lebewesen und die Umwelt gefährlich sind, gehören in den Sondermüll. Wenn sie nicht recycelbar sind, müssen sie sicher deponiert oder verbrannt werden.

Auch die Natur recycelt • In der Natur gibt es eigentlich keinen Müll. Wenn Pflanzen oder Tiere sterben, werden sie meist von anderen Lebewesen gefressen und verdaut. → 2 Tote Lebewesen dienen also anderen Lebewesen, den Zersetzern oder Destruenten, als Lebensgrundlage. Aus den Ausscheidungen der Zersetzer wird im Komposthaufen oder im Boden neuer Humus. Der Humus dient dann wieder neuen Pflanzen als Lebensgrundlage.

Müllverbrennung • In Müllverbrennungsanlagen wird meist Restmüll und Müll aus dem Gelben Sack verbrannt. → 3 Die Wärme wird in elektrische Energie umgewandelt und heizt Häuser. Die Abgase werden zwar gereinigt, aber es wird klimaschädliches Kohlenstoffdioxid ausgestoßen.

2 Das Recycling in der Natur

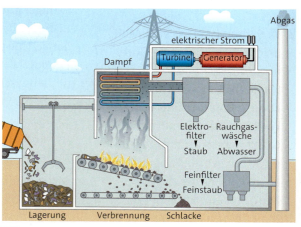

3 Die Müllverbrennungsanlage

Teste dich! (Lösungen auf Seite 380)

Müll

1 ▶ Nenne für jeden der fünf Abfälle die zugehörige Stoffgruppe. → 4 – 8

2 ▶ Kunststoffe
a Gib an, welche Abfälle nicht in die Gelbe Tonne gehören. → 9 Beschreibe, wie sie stattdessen beseitigt werden.
b Nenne ein Verfahren, mit dem Kunststoffsorten voneinander getrennt werden können.

4

5

6

7

8

9

5 ▶ Begründe, dass die Vermeidung von Müll besser ist als die Wiederverwertung. Verwende dabei: Rohstoffe, Erde, verloren gehen.

Auch die Natur recycelt

6 ▶ Beschreibe, welche Rolle die Zersetzer (Destruenten) im Kreislauf der Natur spielen.

Müllverbrennung

7 ▶ „Nach dem Verbrennen sind alle Müllprobleme weg." Nimm Stellung zu dieser Aussage.

3 ▶ Papier
a „Altpapier soll nicht mit Büroklammern oder Schnellheftern in die Altpapiertonne gegeben werden." Begründe diese Aussage.
b Erkläre am Beispiel von Holz und Altpapier, was man unter einem Primärrohstoff und einem Sekundärrohstoff versteht.

4 ▶ In der Tabelle mit den Trennverfahren ist einiges durcheinandergeraten. → 10 Übernimm die Tabelle in dein Heft und korrigiere sie dabei.

Trennverfahren für Abfälle	
Windsichter	Trennung von Eisen und anderen Metallen
Magnetabscheider	Trennung von Kunststoffsorten
Schwimm-Sink-Anlage 10	Trennung von leichten und schweren Bestandteilen

Wasser zum Leben

Im Aquarium der Stuttgarter Wilhelma kannst du Kofferfische bestaunen. Wie fast alle Fische schweben sie mühelos im Wasser.

Ohne Wasser können wir nicht leben. Bevor wir das Wasser aus Flüssen und Seen trinken können, muss es gereinigt werden.

Das Wasser im Pool hat eine angenehme Temperatur. Wie wird die Temperatur gemessen?

Ohne Wasser kein Leben

1 – 4 Ein Stoff – viele Zwecke

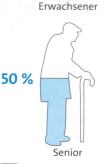

5 Der Wasseranteil im Körper

Wasser spielt in vielen Lebensbereichen eine wichtige Rolle. Pro Tag verbraucht jeder von uns durchschnittlich 122 Liter Trinkwasser allein im Haushalt.

Bedeutung von Wasser • Wir nutzen Wasser nicht nur, um unseren Durst zu stillen. Wir benötigen es auch für die tägliche Hygiene, zum Kochen, zum Waschen der Wäsche oder für Freizeitbeschäftigungen wie Schwimmen, Surfen oder Skifahren. Darüber hinaus wird Wasser in der Landwirtschaft und in der Industrie zum Herstellen von Nahrungsmitteln und anderen Produkten wie Kleidung benötigt.

Wasser im Menschen • Der Körper eines Erwachsenen enthält ungefähr 65 % Wasser. → 5 Es ist als Baustoff in den Zellen, im Blut, in den Verdauungssäften und Tränen vorhanden.

Wasser dient im Körper als Lösungsmittel, über das Mineralstoffe und Zucker aus den Nahrungsmitteln gelöst und aufgenommen werden. Gleichzeitig transportiert das Wasser Stoffwechselprodukte ab. Dabei wird Wasser in Form von Schweiß über die Haut oder in Form von Urin über die Nieren ausgeschieden. Wenn es zu heiß wird oder wir Fieber haben, dann wird unser Körper durch den verdunstenden Schweiß gekühlt.

Wasserbedarf • Ohne Flüssigkeit kann ein gesunder Mensch höchstens 3 Tage überleben. Wir sollten 2–3 Liter Wasser täglich zu uns nehmen – davon 1,5 Liter über Getränke und den Rest über die Nahrung. Das Wasser darf nur wenig oder gar kein Salz enthalten, es muss Süßwasser sein. Das Salzwasser der Meere dürfen wir nicht trinken. Der Wasserbedarf richtet sich nach unserer körperlichen Aktivität und Gesundheit. Bei Fieber oder beim Sport brauchen wir mehr Flüssigkeit.

> Wir nutzen Wasser für viele Zwecke im Alltag. Es ist lebensnotwendig für uns und erfüllt vielfältige Funktionen im menschlichen Körper.

Aufgaben

1 Beschreibe die Aufgaben, die das Wasser in unserem Körper erfüllt.

2 Gib an, wie viel Wasser man über den Tag verteilt in der Regel zu sich nehmen sollte.

Lexikon Tipps — gaqova

das **Lösungsmittel**
das **Süßwasser**
das **Salzwasser**

Material A

Wasser und unser Körper

1 Der Wasserhaushalt unseres Körpers muss durch Zufuhr und Ausscheiden von Wasser im Gleichgewicht gehalten werden. Nur so kann das Wasser seine lebenswichtigen Funktionen erfüllen.
🗷 Ordne die Begriffe den Beschreibungen zu. → 6

Begriff		Beschreibung	
1	Kühlmittel	A	Stoffwechselprodukte wie der Harnstoff werden über das Wasser in Form von Urin ausgeschieden.
2	Transportmittel	B	Die verwertbaren Nahrungsbestandteile werden in Wasser gelöst und so in die Zellen aufgenommen.
3	Lösungsmittel	C	Wasser wird über Schweiß ausgeschieden. Auf der Haut verdunstet der Schweiß und kühlt dabei den Körper.

6 Zuordnung: Aufgaben von Wasser in unserem Körper

Material B

Berechne deinen Wasserbedarf

1 Pro Tag benötigen wir etwa 35 ml Flüssigkeit pro Kilogramm Körpergewicht.
🗷 Berechne deinen täglichen Wasserbedarf in Litern. → 7 Gehe von deinem Körpergewicht aus.

2 Die meisten Menschen trinken im Alltag zu wenig.
🗷 Überlege dir Möglichkeiten zur Verbesserung.

3 🗷 Wasser ist ungiftig – aber man kann an einer „Wasservergiftung" erkranken. → 8 Beschreibe, was man darunter versteht. Formuliere einen Tipp, wie man Wasservergiftungen vermeidet.

7 Wie viel Wasser sollte ich täglich trinken?

Unser Körper verliert über den Tag Wasser durch Schweiß, Urin und die Atmung. Wie viel Wasser man pro Tag zum Ausgleich benötigt, ist abhängig von Gewicht, Alter, Temperatur, körperlicher Bewegung und dem Gesundheitszustand. Bei heißen Temperaturen oder wenn wir Fieber haben, brauchen wir zum Beispiel mehr Wasser. Auch der Salzgehalt in Nahrungsmitteln spielt eine Rolle. Unser Körper zeigt dann durch ein Durstgefühl an, dass er Wasser benötigt. Aber zu viel trinken in kurzer Zeit kann auch gefährlich sein. Die Nieren können den Wasserhaushalt nicht mehr regulieren und der Körper überwässert. Man spricht von einer Wasservergiftung. Die Folgen sind Schwindel, Erbrechen bis hin zu Organschäden und Tod.

8 Wasserbedarf und Wasservergiftung

Ohne Wasser kein Leben

Material C

Wasser in Nahrungsmitteln

1. 🖉 „Wer isst, der gibt seinem Körper auch zu trinken." Erkläre diese Aussage. Nutze dabei die Tabelle. →1

2. 🖉 Vergleiche die Nahrungsmittel. →1 Gib an, welche Art von Nahrungsmitteln das meiste Wasser enthält.

Nahrungsmittel (100 g)	Wassergehalt in g
Gurken	96
Tomaten	95
Kuhmilch	87
Äpfel	84
Hühnereier	74
Vollkornbrot	44
Gouda	40
Butter	15

1

3. Ramon hat gefrühstückt: zwei Scheiben Vollkornbrot (100 g), 25 g Butter, ein Ei (60 g), einen Apfel (150 g) und 200 g Milch.
🖉 Berechne, wie viel Wasser Ramon seinem Körper mit dem Frühstück zugeführt hat. →1

Material D

Wasserbedarf zu Hause

1. Lass dir von deinen Eltern zeigen, wie du zu Hause den Wasserzähler abliest.
   a 🖉 Lies den Wasserzähler zweimal im Abstand von mehreren Tagen ab. Notiere die abgelesenen Werte.
   b 🖉 Bestimme den Wasserverbrauch pro Person und Tag. Teile dazu den Gesamtverbrauch durch die Anzahl der Tage und die Anzahl der Personen bei dir zu Hause.

2. 🖉 Yingna und Elias sollen den Wasserverbrauch ihrer Schule pro Person und Tag bestimmen. Schreibe ihnen eine Anleitung auf, wie sie vorgehen können. Ergänze eine Beispielrechnung.

Material E

Wofür verbrauchen wir Wasser?

1. 🖉 Das Diagramm zeigt, wie viel Wasser eine Person in Deutschland durchschnittlich für verschiedene Zwecke nutzt. →2 Gib an, wofür wir im Durchschnitt am meisten und am wenigsten Wasser pro Tag benötigen.

2. 🖉 Schreibe auf, wofür du heute Wasser genutzt hast.

3. 🖉 Fertige ein Plakat an zum Thema „Wasser sparen in der Schule".

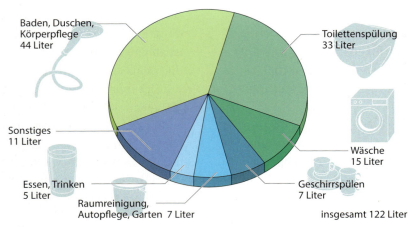

2 Dafür nutzen wir täglich Wasser.

Lexikon
Tipps

Erweitern und Vertiefen

Wassermangel – Wasser im Überfluss

Wasser – ungleich verteilt • Die blauen Flächen zeigen es: Unser Planet ist zum großen Teil von Wasser bedeckt. →3 Trotzdem sterben jährlich Tausende Menschen, weil sie keinen Zugang zu sauberem Trinkwasser haben. Todesursachen sind Austrocknung oder Infektionskrankheiten. Der Wassermangel hat mehrere Gründe:
- 97 % des Wassers der Erde befinden sich in den Ozeanen. →4 Es ist Salzwasser, das wir Menschen nicht trinken können.
Den Rest von 3 % bildet Süßwasser. Man findet es in der Luft, im ewigen Eis, als Grundwasser im Boden, in Seen und in Flüssen.
- Viele Gebiete der Erde sind Wüsten, die braunen Flächen im Foto zeigen es. →3 Dort regnet es jahrelang nie. Doch selbst in Wüsten gedeiht vieles, wenn es Süßwasser gibt. →5

Kampf gegen Wassermangel • Das Trinkwasser für Trockengebiete beschafft man mit hohem Aufwand. In Entsalzungsanlagen wird Trinkwasser aus Meerwasser gewonnen. Andernorts pumpt man Trinkwasser über Hunderte von Kilometern durch Rohrleitungen oder man sammelt mit Netzen Feuchtigkeit aus der Luft. →6

3 Die Erde – der Blaue Planet

> Das Wasser auf der Erde liegt zu 97 % als Salzwasser vor. Nur 3 % sind trinkbares Süßwasser.

Aufgabe

1 ✖ Erkläre, was Süßwasser ist. Gib auch an, wo man es findet. →4

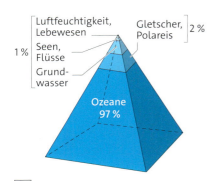

4 Wasserverteilung auf der Erde

5 Oase in der Wüste

6 Sammelnetze für Wasser

Unser Wasser – meist ein Gemisch

1 Wasser ist nicht gleich Wasser.

Wasser besteht fast nie nur aus dem Stoff Wasser.

Stoffgemische • Es gibt viele verschiedene Arten von Gemischen mit Wasser. Wir unterscheiden sie in diesem Abschnitt danach, ob feste oder flüssige Stoffe mit Wasser vermischt sind:
- Beim Verrühren von Erde in Wasser entsteht Schlamm. → 2 Das Wasser ist trüb und die festen Bestandteile der Erde sind im Schlamm gut zu erkennen. Solche Gemische aus einem festen Stoff und einer Flüssigkeit werden Suspension genannt.
- Im Meerwasser ist Salz gelöst, ein fester Stoff. Du kannst das Salz im Wasser nicht einmal mit dem Mikroskop erkennen. Das Salzwasser ist ein Beispiel für eine wässrige Lösung, Wasser ist das Lösungsmittel. → 3 Im Trinkwasser und im Mineralwasser sind ganz geringe Mengen von Mineralsalzen gelöst. → 4 Einige davon sind für uns lebensnotwendig.
- Milch enthält fein verteilte Tröpfchen eines Öls in Wasser. Man kann die Öltröpfchen in Milch mit einem Mikroskop erkennen. → 5 Milch ist ein Beispiel für eine Emulsion.

Trennverfahren • Die Bestandteile eines Müslis oder des Hausmülls kannst du leicht per Hand aussortieren. Bei Suspensionen, Lösungen und Emulsionen gelingt das nicht. Dafür nutzt man andere Trennverfahren:
- Bei Suspensionen mit groben Feststoffen lässt man das Gemisch eine Weile stehen. Die Feststoffe setzen

2 Suspension: Erde und Wasser

3 Lösung: Salzwasser

4 Lösung: Mineralwasser

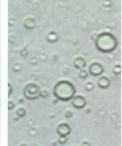

5 Emulsion: Milch. Mit dem Mikroskop erkennt man die Fetttröpfchen.

Lexikon
Videos
Tipps

dedise

die **wässrige Lösung**
das **Lösungsmittel**
das **Dekantieren**
das **Filtrieren**
das **Eindampfen**

sich auf dem Boden des Gefäßes ab. Dieser Bodensatz heißt Sediment, der Vorgang Sedimentieren. → 6 Dann gießt du die überstehende Flüssigkeit ab. Diesen Vorgang nennt man Dekantieren.

- Suspensionen aus Wasser und feinen Feststoffen trennt man mit einem Filter. → 7 Dazu kannst du einen Rundfilter zu einem Viertelkreis falten und in einen Trichter einlegen. Dann gießt du das Stoffgemisch in den Trichter. Die Feststoffe bleiben als Rückstand im Filter, die Flüssigkeit fließt hindurch und landet als Filtrat im Auffanggefäß.

- Salzwasser und ähnliche Lösungen lassen sich durch Eindampfen trennen. Gib das Gemisch zum Beispiel in ein Uhrglas und stelle es auf eine Agraffe. → 8 Dann erhitzt du das Gemisch, bis das Wasser verdampft ist. Das Salz bleibt als Rückstand zurück. Auch der Wasserdampf kann aufgefangen werden. → S. 239

> Unser Wasser ist meist ein Stoffgemisch. Wir unterscheiden Suspensionen, Lösungen und Emulsionen. Die Stoffe lassen sich durch Dekantieren, Filtrieren oder Eindampfen voneinander trennen.

6 Sedimentieren und Dekantieren

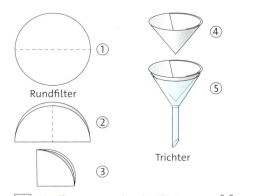

7 Stofftrennung durch Filtrieren → ▣

8 Stofftrennung durch Eindampfen → ▣

Aufgaben

1 ✖ Vergleiche die Stoffgemische Suspension, Lösung und Emulsion und gib jeweils Beispiele an. Lege eine Tabelle in deinem Heft an.

2 In einer Kaffeemaschine wird mit Papier ein Stoffgemisch getrennt.
a ▸ Nenne die Fachbegriffe für das Stoffgemisch und das Trennverfahren.
b ✖ „Ich habe heute ein leckeres Filtrat getrunken." Erkläre diese Aussage.

Unser Wasser – meist ein Gemisch

Material A

„Schmutzwasser" reinigen

Materialliste: Sand, 2 Esslöffel Salz, 0,5 Liter Wasser, Teelicht, Teelichthülse oder Metalllöffel, Holzklammer, Porzellantiegel, Kaffeefilter, Filtertüte, Einmachglas, Teesieb

1 Stellt ein Gemisch aus Wasser, Sand und Salz her. Nutzt die Geräte von Bild 1, um die drei Stoffe wieder voneinander zu trennen. Es genügt, wenn ihr eine kleine Menge Salz gewinnt.
   ⊠ Beschreibt genau, wie ihr die Aufgabe gelöst habt.

1 Wasser-Sand-Salz-Gemisch / Einmachglas / Teesieb / Teelicht / Kaffeefilter mit Filtertüte / Metalllöffel oder leeres Teelicht mit Holzklammer / Porzellantiegel

Material B

Bestehen Limonade und Cola fast nur aus Wasser?

Materialliste: Limonade und Cola, Agraffe, Uhrglas, Teelicht, Feuerzeug, Schutzbrille

1 ⊠ Plane ein Experiment, um die Frage zu beantworten. Führe es durch und setze dabei die Schutzbrille auf.
   a Vermute, was die Getränke außer Wasser enthalten.
   b Zeichne den Versuchsaufbau.
   c Beschreibe, wie du den Versuch durchgeführt hast.
   d Beschreibe, was beim Experiment zurückbleibt.
   e Vergleiche die Rückstände mit den Angaben auf dem Etikett der Getränke.
   f Beantworte die Frage.

Material C

Salzwasser destillieren (Demoversuch)

Materialliste: Brenner, Rundkolben, passender Gummistopfen mit Lochbohrung, Thermometer, Destillationsaufsatz, Liebig-Kühler mit 2 Gummischläuchen, Laborboy, Wasseranschluss, Becherglas, Kochsalzlösung, Siedesteinchen, Stativmaterial

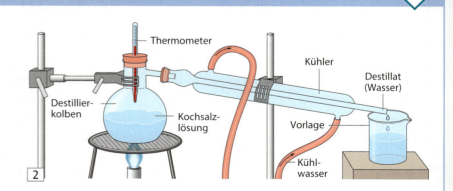

2 Thermometer / Destillierkolben / Kochsalzlösung / Kühler / Destillat (Wasser) / Vorlage / Kühlwasser

1 ▶ Die Lehrkraft baut den Versuch auf. → 2 Beschreibt, was ihr beobachtet, wenn das Salzwasser siedet. → ▣

Erweitern und Vertiefen

Trinkwasser aus Meerwasser

Destillieren • Auf vielen Inseln und an mehreren Küstenabschnitten des Mittelmeers gewinnt man in großen Anlagen Trinkwasser aus Meerwasser. Einige dieser Anlagen gleichen Gewächshäusern. → 3
Schräge Glasdächer überspannen lange Becken mit Meerwasser. Die Sonnenstrahlung erwärmt das Salzwasser in den Becken so stark, dass viel Wasser verdampft. Der Wasserdampf steigt nach oben. Er enthält kein Salz mehr, das Salz bleibt im Meerwasser zurück.
Der Wasserdampf strömt gegen die kühleren Glasdächer und wird dort wieder zu flüssigem Wasser, er kondensiert. Das ganze Verfahren aus Verdampfen und Kondensieren bezeichnet man als Destillation.
Das salzfreie, destillierte Wasser wird in langen Rinnen aufgefangen. Dann werden noch die nötigen Mineralsalze hinzugefügt – und fertig ist das Trinkwasser.
Täglich gewinnt man hier von jedem Quadratmeter Wasserfläche drei Liter destilliertes Wasser. Wie in einem Treibhaus staut sich unter den Glasflächen so viel Wärme, dass die Destillation sogar nachts weiterläuft.
Dieses Verfahren benötigt viel Energie. Es eignet sich nur für Länder, in denen die Sonne als Energiequelle genutzt werden kann und ausreichend große Flächen zur Verfügung stehen. In einigen arabischen Staaten werden die Meerwasserbecken mit Ölbrennern zusätzlich beheizt. → ⊡

Filtrieren • Eine anderes Entsalzungsverfahren arbeitet mit Filtern aus Kunststoff. Sie haben winzige Poren. Das Salzwasser wird mit sehr hohem Druck gegen die Filter gepresst. Die Filter

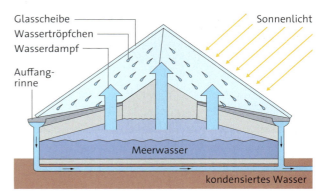

3 Meerwasser entsalzen durch Destillieren

halten das Salz fast vollständig zurück. Wasser durchdringt die winzigen Poren dagegen und gelangt auf die andere Seite. Dort erhält man fast salzfreies Wasser, das sich als Trinkwasser gut eignet.
Auf der Insel Helgoland in der Nordsee werden auf diese Weise bis zu 40 000 Liter Trinkwasser pro Stunde aus Meerwasser hergestellt.
Das Filtrieren verbraucht im Vergleich zum Destillieren von Meerwasser nur ungefähr ein Drittel der Energie.

Aufgabe

1 Beschreibe die beiden Möglichkeiten, wie aus Salzwasser Trinkwasser hergestellt wird:
a ▸ Destillieren: „Das kalte Meerwasser …"
b ▸ Filtrieren: „Das Meerwasser wird mit hohem Druck …"
c ⊠ „Es wäre kaum sinnvoll, mit der Anlage von Bild 3 aus Nordseewasser Trinkwasser zu gewinnen." Begründe diese Aussage.
d ⊠ In welchen Gegenden ist es sinnvoll, Entsalzungsanlagen wie in Bild 3 zu bauen?

Wasser ist wertvoll

1 Hier war früher Wasser – der Aralsee.

2 „Wasserfußabdruck" einer Person in Deutschland

3 Blatt Papier – „virtuelles Wasser"

Der Aralsee war einmal der viertgrößte See der Erde. Heute ist der See nahezu ausgetrocknet und hat eine Salzwüste hinterlassen. Eine Hauptursache dafür war der falsche Umgang mit Wasser. Ist unser Wasser in Gefahr?

Wasserverschwendung • In vielen Bereichen wird sehr viel Wasser verbraucht, zum Beispiel bei der aufwendigen Bewässerung in der Landwirtschaft oder bei der Erzeugung von Kunstschnee in Skigebieten. Auch in privaten Haushalten wird oft achtlos mit Wasser umgegangen, etwa beim langen Duschen, häufigen Baden sowie bei der Autowäsche und beim Rasensprengen.

Virtuelles Wasser • Wie viel Wasser ein jeder von uns täglich verbraucht, lässt sich durch den „Wasserfußabdruck" veranschaulichen. → 2 In Deutschland ist er über 7000 Liter groß! Wir verbrauchen viel mehr Wasser als das Wasser, das bei uns zu Hause aus dem Wasserhahn läuft. Für die Herstellung von Lebensmitteln und Kleidung wird zum Beispiel mehr Wasser benötigt, als darin tatsächlich enthalten ist. Für eine Tasse Kaffee werden nicht 0,15 Liter, sondern rund 140 Liter Wasser benötigt, also fast das 1000-Fache! Das meiste Wasser erfordert der Anbau der Kaffeebohnen, hinzu kommen der Transport und die Herstellung der Verpackung. In einer Jeans können bis zu 11 000 Liter Wasser stecken, was 80 Badewannen voll Wasser entspricht. Dieses Wasser, das in der Herstellung, Verpackung und Transport von Produkten versteckt ist, bezeichnet man auch als „virtuelles Wasser".

Folgen der Wasserverschwendung • Der übermäßige Wasserverbrauch lässt den Grundwasserspiegel sinken und Flüsse und Seen schrumpfen. Damit werden Trinkwasservorkommen immer knapper. Ein Beispiel dafür ist die Austrocknung des Aralsees in Kasachstan und Usbekistan. → 1 Aus einer zuvor fruchtbaren Region hat sich eine Wüste entwickelt, in der keine Landwirtschaft und keine Fischerei mehr möglich sind.

> Wir nutzen Wasser nicht nur bewusst, sondern auch in Form von virtuellem Wasser.

Aufgaben

1. ⊠ Beschreibe, in welchen Bereichen Wasser unnötig verbraucht wird.

2. ⊠ Erläutere den Begriff „virtuelles Wasser". → 3

Lexikon Tipps — seyafe

das virtuelle Wasser

Material A

Virtuelles Wasser

Um all die Waren zu produzieren, die wir täglich kaufen, werden durchschnittlich 7200 Liter Wasser pro Kopf und Tag verbraucht. Deutschland zählt damit zu den weltweit zehn größten Einfuhrländern von virtuellem Wasser. Im rechten Diagramm siehst du, wie viel virtuelles Wasser in verschiedenen Produkten steckt. → 4

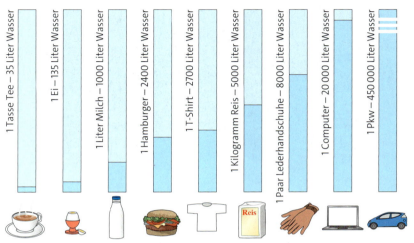

4 Virtuelles Wasser in verschiedenen Produkten

1 Tasse Tee – 35 Liter Wasser
1 Ei – 135 Liter Wasser
1 Liter Milch – 1000 Liter Wasser
1 Hamburger – 2400 Liter Wasser
1 T-Shirt – 2700 Liter Wasser
1 Kilogramm Reis – 5000 Liter Wasser
1 Paar Lederhandschuhe – 8000 Liter Wasser
1 Computer – 20 000 Liter Wasser
1 Pkw – 450 000 Liter Wasser

1 Vergleiche den virtuellen Wassergehalt eines Eies mit dem eines Hamburgers.

2 Erkläre, wie es sein kann, dass in einem Liter Milch 1000 Liter Wasser stecken.

3 Nenne Möglichkeiten, wie du dazu beitragen kannst, dass dein „Wasserfußabdruck" kleiner wird.

Material B

Spanien, Niederlande oder Deutschland?

Die Tomate ist ein Lieblingsgemüse der Deutschen. Doch nur 10 % stammen aus heimischem Anbau. Der Großteil der Tomaten wird aus Spanien oder aus den Niederlanden eingeführt.
Im rechten Bild siehst du, wie viel Wasser für die Produktion einer Tomate in den drei Ländern nötig ist. → 5

1 Vergleiche die Menge und die Herkunft des Wassers bei den verschiedenen Tomaten. → 5
Nenne Gründe für die unterschiedliche Verteilung des Wassers.

2 Im Gemüseregal des Supermarkts liegen leckere, gleich teure Tomaten aus Spanien, Deutschland und den Niederlanden. Welche würdest du kaufen? Begründe deine Wahl.

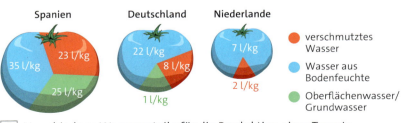

Spanien: 23 l/kg, 35 l/kg, 25 l/kg
Deutschland: 22 l/kg, 8 l/kg, 1 l/kg
Niederlande: 7 l/kg, 2 l/kg

● verschmutztes Wasser
● Wasser aus Bodenfeuchte
● Oberflächenwasser/ Grundwasser

5 Verschiedene Wasseranteile für die Produktion einer Tomate

Aufbereitung von Abwasser

1 Luftbild einer Kläranlage

Täglich nutzen wir Trinkwasser zum Duschen, Geschirrspülen oder Spülen der Toilette. Doch was passiert danach mit dem schmutzigen Abwasser?

Die Kläranlage • Nachdem das Wasser in unserem Abfluss verschwunden ist, gelangt es unter den Straßen über die Kanalisation zu einer Kläranlage. Dort wird das verschmutzte Wasser wieder zu frischem Wasser aufbereitet. Dazu sind allerdings einige Schritte notwendig. Die Aufbereitung gliedert sich in drei Reinigungsstufen: die mechanische, die biologische und die chemische Reinigung.

Mechanische Reinigung • Als Erstes wird das Abwasser mithilfe von Rechen, Sandfang und einem Vorklärbecken von grobem Schmutz befreit. Dinge wie Plastikteile, Essensreste und Toilettenpapier werden dabei ausgesondert, entwässert und zu einer Deponie gebracht oder verbrannt.

Biologische Reinigung • In der biologischen Reinigungsstufe kommen Mikroorganismen in sogenanntem Belebtschlamm zum Einsatz. Die Mikroorganismen zersetzen mithilfe von Sauerstoff pflanzliche und tierische Verunreinigungen im Wasser. Danach sind rund 90 % der ursprünglichen Verunreinigungen beseitigt.

Chemische Reinigung • In der folgenden chemischen Reinigungsstufe werden Problemstoffe mit Flockungsmitteln gebunden. Die Verbindung aus Problemstoff und Flockungsmittel wird dann aus dem Wasser entfernt. In allen Reinigungsschritten entsteht Schlamm. Dieser wird in Faultürme geleitet. Dort bilden sich durch Gärung Biogase, die als Brennstoff eingesetzt werden können. Der übrige Teil der Faulschlämme ist als Dünger geeignet.

> In einer Kläranlage gibt es drei Reinigungsstufen: die mechanische, die biologische und die chemische Reinigung. Nach den drei Reinigungsstufen kann das gereinigte Wasser wieder der Umwelt zugeführt werden.

Aufgaben

1 Beschreibe die drei Reinigungsstufen in der Kläranlage mit eigenen Worten.

2 Erkläre, welche Funktion die Mikroorganismen im Klärvorgang haben.

die Wasserreinigung
die Kläranlage

Material A

Die Kläranlage im Modell

Materialliste: 4 Joghurtbecher mit je einem Loch im Boden (Bleistiftdicke), Becherglas, Kaffeefilter, Wattepads, Sand, Kies, Aktivkohle, verschmutztes Wasser (zum Beispiel aus einer Pfütze), Spülwasser

1 Bau der Kläranlage
a Wasche den Sand und den Kies, bis das Wasser klar ist.
b Decke die Löcher der Joghurtbecher jeweils mit einem Wattepad ab.
c Fülle je einen Joghurtbecher zur Hälfte mit Aktivkohle, Sand und Kies. Setze die drei Filter in den vierten Joghurtbecher, in dem ein Kaffeefilter steckt. → 2
c Staple nun alle Becher in das Becherglas.

2 Gieße das verschmutzte Wasser oben in den Turm. Bewahre einen Rest zum späteren Vergleich auf.
a Beobachte und beschreibe, wie sich die Filter auf das Schmutzwasser auswirken.
b Vergleiche das Filtrat mit dem ursprünglichen Schmutzwasser.

3 Bereite eine neue Kläranlage vor. Leite diesmal das Spülwasser hindurch.
a ▶ Beschreibe deine Beobachtung.
b ✖ Beschreibe, was passiert, wenn du das Filtrat schüttelst.

2 Kläranlage im Modell →

4 ✖ Erkläre, warum in den Joghurtbechern unterschiedliche Materialien eingesetzt werden.

Material B

Die drei Klärstufen der Wasseraufbereitung im Detail

1 ▶ In Bild 3 ist der Klärvorgang schematisch dargestellt. Benenne die drei Klärstufen A, B und C. → 3

2 ✖ Informiere dich über die Kläranlage, die für deinen Wohnort zuständig ist. Erstelle einen Steckbrief der Kläranlage.

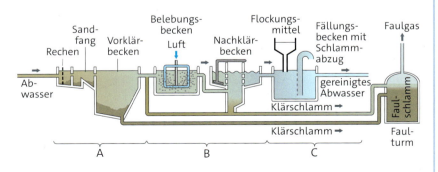

3 Eine Kläranlage mit drei Klärstufen

So atmen Fische unter Wasser

1 Die Bachforelle atmet aus.

2 Die Kiemen

3 Die Atmung bei Fischen → ▣

Menschen können nur kurze Zeit unter Wasser bleiben. Wir ersticken, wenn Wasser in unsere Lungen dringt. Fische leben ständig unter Wasser. Woher bekommen sie den Sauerstoff zum Leben?

Die Kiemen • Fische atmen mithilfe von Kiemen. → 1 2 Sie liegen an den Seiten des Kopfs und sind durch die Kiemendeckel geschützt. Darunter kann man die roten, gut durchbluteten Kiemen erkennen. In den feinen Kiemenblättchen befinden sich sehr viele Blutgefäße.

Atmung • Beim Einatmen öffnet der Fisch das Maul und nimmt Wasser auf. → 3 Beim Ausatmen schließt er das Maul. Dabei öffnen sich die Kiemendeckel. Das aufgenommene Wasser wird an den Kiemenblättchen vorbei nach hinten und außen gepresst.
Im Wasser sind nicht nur Mineralsalze gelöst, sondern auch Gase wie Sauerstoff oder Kohlenstoffdioxid. Je wärmer das Wasser ist, desto weniger Gas kann es lösen.
Fische nehmen den Sauerstoff im Wasser über die Kiemen in das Blut auf. Das sauerstoffreiche Blut gelangt durch den Blutkreislauf in den Körper des Fischs. Die Organe des Fischs nehmen den Sauerstoff auf und nutzen ihn. Dabei entsteht das Gas Kohlenstoffdioxid. Die Organe geben dieses Gas in das Blut ab. Das kohlenstoffdioxidreiche Blut wird vom Herzen erneut zu den Kiemen gepumpt. Dort wird das Gas in das Wasser abgegeben. Das Blut fließt in einem Kreislauf.

> Fische atmen mit ihren Kiemen. In den Kiemen wird Sauerstoff aus dem Wasser ins Blut aufgenommen und Kohlenstoffdioxid aus dem Blut ins Wasser abgegeben.

Aufgabe

1 ▣ Beschreibe die Atmung bei Fischen.

Lexikon
Video
Tipps

die **Kiemen**
die **Atmung**

Material A

Das Kiemenmodell

Materialliste: Papiertaschentuch, Schere, Blumendraht (10 cm lang), Becherglas (250 ml), Wasser

1 Baue zuerst dein eigenes Kiemenmodell. → 4 Bewege den trockenen Streifenstapel in der Luft. Tauche den Streifenstapel in das Wasser im Becherglas und bewege ihn leicht hin und her. → 5 Ziehe ihn aus dem Wasser und bewege ihn an der Luft. Wiederhole dieses Vorgehen mehrfach. Versuche, die feuchten Papierstreifen an der Luft voneinander zu trennen.

5

a ▸ Beschreibe deine Beobachtungen.
b ✖ Deute deine Beobachtungen.

2 ✖ Erläutere, weshalb Fische nur im Wasser atmen können und an Land ersticken.

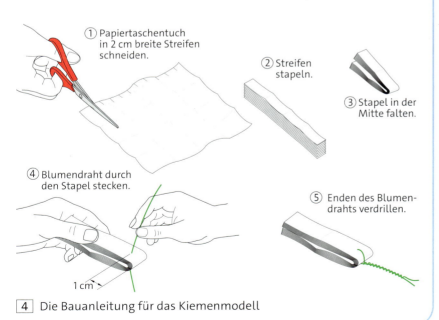

① Papiertaschentuch in 2 cm breite Streifen schneiden.
② Streifen stapeln.
③ Stapel in der Mitte falten.
④ Blumendraht durch den Stapel stecken.
⑤ Enden des Blumendrahts verdrillen.

1 cm

4 Die Bauanleitung für das Kiemenmodell

Material B

Wasser löst Sauerstoff

Materialliste: Becherglas (250 ml), Leitungswasser

1 Fülle das Becherglas mit kühlem Leitungswasser und stelle es in die Sonne. Betrachte das Glas sofort und nach etwa 30 Minuten.
a ▸ Notiere deine Beobachtungen.
b ✖ Erkläre deine Beobachtungen.

2 ✖ Erläutere, welche Bedeutung die Temperatur in einem Gewässer für die Atmung der Fische hat. Nimm dazu die folgende Tabelle zu Hilfe. → 6

Wassertemperatur	Sauerstoff in 100 Liter Wasser
0 °C	1,46 g
5 °C	1,27 g
10 °C	1,13 g
15 °C	1,01 g
20 °C	0,91 g
25 °C	0,83 g
30 °C	0,76 g

6 So viel Sauerstoff löst sich bei verschiedenen Temperaturen in 100 Liter Wasser.

Schwimmen, Schweben oder Sinken?

1 Münzen im Brunnen

2 Baumstämme auf dem See

Die leichten Münzen sinken unter Wasser. Die viel schwereren Baumstämme dagegen schwimmen. Wie kommt es zu dem Unterschied?

Das Volumen • Jedes Gas, jede Flüssigkeit und jeder feste Gegenstand nimmt einen Raum ein. Das Volumen gibt an, wie groß dieser Raum ist.
Beispiel: Ein kleiner Spielwürfel hat ein Volumen von 1 Kubikzentimeter: → 3
$1 cm^3 = 1 cm \cdot 1 cm \cdot 1 cm$.
Das Volumen von Flüssigkeiten und unregelmäßigen Gegenständen misst man mit Messzylindern und Messbechern. → 4 Auf ihnen gibt man das Volumen oft in Millilitern (ml) an.

3 $1 cm^3$

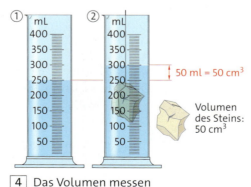

4 Das Volumen messen

Das Volumen gibt an, wie viel Raum ein Gegenstand einnimmt.
Wir geben das Volumen oft in Litern (l), Millilitern (ml) oder in Kubikzentimetern (cm^3) an:
1 l = 1000 ml
1 ml = 1 cm^3

Die Masse • In der Umgangssprache sagt man: „Der Medizinball wiegt 2 Kilogramm." Oder: „Er hat ein Gewicht von 2 Kilogramm."
In den Naturwissenschaften benutzt man für das Gewicht den Fachbegriff die Masse: „Die Masse des Medizinballs beträgt 2 Kilogramm."
Zum Wiegen benutzt man Waagen.

Die Masse gibt an, wie viel ein Gegenstand wiegt. Wir geben die Masse oft in Kilogramm (1 kg) oder in Gramm (g) an: 1 kg = 1000 g.

Gegenstände im Wasser • „Eisen sinkt, weil Eisen schwerer ist als Wasser. Holz schwimmt, weil Holz leichter ist als Wasser." Diese Erklärung stimmt nur, wenn man die Masse von Gegen-

246 Wasser zum Leben

Lexikon Tipps vohiyu

das **Volumen**
die **Masse**
die **Dichte**

ständen vergleicht, die das gleiche Volumen haben:
- Der Eisenwürfel hat eine größere Masse als der Wasserwürfel mit dem gleichen Volumen. → 5
- Der Holzwürfel hat eine kleinere Masse als der Wasserwürfel mit dem gleichen Volumen. → 6

In den Naturwissenschaften sagt man: Eisen hat eine größere Dichte als Wasser. Holz hat eine kleinere Dichte als Wasser. Von der Dichte eines Gegenstands hängt es ab, ob er auf dem Wasser schwimmt, im Wasser schwebt oder sinkt. → 7

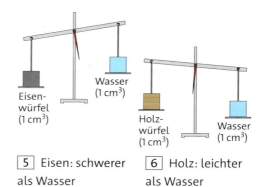

5 Eisen: schwerer als Wasser

6 Holz: leichter als Wasser

> Ein Gegenstand schwimmt auf dem Wasser, wenn er eine kleinere Dichte hat als Wasser.
> Ein Gegenstand sinkt, wenn er eine größere Dichte hat als Wasser.
> Ein Gegenstand schwebt, wenn er die gleiche Dichte hat wie Wasser.

Schiffe • Schiffe sind Gegenstände aus Eisen oder Holz, die einen luftgefüllten Hohlraum haben. Sie schwimmen, weil die Dichte des gesamten Schiffs kleiner ist als die Dichte des Wassers. → 8

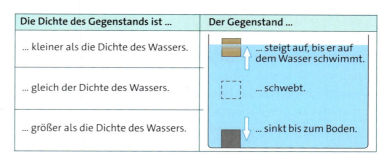

7 Schwimmen – schweben – sinken

8 Ein Schiff mit Eisenrumpf

Aufgaben

1 ▶ Auf vielen Flaschen ist das Volumen angegeben. Gib an, wie viel Kubikzentimeter in Flaschen mit den folgenden Angaben passen: 0,7 l; 1,5 l; 0,25 l; 2 l; 0,33 l.

2 ▶ Emma sagt: „Sand ist schwerer als Wasser." Eigentlich meint sie aber etwas anderes. Formuliere den Satz neu mithilfe der Fachsprache. Gib an, welche Vorteile sie bietet.

3 ▶ Vergleiche die Dichte der Münzen mit der Dichte der Bäume. → 1 2 Begründe dein Ergebnis.

Schwimmen, Schweben oder Sinken?

Material A

Das Volumen bestimmen

Materialliste: Messzylinder mit Skala; Gegenstände an Fäden: Radiergummi, Anspitzer aus Metall, Schraube, Kartoffel, Knete, Steine ...

1. 🖉 Bestimme das Volumen der Gegenstände. → 1 2
   a Notiere zu jedem Gegenstand zwei Messwerte für den Wasserstand. → 3
   b Berechne jeweils das Volumen des Gegenstands aus den beiden Messwerten für den Wasserstand.

1 Der Versuchsaufbau → 🖻

2 Lies auf Augenhöhe und an der tiefsten Stelle ab.

Gegenstand	Wasserstand vorher	Wasserstand nachher	Volumen
Radiergummi	?	?	?

3 Beispieltabelle: Das Volumen bestimmen

Material B

Die Masse bestimmen

Materialliste: Gegenstände (Material A), Waage

1. 🖉 Schätze, welcher Gegenstand am schwersten ist. Überprüfe deine Schätzung durch Wiegen. → 4

4

Material C

Der Lastkahn aus Alufolie

Materialliste: 2 Streifen aus Aluminiumfolie (jeweils 40 cm breit), Wasserbecken, Wasser, Büroklammern (oder kleine Nägel), Schere → 5

1. Falte einen Streifen aus Aluminiumfolie so klein wie möglich fest zusammen. Setze das Stück auf die Wasseroberfläche.
   a 🖉 Beschreibe deine Beobachtung.
   b 🖉 Erkläre deine Beobachtung.

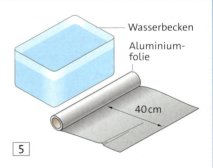

5

2. Fertige aus dem anderen Streifen ein „Boot" und setze es vorsichtig auf das Wasser.
   a 🖉 Erkläre, weshalb das „Boot" nicht untergeht.
   b 🖉 Probiere, wie viele Büroklammern das Boot tragen kann, ohne unterzugehen.

Erweitern und Vertiefen

Die richtige Dichte zum Tauchen

Der Kormoran • Als Wasservogel bewegt sich der Kormoran in zwei Lebensräumen. → 6 Vögel haben in der Regel luftgefüllte Knochen. Das macht sie besonders leicht und ermöglicht so das Fliegen. Da der Kormoran seine Nahrung aber unter Wasser findet, muss er gut tauchen können. Luftgefüllte Knochen würden seine Dichte senken und so das Tauchen erschweren. Der Kormoran hat deshalb ein schwereres Skelett als viele andere Vögel. Dadurch wird allerdings das Fliegen erschwert. Kormorane starten ihren Flug mit einem langen Anlauf von der Wasseroberfläche und brauchen dann Aufwinde, um hoch aufzusteigen – der Flügelschlag alleine reicht nicht aus.

6 Der Kormoran beim Tauchen

Das Tauchboot • Das Tauchboot „Limiting Factor" erreichte am 28. 4. 2019 im Marianengraben des Pazifiks die Weltrekordtiefe von 10 928 Metern! Es enthielt einen großen Tauchtank, Pressluftflaschen und eine kleine, dickwandige Hohlkugel aus Titan mit Fenstern. In der Hohlkugel befand sich der Kapitän des Tauchboots. Der Tauchtank des Tauchboots wurde mit Wasser oder Luft gefüllt – je nachdem, ob das Tauchboot sinken, schweben oder aufsteigen sollte. → 7

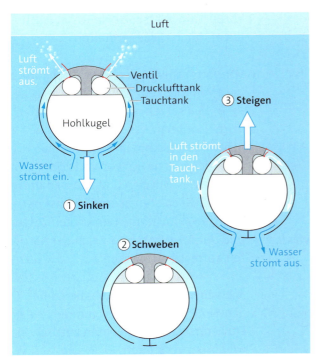

7 Das Prinzip eines Tauchboots

Aufgaben

1 ◾ Der Kormoran kann besser tauchen als viele andere Vögel. → 6 Gib eine Eigenschaft seines Körperbaus an, die dafür verantwortlich ist. Beschreibe, wie diese Eigenschaft seine Tauch- und Flugfähigkeit beeinflusst.

2 ◾ Informiere dich im Internet über das Tauchboot „Limiting Factor" und seine Missionen. Skizziere eine Weltkarte und trage die Missionen mit Datum und erreichter Tauchtiefe ein.

3 ◾ Beschreibe und erkläre, wie das Tauchboot sinken, schweben und auftauchen kann. → 7

Fische – Bewegung im Wasser

1 Der Karpfen

Der Karpfen lebt in Seen. Er kann im Wasser auf der Stelle schweben, aber auch schnell vorwärts schwimmen. Wie gelingt ihm das?

Stromlinienform • Der Körper eines Karpfens ist vorn und hinten zugespitzt und seitlich abgeplattet. →1 Diese Körperform nennt man spindelförmig oder stromlinienförmig. Sie lässt das Wasser leicht am Karpfen vorbeiströmen. Dabei bilden sich keine Wirbel im Wasser, die die Bewegung bremsen würden. →2 Man sagt, der Strömungswiderstand des Karpfens ist gering. So kann der Fisch schnell schwimmen. Wenn der Körper rund oder oval wäre, dann würde das Wasser hinter ihm verwirbeln. Wäre er quaderförmig, dann würde es vor und hinter ihm verwirbeln.

Zusätzlich bedecken zahlreiche Schuppen den Körper des Karpfens. Sie sind von einer Schleimschicht überzogen. Sie verringert die Reibung zwischen Körper und Wasser. So kann der Fisch leicht durchs Wasser gleiten.

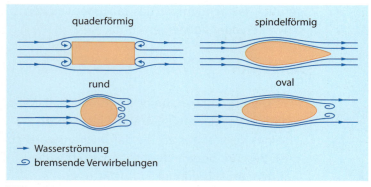

2 Die Körperform bestimmt, wie stark das anströmende Wasser verwirbelt wird.

Vorwärts schwimmen • Der Fischkörper wird von Muskeln wellenartig bewegt. →3 Sie setzen an beiden Seiten der Wirbelsäule an. Wenn der Fisch die Schwanzflosse hin und her schlägt, dann schiebt sie ihn vorwärts durch das Wasser. Mit den Brustflossen und Bauchflossen steuert und bremst der Fisch. →4 Mithilfe der Rückenflosse und der Afterflosse hält sich der Karpfen aufrecht im Wasser.

Schweben • Viele Fische haben eine Schwimmblase in ihrem Inneren. →4 Du kannst sie dir wie einen Luftballon im Körper vorstellen. → Die Schwimmblase kann Gas aus dem

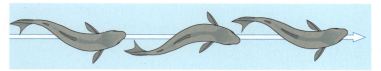

3 Die Fortbewegung der Fische

Lexikon
Video
Tipps

surowa

die **Stromlinienform**
der **Strömungswiderstand**
die **Flosse**
die **Schwimmblase**

Blutkreislauf aufnehmen und auch wieder abgeben. Sie hilft dem Fisch dabei, in verschiedenen Wassertiefen schweben zu können. Sie reguliert die Dichte des Fischs: → 5
Wir betrachten einen Fisch, der zunächst in einer mittleren Wassertiefe schwebt. ① Seine Dichte ist genauso groß wie die Dichte des Wassers. Er schwimmt nun mithilfe der Flossen nach unten. ② Unten lastet mehr Wasser auf dem Fisch als oben, sodass er stärker zusammengepresst wird und sein Volumen abnimmt. ③ Die Dichte wird größer als die Dichte von Wasser. Damit der Fisch nicht immer weiter bis zum Boden sinkt, gelangt jetzt Gas aus dem Blutkreislauf in die Schwimmblase. ④ Sie dehnt sich aus – und mit ihr der Fisch, bis seine Dichte wieder so groß ist wie die Dichte von Wasser. ⑤ Jetzt schwebt er tiefer als zuvor.

> Fische sind stromlinienförmig gebaut. Mithilfe von Flossen und einer Schwimmblase schwimmen und schweben sie im Wasser.

Aufgaben

1 ✉ Beschreibe, wie ein Karpfen im Wasser vorwärts schwimmt. → 3

2 ✉ „Die Stromlinienform nützt dem Karpfen beim schnellen Schwimmen." Begründe diese Aussage.

3 ✉ Erkläre, wie ein Fisch seine Dichte anpasst, wenn er nach oben schwimmt und dort schwebt. → 5

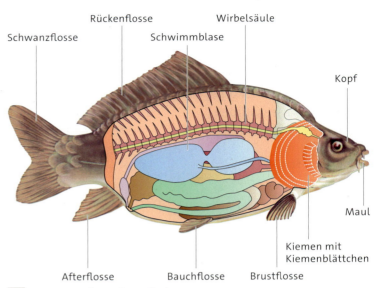

4 Der Körperbau eines Fischs

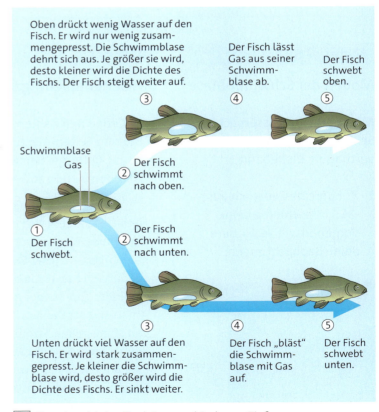

5 So schwebt der Fisch in verschiedenen Tiefen.

251

Fische – Bewegung im Wasser

Material A

Körperform

1 Vier verschiedene Körper mit gleicher Masse wurden durch ein Wasserbecken gezogen. →[1] Die Zeit vom Start bis zum Ziel wurde jeweils gemessen. →[2]

a ☒ Beschreibe:
• den Versuchsaufbau
• die Versuchsergebnisse

b ☒ Erläutere den Vorteil des stromlinienförmigen Fischkörpers anhand der Ergebnisse.

[1] Versuchsaufbau

Form der Körper		Zeit
stromlinienförmig	◗	4 s
zylinderförmig	▬	7 s
tropfenförmig	◀	6 s
würfelförmig	■	11 s

[2] Versuchsergebnisse

Material B

Modell der Schwimmblase

Materialliste: Wasserbecken, Schlauch, Erlenmeyerkolben, Luftballon, Klebeband

1 ☒ Führe den Versuch aus. →[3] Beschreibe deine Vorgehensweise. Notiere deine Beobachtungen.

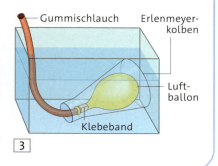

[3]

Material C

Das Seitenlinienorgan

1 ☒ Ordne den Zahlen 1–5 die Begriffe Seitenlinienorgan, Kanal, Öffnung, Sinneszellen und Nerv zu. →[4]

2 ☒ Beschreibe die Funktion des Seitenlinienorgans.

3 ☒ Erkläre, wie Fische in dunklem Wasser Hindernissen ausweichen können.

Fische orientieren sich in dunklem und trübem Wasser mit dem Seitenlinienorgan. An jeder Seite des Fischs verläuft ein Kanal. Kleine Röhrchen verbinden ihn mit der Außenwelt. Am Grund der Kanäle sitzen Gruppen von Sinneszellen. Strömungen im Wasser biegen sie zur Seite. Dabei entsteht ein Signal, das über einen Nerv zum Gehirn geleitet wird.

[4]

Material D

Leben im Fließgewässer

1 In einem Fließgewässer wurden die Fließgeschwindigkeit, die Temperatur und der Sauerstoffgehalt von der Quelle bis zur Mündung untersucht. → 5 6

a ▶ Nenne die Zonen mit der höchsten und niedrigsten Fließgeschwindigkeit. → 5

b ▶ Beschreibe den Zusammenhang zwischen der Temperatur und dem Sauerstoffgehalt des Wassers. → 6 Beginne beim Oberlauf.

c ▶ Ergänze damit die folgenden Zusammenhänge: Je niedriger die Fließgeschwindigkeit ist,
- desto ◇ ist die Wassertemperatur
- desto ◇ ist der Sauerstoffgehalt des Fließgewässers.

d ▶ Erkläre den Zusammenhang zwischen der Fließgeschwindigkeit und dem Sauerstoffgehalt.

2 Der Kaulbarsch und die Groppe sind zwei typische Fischarten in Fließgewässern. → 7 8

▶ Ordne die Fischarten anhand ihrer Lebensweise der Zone des Fließgewässers zu, in der sie leben. Begründe deine Zuordnung.

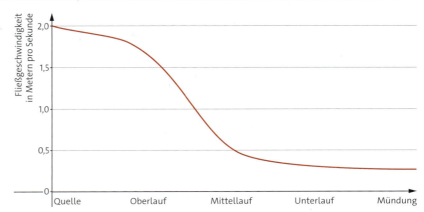

5 Die Fließgeschwindigkeit in verschiedenen Zonen des Gewässers

	Quelle	Oberlauf	Mittellauf	Unterlauf	Mündung
Wassertemperatur	8 °C	13 °C	17 °C	20 °C	22 °C
Sauerstoff pro Liter Wasser	12 mg	19 mg	8 mg	6 mg	5 mg

6 Die Wassertemperatur und der Sauerstoffgehalt des Fließgewässers

Der Kaulbarsch
Größe: bis 18 cm
Vorkommen: Fluss und Meer
Lebensweise: kann in Salzwasser und in Süßwasser leben, bevorzugt langsam fließende Gewässer, ernährt sich räuberisch von Kleinstlebewesen wie Flohkrebsen oder auch von Fischeiern

7

Die Groppe
Größe: bis 15 cm
Vorkommen: Bäche
Lebensweise: benötigt sauerstoffreiches Wasser, kalten und steinigen Untergrund, Beutefisch von Forellen, lebt räuberisch und frisst Kleinstlebewesen in Bodennähe, hat keine Schwimmblase

8

Wie warm ist das Wasser?

1 Frieren oder wohlfühlen?

Materialien zur Erarbeitung: A–B

Peter ist es bitterkalt. Merve hingegen findet das Wasser angenehm warm. Beide haben vorher geduscht.

Temperaturen fühlen • Wir nehmen Temperaturen über unsere Haut wahr. Besonders gut unterscheiden wir sie im Bereich unserer Körpertemperatur. Der Temperatursinn schützt uns vor Gefahren, weil er Temperaturschwankungen schnell wahrnimmt. Der Temperatursinn täuscht uns aber auch: Merves Haut ist kalt, weil sie vorher kalt geduscht hat. Sie findet das Wasser im Becken warm. →1 Peter hat dagegen warm geduscht. Er bibbert bei derselben Wassertemperatur.

Temperaturen messen • Wenn wir Temperaturen genau bestimmen wollen, messen wir sie mit Thermometern. Wir geben in Deutschland die Temperatur in Grad Celsius (°C) an. Unsere normale Körpertemperatur beträgt etwa 37 °C.

Flüssigkeitsthermometer • Beim Erwärmen dehnen sich Flüssigkeiten in der Regel aus, ihr Volumen nimmt zu. Deshalb steigt die Thermometerflüssigkeit im Glasrohr an, wenn die Temperatur zunimmt. →2 Bei Abkühlung zieht sich die Flüssigkeit wieder zusammen und sinkt im Rohr ab. An der Skala liest du die Temperatur ab. →3

2 Flüssigkeitsthermometer

- Auf Augenhöhe ablesen.
- Warten, bis die Anzeige stillsteht.
- Thermometerspitze ganz eintauchen.
- Beim Messen der Lufttemperatur muss das Thermometer trocken sein!

3 Regeln zur Temperaturmessung →⊡

254 Wasser zum Leben

Lexikon
Video
Tipps

rikufu

die **Temperatur**
der **Temperatursinn**
das **Thermometer**
das **Grad Celsius**

Das Thermometer kann nur in dem Temperaturbereich messen, der auf der Skala angezeigt wird. Man nennt ihn den Messbereich des Thermometers. Flüssigkeitsthermometer verwendet man als Luft- oder Badethermometer.

Bimetallthermometer • Ein Bimetall („Zwei-Metall") besteht aus zwei fest verbundenen Streifen aus verschiedenen Metallen. → 4 Das Bimetall ist mehr oder weniger gekrümmt – abhängig von der Temperatur. Im Bimetallthermometer klebt ein Zeiger am aufgewickelten Bimetall. → 5 Wenn sich das Bimetall biegt, bewegt er sich und zeigt die Temperatur an der Skala an. Man findet die robusten, aber nicht sehr genauen Bimetallthermometer am Fenster und im Kühlschrank.

Elektronisches Thermometer • Metalle leiten den elektrischen Strom – je nach Temperatur – unterschiedlich gut. Das elektronische Thermometer kann so die Temperatur im Messfühler aus Metall erkennen. → 6 Es ist weit verbreitet, weil es einfach zu bedienen ist und schnell misst. Man verwendet elektronische Thermometer zum Beispiel im Fachraum und für die Fiebermessung. Der Nachteil ist: Ohne Batterie funktionieren sie nicht. → 7

> Wir messen die Temperatur mit Thermometern. Die Temperatur wird in Grad Celsius (°C) angegeben. Ein Thermometer kann die Temperatur nur in seinem Messbereich messen.

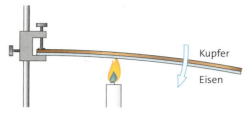

4 Der Bimetallstreifen

5 Das Bimetall im Thermometer

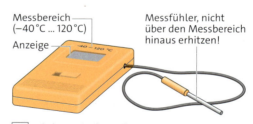

6 Elektronisches Thermometer

7 Elektronisches Fieberthermometer

Aufgaben

1 ▶ Nenne mehrere Thermometertypen. Gib ihre Verwendung an.

2 ▶ Erkläre, welchen Vorteil der Temperatursinn für uns hat.

3 ▶ Begründe, warum elektronische Thermometer weit verbreitet sind.

Wie warm ist das Wasser?

Material A

Temperatur empfinden

Materialliste: 3 Schüsseln mit kaltem, lauwarmem und warmem Wasser

1 Halte eine Hand 2 Minuten lang in warmes Wasser und die andere gleichzeitig in kaltes. → 1 Tauche dann beide Hände gemeinsam in das lauwarme Wasser. ⊠ Beschreibe, was du empfindest.

2 ⊠ Plane einen Versuch: Was muss die Versuchsperson tun, um das kalte Wasser als lauwarm zu empfinden?

1 kalt   lauwarm   warm

Material B

Wer trifft genau 37 °C?

Eine Wassertemperatur von 37 °C ist für Babys gerade richtig. Paula hat das Badewasser aus kaltem und heißem Wasser gemischt. Mit dem Ellenbogen prüft sie die Temperatur. → 2 Ist das genau genug?

Materialliste: 3 Bechergläser, heißes Wasser (ca. 50 °C), kaltes Wasser (ca. 18 °C), Thermometer

2

1 Mische in einem leeren Becherglas heißes und kaltes Wasser. Dein „Badewasser" soll am Ende 37 °C haben. Fühle ab und zu mit der Fingerspitze die Temperatur. Beachte, dass du nur einmal kaltes und heißes Wasser bekommst.

a Fahre fort, bis du nach deinem Gefühl 37 °C erreicht hast.
b ⊠ Miss nun die Temperatur mit dem Thermometer. Gib an, um wie viele Grad Celsius der Messwert von den „gefühlten" 37 °C abweicht.

2 Mische noch einmal Wasser von 37 °C – jetzt misst du aber laufend die Temperatur mit dem Thermometer.
⊠ Vergleiche die Vorgehensweisen mit und ohne Thermometer. Beschreibe ihre Vor- und Nachteile.

Material C

Temperaturen messen

Materialliste: Thermometer (am besten elektronisch)

1. ⌧ Welcher ist der wärmste und welcher der kälteste Ort des Schulgeländes?
   a Skizziert einen Plan des Geländes. Markiert einige Orte. Sie sollen über das ganze Gelände verteilt sein. Notiert eure Vermutungen, welcher der wärmste und welcher der kälteste Ort ist.
   b Überprüft mit dem Thermometer eure Vermutungen. Schreibt eure Messwerte in eine Tabelle. → 3

Ort	Temperatur
Sporthalle	20 °C
Pausenhof	8 °C

3 Beispieltabelle

2. ⌧ Stellt eure Ergebnisse in einem Diagramm dar. → 4 Es hilft, die Versuchsfrage schnell zu beantworten.

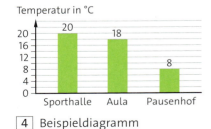

4 Beispieldiagramm

Material D

Steigendes Wasser

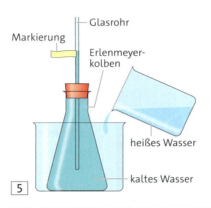

5

Materialliste: Erlenmeyerkolben, Stopfen, Glasrohr, Becherglas, heißes Wasser, Klebeband

1. ⌧ Fülle den Kolben ganz mit kaltem Wasser. → 5 Markiere den Wasserstand am Glasrohr. Gieße heißes Wasser in das Becherglas. Beobachte den Wasserstand im Glasrohr. Beschreibe und erkläre deine Beobachtung.

Material E

Unter null

Mit einer Kältemischung könnt ihr Temperaturen unter 0 °C erreichen. → 6
Hinweis: Rührt nicht mit dem Flüssigkeitsthermometer um! Es könnte zerbrechen.

Materialliste: Bimetallthermometer, Flüssigkeitsthermometer, elektronisches Thermometer, Kochsalz, Eis (zerstampft), Becherglas, Rührstab

1. Stellt euch vier Kältemischungen her:
   a 1 Teil Eis und 1 Teil Salz
   b 2 Teile Eis und 1 Teil Salz
   c 3 Teile Eis und 1 Teil Salz
   d Eis und Salz in eurem Mischungsverhältnis

2. ⌧ Es soll gemessen werden, welche Mischung die tiefste Temperatur erreicht.
   a Diskutiert in der Gruppe: Welches Thermometer eignet sich für diese Messung? Begründet eure Wahl.
   b Messt die Temperatur für jede Mischung.
   c Notiert die Messwerte in einer Tabelle. Führt Protokoll (siehe Folgeseiten).

Wie warm ist das Wasser?

Methode

Einen Versuch durchführen und protokollieren

1 Vorsicht: Noch zu heiß!

Versuche geben Antworten • Frisch aufgegossener Tee ist viel zu heiß zum Trinken – man würde sich den Mund verbrühen. → 1 Nach einiger Zeit kühlt der Tee auf eine angenehme Trinktemperatur von etwa 60 °C ab.
Wie lange dauert es genau, bis eine Tasse (100 ml) kochendes Wasser auf eine Temperatur von 60 °C abkühlt?
Am Anfang eines jeden Versuchs steht solch eine Frage. Sicher habt ihr Vermutungen, wie die Antwort lauten könnte. Ihr könnt sie durch eine Messung überprüfen.

Versuchsprotokoll • Das Protokoll hilft euch, über den Versuch zu sprechen. Ihr könnt so eure Ergebnisse mit denen eurer Mitschülerinnen und Mitschüler vergleichen sowie Gesetze der Natur erkennen.
Legt das Protokoll vor dem Versuch an. Notiert und zeichnet darin, was zu jedem einzelnen Schritt des Versuchs gehört.

1. Formuliert die Frage Was wollt ihr herausfinden? Schreibt es in euer Protokoll. → 2

2. Stellt Vermutungen an Sprecht in der Gruppe über eure Vermutungen und notiert sie.

3. Plant den Versuch Überlegt, wie ihr die Versuchsfrage beantworten wollt und welche Geräte ihr benötigt. Legt eine Materialliste an. Skizziert den Versuchsaufbau mit allen Geräten. → 2

4. Führt den Versuch durch Geht nach eurer Planung vor. Beschreibt im Protokoll, was ihr gemacht habt. Auch die Reihenfolge ist wichtig, damit der Versuch in gleicher Weise wiederholt werden kann.

5. Beobachtet und messt Haltet genau fest, was ihr gesehen, gehört, gerochen, gefühlt oder gemessen habt. Manchmal müsst ihr einen Versuch wiederholen. Stellt eure Ergebnisse übersichtlich dar, zum Beispiel in einer Tabelle. → 2
Gebt immer an, welche Größe ihr gemessen habt.
Beispiel: die Zeit und die Temperatur
Zu jedem Messwert gehört eine Einheit.
Beispiel: 30 Sekunden (30 s), 87 Grad Celsius (87 °C)

6. Wertet den Versuch aus Fasst eure Beobachtungen kurz zusammen. Denkt an eure Versuchsfrage zurück und beantwortet sie zum Schluss. Überprüft eure Vermutungen.

Aufgabe

1 ⊠ „Protokolle sollten in der Regel den gleichen Aufbau haben." Begründe die Aussage.

Tipps — tujize

das **Versuchsprotokoll**

Versuchsprotokoll Namen: Anton, Daniela, Kubilay Datum: 13.4.20XX

Fragestellung:
Wie lange dauert es, bis 100 ml kochendes Wasser auf eine Temperatur von 60 °C abgekühlt sind?

Vermutungen:
Anton vermutet, dass das Wasser nach 60 s auf 60 °C abgekühlt ist.
Daniela vermutet, dass es 120 s dauert.
Kubilay schätzt eine Zeit von 300 s.

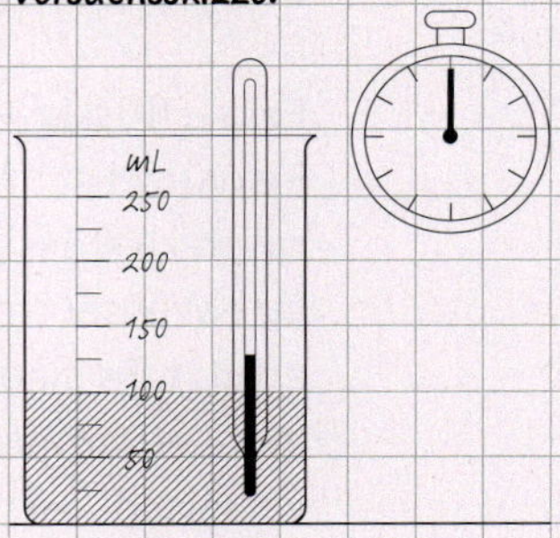

Planung:
Wir lassen kochendes Wasser abkühlen.
Dabei messen wir die Temperatur alle 30 s.
Materialliste: 100 ml kochendes Wasser, Becherglas, Stoppuhr, Thermometer (auf 1 °C genau)

Versuchsskizze:

Durchführung:
Wir gießen 100 ml kochendes Wasser in das Becherglas.
Wir messen die Temperatur sofort und dann jeweils im Abstand von 30 s, bis 60 °C erreicht sind.

Beobachtung:

Zeit in s	0	30	60	90	120	150	180	210	240	270	300	330	360
Temperatur in °C	96	87	80	77	75	73	70	68	66	64	63	61	60

Auswertung:
Nach 360 s wurde eine Temperatur von 60 °C gemessen.
Ergebnis: Es dauert 360 s, bis 100 ml kochendes Wasser im Becherglas auf eine Temperatur von 60 °C abgekühlt sind.
Kubilays Vermutung liegt dem Versuchsergebnis am nächsten.

2 Beispielprotokoll: Abkühlen von Wasser

Wasser – nicht immer flüssig

1 Das Eis schmilzt.

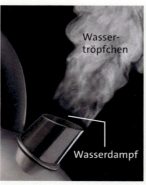

2 Wasser verdampft. Der Dampf kondensiert.

3 Das Wasser erstarrt zu Eis.

Dreimal Wasser, das seinen Zustand ändert – oder gleich ändern wird.

Fest – flüssig – gasförmig • Die festen Eiswürfel schmelzen in einem Glas Tee rasch zu flüssigem Wasser. → 1
Das Wasser im Teekessel wird stark erhitzt. Es siedet zu gasförmigem Wasserdampf, der sich mit der Luft vermischt. → 2 Der Wasserdampf ist unsichtbar. Erst wenn der Dampf abkühlt, wird das Wasser wieder flüssig. Dann können wir es sehen – als Tröpfchen an einem Topfdeckel oder in einer Wolke. → 2
Flüssiges Wasser kann an kalten Wintertagen zu festem Eis gefrieren. → 3

Zustandsänderungen • Die Zustände fest, flüssig und gasförmig heißen Aggregatzustände. Sie ändern sich bei Temperaturen, die für jeden Stoff typisch sind. Bei Wasser gilt: → 4
• Wasser ist unter 0 °C festes Eis.
• Wenn das Eis erwärmt wird, dann erreicht es bei 0 °C seine Schmelztemperatur. Es wird flüssig.
• Wenn man das flüssige Wasser weiter erwärmt, erreicht es seine Siedetemperatur von 100 °C. Das Wasser verdampft nun und wird gasförmig.
• Wenn der Wasserdampf abkühlt, dann wird er beim Erreichen der Siedetemperatur wieder flüssig. Man sagt: Der Wasserdampf kondensiert.
• Flüssiges Wasser erstarrt beim Abkühlen, wenn die Schmelztemperatur erreicht ist. Es wird zu festem Eis.

> Die Aggregatzustände von Stoffen sind fest, flüssig oder gasförmig. Beim Erwärmen oder Abkühlen können sich die Zustände ändern:
> • fest → flüssig: schmelzen
> • flüssig → gasförmig: verdampfen
> • gasförmig → flüssig: kondensieren
> • flüssig → fest: erstarren
> Die Schmelz- und Siedetemperatur sind Stoffeigenschaften.

4 Zustandsänderungen von Wasser

Aufgaben

1 ▶ Nenne die drei Aggregatzustände.

2 ▶ Nenne die Zustandsänderungen, die beim Erhitzen eines anfangs festen Stoffs auftreten.

togobi

Lexikon
Tipps

der **Aggregatzustand**
die **Zustandsänderung**
die **Schmelztemperatur**
die **Siedetemperatur**

Material A

Eiswasser erhitzen

Wenn ihr Eiswasser erhitzt, schmilzt das Eis und die Temperatur steigt. Aber wie hoch?

Achtung! • Siedendes Wasser: Verbrühungsgefahr! Beachtet die Sicherheitsvorkehrungen beim Umgang mit der Heizplatte (siehe Anhang)!

Materialliste: Heizplatte, Stativ, Becherglas (400 ml), Thermometer, Glasrührstab, Stoppuhr, Wasser, Eiswürfel

Zeit nach dem Einschalten in s	Wassertemperatur in °C	Beobachtungen
0	?	?
30	?	?
60	?	?

5 Beispieltabelle: Erhitzen von Eiswasser

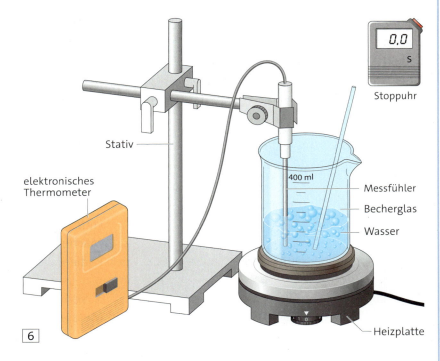

6

1 Legt eine Tabelle an für eure Messwerte und Beobachtungen. → 5

2 Gebt 5 Eiswürfel und 150 ml kaltes Wasser in das Becherglas und rührt gut um.

3 Stellt das Becherglas auf die Heizplatte. Spannt den Messfühler des Thermometers ein. Er soll ins Wasser ragen, aber nicht den Boden berühren. → 6

4 Messt die Temperatur und wartet, bis die Anzeige stillsteht. Tragt den Messwert in die Tabelle ein.
Schaltet die Heizplatte ein und startet die Stoppuhr.

5 Lest alle 30 Sekunden die Temperatur ab und tragt sie in eure Tabelle ein. Vergesst nicht, weiter umzurühren.

6 Irgendwann siedet das Wasser. Messt danach noch 2–3 Minuten weiter und tragt die Messwerte in die Tabelle ein.

7 Tabelle auswerten
a ▣ Lest aus eurer Tabelle ab, wie heiß das Wasser wird.
b ▣ Stieg die Temperatur gleichmäßig an? Beschreibt den Temperaturverlauf.
c ▣ Findet heraus, zu welchen Zeiten die Temperatur am wenigsten und zu welchen Zeiten sie am meisten anstieg.

Wasser – nicht immer flüssig

Methode

Ein Liniendiagramm zeichnen

Zeit nach dem Einschalten in s	0	30	60	90	120	150	180	210	240	270	300	330
Wassertemperatur in °C	0	3	6	22	35	48	60	71	85	97	100	100

1 Aufzeichnung der Messwerte

Wenn du Wasser erhitzt und dabei regelmäßig die Temperatur abliest, erhältst du ähnliche Messwerte wie in der Tabelle. → 1
So gehst du vor, um diese Messwerte in einem Liniendiagramm aufzuzeichnen: → 2

1. Zeichne die Achsen Zeichne mit Bleistift und Lineal die Achsen auf Kästchenpapier. Schreibe an jede Achse die Größe und die Einheit:
- senkrechte Achse: Temperatur in °C
- waagerechte Achse: Zeit in s

2. Trage die Messpunkte ein Suche zunächst einen Messwert auf der Zeitachse (zum Beispiel 120 s). Ziehe von dort eine dünne Hilfslinie nach oben.
Suche dann auf der Temperaturachse den zugehörigen Messwert (35 °C). Zeichne eine Hilfslinie waagerecht nach rechts.
Mache am Schnittpunkt der Linien ein Kreuz. Radiere die Hilfslinien am Ende wieder aus.

3. Verbinde die Messpunkte Verbinde die Messpunkte ohne Lineal mit einer Linie.

Aufgabe

1 ☒ Erstelle ein Liniendiagramm aus deiner Messwerttabelle von Material A auf Seite 261.
a Lies aus deinem Diagramm die Temperatur nach 45 s und nach 225 s ab.
b Lies aus deinem Diagramm ab, wann die Temperatur wenig oder gar nicht steigt.
c Beschreibe, was zu diesen Zeiten im Becherglas passiert.
d Nenne die Vorteile, die ein Diagramm gegenüber einer Tabelle bietet.

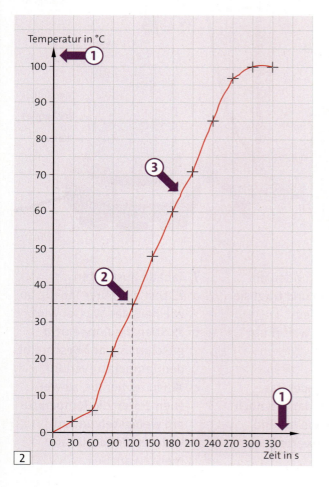

2

Erweitern und Vertiefen

Die Celsiusskala

Die ersten Thermometer • Im 17. Jahrhundert war Naturforschenden in Italien bekannt, dass sich Flüssigkeiten bei Erwärmung ausdehnen. Sie bauten die ersten Flüssigkeitsthermometer. Das waren oft kunstvolle Rohre aus Glas mit aufgeschmolzenen Glaskügelchen. Je wärmer es war, desto höher stieg die Flüssigkeit in den Rohren und desto höher lag das erreichte Kügelchen. Die Reihe der Kügelchen ähnelte einer Treppe. Das italienische Wort für Treppe ist *scala*. → 3
Der große Nachteil war, dass jedes Thermometer seine eigene Skala hatte. Auch die Durchmesser der Glasrohre unterschieden sich. Bei gleicher Temperatur lieferte deshalb jedes Thermometer einen anderen Messwert.

Die Fixpunkte • Der Schwede Anders Celsius (1701–1744) teilte seine Thermometerskala mithilfe von zwei besonderen Temperaturen ein:
• die Temperatur, bei der Eis zu Wasser schmilzt
• die Temperatur, bei der Wasser siedet
Die Schmelztemperatur von Eis und die Siedetemperatur von Wasser sind fast überall gut zu ermitteln. Weil sie feststehen, spricht man auch von Fixpunkten (lateinisch *fixus*: fest).
Nachdem Celsius die beiden Fixpunkte auf der Skala eingetragen hatte, teilte er den Abstand zwischen ihnen in 100 gleiche Teile. → 4 Mit den gleichen Abständen verlängerte er die Skala auch nach oben (101 °C, 102 °C, …) und nach unten (–1 °C, –2 °C, …).

> Wir geben Temperaturen mithilfe der Celsiusskala an. Die Schmelztemperatur von Eis ist als 0 °C festgelegt und die Siedetemperatur von Wasser als 100 °C.

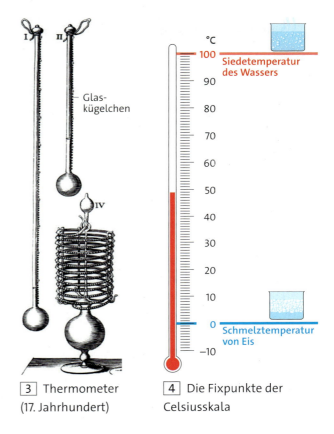

3 Thermometer (17. Jahrhundert)   4 Die Fixpunkte der Celsiusskala

Aufgaben

1 Die Celsiusskala
a ☒ Nenne die beiden Fixpunkte.
b ☒ Erkläre, warum sich diese beiden Punkte besonders gut zum Anlegen einer Skala eignen.

2 ☒ Unter welchen Bedingungen kann man die Skala von einem Thermometer abzeichnen und für ein anderes verwenden? Begründe deine Antwort.

Wasser unterwegs

1 Wohin „verschwindet" das Wasser?

Ein großer Baum verdunstet an einem Sommertag einige Hundert Liter Wasser (etwa zwei Regentonnen). → 3

3 Die Verdunstung an einem Sommertag

Das Wasser auf der Hand stammt aus der Wasserleitung und hat eine lange Reise hinter – und vor sich.

Wasserkreislauf • Das Wasser auf der Hand verdunstet rasch. Das heißt, es wird gasförmig und vermischt sich mit der Luft. Das geschieht auch weit unterhalb der Siedetemperatur. Überall verdunstet Wasser: aus Seen, Flüssen und Meeren, vom Erdboden oder aus Blättern von Pflanzen. → 2

Wenn feuchte Luft abkühlt, dann kondensiert der Wasserdampf zu feinen Tröpfchen oder gefriert sogar zu kleinen Eiskristallen. Die Tröpfchen bilden Nebel oder Wolken. Wenn sehr viele Tröpfchen in der Wolke zusammenfließen, dann werden die Tropfen so schwer, dass es beginnt zu regnen. Das Regenwasser fällt auf die Erde und gelangt über Bäche und Flüsse in die Meere oder über das Grundwasser zurück in die Wasserleitung. Der Kreislauf beginnt immer wieder von vorn.

| Verdunstung und Niederschlag halten den Wasserkreislauf in Gang.

2 Der Wasserkreislauf

Aufgabe

1 ✉ Angenommen, du hast gerade eine Pflanze mit Wasser aus einem Bach gegossen.
Beschreibe mithilfe von Bild 2 den Weg des Wassers von der Pflanze bis zur Quelle des Bachs. Gib jedes Mal an, wenn sich der Aggregatzustand des Wassers ändert.

Wasser zum Leben

Lexikon Tipps — nehova

der **Wasserkreislauf**
die **Verdunstung**

Material A

Ein Modell des Wasserkreislaufs bauen

Materialliste: großes Einmachglas, Erde, Sand, Kies, Kressesamen, Wasser, Frischhaltefolie, Gummiband

1 Lege saubere Kieselsteine auf den Glasboden, bis er bedeckt ist. → 4 Füge dann eine Schicht feuchten Sand und eine Schicht feuchte Blumenerde hinzu. Streue die Kressesamen auf die Erde. Verschließe das Glas mit Frischhaltefolie.

2 Beobachte die Vorgänge im Glas über einen Zeitraum von zwei Wochen. Notiere täglich deine Beobachtungen.

3 Erkläre, wieso das Glas als Modell für den Wasserkreislauf angesehen werden kann.

4 Nenne Unterschiede zwischen deinem Modell und der echten Erde. → 2

5 Stelle die Vorgänge im Glas schematisch dar.

4 Modell des Wasserkreislaufs

Material B

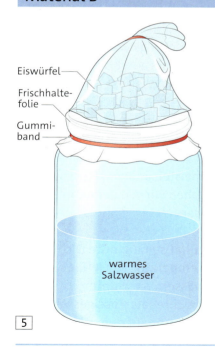

Wasser schlägt sich nieder

Materialliste: großes Einmachglas, warmes Wasser, Teelöffel Salz, Kunststoffbeutel mit Eiswürfeln, Frischhaltefolie, Gummiband

1 Fülle das Glas halb voll mit warmem Wasser. Mische das Salz hinein. Verschließe das Glas mit der Frischhaltefolie und dem Gummiband. Lege die Eiswürfel auf die Folie. → 5 Stelle das Glas an einen warmen Ort und warte ab.

a Beschreibe deine Beobachtungen. Probiere die Wassertropfen, die sich unter der Folie bilden.
b Erkläre deine Beobachtungen.
c Wo spielt deine Beobachtung eine Rolle in Bild 2? Begründe deine Antwort.

2 Ein ähnlicher Aufbau wird an Küsten des Mittelmeers genutzt, um Trinkwasser zu gewinnen. → Seite 239
a Beschreibe das Verfahren.
b Vergleiche mit dem Aufbau von Bild 5.

Wie überleben Fische unter dem Eis?

1 Ein Fisch unter dem Eis

Materialien zur Erarbeitung: A–B

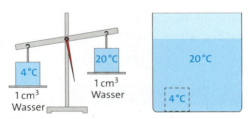

2 Wasser wird beim Abkühlen schwerer.

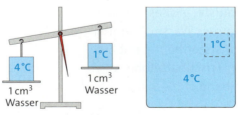

3 Bei 4 °C ist Wasser am schwersten.

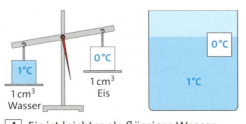

4 Eis ist leichter als flüssiges Wasser.

Wie überleben die Fische im zugefrorenen See? Wieso schwimmt das feste Eis oben auf dem flüssigen Wasser?

Wassertemperaturen im See • Wer im Sommer in einem tiefen See taucht, stellt fest: Das Wasser wird nach unten hin kälter. Im Winter dagegen wird es unter dem Eis nach unten hin etwas wärmer. Woran liegt das?

Wasser – eine besondere Flüssigkeit • Du weißt bereits, dass sich Flüssigkeiten beim Abkühlen zusammenziehen. Auch Wasser zieht sich zusammen, wenn es von 20 °C auf 4 °C abgekühlt wird. Dabei wird es schwerer, seine Dichte nimmt zu. In Gewässern sinkt es nach unten. → 2 Wenn die Temperatur aber unter 4 °C fällt, dann dehnt sich das Wasser wieder aus – anders als andere Flüssigkeiten. → 🎞 Es wird leichter, seine Dichte nimmt ab. In Gewässern steigt es auf. → 3 Bei 0 °C gefriert das Wasser zu Eis und dehnt sich dabei aus. Eis ist leichter als flüssiges Wasser, es schwimmt oben. → 4 → 🎞 Die meisten anderen Flüssigkeiten ziehen sich dagegen beim Erstarren zusammen. Weil sich Wasser nicht normal verhält wie die meisten anderen Flüssigkeiten, sprechen wir von der Anomalie des Wassers.

> Wasser hat seine größte Dichte bei einer Temperatur von 4 °C. Es sinkt in Gewässern nach unten.
> Eis ist leichter als flüssiges Wasser. Eis schwimmt auf dem Wasser.

die **Anomalie des Wassers**

See im Sommer • Die warme Luft und die Sonneneinstrahlung erwärmen das Wasser an der Oberfläche des Sees. Beim Erwärmen dehnt es sich aus und wird damit leichter. Das warme Wasser bleibt an der Oberfläche, kälteres Wasser liegt am Grund des Sees. → 5

See im Winter • Im Winter kühlt sich das Wasser an der Oberfläche des Sees ab. Dabei zieht es sich zusammen, es wird schwerer. Bei 4 °C ist Wasser am schwersten. Es sinkt im See nach ganz unten. Wenn das Wasser an der Oberfläche unter 4 °C abkühlt, wird es wieder leichter und sinkt deshalb nicht ab. Die Wassertemperatur nimmt so lange an der Oberfläche ab, bis das Wasser zu Eis erstarrt. Unten im See ist es dann mit 4 °C am wärmsten. → 6

Folgen für Natur und Technik • Wenn Gewässer tief genug sind, frieren sie im Winter nicht bis ganz unten zu. Dann befindet sich unter der Eisschicht flüssiges Wasser. Das ist sehr wichtig für Fische und Wasserpflanzen. Sie können so in der kalten Jahreszeit überleben. Dass sich Wasser beim Gefrieren ausdehnt und leichter wird, hat noch mehr Folgen:
- Eisberge schwimmen auf dem Wasser. → 7
- Wasser in Felsritzen und Feldspalten gefriert im Winter. Dabei dehnt es sich aus und „sprengt" so Stücke aus dem Fels. Auch Schlaglöcher im Straßenbelag entstehen so.
- Rohre platzen im Winter, wenn das Wasser darin gefriert.

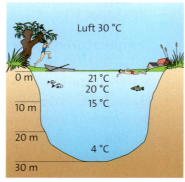
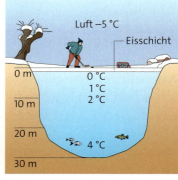

5 Der See im Sommer →   6 Der See im Winter →

7 Ein Eisberg

Aufgaben

1 Beschreibe die Temperaturen des Wassers in einem See im Sommer und im Winter. → 5 6

2 „Das besondere Verhalten von Wasser hat für die Tiere in einem See große Bedeutung." Erläutere diese Aussage.

3 Erkläre, warum ein Eisberg auf dem Wasser schwimmt. → 7

Wie überleben Fische unter dem Eis?

Material A

Wenn Wasser gefriert ...

Materialliste: Kühlschrank mit Gefrierfach, kleines Schraubglas mit Deckel, Plastiktüte

Achtung! • Führe den Versuch nur mit deinen Eltern oder einer Lehrkraft durch.

1 So gehst du vor:
a Fülle das Glas randvoll mit Wasser. Schraube es zu. Vermeide dabei Luftblasen.
b Hülle das Glas in die Plastiktüte und stelle es kalt.
c Am nächsten Tag ist das Wasser nicht nur gefroren, sondern ◇.
☒ Vervollständige den Satz.

Material B

Temperaturen unter Eis

Materialliste: Hartschaumplatte, Stativmaterial, großes Becherglas, 3 Thermometer, Eis, Wasser

1 Sieh dir erst einmal das Bild an. → [1]
☒ Vermute, in welcher Wassertiefe man die höchste Wassertemperatur misst und wo die niedrigste. Notiere deine Vermutungen.

2 Baue den Versuch jetzt auf.
☒ Lies nach ein paar Minuten die Temperaturen an den Thermometern ab und notiere sie.

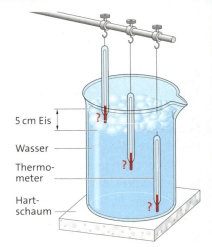

[1] Wassertemperatur unter Eis

3 ☒ Vergleiche die Ergebnisse mit deinen Vermutungen von Versuchsteil 1.

Material C

Die Volumenänderung beim Erstarren

Materialliste: Becherglas mit „Kältemischung" aus 300 g Eis und 100 g Salz, Reagenzglas, Wasser, wasserfester Filzstift

1 So gehst du vor:
a Fülle das Reagenzglas zur Hälfte mit Wasser. Markiere den Wasserstand. → [2]
b Stelle das Reagenzglas in die Kältemischung.

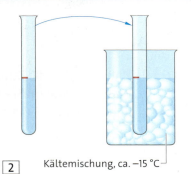

[2] Kältemischung, ca. −15 °C

c Warte 15 Minuten und beobachte den Wasserstand.

2 ☒ Erkläre das Ergebnis.

Material D

Wachs schmelzen (Demoversuch) → 📷

Materialliste: Reagenzglas mit Wachs, Gasbrenner, Reagenzglasklammer, Schutzbrille

1 Das Reagenzglas enthält flüssiges Wachs. Eine Kugel festes Wachs wird zugefügt.

2 ☒ Vergleicht das Verhalten der Wachskugel mit dem Verhalten von Eis in Wasser.

Erweitern und Vertiefen

Eisberge – schwimmende Riesen

3 Eisabbruch in Island

Schwimmende Berge • Eisberge sind riesige Brocken aus gefrorenem Süßwasser. Sie werden z. B. von Gletschern auf Island, Grönland oder der Antarktis „geboren", wenn dort Eisbrocken abbrechen und ins Meer stürzen. → 3
Eisberge schwimmen, weil gefrorenes Wasser eine geringere Dichte hat als flüssiges Wasser. Außerdem ist im Eis Luft eingeschlossen. Große Eisberge „überleben" bis zu 30 Jahre.

Gefahr für die Schifffahrt • Nur etwa ein Siebtel eines Eisbergs ragt aus dem Meer. → 4
Der Rest liegt unsichtbar unter Wasser. Er hat einen viel größeren Umfang als der sichtbare Teil. Eisberge sind daher für die Schifffahrt sehr gefährlich. Schiffe müssen einen großen Sicherheitsabstand einhalten.
Das bekannteste Schiffsunglück mit einem Eisberg war der Untergang der Titanic im April 1912.

Anstieg der Meeresspiegel • Die „Geburt" von Eisbergen trägt zum Anstieg der Meeresspiegel bei. Wenn sehr viel Eis vom Festland ins Meer gelangt, dann wächst die Gefahr von Überschwemmungen in Küstengebieten.

4 Ein Eisberg in der Antarktis

Aufgaben

1 Beschreibe, wie Eisberge entstehen. Gib an, woraus sie bestehen.

2 Vermute, was mit dem Sprichwort gemeint ist: „Das ist nur die Spitze des Eisbergs."

Wasser zum Leben

Zusammenfassung

Ohne Wasser kein Leben • Wasser ist lebensnotwendig. Es dient im menschlichen Körper als Lösungsmittel zum Beispiel für Mineralstoffe und Zucker. Unser Körper besteht zu etwa zwei Dritteln aus Wasser. → 1 Wir müssen täglich etwa 3 Liter Wasser zu uns nehmen. Wir verbrauchen Wasser nicht nur bewusst, sondern auch in Form von virtuellem Wasser. Unser gesamter „Wasserfußabdruck" beträgt mehr als 7000 Liter Wasser täglich.

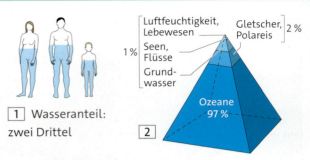

1 Wasseranteil: zwei Drittel

2 Nur 3 % des Wassers auf der Erde sind trinkbares Süßwasser. → 2

Unser Wasser – meist ein Gemisch • Bei den Gemischen von Wasser mit weiteren Stoffen unterscheiden wir Suspensionen (Beispiel: Schlamm), Lösungen (Salzwasser) und Emulsionen (Milch). Die gemischten Stoffe lassen sich mithilfe verschiedener Verfahren trennen. → 3 – 5

3 Das Sedimentieren und Dekantieren

4 Das Filtrieren

5 Das Eindampfen

Aufbereitung von Abwasser • Die Kläranlagen reinigen unser Abwasser in drei Klärstufen. → 6

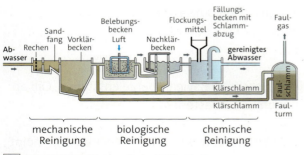

6 Eine Kläranlage mit drei Klärstufen

So atmen Fische unter Wasser • Fische nehmen über die Kiemen Sauerstoff aus dem Wasser ins Blut auf und geben Kohlenstoffdioxid aus dem Blut ins Wasser ab. → 7

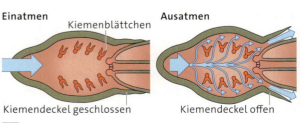

7 Die Atmung bei Fischen

Schwimmen, Schweben oder Sinken? • Das Volumen gibt an, wie viel Raum ein Gegenstand einnimmt. Die Masse gibt an, wie viel ein Gegenstand wiegt. Von der Dichte hängt es ab, ob ein Gegenstand auf dem Wasser schwimmt. → 8

Die Dichte des Gegenstands ...	Der Gegenstand ...
... ist kleiner als die Dichte des Wassers.	... steigt auf, bis er schwimmt.
... ist gleich der Dichte des Wassers.	... schwebt.
... ist größer als die Dichte des Wassers.	... sinkt bis zum Boden.

8

Fische – Bewegung im Wasser • Fische sind meist stromlinienförmig gebaut. Mithilfe ihrer Flossen und der Schwimmblase im Körperinneren schwimmen und schweben sie im Wasser. → 9

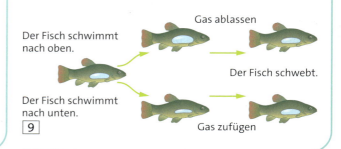

9

Wie warm ist das Wasser? • Wir messen die Temperatur mit Thermometern. Die Temperatur wird in Grad Celsius (°C) angegeben. → 10

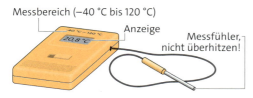

10 Elektronisches Thermometer

Wasser – nicht immer flüssig • Stoffe können fest, flüssig oder gasförmig sein. Beim Erwärmen oder Abkühlen können sich die Aggregatzustände ändern. → 11 Die Schmelztemperatur von Wasser ist 0 °C, die Siedetemperatur 100 °C.

11 Die Zustandsänderungen von Wasser

Wasser unterwegs • Verdunstung und Niederschlag halten den Wasserkreislauf in Gang. → 12

12 Der Wasserkreislauf

So überleben Fische unter dem Eis • Eis ist leichter als flüssiges Wasser und schwimmt auf dem Wasser. → 13 Wasser hat seine größte Dichte bei 4 °C und sinkt in Gewässern nach unten. Dort können Fische überleben.

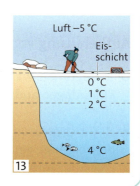

13

Wasser zum Leben

Teste dich! (Lösungen auf Seite 380)

Ohne Wasser kein Leben

1. Ein Mensch wiegt 60 Kilogramm. Gib an, wie viel Kilogramm Wasser er enthält.

2. „Ohne Wasser kein Leben." Erläutere die Rolle, die Wasser in unserem Leben spielt. Gehe dabei auf die Verwendung, unseren Wasserbedarf und die Funktionen im menschlichen Körper ein.

3. Bei Naturkatastrophen kümmern sich die Hilfsorganisationen ganz rasch um die Versorgung mit Trinkwasser. Begründe ihr Vorgehen.

Unser Wasser – meist ein Gemisch

4. Das Wasser an einem flachen Strand der Nordsee ist ein Stoffgemisch.
   a. Gib drei Stoffe in diesem Wasser an.
   b. „Das Wasser vom Strand ist eine Suspension und eine Lösung." Begründe diesen Satz.
   c. Beschreibe zwei Verfahren, mit denen man die Stoffe voneinander trennen kann.

Wasser ist wertvoll

5. „In einer Jeans stecken 11 000 Liter Wasser." Erkläre diese ungewöhnliche Aussage.

Aufbereitung von Abwasser

6. Begründe, warum unser Trinkwasser in Kläranlagen aufbereitet werden muss.

7. Gib jeweils an, zu welcher Reinigungsstufe die Vorgänge gehören:
   a. Flockungsmittel binden Problemstoffe.
   b. Im Sandfang setzt sich Sand ab.
   c. Mikroorganismen zersetzen pflanzliche und tierische Verunreinigungen.

So atmen Fische unter Wasser

8. Fische atmen mit besonderen Organen. Beschreibe mithilfe von Bild 1, wie die Atmung der Fische vor sich geht.

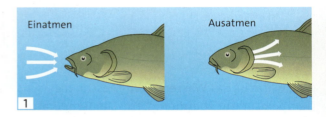

9. In kalten Meeresströmungen leben oft mehr Fische als in warmen Meeresströmungen. Erkläre den Unterschied.

Schwimmen, Schweben oder Sinken?

10. Übersetze die folgenden Sätze in die Fachsprache:
    a. Der Hund hat ein Gewicht von 16 Kilo.
    b. Die Mülltonne ist 120 Liter groß.

11. Ein Eisenschiff schwimmt, ein gleich schwerer Eisenwürfel würde untergehen. Erkläre den Unterschied.

Fische – Bewegung im Wasser

12. Fische bewegen sich im Wasser.
    a. Nenne die Körperteile, mit deren Hilfe sich Fische im Wasser vorwärts bewegen, aufsteigen, absinken und schweben können.

b ✉ Gib die Bedingung dafür an, dass ein Fisch im Wasser schweben kann. Verwende dazu einen der folgenden Begriffe: Masse, Volumen, Dichte, Temperatur.

c ✉ Beschreibe, wie ein Fisch im Wasser aufsteigen und dann auf einer Höhe schweben kann.

Wie warm ist das Wasser?

13 ✉ Nenne die besondere Bedeutung der Temperaturen 0 °C, 37 °C, 100 °C.

14 ✉ Begründe, warum sich das Thermometer nicht eignet, um Fieber zu messen. → 2

15 ✉ Skizziere ein Flüssigkeitsthermometer. Beschreibe und begründe, wie es funktioniert.

Wasser – nicht immer flüssig

16 ✉ Nenne die drei Aggregatzustände. Wähle aus den folgenden Begriffen aus: heiß, elastisch, fest, flüssig, unsichtbar, kalt, gasförmig, leicht.

17 ✉ Beschreibe mit Fachbegriffen:
a Das Wasser für den Tee kocht.
b Das Wasser in einer Pfütze gefriert.
c Der Topfdeckel wird beim Kochen innen nass.
d Eiszapfen „verschwinden".
e Schokolade liegt in der Sonne und wird weich.
f Heißes Kerzenwachs wird fest, nachdem die Flamme erloschen ist.

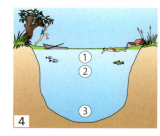
2

Wasser unterwegs

18 ✉ Skizziere den Wasserkreislauf der Erde. Gib in der Skizze die Aggregatzustände und Zustandsänderungen des Wassers an.

19 ✉ Beschreibe den Wasserkreislauf der Erde und begründe, warum er für uns lebenswichtig ist. Nutze dabei diese Begriffe: verdunsten, kondensieren, Tröpfchen, Bäche, Regen, Wolken, Flüsse, Meer, Grundwasser.

So überleben Fische unter dem Eis

20 ✉ Erkläre, warum die Eiswürfel im Wasser immer oben schwimmen. → 3

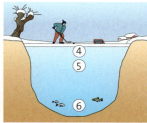
3

21 Ordne den Zahlen in den Bildern die Wassertemperaturen zu: → 4
a ✉ See im Sommer: 4 °C, 15 °C, 22 °C
b ✉ See im Winter: 0 °C, 3 °C, 4 °C
c ✉ Erkläre die Reihenfolge der Wassertemperaturen im See für den Sommer und den Winter.
d ✉ „Die Anomalie des Wassers hilft den Fischen, im Winter zu überleben." Begründe diese Aussage. Erkläre den Begriff Anomalie.

4

Energie effizient nutzen!

Wer viel schaffen will, braucht viel Energie. Was ist das eigentlich – die Energie?

Gute Stimmung am Lagerfeuer! Es ist aber gar nicht so leicht, das Feuer zu entzünden.

Das Rotkehlchen plustert sich im Winter zu einem Federbällchen auf. Wie hilft ihm das im Kampf gegen die Kälte?

Energie treibt alles an

1 Die Sonne – die Grundlage des Lebens

Unsere wichtigste Energiequelle ist die Sonne. Ihre Strahlung bringt Wärme und Licht zur Erde, die wir nutzen.

Strahlung von der Sonne • Grüne Pflanzen fangen Sonnenstrahlung auf und produzieren bei der Fotosynthese den Nährstoff Traubenzucker. Wir nehmen Traubenzucker und andere Nährstoffe mit der Nahrung auf. So können wir unsere Körpertemperatur bei 37 °C halten und uns mithilfe unserer Muskeln bewegen.
Das wird möglich gemacht durch etwas, das mit der Strahlung über die Nährstoffe in unseren Körper gelangt. Dieses „Etwas" nennen wir Energie.

Energieformen • In den Nährstoffen kommt Energie als chemische Energie vor. Die Sonnenstrahlung transportiert Strahlungsenergie. Die Energie von der Sonne lässt auch die Temperaturen in der Luft sowie in Seen und Meeren steigen. Energie liegt hier als thermische Energie (Wärme) vor. Energie in Form von Bewegungsenergie „steckt"
im Wind. Windräder liefern elektrische Energie. Ein Kran hebt Lasten hoch. Die hohe Last hat dann mehr Lageenergie.

> Energie ist notwendig, damit etwas wächst, erwärmt, bewegt oder beleuchtet wird. → 🔲 Energie tritt in verschiedenen Formen auf:
> • chemische Energie
> • Strahlungsenergie
> • thermische Energie (Wärme)
> • Bewegungsenergie
> • elektrische Energie
> • Lageenergie

Energieumwandlungen • Energiewandler nehmen Energie in einer Form auf und geben sie in einer anderen Form wieder ab. → 🔲 Bei jeder Energieumwandlung wird ein Teil der Energie in thermische Energie umgewandelt, die wir nicht nutzen können. Bei den Energieumwandlungen geht aber insgesamt niemals Energie verloren. Pflanzen sind Energiewandler. Sie wandeln die Strahlungsenergie der Sonne in chemische Energie um. Auch

foyati

Lexikon
Videos
Tipps

die **Energie**
die **Energieformen**
der **Energiewandler**
die **Energieumwandlung**
der **Energiespeicher**

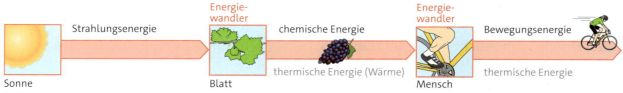

2 Energiekette: die Energieumwandlungen im grünen Blatt und im Muskel (grau: ungenutzte Energie)

3 Energiekette: die Energieumwandlungen in der Solarzelle und im Elektromotor (grau: ungenutzte Energie)

Menschen sind Energiewandler. Wir wandeln die chemische Energie der Nahrung in thermische Energie und Bewegungsenergie um. → 2 Eine
55 Solarzelle ist ein Energiewandler, der Strahlungsenergie in elektrische Energie umwandelt. Die elektrische Energie kann vom Elektromotor in Bewegungsenergie umgewandelt werden. → 3

> Energie bleibt immer Energie.
> Energiewandler nehmen Energie in einer Form auf und geben sie in einer anderen Form ab.
> Energie geht nicht verloren. → ▣

65 **Energieketten** • Eine Folge von Energieumwandlungen zeichnen wir als Energiekette. → 2 3 Die Kästen stehen für Energiewandler und die Pfeile für Energie in der jeweiligen Form.

70 **Energiespeicher** • Energie wird in verschiedener Weise gespeichert: → 4
• Pflanzen speichern chemische Energie. Sie steht uns auch noch in abgestorbenen Pflanzen zur Verfügung.

75 • In einem Stausee ist Energie in Form von Lageenergie gespeichert.
• In einer Thermosflasche wird thermische Energie gespeichert.
• Elektrische Energie kann in speziellen
80 Bauteilen gespeichert werden, den Kondensatoren.
Gespeicherte Energie kann wieder freigesetzt und genutzt werden. → ▣

| Energie kann gespeichert werden.

4 Energiespeicher

Aufgaben

1 ▣ Nenne drei Energieformen. Gib an, wo sie dir im Alltag begegnen. → ▣

2 Du kannst Wasser auf dem Feuer oder im Elektrokocher erwärmen.
a ▣ Beschreibe, welche Energieformen genutzt werden.
b ▣ Zeichne jeweils eine Energiekette.

3 ▣ Nenne zwei Energiespeicher und die jeweils in ihnen gespeicherte Energieform.

Energie treibt alles an

Material A

Feuer durch Sonnenlicht

Materialliste: große, starke Lupe, Streichhölzer, Knete, feuerfeste Unterlage

1 Halte die Lupe so ins Sonnenlicht, dass ein kleiner, heller Lichtfleck auf die Streichholzkuppen fällt. → 4 Warte ein wenig … ▶ Beschreibe, was du beobachtest. → 1

2 ▶ Nenne die Energieform, die für das Entzünden der Streichhölzer sorgt.

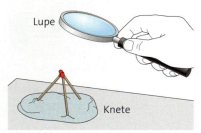

1 Das Brennglas im Einsatz

Material B

Solarantrieb

Materialliste: Solarzelle, Kabel, Solarmotor

1 Treibe mit der Solarzelle einen Solarmotor an. → 2 ▶ Beschreibe, wie du vorgehen musst, damit der Motor besonders schnell läuft.

2 ▶ Beschreibe, welche Energieumwandlungen stattfinden.

2 Ein Modellauto

Material C

Chemischer Antrieb

Materialliste: Filmdose, Brausetablette, Wasser, Auffangbecken oder Backblech

1 Fülle die Dose zu einem Viertel mit Wasser. → 3 Lege die Brausetablette hinein. Schließe dann schnell den Deckel und stelle die Dose kopfüber in das Becken.
a ▶ Beschreibe deine Beobachtung.
b ▶ Zeichne die Energiekette und beschrifte sie.

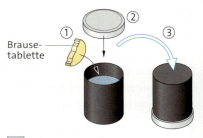

3 Die Brauserakete

Material D

Solarkocher

In Bild 4 siehst du einen Solarkocher. In sonnigen Ländern können Menschen damit die Energie der Sonne zum Kochen nutzen.

1 ▶ Nenne die Energieform, die beim Solarkocher genutzt wird.

2 ▶ Begründe, weshalb die Verwendung eines Solarkochers einen Beitrag zum Klimaschutz darstellt.

4 Der Solarkocher

Energie effizient nutzen!

Material E

|5|–|10| Energiespeicher im Alltag

Energiespeicher

Energie kann auf viele verschiedene Arten gespeichert werden. Die Fotos zeigen 6 Beispiele. →|5|–|10|

1. Gib zu jedem Bild an, in welcher Form hier Energie gespeichert wird. →|5|–|10|

2. Beschreibe zu jedem Bild, wie die gespeicherte Energie wieder genutzt werden kann. →|5|–|10|

3. Lege eine Mindmap an. →|11|

|11| Beginn einer Mindmap

Trage dort die verschiedenen Energieformen und die Beispiele von den Bildern ein. →|5|–|10|

4. Gib mindestens drei Möglichkeiten an, Energie in einem Auto mit Verbrennungsmotor zu speichern. *Tipp:* Die Autos nutzen schon einen Energiespeicher, um den Motor starten zu können.

Energie für dich

1 Die Bananen liefern schnell Energie.

Material zur Erarbeitung: A

Beim Marathonlauf braucht der Körper Verpflegung. Und nach einem langen Schultag fühlst du dich schlapp und bist hungrig.
Warum ist das so?
Woher bekommst du neue Energie?

Energiebedarf • Ob du Fahrrad fährst, Basketball spielst oder eine Mathematikaufgabe löst: Dein Körper braucht Energie. Körperlich aktive Menschen setzen viel Energie um. Wer viel sitzt und nur wenig Sport treibt, braucht dagegen weniger Energie. Der Energiebedarf hängt jedoch nicht nur von der Lebensweise eines Menschen ab. Auch Alter, Geschlecht und Körpergewicht spielen eine große Rolle. So erfordert das Wachstum in Kindheit und Jugend sehr viel Energie. Dein Körper benötigt immer Energie. Auch wenn du schläfst, muss er den Herzschlag, die Atmung, die Gehirntätigkeit und die Körpertemperatur aufrechterhalten.

Nahrung enthält Energie • Du führst deinem Körper chemische Energie mit der Nahrung zu. Der Körper nutzt die zugeführte Energie für verschiedene Tätigkeiten. Wenn du mit dem Fahrrad fährst, wandeln deine Muskeln die chemische Energie in Bewegungsenergie und Wärme um. → 2

Energiespeicher • Wenn du zu viel isst, erhält dein Körper mehr Energie, als er benötigt. Dann nimmst du zu. Überschüssige Energie wird im Körper in Form von Fett gespeichert.

> Unser Körper nimmt mit der Nahrung chemische Energie auf. Er wandelt sie nach Bedarf in andere Energieformen um.

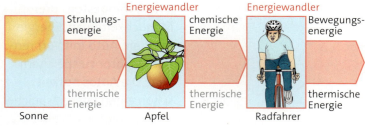

2 Die Form der Energie wird umgewandelt. →

Aufgaben

1 Gib an, wovon der Energiebedarf eines Menschen abhängt.

2 Im Gegensatz zu einer Maschine oder einem Auto benötigt dein Körper rund um die Uhr Energie. Erläutere die Gründe für diesen Energiebedarf.

der **Energiebedarf**

Material A

Alles Banane!

1 ▣ Stelle die Tabellen als Balkendiagramme dar. → 3 4
a Lies ab, welche drei Bewegungen am meisten Energie brauchen.
b Lies die drei Nahrungsmittel ab, in denen am wenigsten Energie steckt.

2 ▣ Berechne, wie viele Bananen man für 5 Stunden Joggen essen müsste. → 3

3 ▣ Paul hat einen kleinen Apfel gegessen. Er sagt: „Ich fahre mit dem Rad 10 Minuten zur Schule – da verbrauche ich die Energie wieder." Rechne nach, ob Paul recht hat. → 3 4

Bewegung	Energie für 1 Stunde Bewegung in:
Radfahren (gemütlich)	3,0 Bananen
Skilanglauf	9,5 Bananen
Stehen	0,3 Bananen
Joggen	6,5 Bananen
Fußballspielen	7,5 Bananen
Sitzen	0,2 Bananen
Tennisspielen	4,0 Bananen
Bergsteigen	12,0 Bananen
Schwimmen	4,5 Bananen
Gymnastik	3,0 Bananen
Spazierengehen	1,0 Bananen

3 Energie für verschiedene Bewegungen

Nahrungsmittel	Genauso viel Energie wie in:
Müsliriegel	1,0 Bananen
Hamburger	2,5 Bananen
kleiner Apfel (100 Gramm)	0,5 Bananen
Chips (100 Gramm)	5,5 Bananen
Softeis (100 Gramm)	1,5 Bananen
Schokolade (100 Gramm)	6,0 Bananen
Joghurt (150 Gramm, natur)	1,0 Bananen
Pommes frites (100 Gramm)	3,0 Bananen
Vollmilch (1 Glas)	1,5 Bananen
Currywurst	6,0 Bananen
Cola (1 Glas)	1,5 Bananen

4 Energie in verschiedenen Nahrungsmitteln

Material B

Die Verteilung deines Energiebedarfs

1 Betrachte das Säulendiagramm. → 5
▣ Lies ab, in welchen drei Organen deines Körpers die meiste Energie im Ruhezustand umgewandelt wird.

2 Lisa wacht morgens auf und hat Hunger, obwohl sie sich nachts kaum bewegt hat.
▣ Erkläre ihren Hunger.

3 ▣ Begründe, dass sich bei körperlicher Tätigkeit und bei niedrigen Außentemperaturen der Energiebedarf erhöht.

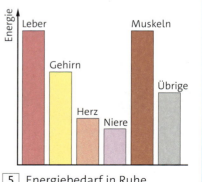

5 Energiebedarf in Ruhe

Brennstoffe aus Pflanzen

1 Biogasanlage im Comic und ...

2 ... in der Landwirtschaft

Pflanzen dienen uns nicht nur als Nahrung, sondern auch um Brennstoffe herzustellen.

Holzpellets • Sie werden aus Sägespänen und Holzresten gepresst. Heizungen mit Pellets gelten als umweltschonende Alternative zum Heizen mit Erdöl und Erdgas. → 3 Holz wächst immer wieder nach.

3 Holzpellets

Biogas • Wenn Pflanzen- oder Tierreste ohne Luftzufuhr verrotten, entsteht Biogas. In Biogasanlagen wird es in großen Mengen hergestellt. → 2

Biotreibstoffe • Aus Raps, Mais und Zuckerrüben lassen sich Treibstoffe (Biodiesel, Bioethanol) für Motoren gewinnen. → 4 Damit spart man kostbares Erdöl. Die Pflanzen können immer wieder neu angebaut werden und dabei Kohlenstoffdioxid aus der Luft binden. Sie brauchen aber viel Dünger und Pflanzenschutzmittel. Wo Treibstoffe „wachsen", können nicht zeitgleich Nahrungspflanzen wachsen.

> Beim Verbrennen von Holz, Biogas und Biotreibstoffen wird chemische Energie in thermische Energie umgewandelt. Damit kann man zum Beispiel heizen, Motoren antreiben oder elektrische Energie erzeugen.

Aufgaben

1. ☒ Beschreibe und zeichne die Energiekette beim Verbrennen von Holz in einem Ofen.

2. ☒ Nenne Pflanzen, aus denen Biotreibstoffe gewonnen werden.

3. ☒ Viele Landwirtinnen und Landwirte bauen lieber Raps und Mais für Biotreibstoffe an als Getreide für die Ernährung. Nimm Stellung dazu.

chemische Energie → **Energiewandler** Verbrennungsmotor → Bewegungsenergie, thermische Energie

4 Vom Biodiesel zur Bewegungsenergie →

Energie effizient nutzen!

vinaxo

Lexikon
Video
Tipps

der **Brennstoff**
das **Biogas**
die **Biotreibstoffe**

Material A

Biogas (Demoversuch)

Materialliste: Gasflasche (2 bis 3 l), Gummistopfen mit Loch, Glasrohr, Glasröhrchen mit Düse, 2 Gummischläuche, U-Rohr, Glasbecken mit Wasser, Glastrichter, Stahlwolle, Schlauchklemme, Stativ mit Universalklemmen, 1,5–2 l Panseninhalt (oder frischer Rinderdung); Schutzbrille

Tipps: Gummi-Glas-Verbindungen mit einem Tropfen Glycerin gleitend machen. Biogasreaktor in warmes Wasser stellen; mit einer Aquarienheizung auf 30 °C halten.

1 Aufbau (Lehrkraft) → 5
a Gasspeicher: Die Schlauchklemme auf den Schlauch klemmen. Ein wenig Stahlwolle in die Glasdüse stecken. Trichter und Glasdüse in die Enden des Schlauchs schieben. Gasspeicher am Stativ befestigen. Trichter bei geöffneter Schlauchklemme ins Wasser tauchen. Schlauchklemme schließen.
b Verbindung vorbereiten: Das Glasrohr in den Gummistopfen schieben. Glasrohr und U-Rohr mit dem langen Schlauch verbinden.
c Biogasreaktor anschließen: Panseninhalt mit etwas Wasser zu einem dünnen Brei verrühren und vorsichtig in die Gasflasche füllen. In der Flasche muss Platz bleiben, weil im Lauf der Zeit Schaum entsteht. Biogasreaktor und Gasspeicher miteinander verbinden.

2 Einsatz
a ▶ Beobachtet den Trichter einige Tage lang. Beschreibt, was geschieht.
b Wenn Gas 🔥 im Trichter hochperlt, öffnet die Lehrkraft die Klemme vorsichtig. Die erste Füllung wird abgelassen. Die zweite Füllung wird auf ihre Brennbarkeit geprüft.
▶ Beschreibt eure Beobachtung.

Achtung! • Gut lüften! Schutzbrille aufsetzen! Schutzscheibe aufstellen! Lange Haare zusammenbinden!

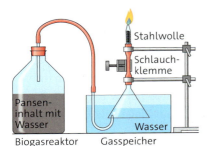

5 Einfache Biogasanlage

Material B

Explosive Verbrennung (Demoversuch)

Materialliste: Pappröhre mit festem Boden, losem Deckel und Zündloch; Pappschnipsel, Ethanol 🔥 ❗ (im Nasensprayfläschchen), Stabfeuerzeug, Schutzbrille

1 In die Pappröhre werden die Schnipsel und zwei Sprühstöße Ethanol gegeben. Dann wird sie geschüttelt und das Gemisch aus Ethanol und Luft gezündet. → 6
a ▶ Beschreibt, was nach dem Zünden geschieht.
b ▶ Zeichne die Energieumwandlungen auf. Vergleiche mit dem Verbrennungsmotor. → 4

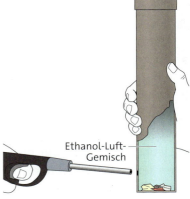

6 Der Pappröhrenversuch

Achtung! • Schutzbrille aufsetzen! Deckel und Zündloch nicht auf Personen richten!

Brennstoffe aus Pflanzen

Material C

Mais in Deutschland

„Heute sieht Deutschland stellenweise aus wie ein riesiges Maislabyrinth." Wie ist es dazu gekommen? Mais wird als Nahrung oder als Tierfutter eingesetzt. Aber das ist nicht der einzige Grund …

1. ☒ Lies den Text im Kasten ganz durch, um einen ersten Überblick zu gewinnen.
→ 1
Störe dich nicht daran, wenn du einiges noch nicht verstehst.

2. ☒ Notiere in Stichworten, was von dem Text in deinem Gedächtnis hängen geblieben ist.

3. ☒ Lies den Text nun Abschnitt für Abschnitt.
   a. Finde passende Überschriften für die drei Abschnitte.
   b. Notiere drei bis vier wichtige Begriffe aus jedem Abschnitt.
   c. Liste neue Begriffe auf, die im Text genannt werden. Schreibe eine Erklärung in deinen Worten daneben.
   d. Formuliere eine Frage zu jedem einzelnen Textabschnitt, die im Abschnitt beantwortet wird.

In den 1960er-Jahren erlebte der Mais in Deutschland den ersten Boom. […] Man verzichtete auf die natürliche Bestäubung und säte stattdessen Hybridmaissorten aus, die weniger kälteempfindlich waren und die auch mehr Ertrag brachten. Gleichzeitig waren nun auch chemische Unkrautbekämpfungsmittel zu haben […]. […] Neue Maschinen wie Körner-(Mäh-)drescher, Feldhäcksler und Ladewagen […] sorgten vor allem beim Mais für enorme Einsparungen von 80 bis 90 Prozent der Arbeitszeit. […] Mit der Automatisierung wurde vor allem der Silomais, bei dem die ganze Pflanze verwendet wird, auch für größere Betriebe interessant. Wurden 1965 gerade einmal 100.000 Hektar mit Silomais bepflanzt, waren es im Jahr 2015 bereits mehr als zwei Millionen Hektar. […]

Nach der Jahrtausendwende entdeckten viele Landwirte eine neue Einkommensquelle: Biogasanlagen kamen dank steigender Öl- und Gaspreise hoch in Kurs. In den hofeigenen Anlagen ließen sich Mist, Gülle, Grassilage […] bestens zu Biogas für die Stromerzeugung vergären. Auch hier entpuppte sich der Mais als äußerst lohnende Pflanze, da er den Biogasertrag mehr steigert als jede andere Futterpflanze. 2004 sorgte dann das Erneuerbare Energien-Gesetz (EEG) für einen zweiten Boom: Die Förderung der Biogaserzeugung aus nachwachsenden Rohstoffen war ein starker Anreiz, Mais speziell zu diesem Zweck als Energiepflanze anzubauen. 2018 gab es in Deutschland bereits mehr als 12.000 Biogasanlagen, Tendenz steigend. Für viele Landwirte ist die Stromerzeugung nicht mehr nur ein zweites Standbein, sie haben sich zu Energiewirten entwickelt. […]

Inzwischen ist […] von der „Vermaisung" Deutschlands die Rede. Im Rheintal in Baden-Württemberg stehen […] auf 80 Prozent der Flächen Maispflanzen. In Niedersachsen und Nordrhein-Westfalen hat der Mais […] die traditionellen Futterpflanzen fast völlig verdrängt. Klee, Kleegras, einzelne Gräserarten und Wiesen verschwinden. Wo Mais angebaut wird, wächst nichts anderes mehr. Mit der Pflanzenvielfalt verschwinden auch die Tiere. Vögel wie Lerche und Goldammer, Bienen, […] Wiesenbrüter oder auch Feldhamster verlieren ihren Lebensraum. Wer sich dagegen im Maisfeld „sauwohl" fühlt, sind Wildschweine, die vielerorts ohnehin […] zur Plage geworden sind.

1 Aus: „Mais in Deutschland" (planet wissen, SWR)
Hinweis: Wo ein […] steht, ist Text weggelassen worden.

Erweitern und Vertiefen

Fossile Energieträger – regenerative Energieträger

Kohle, Erdöl und Erdgas liegen oft tief unter der Erde. Sie entstanden vor vielen Millionen Jahren. → 2 – 9 Man bezeichnet sie als fossile Energieträger, fossil bedeutet ausgegraben. → ▣ Die fossilen Energieträger bilden sich nicht ständig wieder neu – anders als Holz, Mais, Wind oder Sonnenlicht. Diese erneuerbaren Energieträger nennt man auch regenerative Energieträger.

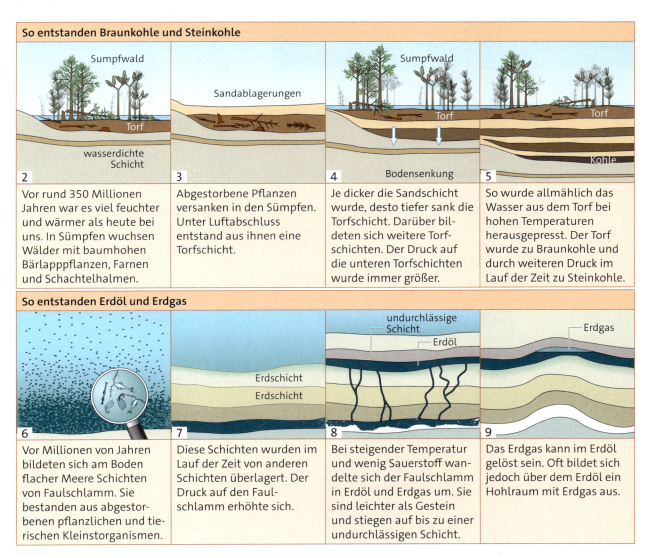

So entstanden Braunkohle und Steinkohle

2 Vor rund 350 Millionen Jahren war es viel feuchter und wärmer als heute bei uns. In Sümpfen wuchsen Wälder mit baumhohen Bärlapppflanzen, Farnen und Schachtelhalmen.

3 Abgestorbene Pflanzen versanken in den Sümpfen. Unter Luftabschluss entstand aus ihnen eine Torfschicht.

4 Je dicker die Sandschicht wurde, desto tiefer sank die Torfschicht. Darüber bildeten sich weitere Torfschichten. Der Druck auf die unteren Torfschichten wurde immer größer.

5 So wurde allmählich das Wasser aus dem Torf bei hohen Temperaturen herausgepresst. Der Torf wurde zu Braunkohle und durch weiteren Druck im Lauf der Zeit zu Steinkohle.

So entstanden Erdöl und Erdgas

6 Vor Millionen von Jahren bildeten sich am Boden flacher Meere Schichten von Faulschlamm. Sie bestanden aus abgestorbenen pflanzlichen und tierischen Kleinstorganismen.

7 Diese Schichten wurden im Lauf der Zeit von anderen Schichten überlagert. Der Druck auf den Faulschlamm erhöhte sich.

8 Bei steigender Temperatur und wenig Sauerstoff wandelte sich der Faulschlamm in Erdöl und Erdgas um. Sie sind leichter als Gestein und stiegen auf bis zu einer undurchlässigen Schicht.

9 Das Erdgas kann im Erdöl gelöst sein. Oft bildet sich jedoch über dem Erdöl ein Hohlraum mit Erdgas aus.

1 ▣ „Kohle, Erdöl und Erdgas sind gespeicherte Sonnenenergie." Begründe diese Aussage.

Drei Dinge braucht das Feuer

1 Wie macht man Feuer?

Um ein Feuer zu entzünden, müssen drei Bedingungen erfüllt sein.

Bedingung: Brennstoff • Du kennst bereits einige Brennstoffe: Holz, Pflanzenöl, Benzin, Kohle und Erdgas. → 🖻 Auch viele andere Stoffe wie Kunststoffe oder Metalle können brennen.

Bedingung: Sauerstoff • Luft ist ein Gemisch aus verschiedenen Gasen. → 2 Der Sauerstoff ist ein Bestandteil der Luft. Er ist für jede Verbrennung notwendig. → 🖻 Der Stickstoff dagegen erstickt Flammen.

Mit der Glimmspanprobe kann man Sauerstoff nachweisen. → 3 Dazu wird ein Holzspan entzündet und die Flamme sofort wieder ausgeblasen. Dann hält man den glimmenden Span in das Gefäß. Wenn er wieder aufflammt, dann ist das Gefäß mit Sauerstoff gefüllt.

Bedingung: Zündtemperatur • Wenn diese Temperatur erreicht ist, dann entzündet sich ein Stoff von selbst. Verschiedene Stoffe haben verschiedene Zündtemperaturen. → 4 Zeitungspapier kann sich schon entzünden, wenn man es einer Flamme nähert. Holz, Kohle und Erdgas entzünden sich erst bei höheren Temperaturen.

Verbrennungsdreieck • Die drei Voraussetzungen für eine Verbrennung stellt man häufig in einem Verbrennungsdreieck dar. → 5

> Die Bedingungen für eine Verbrennung sind:
> • ein Brennstoff
> • Sauerstoff
> • eine ausreichend hohe Temperatur

Zerteilungsgrad • Kleine Holzspäne brennen schneller als ein großer Holzscheit. Der Grund dafür ist: Die Oberfläche der vielen kleinen Späne ist größer als die Oberfläche des Holzscheits. Zur gleichen Zeit kann deshalb viel mehr Sauerstoff mit dem Brennstoff in Kontakt treten als bei dem großen Holzscheit. Der Zerteilungsgrad sagt aus, wie zerkleinert ein Brennstoff ist.

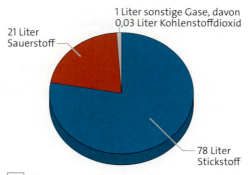

2 Zusammensetzung von 100 Litern Luft

286 Energie effizient nutzen!

Lexikon
Videos
Tipps

wikige

der **Brennstoff**
der **Sauerstoff**
die **Zündtemperatur**
das **Verbrennungsdreieck**
die **Verbrennung**

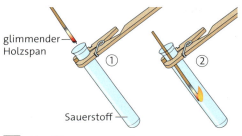

3 Die Glimmspanprobe

weißer Phosphor	34 °C
Zeitungspapier	175 °C
Kohle	ca. 260 °C
Stroh	ca. 280 °C
Holzkohle, Holz, Speiseöl	ca. 300 °C
Erdgas	ca. 650 °C

4 Zündtemperaturen einiger Stoffe

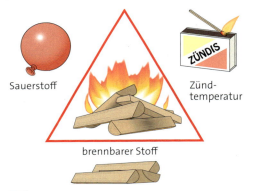

5 Das Verbrennungsdreieck

> Je höher der Zerteilungsgrad eines Brennstoffs ist, desto leichter entzündet sich dieser.

Verbrennung • Wenn ein Brennstoff wie Holz in Flammen steht, dann sprechen wir von einer Verbrennung. Bei diesem Vorgang wird chemische Energie in thermische Energie (Wärme) und Strahlungsenergie umgewandelt. Der Brennstoff wird bei der Verbrennung in andere Stoffe mit neuen Eigenschaften umgewandelt. Einer davon ist das Gas Kohlenstoffdioxid.

Unter Umständen verbrennen manche Stoffe explosionsartig. → 6 Dabei werden in kürzester Zeit sehr viel Licht und thermische Energie freigesetzt. Die entstehenden Gase dehnen sich rasend schnell aus. Eine Druckwelle und ein lauter Knall sind die Folgen.

6 Explosion von Aluminiumpulver

Aufgaben

1 Nenne drei Brennstoffe.

2 Nenne die Voraussetzungen, um ein Feuer zu entzünden.

3 Du sollst ein Lagerfeuer entzünden. Dafür stehen dir Zeitungspapier, trockene Ästchen und dicke Holzscheite sowie eine Schachtel voller Streichhölzer zur Verfügung. Beschreibe, wie du vorgehst. Verwende dabei die Begriffe Zerteilungsgrad und Zündtemperatur.

4 Fett in einer Pfanne beginnt zu brennen, wenn es zu stark erhitzt wird. Begründe dies.

5 Was lässt sich leichter entzünden: Sägemehl oder dicke Holzscheite? Begründe deine Antwort.

6 Beschreibe den Unterschied zwischen einer normalen Verbrennung und einer Explosion.

Drei Dinge braucht das Feuer

Material A

Kerzentod

Materialliste: 3 Bechergläser (250, 500, 1000 ml), 3 Teelichter oder Kerzen, Stoppuhr, feuerfeste Unterlage, Streichhölzer

Achtung! • Beachte die Hinweise zum Verhalten im Fachraum auf Seite 387.

1 Stelle die Teelichter auf die feuerfeste Unterlage.
a Entzünde das erste Teelicht. Stülpe dann das 250-ml-Becherglas darüber und starte die Stoppuhr. Miss die Zeit, bis die Flamme erlischt.

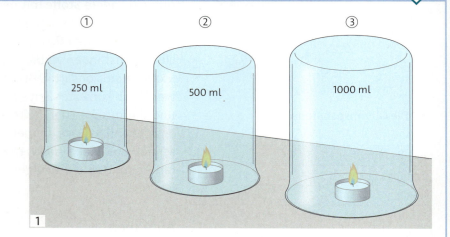

◻ Notiere und erkläre deine Beobachtungen.
b Gehe mit den beiden anderen Teelichtern und Bechergläsern genauso vor.

2 ◻ Vergleiche deine Beobachtungen aus den Teilversuchen. → ◻ Erkläre die Unterschiede.

Material B

Was brennt in einer Kerze?

Eine Kerze besteht aus festem Wachs und einem faserigen Faden, dem Docht.

Materialliste: Kerze, Feuerzeug, Holzstab, feuerfeste Unterlage

1 Kerzenflamme → 2
a Beobachte, was beim Entzünden der Kerze passiert.
b Halte einen Holzstab für 1–2 Sekunden in den unteren Teil der Flamme.
c Wiederhole den Versuch im oberen Teil der Flamme.

d ◻ Beschreibe jeweils deine Beobachtungen.

2 ◻ Schreibe die Aussagen A–E in der richtigen Reihenfolge in dein Heft:
A Flüssiges Wachs steigt im Docht hoch.
B Das Wachs zerfällt in brennbare Gase.
C Der Docht wird entzündet.
D Die brennbaren Gase glühen und brennen bei Kontakt mit Luft.
E Das Wachs in der Nähe der Flamme schmilzt.

jikure
Lexikon
Videos
Tipps

Material C

Die Glimmspanprobe

Materialliste: Glimmspan, Streichhölzer, 2 Reagenzgläser, Reagenzglashalter, Sauerstoff aus Gasflasche ⚠ ⚠, Kohlenstoffdioxid aus Gasflasche ⚠

1 Die Lehrkraft füllt Sauerstoff und Kohlenstoffdioxid in je ein Reagenzglas.

a ◾ Zünde den Holzspan an und lösche ihn wieder, sodass er glimmt. Halte ihn in das Reagenzglas mit dem Sauerstoff. → 3 Beobachte und beschreibe.

b ◾ Begründe, warum der Glimmspan nach einiger Zeit erlischt. → ▣

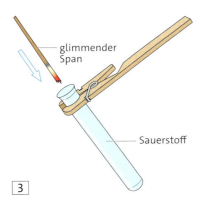

3

2 ◾ Führe den Versuch nun mit dem Reagenzglas durch, in dem sich Kohlenstoffdioxid befindet. Beobachte und beschreibe. Erkläre den Unterschied zu Versuch 1.

Material D

Brennt Eisen?

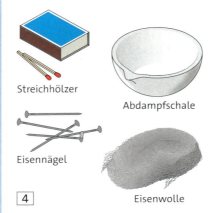

Streichhölzer

Abdampfschale

Eisennägel

Eisenwolle

4

Materialliste: Eisennagel, Eisenwolle, Streichhölzer, Abdampfschale, Tiegelzange

1 Versuche zunächst den Eisennagel und dann die Eisenwolle mit einem Streichholz in der Abdampfschale zu entzünden. → 4

2 ◾ Vergleiche die Beobachtungen. → ▣ Erkläre die unterschiedliche Brennbarkeit.

Material E

Grillbrände

1 ◾ Begründe: „Sprühe nie eine brennbare Flüssigkeit in eine Flamme!" → 5

2 ◾ Schreibe eine übersichtliche Sicherheitsanweisung mit dieser Überschrift: „Richtig grillen – aber sicher!" → 5

Die gefährlichen Grillbrände entstehen durch unsachgemäßen Umgang mit dem Grill und beim Anzünden der Grillkohle. Der Grill muss fest stehen. Er darf nicht in der Nähe brennbarer Materialien aufgestellt sein. Zum Anzünden sollten feste Grillanzünder wie Grillpaste oder Zündwürfel verwendet werden. **Auf keinen Fall darf man Spiritus und Benzin auf heiße Kohlen sprühen! Das kann zu gefährliche Stichflammen oder zu einer explosionsartigen Verbrennung brennbarer Dämpfe führen.**

Nicht nachmachen!

5

Brandschutz und Brandbekämpfung

1 Ein Löscheinsatz der Feuerwehr

Material zur Erarbeitung: A

Wenn ein Haus brennt, besteht Lebensgefahr – durch die Hitze, die Zerstörung des Baumaterials und vor allem durch den Rauch.

Brandschutz • In Deutschland sterben jedes Jahr etwa 350 Menschen bei Bränden. Man sollte daher Häuser so bauen, dass Brände verhindert oder zumindest verlangsamt werden. Viele Brandschutzmaßnahmen sind gesetzlich vorgeschrieben.

Brandschutztüren • Sie sind besonders stabil aus feuerhemmendem Material gebaut und sollen die Ausbreitung eines Brands verhindern. Brandschutztüren müssen stets geschlossen sein oder bei einem Brand automatisch zufallen. Sie dürfen deshalb nie blockiert werden. → 2

Baumaterial • Beim Bau verwendet man neben nicht brennbaren Materialien wie Ziegel und Beton unterschiedlich leicht entflammbare Stoffe wie Holz oder Schaumstoff. Um Energie zu sparen, erhalten Hausfassaden eine Wärmedämmung. Sie darf nicht leicht entflammbar sein. → 3 Je höher das Haus ist, desto höher sind die Anforderungen an den Dämmstoff.

Rauchmelder • Oft sterben Menschen bei Bränden, weil sie giftige Rauchgase einatmen. Zwei Atemzüge können bereits tödlich sein. Deswegen sollen alle Wohnungen mit Rauchmeldern ausgestattet werden. Diese Geräte können keinen Brand verhindern. Sie geben aber bei Rauchentwicklung einen so lauten Signalton ab, dass schlafende Personen aufwachen und sich retten können. → 4

> Brandschutzmaßnahmen retten Menschenleben, indem sie Brände verhindern, deren Ausbreitung verlangsamen oder Menschen vor Bränden warnen.

2 An der Brandschutztür

3 Nicht brennbare Dämmung

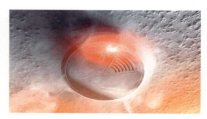

4 Ein Rauchmelder

Energie effizient nutzen!

Lexikon
Tipps

wetuxi

der **Brandschutz**
der **Rauchmelder**
die **Brandbekämpfung**
der **Feuerlöscher**

Brandbekämpfung • Die drei Voraussetzungen für die Verbrennung besagen, dass es kein Feuer ohne eine genügend hohe Temperatur, einen Brennstoff und Sauerstoff gibt. Das macht man sich umgekehrt bei der Brandbekämpfung zunutze. → 5 6

Temperatur verringern • Die Feuerwehr löscht meistens mit Wasser. Dabei kühlt sich das Feuer so weit ab, dass die Zündtemperatur des Brennstoffs unterschritten wird.

Achtung! • Brennendes Fett oder brennende Flüssigkeiten darfst du nicht mit Wasser löschen! Das gilt auch für Brände an elektrischen Anlagen. Hierbei kann es sonst lebensgefährliche Stromschläge und Kurzschlüsse geben.

Brennstoff entfernen • Bei einem Waldbrand reicht oft das Löschen mit Wasser nicht aus. Man legt Schneisen an, damit bei einem Waldbrand dem Feuer der Brennstoff „ausgeht". → 7

Sauerstoffzufuhr unterbinden • Man löscht brennendes Fett in einer Pfanne, indem man einen Deckel auf sie legt. → 8 So kann kein Sauerstoff mehr zum Brennstoff gelangen. Auch die Anwendung von Löschsand verhindert die Sauerstoffzufuhr.

> Es gibt drei Möglichkeiten, einen Brand zu löschen:
> • Abkühlen des Brands
> • Entfernen des Brennstoffs
> • Unterbinden der Sauerstoffzufuhr

Versuche kleine Brände mit einem Feuerlöscher zu löschen. Bei großen Bränden oder starker Rauchentwicklung:
• Verlasse schnell das Gebäude.
• Benutze nie den Aufzug.
• Atme keinen Rauch ein.
• Hilf anderen Personen.
• Rufe die Feuerwehr.

5 Verhalten im Brandfall

• Ziehe den Sicherungstift oder die gelbe Lasche ab.
• Richte den Schlauch auf das Feuer.
• Drücke den Bedienhebel.

6 Feuerlöscher bedienen

7 Eine Schneise für den Brandschutz

8 Ohne Sauerstoff brennt das Fett nicht.

Aufgaben

1 ▶ Gib zwei Brandschutzmaßnahmen an.

2 ▶ Man soll Fenster und Türen schließen, wenn es brennt. Erkläre das Verhalten im Brandfall.

3 Wasser ist ein Löschmittel.
a ▶ Nenne die Wirkung, die Wasser auf die Verbrennung hat.
b ▶ Begründe: „Wasser ist nicht immer zum Löschen geeignet."

Brandschutz und Brandbekämpfung

Material A

Löschen mit Schaum

Materialliste: Reagenzglas, Becherglas, durchbohrter Stopfen mit abgewinkeltem Glasrohr, Petrischale, Backpulver, Haushaltsessig, Spülmittel, Kerze, Spatel, Schutzbrille

1 So gehst du vor:
a Entzünde die Kerze
b Vermische im Becherglas 4 Tropfen Spülmittel mit etwas Haushaltsessig.
c Fülle die Mischung in das Reagenzglas. Gib ein wenig Backpulver hinzu. → 1
d Verschließe das Reagenzglas sofort mit dem Stopfen mit Glasrohr. Richte das Rohr auf die Kerze. → 1
Achtung! • Stopfen festhalten!
e Beschreibe, was passiert.

2 ◨ Vermute eine Erklärung für deine Beobachtung.

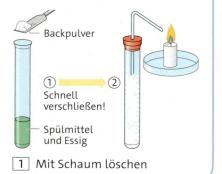

1 Mit Schaum löschen

Material B

Löschen mit Sprudel

Materialliste: Mineralwasser mit Sprudel in einer Flasche aus Kunststoff, Teelicht, Feuerzeug, biegsamer Strohhalm, Knete

1 So gehst du vor:
a Öffne die Flasche und gieße etwas Mineralwasser aus.

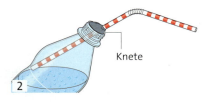

b Stecke den Strohhalm in die Flasche. Dichte die Öffnung mit Knete ab. Der Strohhalm soll nicht ins Wasser ragen.
c Entzünde das Teelicht.
d Knicke den Strohhalm ab. Schüttle die Flasche leicht. Richte die Spitze des Strohhalms auf die Flamme. → 2

2 ◨ Beschreibe deine Beobachtungen.

3 ◨ Erkläre, welche der drei Löschmethoden du hier angewendet hast.

Material C

Fettbrände → ▣

1 ◨ Lies dir den Zeitungsausschnitt durch. → 3 Gib den Inhalt mit eigenen Worten wieder.

2 ◨ Was passiert, wenn man brennendes Fett mit Wasser löscht? Beschreibe es.

3 ◨ Nenne eine Löschmethode für Fettbrände. Begründe sie.

Mieter bei Fettbrand verletzt

Augsburg. In der Innenstadt ist es am Dienstag zu einer Fettexplosion gekommen, bei der ein junger Mann Verletzungen erlitt. Brandmeisterin Annie B. sagt dazu: Fett niemals mit Wasser löschen! Nach Angaben der Feuerwehr war in der Küche eine Pfanne mit Speiseöl wegen Überhitzung in Brand geraten. Der Mann versuchte, das entzündete Fett mit Wasser zu löschen. Dabei verdunstete das Wasser sofort und riss heiße Fetttröpfchen mit in die Luft. Es kam zur Explosion und der Mann zog sich Brandverletzungen an den Händen zu.

3

zahoci

Video Tipps

Erweitern und Vertiefen

Die Jugendfeuerwehr

Jugendliche bei der Feuerwehr • In vielen Orten gibt es freiwillige Feuerwehren. Fast alle davon haben Jugendgruppen. Jugendliche ab 12 Jahren werden von der Jugendfeuerwehr aufgenommen. Die jungen Feuerwehrleute lernen, wie sie Menschen in Notlagen helfen können. Ab 16 Jahren können die Jugendlichen die Feuerwehrgrundausbildung ablegen. Danach dürfen sie auch schon an Einsätzen teilnehmen, allerdings nicht im direkten Gefahrenbereich. Mit 18 Jahren geht es dann in die Erwachsenenfeuerwehr.

Aktivitäten • Bei der Jugendfeuerwehr finden vielfältige Aktivitäten statt:
- Regelmäßige Gruppenstunden
- Erste-Hilfe-Ausbildung
- Einsatzübungen → 4
- Ausflüge und Zeltlager
- Prüfungen, Wettbewerbe und vieles mehr

Aufgaben der Feuerwehr • Die Feuerwehrleute löschen nicht nur Brände. Sie helfen auch auf vielen anderen Gebieten, indem sie:
- Menschen aus Notlagen befreien, zum Beispiel bei Verkehrsunfällen oder bei Hochwasser → 5
- Unfallstellen absichern
- Tiere oder Gegenstände bergen
- zum Thema Brandschutz beraten

Aufgaben

1 ▶ Nenne das Mindestalter für die Jugendfeuerwehr.

2 ▶ Informiere dich in deinem Ort, ob es eine Jugendfeuerwehr gibt und wann die Treffen der Gruppe sind. Vielleicht hast du Lust, einmal „reinzuschnuppern"?

4 Bei einer Löschübung

5 Zur Bergung von Autoinsassen wird ein Auto mit der Rettungsschere aufgeschnitten.

Brandschutz und Brandbekämpfung

Methode

Das richtige Verhalten bei Bränden

Bei einem Brand muss man schnell handeln. Panik und Hektik müssen aber vermieden werden, denn sie helfen keinem Betroffenen. Deshalb sollst du Ruhe bewahren und folgende Schritte beachten:

1. Melde den Brand Betätige den Feuermelder. Informiere die Feuerwehr telefonisch. → 2A 1

> **NOTRUF** **112**
>
> **Wer** meldet den Brand?
> Du nennst deinen Namen.
> **Wo** ist der Brand?
> Du nennst den Brandort, am besten mit genauer Adresse.
> **Was** brennt?
> Du benennst den Brand.
> **Wie** ist die jetzige Situation?
> Du beschreibst kurz die Situation.
> **Wie** viele Personen sind verletzt?
> Du nennst die Anzahl von verletzten Personen und welche Verletzungen sie haben.
> **Warten.**
> Die Feuerwehr gibt weitere Anweisungen.

1 Notruf bei der Feuerwehr

2. Versuche, den Brand zu löschen Einen kleinen Brand kannst du vielleicht mit dem geeigneten Löschmittel selbst löschen. → 2B 2C
Wenn dies nicht möglich ist, dann verlasse den Brandort und schließe dabei Fenster und Türen.

3. Bringe dich und andere in Sicherheit Verlasse das Gebäude über gekennzeichnete Fluchtwege und suche eine Sammelstelle auf. → 2D 2E 2F
Warne dabei gefährdete Personen und nimm hilflose oder verletzte Personen mit.
Hilf den Verletzten durch Erste-Hilfe-Maßnahmen. → 2G
Benutze auf keinen Fall den Aufzug!

Aufgaben

1 ◨ Übe mit einem Partner oder einer Partnerin die telefonische Meldung eines Brands bei der Feuerwehr.

2 ◨ Halte in deiner Schule nach Warn- und Hinweisschildern Ausschau. → 2 Notiere ihren Fundort und überlege, warum sie an dieser Stelle angebracht sind.

A Feuermelder | B Feuerlöscher | C Löschwasserschlauch | D Fluchtweg | E Richtungsangabe | F Sammelstelle | G Erste-Hilfe-Kasten

2 Warn- und Hinweisschilder

Erweitern und Vertiefen

Der richtige Umgang mit dem Feuerlöscher

Feuerlöscher • Mit Feuerlöschern kann man kleinere Brände bekämpfen. Ein Feuerlöscher besteht aus einer Metallflasche, die mit einem Löschmittel gefüllt ist. → 3
Um ihn zu benutzen, muss man die gelbe Sicherheitslasche herausziehen und mit der Faust auf den roten Knopf schlagen.
Danach richtet man den Schlauch auf das Feuer und betätigt die Löschpistole.

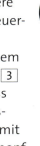

3 Feuerlöscher

Richtig löschen • Beim Löschen mit dem Feuerlöscher sollte man einige Dinge beachten:
- Brände immer in Windrichtung löschen, nicht gegen den Wind. → 4
- Flächenbrände von vorne und von unten ablöschen.
- Ausreichend Feuerlöscher gleichzeitig einsetzen, nicht nacheinander.
- Glutnester mit Wasser ablöschen und bewachen, um Wiederentzündung zu vermeiden.
- Gebrauchte Feuerlöscher nicht mehr aufhängen, sondern wieder befüllen lassen.

4 Das richtige Ausrichten beim Löschen

Brandklassen • Es gibt verschiedene Löschmittel, die für unterschiedliche Brände geeignet sind. Um diese zu unterscheiden und das richtige Löschmittel zuordnen zu können, werden sie in Brandklassen eingeteilt. → 5

Brand-klasse	Definition	Beispiel	Löschmittel
A	Brände fester Stoffe mit Flammenbildung und Glut	Holz, Kohle, Papier	Pulver, Schaum, Wasser
B	Brände flüssiger und schmelzender Stoffe	Benzin, Alkohol, Kunststoffe	Kohlenstoffdioxid, Pulver, Schaum
C	Brände gasförmiger Stoffe	Erdgas, Propan, Wasserstoff	Kohlenstoffdioxid, Pulver
D	Brände von Metallen	Aluminium, Magnesium, Natrium	Pulver für Metallbrände, Salze
F	Brände von Wachsen und Speisefetten	Speisefett, Speiseöl, Wachs	Pulver für Fettbrände

5 Die Brandklassen

Aufgaben

1 ▶ Nenne jeweils ein geeignetes Löschmittel für:
a brennendes Papier
b brennendes Wachs
c brennendes Benzin

2 ▶ Begründe, welchen Brandklassen ein Pkw-Brand zugeordnet wird.

Tiere im Winter – Leben auf Sparflamme

1 Rehe bewegen sich im Winter nicht mehr als nötig.

Die Sonne beeinflusst das Wetter und damit auch die Lebewesen. Im Winter wird für viele Tiere die Nahrung knapp und die Kälte setzt ihnen zu.
Wie überleben sie unter diesen schwierigen Bedingungen?

Sparsam durch den Winter • Die Rehe bewegen sich im Winter möglichst wenig, um Energie zu sparen. → 1
Sie verbrauchen dadurch weniger von ihren Fettreserven, die sie sich im Herbst angefressen haben. Außerdem wechseln sie im Herbst ihr Fell. Die Haare des Winterfells sind länger und liegen dicht übereinander. Dadurch wird Luft im Fell gehalten und vom Körper angewärmt. Diese Luftpolster schützen die Rehe vor Auskühlung. Auch die Amsel schützt sich durch Luftpolster zwischen ihren aufgeplusterten Federn vor Wärmeverlust. → 2
Rehe und Amseln sind das ganze Jahr über auf Nahrungssuche. Sie sind winteraktiv. Ihre Körpertemperatur bleibt immer gleich, sie sind gleichwarme Tiere.

Die Kältestarre • Wenn es im Herbst kälter wird, dann sinkt die Körpertemperatur wechselwarmer Tiere. Herzschlag und Atmung werden langsamer. Der Grasfrosch sucht Schutz in einem frostfreien Winterlager wie dem Grund eines Gewässers. Wenn die Temperatur weiter sinkt, dann fällt der Grasfrosch in Kältestarre. Er verbringt fünf bis sechs Monate in diesem Zustand. Fällt seine Körpertemperatur unter den Gefrierpunkt, bildet sich Eis in seinem Körper und der Grasfrosch erfriert.
Auch Marienkäfer fallen in Kältestarre. Sie können jedoch bis zu –15 °C aushalten, indem sie ihre Körperflüssigkeit verringern und eine Art „Frostschutzmittel" bilden. → 4 Die Marienkäfer

2 3 Die Amsel im Winter und im Sommer   4 Marienkäfer in Kältestarre

himogo

Lexikon
Videos
Tipps

winteraktiv
die **Kältestarre**
der **Winterschlaf**
die **Winterruhe**

spüren in ihrem Versteck eine kurzzeitige Erwärmung nicht sofort. Sie wachen dadurch nicht zu früh auf. Denn wer zu früh aufwacht, findet noch kein Futter und verhungert.

Der Winterschlaf • Im Winter regelt der Igel verschiedene Körperfunktionen herunter. Seine Körpertemperatur sinkt, meist beträgt sie nur noch 2–5 °C. Der Igel kann sich dann nicht mehr bewegen. → 5 Er bleibt aber nicht den ganzen Winter bewegungslos. Ungefähr einmal pro Woche wird der Körper aufgewärmt, damit er nicht erfriert. Das kostet sehr viel Energie. Der Igel gewinnt die Energie dafür aus einem besonderen Fettspeicher. Dieses Fett liegt zwischen den Schultern des Igels. Es kann abgebaut werden, wodurch thermische Energie (Wärme) freigesetzt wird.

Die Winterruhe • Braunbären und andere große Säugetiere legen ebenfalls Fettreserven an und halten Winterruhe. Ihr Herzschlag wird langsamer, ihre Körpertemperatur sinkt aber nicht unter 30 °C. Braunbären erwachen regelmäßig, um Futter aufzunehmen. → 6

Kleine Überlebenskünstler • Hamster und einige kleine Säugetiere legen keinen Fettvorrat an. → 7 Sie verringern im Winter ihr Körpergewicht bis auf die Hälfte. So müssen sie weniger Körpergewicht bewegen und erwärmen. Außerdem senken sie ihre Körpertemperatur in den täglichen Ruhepausen bis auf 20 °C und fallen in Bewegungslosigkeit. Ihre Atemaktivität ist dabei stark verringert.

> Säugetiere und Vögel sind gleichwarm. Viele Säugetiere sind winteraktiv. →
> Manche Säugetiere halten Winterruhe oder Winterschlaf. Wechselwarme Tiere fallen in Kältestarre.

Aufgaben

1 Nenne Möglichkeiten, wie Tiere im Winter Energie sparen.

2 Stelle Vermutungen an, warum Tiere in Kältestarre bei einer kurzen Wärmeperiode mitten im Winter nicht aufwachen.

5 Igel beim Winterschlaf →

6 Erwachen aus der Winterruhe

7 Dsungarischer Zwerghamster

Tiere im Winter – Leben auf Sparflamme

Material A

Atmung beim Grasfrosch

Der Grasfrosch ist wechselwarm. Wenn sich die Umgebungstemperatur ändert, dann passt sich seine Körpertemperatur an. In der Tabelle sind die Atemzüge eines Grasfroschs in Abhängigkeit von seiner Körpertemperatur dargestellt. → 1

Körpertemperatur in °C	Atemzüge pro Minute
0	<1
5	<1
10	1
15	5
20	11
25	31
30	88

1 Messwerte beim Grasfrosch

1 ⊠ Stelle die Atemzüge des Grasfroschs in Abhängigkeit von der Körpertemperatur in einem Diagramm dar.

2 ⊠ Beschreibe den Zusammenhang zwischen der Körpertemperatur und den Atemzügen mithilfe des Diagramms. Fasse das Ergebnis in einem Satz zusammen.

Material B

Warum plustern sich Tiere bei Kälte auf?

Viele Tiere stellen bei besonders niedrigen Temperaturen ihre Haare oder das Gefieder auf. Welchen Vorteil hat das?

Materialliste: 2 lange Thermometer (–10 bis 50 °C), 2 hohe Standzylinder (Durchmesser 8 cm, 4 cm), 2 Reagenzgläser und passende Gummistopfen mit Loch (für die Thermometer), 2 kalte Kühlpacks, Paketschnur, 2 Tüten mit je 10 g Schurwolle, 500 ml Wasser von 40 °C (Thermoskanne), Stoppuhr

1 ⊠ Schützt ein aufgeplustertes Fell besser vor Wärmeverlust als ein nicht aufgeplustertes Fell? Untersucht es mit dem Versuchsmaterial. → 2

a Plant den Versuch und skizziert den Aufbau. Gebt an, wofür die Wolle beim Tier stehen soll und wofür das warme Wasser.

b Führt den Versuch durch. Beschreibt, was ihr tut und beobachtet. Notiert die Messwerte.

c Wertet den Versuch aus. Beantwortet die Versuchsfrage.

2 Das Versuchsmaterial

Erweitern und Vertiefen

Eisbären – angepasst an das Leben in eisiger Kälte

3 Der Eisbär auf der Jagd

4 Die Fußsohlen sind schwarz und behaart.

Eisbären sind geschickte Jäger • Eisbären leben hoch im Norden, in der Arktis. → 3 Anfang November friert hier das Meer zu. Jetzt gibt es beste Bedingungen für die Jagd nach Robben.
Robben fangen Fische und Krebstiere unter dem Eis. Sie müssen aber zum Luftholen auftauchen. Dafür nutzen sie ein Atemloch im Eis. Der Eisbär wittert mit seinem feinen Geruchssinn das Atemloch. Dort wartet er geduldig auf die Robbe – dann packt er blitzschnell zu.
Oft schleicht sich der Eisbär auf dem Eis an seine Beute an. Erst wenn er ganz nah ist, greift er an. Er hat aber nicht immer Erfolg.
Bei ihrer Jagd wandern Eisbären weite Strecken. Sie schwimmen auch sehr ausdauernd. →

Eisbären sind gut angepasst • Der Eisbär muss sich während der Jagdzeit im Winter riesige Fettreserven anfressen. Ausgewachsene Tiere fressen sich so viel Fett an, dass sie vier bis acht Monate und im Notfall auch einmal ein ganzes Jahr lang fasten können.
Mit seinem weißen Fell ist der Eisbär gut getarnt. Er hat ein dichtes Unterfell und lange, ölige Fellhaare. Sie sind innen mit Luft gefüllt. Dadurch halten sie besonders gut warm.

Unter der schwarzen Haut hat ein gut genährter Eisbär eine dicke Fettschicht – bis zu 10 Zentimetern! Sie schützt ihn vor Temperaturen von bis zu −50 °C.
Die hohlen Fellhaare und die Fettschicht sorgen für den Auftrieb des Eisbären. Dadurch kann er leichter schwimmen. Die Vordertatzen sind wie Paddel geformt und haben Schwimmhäute zwischen den Zehen. Die dichte Behaarung schützt die Tatzen vor Kälte und verhindert ein Ausrutschen auf Eis. → 4

Aufgaben

1 Gib an, wo Eisbären auf der Erde leben.

2 Ergänze die Tabelle in deinem Heft. → 5

Angepasstheit	Vorteil
gute Nase	Der Eisbär kann die Beute über weite Entfernungen und im Dunkeln aufspüren.
?	?

5 Beispieltabelle: Angepasstheiten des Eisbären

Energie unterwegs – die Strahlung

1 Angenehm warm – aber nur in der Sonne

Materialien zur Erarbeitung: A–C

Sonnenbaden im Winter. Die Luft ist ziemlich kalt. Trotzdem friert die Skifahrerin nicht.

Strahlung • Im prallen Sonnenschein wird der Sportlerin warm. Auch in einem Auto kann es heiß werden, wenn es von der Sonne beschienen wird. Die Sportlerin und das Auto werden durch die Strahlung von der Sonne erwärmt. → 2

Strahlung breitet sich in Luft, in Wasser und in Glas aus – und auch im praktisch leeren Weltall zwischen der Sonne und der Erde.

Strahlung geht aber nicht nur von der Sonne aus:
- Ein heißes Bügeleisen erwärmt deine Hand, wenn du sie in die Nähe des Bügeleisens hältst.
- Deine Hand erwärmt deine Wange, wenn du sie nahe daran hältst.

Strahlung auffangen • Ein dunkles Auto wird im Sonnenschein schneller aufgeheizt als ein helles:
- Dunkle Flächen nehmen viel Sonnenstrahlung auf. → 3
- Helle Flächen werfen einen großen Teil der Sonnenstrahlung zurück.

2 Energie von der Sonne → ▣

3 Sonnenstrahlung auffangen

Das schwarze Papier nimmt viel Strahlung auf. Seine Temperatur steigt stark an.

Das weiße Papier nimmt kaum Strahlung auf. Seine Temperatur steigt nur wenig an.

Energie effizient nutzen!

die **Strahlung**

Alle Gegenstände senden Energie durch Strahlung aus – je heißer der Gegenstand ist, desto mehr. Wenn Strahlung auf einen Gegenstand trifft, kann sie ihn erwärmen.

Strahlungsarten • Die Sonne sendet keine einheitliche Strahlung aus. Wir unterscheiden verschiedene Strahlungsarten: → 4
- Die unsichtbare infrarote Strahlung nehmen wir als Wärme wahr.
- Einen Teil der Strahlung sehen wir als Licht.
- Auch die ultraviolette Strahlung (UV-Strahlung) ist für uns unsichtbar.

Gefahren durch Sonnenstrahlung • Die UV-Strahlung kann tief in die Haut eindringen und dort Schäden anrichten. Die Haut entzündet sich dann und es bilden sich Blasen. → 5 Ein starker Sonnenbrand kann Narben hinterlassen. Es kann außerdem Hautkrebs verursacht werden. → 6
Länger anhaltende Sonneneinstrahlung auf den Kopf und den Nacken kann einen Sonnenstich hervorrufen. Typische Anzeichen sind ein roter Kopf, Schwindel und Kopfschmerzen. Das kann zur Bewusstlosigkeit der betroffenen Person führen.

Schutz vor Sonnenstrahlung • Gegen die schädliche UV-Strahlung kann sich unser Körper für begrenzte Zeit selbst schützen. Dunkle Farbstoffe in der oberen Hautschicht hindern einen Teil der UV-Strahlung daran, in tiefere Hautschichten einzudringen.

Diese Eigenschutzzeit ist für jeden Menschen unterschiedlich lang. Indem du Sonnencreme aufträgst, kannst du die Zeit verlängern, in der deine Haut vor Sonnenbrand geschützt ist.
Du schützt dich am besten vor starker Sonneneinstrahlung, wenn du eine Kopfbedeckung und luftige, sonnendichte Kleidung trägst. Stoffe mit dem UV-Schutz 50+ lassen nur noch den fünfzigsten Teil der UV-Strahlung durch.

> Intensive Sonnenstrahlung gefährdet besonders unseren Kopf und unsere Haut.
> Schutzkleidung und Hautpflege beugen wirksam Schäden vor.

Aufgaben

1. ▶ Die Skifahrerin spürt die Wärme. → 1 Erkläre, wie dies möglich ist.

2. ▶ Eine Vulkanforscherin will sich mit einem Schutzanzug vor der Strahlung der glühend heißen Lava schützen. Sollte ihr Anzug hell oder dunkel sein? Begründe die Antwort.

3. ▣ Menschen unterscheiden sich darin, wie empfindlich ihre Haut auf Sonnenstrahlung reagiert.
   a Erkläre die Begriffe Eigenschutzzeit und Lichtschutzfaktor mit eigenen Worten.
   b Recherchiere nach verschiedenen Hauttypen. Bestimme deinen eigenen Hauttyp.

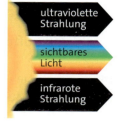

4 Strahlungsarten

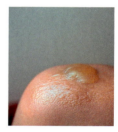

5 Sonnenbrand

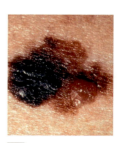

6 Hautkrebs

Energie unterwegs – die Strahlung

Material A

Strahlung auffangen

Materialliste: je 1 Rechteck (10 cm × 15 cm) aus schwarzem und weißem Tonkarton, Stoppuhr

1 Legt die Rechtecke 15 Minuten lang in die Sonne. → 1 Haltet sie danach abwechselnd dicht an die Wange. Beschreibt und vergleicht, was ihr spürt.

Material B

Strahlung umlenken

Materialliste: leuchtende Glühlampe, Karton (10 cm × 15 cm), Alufolie

1 Überzieht den Karton glatt mit der Alufolie.
a Haltet den Karton mit der Folienseite nah ans Gesicht. Beschreibt, was ihr spürt.
b Benutzt den Karton wie einen Spiegel. Lenkt das Licht der Lampe auf die Wange. Beschreibt, was ihr spürt.

Material C

Heißes Bügeleisen

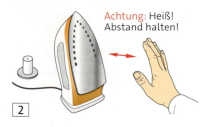

Achtung: Heiß! Abstand halten!

Materialliste: Bügeleisen, Kerze, Streichhölzer

1 Stellt das Bügeleisen aufrecht hin. Schaltet es ein. → 2
Achtung! • Heiße Fläche nicht berühren!

a Haltet die Hand einige Zentimeter seitlich von der heißen Fläche. Beschreibt, was ihr spürt.
b Weht heiße Luft vom Bügeleisen zur Hand? Prüft es mit der brennenden Kerze.

Material D

Schwarz oder weiß?

1 Der Raumanzug ist weiß. → 3 Die Sonnenkollektoren zum Erwärmen von Wasser sind schwarz. → 4 Begründe den Unterschied.

Material E

Richtig Sonnenbaden

Auf die Sonne können wir nicht verzichten. Die Sonne steigert unser Wohlbefinden und stärkt auch unsere Abwehrkräfte. Sonnenlicht ist außerdem notwendig für die Bildung von Stoffen, die wichtig sind für das Wachstum der Knochen.

1 Der richtige Umgang mit der Sonne will gelernt sein. Betrachte die Bilder 5–11 genau.

✉ Beschreibe falsche Verhaltensweisen im Umgang mit der Sonne.

2 ✉ Stelle Tipps zum richtigen Sonnenbaden zusammen.

5

6

7

8

9

10

11

Energie unterwegs – die Strahlung

Material F

Einfacher Sonnenkollektor für warmes Wasser

Materialliste: Spanplatte (50 cm × 50 cm), Dachlatte (2 m), Gartenschlauch (5 m), Säge, Nägel, Leim, Alufolie, Dachnägel, elektronisches Thermometer, Auffangbecken; Plexiglasplatte (50 cm × 50 cm) oder Klarsichtfolie, schwarzer Karton, schwarze Wandfarbe

1 Kollektor bauen → 1
Sägt die Teile der Dachlatte zu und stellt sie hochkant auf der Grundplatte auf. Befestigt die Teile mit Leim und Nägeln. An den Stellen A und E lasst ihr Platz für den Schlauch.
Verlegt den Schlauch als Spirale auf der Grundplatte. Befestigt ihn mit Dachnägeln. Klemmt die Enden in die Lücken zwischen den Latten.

2 Ausprobieren → 2
Geht an einem sonnigen Tag nach draußen. Sucht euch eine nach Süden gerichtete Hauswand. Stellt den Kollektor so auf, dass er senkrecht von der Sonne bestrahlt wird.
a Messt die Temperatur des Wassers aus der Leitung.
b Lasst den Schlauch im Kollektor volllaufen. Wartet 30 Minuten. Gießt dann das Wasser aus dem Schlauch in das Auffangbecken. Messt die Wassertemperatur.
Achtung! • Das Wasser aus dem Schlauch kann heiß sein! Handschuhe anziehen.
c ▣ Berechnet den Temperaturunterschied.

3 Verbessern
a Deckt den Kollektor mit der Plexiglasplatte oder mit der Klarsichtfolie ab. Füllt ihn wieder mit kaltem Wasser.
▣ Funktioniert der Kollektor mit Abdeckung besser als ohne? Bestimmt wieder den Temperaturunterschied nach 30 Minuten.
b Schwarze Gegenstände nehmen viel Strahlung auf.
▣ Überlegt, wie ihr euren Sonnenkollektor weiter verbessern könnt. Probiert euren Plan aus. Bewertet eure Verbesserung.

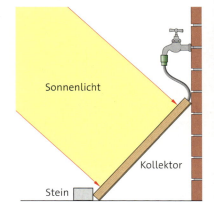

2 Richtig aufstellen

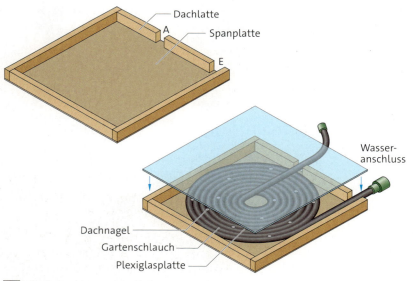

1 Einfacher Sonnenkollektor

der **Sonnenkollektor**
die **Solarzelle**

Erweitern und Vertiefen

Warmes Wasser und elektrische Energie vom Hausdach

3 Auf einem Dach: Sonnenkollektoren (oben) und Solarzellen (unten)

4 Der Energiewandler Sonnenkollektor

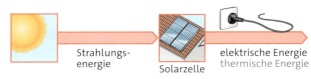

5 Der Energiewandler Solarzelle

Sonnenkollektoren • Diese Energiewandler wandeln Strahlungsenergie in thermische Energie um. → 4
Die Strahlung dringt durch eine Glasscheibe und
5 trifft auf eine schwarze Metallplatte. → 6 Dort wird die Strahlung aufgefangen. Die Temperatur der Platte steigt dadurch an. Die warme Platte erwärmt die Flüssigkeit in der Rohrleitung. Die erwärmte Flüssigkeit wird vom Dach ins Haus
10 geleitet und gibt dort thermische Energie an das Wasser zum Heizen, Duschen … ab.

Solarzellen • Diese Energiewandler wandeln Strahlungsenergie zum Teil in elektrische Energie um. → 5 Damit können wir viele Geräte im
15 Haushalt betreiben.

> Strahlungsenergie wird von Sonnenkollektoren in thermische Energie umgewandelt und von Solarzellen in elektrische Energie.

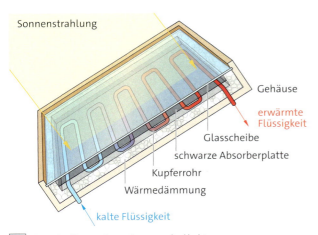

6 Der Aufbau eines Sonnenkollektors

Aufgaben

1 Nenne den Unterschied zwischen den Energiewandlern Solarzelle und Sonnenkollektor.

2 Bei uns gibt es kaum Sonnenkollektoren auf der Nordseite von Dächern. Erkläre.

Energie unterwegs – die Wärmeströmung

1 Spukt es hier?

Materialien zur Erarbeitung: A–B

Tarek macht Hausaufgaben an einem kalten Wintertag. Plötzlich bewegt sich die Gardine über der Heizung. Türen und Fenster sind geschlossen – spukt es etwa?

Thermische Energie wird von Wasser mitgeführt • Im Winter hält die Heizung das Zimmer angenehm warm. Wie funktioniert sie? Viele Heizungen haben einen Heizkessel, in dem Holz, Öl oder Gas verbrennt. → 2 Die Flamme erwärmt das Wasser im Rohr. Das heiße Wasser wird durch einen Kreislauf gepumpt und transportiert die thermische Energie zu den Heizkörpern. Dort wird sie an die Luft abgegeben. Das Wasser kühlt sich dabei ab und strömt zum Heizkessel zurück.

Thermische Energie wird von Luft mitgeführt • Vom Heizkörper strömt warme Luft zur Zimmerdecke. → 3 Sie gibt dabei die mitgeführte thermische Energie an die Wände und Gegenstände im Raum ab. Dabei kühlt sich die Luft ab. Wenn sie wieder am Heizkörper vorbeiströmt, wird die Luft erneut erwärmt.
In Tareks Zimmer „spukt" also warme Luft, die von der Heizung aufsteigt.

> Strömende Stoffe wie Wasser oder Luft können thermische Energie transportieren. Wir sprechen von Wärmeströmung.

Aufgabe

1 ▸ Beschreibe, wie die thermische Energie aus dem Heizkessel in dein Zimmer gelangt. → 2

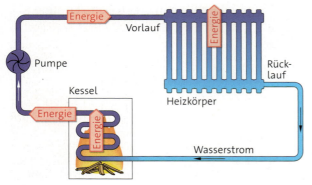

2 Das strömende Wasser führt Energie mit.

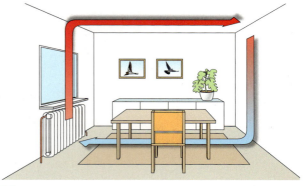

3 Die strömende Luft verteilt Energie im Zimmer.

Lexikon
Video
Tipps

neboba

die **Wärmeströmung**

Material A

Warmer Wasserstrom (Demoversuch)

Materialliste: Rundkolben, Wasser, farbiges Badesalz, Gasbrenner, Glasrohr, Stativmaterial

Achtung! • Flamme nicht zu lange auf eine Stelle richten!

1 Die Lehrkraft erhitzt den Rundkolben an einer Seite mit kleiner Flamme. → 4
   ⊠ Beobachtet, was im Wasser geschieht. Schreibt es auf und skizziert.

2 Das Glasrohr wird mit kleiner Flamme an einer Seite erhitzt. → 5
   ⊠ Beobachtet, was passiert. Vergleicht mit Versuch 1.

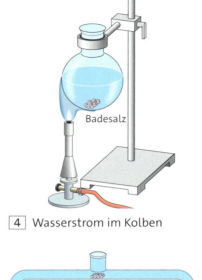

4 Wasserstrom im Kolben

5 Wasserstrom im Rohr

Material B

Warmer Luftstrom

Materialliste: Blatt Papier, Stecknadel, Schere

1 Schneidet die Papierspirale aus. → 6 Stecht die Stecknadel von unten hindurch. Haltet die Spirale über eine heiße Kochplatte, einen warmen Heizkörper …
   ⊠ Beschreibt, was ihr beobachtet.

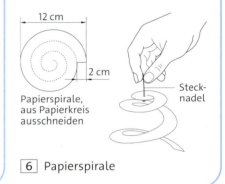

6 Papierspirale

Material C

Verschiedene Transportmittel

1 ⊠ Dreimal Wärmeströmung: Nenne jeweils den strömenden Stoff. → 7 – 9

7 – 9 „Schokobrunnen", Weihnachtspyramide, Vulkan → 🔲

Energie unterwegs – die Wärmeströmung

Erweitern und Vertiefen

Der Golfstrom – die „Warmwasserheizung" Europas

Wärmeströmung im großen Stil • Du kannst dir den Golfstrom als breiten Fluss von warmem Wasser mitten im kalten Atlantik vorstellen. →1 Seinen Namen hat der Golfstrom vom Golf von Mexiko. Dort ist das Wasser rund 25 °C warm. Es strömt durch den Atlantik nach Nordosten und nimmt dabei viel thermische Energie mit. Selbst im kühlen Norden ist der Golfstrom immer noch um 2–3 °C wärmer als das Wasser ringsherum.

Auch die Luft über dem Golfstrom wird durch das warme Wasser erwärmt. Sie gelangt als milder Westwind an die Küsten im Nordwesten Europas. Dadurch ist an diesen Küsten das Klima milder als in anderen Gebieten, die genauso weit im Norden liegen.

Einige Folgen dieser riesigen „Heizung" sind:
- Die Westküste Norwegens bleibt selbst in kalten Wintern eisfrei. →2
- Sogar in Norwegen reifen im Sommer Erdbeeren und Kirschen.
- An der Südwestküste Englands gedeihen Palmen. →3

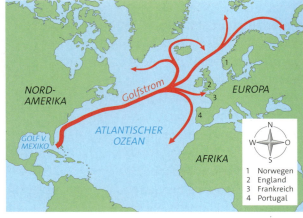

1 Der Golfstrom

Aufgaben

1 ⊠ Aus welcher Himmelsrichtung kommt der Golfstrom nach Europa? Lies es aus der Karte ab. →1

2 ⊠ Der Golfstrom wird oft als „Warmwasserheizung Europas" bezeichnet. Begründe diese Bezeichnung.

2 Ein eisfreier Hafen im Winter in Norwegen

3 Palmen in Cornwall (Südwestengland)

Erweitern und Vertiefen

Erwärmen und Kühlen durch Wärmeströmung

Raumheizung • Wohnräume werden heute meistens durch eine Warmwasserheizung erwärmt. Dabei wird die im warmen Wasser gespeicherte thermische Energie häufig über Heizkörper an die Raumluft abgegeben. → 4
Die erwärmte Luft am Heizkörper dehnt sich aus und steigt auf, weil ihre Dichte geringer ist als die Dichte der kühleren Luft in der Umgebung. Sie breitet sich unter der Zimmerdecke aus und kühlt ab. Dabei zieht sie sich zusammen und ihre Dichte nimmt zu, sodass sie wieder zum Boden sinkt. Dort strömt sie zum Heizkörper zurück.

Motorkühlung • Verbrennungsmotoren in Autos wandeln nur einen Teil der zugeführten chemischen Energie in Bewegungsenergie um. Ein Großteil der umgewandelten Energie wird über den Kühler und mit den Abgasen als thermische Energie an die Umgebung abgegeben. Der Motor wird mit einer Flüssigkeit gekühlt. → 5 Diese Flüssigkeit umströmt den Motor, nimmt die „Abwärme" auf, transportiert sie zum Kühler und gibt sie dort an die vorbeiströmende Luft ab. Die Kühlrippen vergrößern die Oberfläche des Kühlers und verbessern so die Energieabgabe. → 6

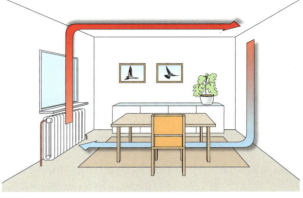

4 Die Raumheizung durch Wärmeströmung

Aufgaben

1 ☒ Erkläre, wie der warme Luftstrom bei der Raumheizung zustande kommt. → 4

2 ☒ „Die Kühlung eines Verbrennungsmotors nutzt zweimal die Wärmeströmung." Begründe diese Aussage. → 5

3 ☒ In fast allen Computern ist ein Lüfter eingebaut. Erkläre, weshalb er notwendig ist. Verwende dabei den Begriff Wärmeströmung.

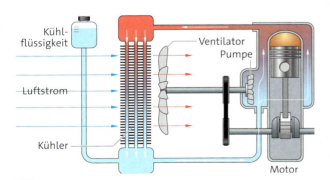

5 Die Motorkühlung durch Wärmeströmung

 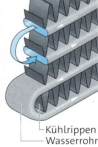

6 Die Kühlrippen eines Verbrennungsmotors

Energie unterwegs – die Wärmeleitung

1 Töpfe mit verschiedenen Griffen

Materialien zur Erarbeitung: A–B

Der Topf und die Pfanne sind beide sehr heiß. Warum kann der Koch die Pfanne dennoch ohne Lappen anfassen?

Wärmeleitung • Wenn du einen Topf mit Wasser auf eine heiße Herdplatte stellst, wird erst der Topf heiß und dann das Wasser. Die thermische Energie wird von der Herdplatte über den Topfboden in das Wasser geleitet. → 2

> Thermische Energie breitet sich in einem Gegenstand von alleine aus. Sie fließt immer von der hohen zur niedrigen Temperatur. Wir nennen diesen Vorgang Wärmeleitung.

Gute und schlechte Wärmeleiter • Ein Topf aus Stahl leitet die thermische Energie schnell weiter: Er ist ein guter Wärmeleiter. Ein Kunststoffgriff leitet die thermische Energie eines heißen Topfs dagegen kaum weiter. Er ist ein sehr schlechter Wärmeleiter. Es gilt:
- Metalle wie Kupfer und Eisen sind gute Wärmeleiter.
- Wasser, Glas und Stein sind keine guten Wärmeleiter.
- Holz, Wolle, Kunststoff, Hartschaum und Luft sind sehr schlechte Wärmeleiter.

Dämmstoffe • Sehr schlechte Wärmeleiter nennt man Dämmstoffe oder Isolatoren. Dämmstoffe wie Kork und Hartschaum enthalten viel Luft. Man verwendet sie, um unerwünschte Wärmeleitung einzudämmen.

> Stoffe unterscheiden sich in ihrer Wärmeleitfähigkeit.

Aufgaben

1. ▶ Ordne diese Gegenstände: Wollpullover, Esslöffel, Trinkglas. Beginne mit dem besten Wärmeleiter.

2. ☒ Entscheide jeweils, ob die Wärmeleitung erwünscht ist oder nicht. Begründe deine Entscheidungen.
   a Der Topf besteht aus Metall.
   b Der Topfgriff ist aus Kunststoff.
   c Ein heißer Topf steht auf einem Untersetzer aus Kork.
   d Heizkörper bestehen aus Metall.

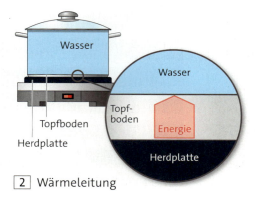

2 Wärmeleitung

	Lexikon
vahiju	Video
	Tipps

die **Wärmeleitung**
der **Wärmeleiter**
der **Dämmstoff**
der **Isolator**
die **Wärmeleitfähigkeit**

Material A

Welcher Becher leitet die Wärme besser?

Zwei kleine Becher aus Aluminium und Kunststoff wurden mit gleich viel kaltem Wasser gefüllt und in ein großes Becherglas mit heißem Wasser gestellt. → 3
Alle 30 s wurde die Temperatur im heißen Wasser und im kalten Wasser gemessen. → 4

1 ▶ Vergleiche die Messwerte in den Gefäßen. → 4 Beantworte die Versuchsfrage.

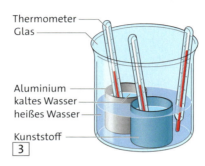

3

Zeit	Wassertemperatur		
	Glas	Kunststoffbecher	Aluminiumbecher
0 s	49 °C	15 °C	15 °C
30 s	48 °C	16 °C	19 °C
60 s	47 °C	17 °C	22 °C
90 s	46 °C	18 °C	23 °C
120 s	45 °C	18 °C	25 °C
150 s	44 °C	19 °C	27 °C

4 Messwerte in den Gefäßen

Material B

Was wird schneller heiß?

Materialliste: Becherglas, heißes Wasser, Stäbe aus Eisen, Kupfer, Plexiglas und Holz, Pappe mit Löchern, Wachs

1 Forme Kugeln aus Wachs. Schiebe die Stäbe mit den Wachskugeln durch die Pappe. Stelle dann alles ins heiße Wasser. → 5

a ▶ Gib an, welcher Stab am schnellsten heiß wird. → 🔘

b ✖ Gib an, für welche Küchengegenstände sich die 4 Stoffe jeweils eignen. Begründe die Vorschläge.

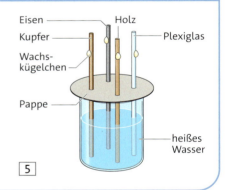

5

Material C

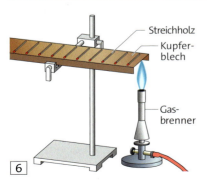

6

Sofort warm? (Demoversuch)

Materialliste: Stativmaterial, Kupferblech (abgekantet), Gasbrenner, Streichhölzer

1 Die Lehrkraft baut den Versuch auf. → 6 Dann wird das Kupferblech an einer Seite von unten mit dem Gasbrenner erhitzt.

a ▶ Beschreibe deine Beobachtung.

b ✖ Erkläre deine Beobachtung. Verwende dabei die Begriffe Wärmeleitung und Zündtemperatur.

Schutz vor Wärme und Wärmeverlust

1 Eine Hauswand wird mit Glaswolle gedämmt.

In den letzten Jahren sind bei uns viele Häuser mit dicken Dämmplatten umhüllt worden. Die Platten haben den gleichen Zweck wie ein Winterfell.

Wärmedämmung am Haus • Im Winter heizen wir unsere Häuser, um nicht zu frieren. Um die thermische Energie im Haus zu halten, werden Hauswände aufwendig wärmegedämmt. → 1

Es gibt viele Dämmstoffe: Glaswolle, Wolle, Holzwolle, Hartschaum, Styropor ... Sie sind allesamt sehr schlechte Wärmeleiter, weil sie viel Luft enthalten. → 2

Bei guter Dämmung bleibt es im Haus im Sommer kühl. Im Winter bleibt es warm, weil wenig thermische Energie ins Freie geleitet wird. Das spart Energie und Geld. Und weil man weniger Brennstoffe zum Heizen verbrennen muss, entstehen weniger Abgase. So wird die Umwelt entlastet.

Wärmedämmung am Körper • Zum Schutz vor Wärmeverlust plustern sich die Meisen auf. → 3 Wir schützen uns durch Wollpullover und bauschige Winterjacken. Sie enthalten viel Luft und sind daher sehr schlechte Wärmeleiter. Dadurch gibt der Körper nur langsam thermische Energie an die Umgebung ab und bleibt schön warm.

> Dämmstoffe sind sehr schlechte Wärmeleiter. Sie verringern den Austausch von thermischer Energie und bewirken dadurch, dass man weniger heizen muss.

2 Glaswolle im Mikroskop (gefärbt)

3 Aufgeplusterte Meisen im Winter

Aufgabe

1 ◩ Erläutere, wie durch Dämmung Energie gespart und die Umwelt geschont werden kann.

2 ◩ Im Wollpullover ist dir mollig warm. Kommt die Wärme vom Pullover? Begründe deine Antwort.

Lexikon
Video
Tipps

die **Wärmedämmung**
der **Dämmstoff**

Material A

Die Dämmstoffe

1 ☒ Einige Stoffe sind viel besser als andere zur Wärmedämmung geeignet. → 4
a Häuser werden mit Glaswolle isoliert, nicht mit Beton. Begründe.
b Kork dämmt besser als Sandstein. Erkläre den Unterschied.

2 ☒ In welcher Dose schmilzt das zerstoßene Eis schneller? → 5
Begründe deine Antwort.

- 1 cm dicke Schicht aus Hartschaum, Kork, Glasfasern
- 4,5 cm dicke Wand aus Holz
- 21 cm dicke Wand aus Glas
- 53 cm dicke Betonmauer
- 60 cm dicke Sandsteinmauer

4 So dick müssen Wände sein, damit ihre Wärmedämmung gleich ist.

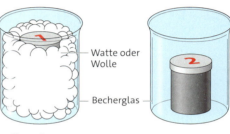

zerstoßenes Eis

Kunststoffdose

Watte oder Wolle

Becherglas

5 Wie wirkt sich der Dämmstoff aus?

Material B

Ein Modellhaus mit Wärmedämmung

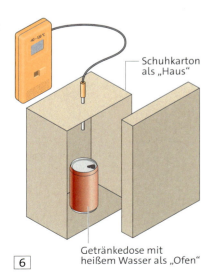

Schuhkarton als „Haus"

Getränkedose mit heißem Wasser als „Ofen"

6

Materialliste: Schuhkarton, Getränkedose, Wasser (50 °C), Schaumstoff, Hartschaum, Luftpolsterfolie, elektronisches Thermometer

1 Baut das Modellhaus auf. → 6 Stellt es ohne „Ofen" in einen kühlen Raum.
☒ Messt die Temperatur nach 20 Minuten. Notiert den Messwert.

2 Stellt nun den warmen „Ofen" ins Haus.
☒ Messt die Temperatur wieder nach 20 Minuten.

3 Kleidet jetzt das Haus rundherum mit Schaumstoff, Hartschaum oder Luftpolsterfolie aus. Stellt wieder einen 50 °C warmen „Ofen" ins Haus.
☒ Messt wieder nach 20 Minuten die Temperatur im Modellhaus.

4 ☒ Vergleicht die verschiedenen Temperaturmesswerte miteinander. Dazu könnt ihr zum Beispiel ein Säulendiagramm anlegen. Erklärt die Unterschiede der Temperaturen.

Tipps zum Energiesparen

1 Energie verschwendet – oder gespart?

Gegenstände herzustellen. Dazu werden heute noch große Mengen an Erdöl, Gas, Kohle und Holz verbrannt. Unser „Energiehunger" lässt die Vorräte der Erde schwinden und belastet die Luft mit schädlichen Gasen.

> Bei jeder Verbrennung entstehen Abgase, Abfälle und Abwärme, die unsere Umwelt belasten. Deshalb sollte jeder von uns sparsam mit Energie umgehen. → 2

Nicht nur beim Lüften kannst du Energie sparen.

Energie ist kostbar • Wir nutzen viel Energie zum Heizen, Beleuchten, Antreiben von Motoren und um

Aufgabe

1 Notiere die Überschriften der Energiespartipps in einer Liste. → 2 Ergänze eigene Tipps.

Licht aus
Schalte das Licht in allen Räumen aus, in denen niemand ist.

Nicht zu viel heizen
Ein Absenken der Raumtemperatur um 1°C spart im Winter 6 % Energie.

Muskeln benutzen
Du wohnst nahe an der Schule? Dann fahre mit dem Rad oder gehe zu Fuß.

Warmhalten statt heizen
Halte Tee in einer Thermoskanne heiß, nicht auf der Warmhalteplatte.

Kein Stand-by-Betrieb
Schalte Fernseher und Computer aus, wenn du sie nicht brauchst. Sie brauchen auch im Stand-by-Betrieb elektrische Energie.

Stoßlüften statt Dauerlüften
Lüften im Winter? Mache die Fenster 5 Minuten lang weit auf. So geht weniger Energie verloren, als wenn die Fenster lange gekippt sind.

Sparsame Lampen verwenden
LED-Lampen und Energiesparlampen leuchten oft genauso hell wie Glühlampen. Sie brauchen aber viel weniger elektrische Energie.

2 Energiesparen im Alltag

das **Energiesparen**

Material A

Richtig lüften im Winter

1 Lies den Text. → 3
a ⬛ Gib an, warum man im Winter lüftet.
b ⬛ Erkläre, wieso das „Stoßlüften" empfohlen wird.

Stoßlüften

Im Winter ist Lüften wichtig, um den Sauerstoff in der Zimmerluft zu erneuern und die Luftfeuchtigkeit zu senken. So kann Schimmel an den Wänden verhindert werden. Wir geben nämlich täglich bis zu 1 Liter Wasser über Atem und Haut ab. Es ist aber falsch, ein Fenster ständig zu kippen: Dann geht laufend thermische Energie verloren und man erkältet sich in der Zugluft. Außerdem sollen sich die Wände beim Lüften nicht abkühlen. Das Heizen des Zimmers kostet bei gekipptem Fenster schnell das Vierfache gegenüber der „Stoßlüftung". Richtig ist es, Fenster und Türen nur für ein, zwei Minuten weit zu öffnen. Die Luft, die dabei schnell entweicht, ist ohnehin ein schlechter Wärmespeicher.

3 Tipps aus einer Zeitung

Material B

Wie lange dauert es, bis 1 Liter Wasser kocht?

Materialliste: Wasserkocher, 2 l kaltes Wasser, Stoppuhr

1 ⬛ Fülle 1 l Wasser in den Wasserkocher. Schließe den Deckel und schalte den Wasserkocher ein.
a Miss die Zeit, bis das Wasser kocht.
b Wiederhole den Versuch mit dem verbliebenen kalten Wasser – aber diesmal mit offenem Deckel.
c Vergleiche die Zeiten.
d Gib eine Empfehlung für den energiesparenden Umgang mit Wasserkochern und Töpfen.

Material C

Lampen unterscheiden sich

Materialliste: Energiesparlampen, LED-Lampen, Glühlampen

1 ⬛ Vergleiche die Lampen.
a Welche Lampe leuchtet am hellsten? *Tipp:* Beleuchte diesen Text im Dunkeln mit der Lampe. Vergrößere den Abstand zwischen Lampe und Text, bis du ihn gerade noch lesen kannst.
b Welche Lampe wird heißer?
c Wie angenehm ist das Licht?
d Welche Lampe braucht mehr Energie? *Tipp:* Eine 20-Watt-Lampe braucht doppelt so viel Energie pro Sekunde wie eine 10-Watt-Lampe.

Material D

4 Thermoskanne

Die Thermoskanne

1 ⬛ In einer Thermoskanne bleibt Tee stundenlang heiß. → 4 → 🔲 Wie wird die Abgabe thermischer Energie nach außen so gering gehalten? Ergänze die Tabelle in deinem Heft. → 5

Bauteil	Verhindert:
Wand aus Edelstahl	Energieabgabe durch …
Hohlraum	?
Verschluss	?

5 Teile der Thermoskanne und ihre Aufgabe

Tipps zum Energiesparen

Methode

Lernwörter üben im naturwissenschaftlichen Unterricht

Lernwörter • Im Fach „Biologie, Naturphänomene und Technik" gibt es viele Wörter, die du vielleicht noch nie gehört hast. → 1 Du brauchst sie, um Vorgänge in der Natur oder Körper- und Pflanzenteile genau zu beschreiben. Manchmal musst du diese Wörter wie Vokabeln im Englischunterricht lernen. Andere Wörter kennst du schon, aber sie haben in der Fachsprache eine andere Bedeutung.
Vielleicht sind dir die Lernwörter im Buch schon aufgefallen. Sie stehen oben rechts auf den rechten Seiten. Diese Wörter solltest du dir merken. Du kannst sie lernen, indem du sie zum Beispiel auflistest, ihre Bedeutung notierst und sie dann übst. Dabei kannst du so vorgehen:

1. Liste neue Lernwörter auf
Beispiel: die Strahlung, die Wärmeströmung, die Wärmeleitung ...

2. Notiere die Bedeutungen Wo und wie werden die Lernwörter verwendet? Notiere zu jedem Lernwort seine Bedeutung. Du findest sie entweder direkt im Text oder du formulierst sie selbst. Wichtig: Schreibe die Bedeutung so auf, dass du sie verstehst und dir merken kannst. Oft sind Beispiele sehr hilfreich.
Beispiel: „Die Wärmeströmung: Thermische Energie (Wärme) strömt mit dem heißen Wasser vom Heizkessel zum Heizkörper in meinem Zimmer."
Tipp: Die Wärmeströmung ist aus zwei Wörtern zusammengesetzt: „Wärme" und „Strömung". Überlege dir zunächst, was die einzelnen Wörter bedeuten. Wärme steht für thermische Energie (ein anderes Lernwort!). Strömungen gibt es zum Beispiel im Meer oder in der Luft (Wind). Wärmeströmung bedeutet: Thermische Energie strömt mit einem Stoff mit.

3. Wähle eine Lernmethode aus Zum Üben von Lernwörtern gibt es viele Methoden. Du kannst dir zum Beispiel eine Lernkartei erstellen. → 2 Auf der einen Seite steht das Lernwort, auf der anderen Seite seine Bedeutung.
Auch mit einem Quiz kannst du Lernwörter prima üben. → 3

1 Lernwörter aus dem BNT-Unterricht

2 Lernwort und Bedeutung in einer Lernkartei

316 Energie effizient nutzen!

xorira

Lexikon
Tipps

Tipps: Im App-Store deines Smartphones oder im Internet gibt es kostenfreie Apps zur Erstellung von digitalen Lernkarteien und Ratespielen. Je nach App kannst du schwierige Wörter markieren und getrennt lernen. Manche Programme können sich auch auf dich einstellen und lassen dich schwierige Wörter häufiger üben. Außerdem kannst du dein Quiz mit deinen Mitschülern und Mitschülerinnen teilen oder ihr könnt gegeneinander antreten. → 4

4. Übe die Lernwörter Übe nun die Lernwörter, indem du dich selbst oder dein Gegenüber abfragst. Bei einer Lernkartei schaust du dir dazu den Begriff auf der einen Seite der Karte an. Sage oder denke dir seine Bedeutung und vergleiche sie anschließend mit der Erklärung auf der anderen Seite der Karte. Wiederhole zum Schluss die Wörter, die du beim ersten Durchgang nicht richtig wusstest – bis du auch diese Wörter sicher verwenden kannst.

Aufgaben

1 Lernwörter aus dem Kapitel „Energie effizient nutzen!"
a Liste 10 Lernwörter aus diesem Kapitel auf.
b Verfasse zu jedem Lernwort einen Satz in deinen eigenen Worten, der das Lernwort erläutert.

2 Stellt fest, welche Lernwörter aus dem BNT-Unterricht ihr besonders schwierig findet. Erstellt ein Quiz zu diesen Lernwörtern und übt damit die Wörter.

Womit wird die Temperatur gemessen?	
○ das Themometer	○ die Thermoskanne
○ der Thermostat	
Vogel, der sein Brutgebiet vor dem Winter verlässt und in den Süden zieht → der Zugvogel?	
○ richtig	○ falsch
Sie transportiert Energie von der Sonne durch das Weltall zur Erde. → die Wärmeströmung?	
○ richtig	○ falsch

3 Beispiele für Quizfragen

4 Welche Gruppe gewinnt das Klassenquiz?

Wie Vögel fliegen

1 Der Mäusebussard

In Gebieten mit vielen Wiesen und Äckern kannst du den Mäusebussard beobachten. Er kreist lange in der Luft. Schließlich lässt er sich auf seinen
5 Ansitz sinken. Von dort lauert er seiner Beute auf.
Wie kann der Mäusebussard so lange in der Luft bleiben, ohne mit seinen Flügeln zu schlagen?

10 **Gleitflug** • Beim Anflug auf den Ansitz lässt der Mäusebussard seine Flügel weit ausgebreitet. Er gleitet ganz langsam nach unten. Diese Flugform heißt Gleitflug. → ▣
15 Warum kann der Vogel kilometerweit gleiten? Ein Grund dafür liegt in den Flügeln: Sie sind gewölbt. → 2 3
Wenn Luft an den Flügeln vorbei-

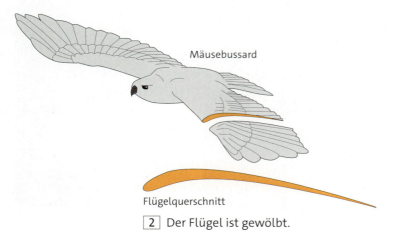

2 Der Flügel ist gewölbt.

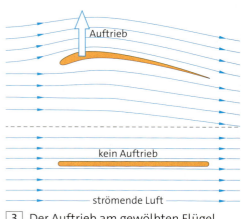

3 Der Auftrieb am gewölbten Flügel

Lexikon
Videos
Tipps

rasiza

der **Gleitflug**
der **Auftrieb**
der **Segelflug**
der **Ruderflug**

streicht, werden sie ein wenig angehoben – und damit auch der Vogel. Dieser Auftrieb sorgt dafür, dass der Vogel nur langsam zu Boden sinkt.

Segelflug • Der Mäusebussard kann in große Höhen aufsteigen, ohne dass er mit den Flügeln schlägt. Dabei nutzt er Aufwinde aus. Diese Flugform heißt Segelflug. → ▣

Ruderflug • Wenn der Mäusebussard von seinem Ansitz startet, schlägt er kräftig mit den Flügeln. Dieser Ruderflug wird von den Schwungfedern unterstützt:
- Beim Abwärtsschlag werden die Schwungfedern mit ihrer breiten Fahne von der Luft gegen die Nachbarfedern gedrückt. → 4 So bilden alle Federn eine luftundurchlässige Fläche. Der Vogel stößt sich von der Luft ab und gelangt nach oben.
- Beim Aufwärtsschlag drückt die Luft auf die Oberseite der Flügel, sodass die Federn kippen. → 5 Dadurch kann die Luft zwischen den Federn hindurchfließen und der Vogel verliert kaum an Höhe.
- Anschließend beginnt die Bewegungsabfolge von vorn.

Der Ruderflug erfordert viel mehr Energie als Gleit- und Segelflug.

> Beim Gleitflug nutzen Vögel den Auftrieb an den gewölbten Flügeln. Beim Segelflug nutzen sie Aufwinde. Beim Ruderflug schlagen die Vögel mit den Flügeln, um in der Luft zu bleiben.

4 Der Ruderflug: der Abwärtsschlag von oben nach unten → ▣

5 Der Ruderflug: der Aufwärtsschlag von unten nach oben

Aufgaben

1 ▸ Nenne die drei Flugformen, die der Mäusebussard beherrscht.

2 ▸ Gib an, welche der drei Flugformen am meisten Energie braucht.

3 ✖ Beschreibe eine der drei Flugformen genau.

4 ✖ An einem Sommertag bleibt ein Raubvogel lange in der Luft, ohne mit den Flügeln zu schlagen. Erkläre diese Beobachtung.

Wie Vögel fliegen

Methode

Modelle helfen verstehen

Bussarde können lange Zeit ohne Flügelschlag durch die Luft gleiten. Liegt das auch an ihrer Flügelform? Fliegende Vögel lassen sich nur schlecht untersuchen, um diese Frage zu beantworten. An einem Modell des Flügels lassen sich dagegen Untersuchungen durchführen. → 1
Auch andere Fragen kannst du mit Modellen untersuchen. Zwischen Modell und Wirklichkeit gibt es aber stets Unterschiede:
- Modelle sind oft kleiner oder größer als die eigentlichen Gegenstände.
- Modelle sind in der Regel aus anderen Materialien hergestellt als die eigentlichen Gegenstände. So besteht unser Flügelmodell aus Papier – der Vogelflügel besteht aus Federn, Muskeln, Haut und Knochen.
- Modelle untersuchen oft nur eine einzelne Eigenschaft des eigentlichen Gegenstands. Unser Flügelmodell konzentriert sich auf die gewölbte Form des Flügels. Diese Beschränkung macht das Modell anschaulich.

Gehe bei Untersuchungen mithilfe von Modellen in vier Schritten vor:

1. Stelle eine Untersuchungsfrage Formuliere eine klare Frage für die Untersuchung.

2. Stelle ein Modell her Plane und baue das Modell.

3. Nutze das Modell Führe die Untersuchung durch. Beschreibe deine Beobachtungen. Beantworte die Untersuchungsfrage.

4. Vergleiche Modell und Wirklichkeit Beschreibe, wie sich das Modell von der Wirklichkeit unterscheidet. Welche Eigenschaften hast du untersucht, welche nicht?

1 Ein gewölbtes Blatt Papier als Flügelmodell

Aufgabe

1 ☒ Was geschieht, wenn Wind über den Flügel eines Bussards strömt? Untersuche diese Frage mit dem Flügelmodell. → 1
a Stelle das Modell her.
 Tipps: Spanne das Blatt Papier so in das Buch ein, dass das Blatt etwa zur Hälfte heraushängt. Beschwere das freie Ende des Blatts mit einer Büroklammer.
b Nutze das Modell.
c Vergleiche Modell und Wirklichkeit.

Material A

Der Aufwind im Modell

Materialliste: Glasrohr (etwa 5 cm Durchmesser), Kerze, Daunenfeder, Stativmaterial

1. ▶ Untersuche den Aufwind im Modell (siehe Methode auf der linken Seite).

Führe den Modellversuch wie in Bild 2 durch. Beschreibe deine Vorgehensweise.
Achtung! • Brandgefahr

2. ▶ Beschreibe die Vorteile des Aufwinds für den Mäusebussard. Nutze den Modellversuch.

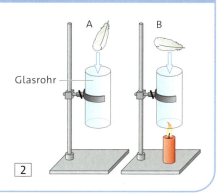

2

Material B

Federleicht

Materialliste: Steuerfeder, Schreibpapier (Masse des Papiers: 80 Gramm pro Quadratmeter, „80 g/m^2"), Schere, Feinwaage

1. Zeichne den Umriss der Steuerfeder auf das Blatt Papier. Schneide den Umriss aus.
 a ▶ Wiege erst das ausgeschnittene Papier und dann die Feder auf der Feinwaage. Notiere deine Messwerte für die Masse.
 b ▶ Sammelt die Messwerte der ganzen Klasse und vergleicht sie an der Tafel.

2. ▶ Beschreibe den Vorteil, der sich für Vögel aus der geringen Masse ihrer Federn ergibt.

Material C

Reißfest

Materialliste: Steuerfeder, Blatt Papier (DIN A4), Schere

1. Schneide aus dem Papier einen 4 cm breiten Streifen. Knicke den Papierstreifen und die Steuerfeder in der Mitte einmal hin und her. Versuche beide danach mit leichtem Zug auseinanderzureißen.
 a ▶ Notiere die Anzahl der Knicke bis zum Reißen.
 b ▶ Sammelt die Messwerte der ganzen Klasse und vergleicht sie.

2. ▶ Beschreibe den Vorteil, der sich für Vögel aus der Haltbarkeit der Federn ergibt.

Material D

Luftdurchlässig?

Materialliste: Kerze, Vogelfeder mit Fahne, Trinkhalm

1. Puste die Kerzenflamme mit dem Trinkhalm aus. Versuche es auch mit einer Vogelfeder vor der Flamme. → 3
 ▶ Beschreibe und erkläre deine Beobachtungen.

2. ▶ Beschreibe die Vorteile, die sich für Vögel aus den beobachteten Eigenschaften der Feder ergeben.

3

Zugvögel – Weltenbummler der Lüfte

1 Der Weißstorch fliegt davon.

Manche Tiere bleiben nicht hier, wenn es kalt wird. Sie haben einen Weg gefunden, um dem Winter zu entgehen. Welcher ist das?

Zugvögel und Standvögel • Der Weißstorch ernährt sich von Fröschen, Mäusen, Insekten und Würmern. Diese Nahrung steht im Winter in Europa nicht zur Verfügung. Deshalb nimmt der Weißstorch die lange Reise in den Süden auf sich. → 1 Dafür benötigt er viel Energie. Im Winterquartier versammeln sich sehr viele Störche. Die Nahrung reicht für sie aus, aber nicht für die Aufzucht von Jungtieren. Zugvögel gehen in jedem Frühjahr und Herbst auf die Reise. → 2 3 Sperlinge, Meisen und viele andere Vögel bleiben dagegen das ganze Jahr in ihrem Brutgebiet. Sie sind Standvögel.

2 Der Kuckuck – ein Zugvogel

3 Die Rauchschwalbe – ein Zugvogel

der **Zugvogel**
der **Standvogel**

Eine anstrengende Reise • Auf der ganzen Welt gehen rund 50 Milliarden Zugvögel auf die Reise. Zum Vergleich: Auf der Erde leben rund 8 Milliarden Menschen. Manche Zugvögel werden von Forschern und Forscherinnen beringt oder bekommen kleine Sender. Dadurch hat man verschiedene Flugrouten entdeckt. → 4
Vielleicht hast du schon einmal gesehen, wie Enten in einer Reihe hintereinander fliegen. Sie nutzen den Windschatten der vorausfliegenden Vögel. Das spart Energie.
Der Weißstorch und andere große Zugvögel lassen sich von Aufwinden in große Höhen tragen. Dann gleiten sie ohne einen einzigen Flügelschlag über weite Strecken ohne Anstrengung.
Der Kuckuck und viele andere kleine Zugvögel können die Aufwinde nicht nutzen. → 2 Sie fliegen im Schutz der Dunkelheit.

Erstaunliche Leistungen • Der Weißstorch schafft in nur 40 Tagen den Flug in sein Winterquartier. Bis dort sind es rund 12 000 Kilometer.
Küstenseeschwalben legen sogar 40 000 Kilometer in einem Jahr zurück! Streifengänse überqueren das Himalaja-Gebirge in über 9000 Metern Höhe und bei –50 °C. So hoch fliegen sonst nur Verkehrsflugzeuge.
Mauersegler fliegen nonstop mit einem Tempo von bis zu 160 Kilometern pro Stunde. Sie schlafen dabei sogar im Flug. Rauchschwalben fliegen mit einer Geschwindigkeit von fast 70 Kilometern pro Stunde. → 3

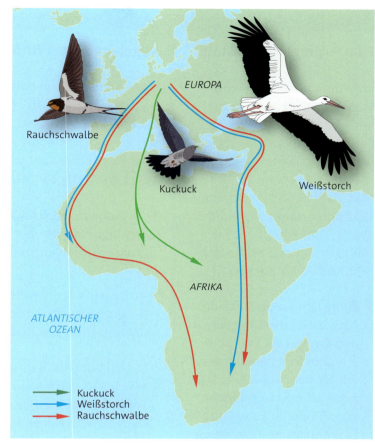

4 Die Flugrouten einiger Zugvögel → ▣

> Zugvögel verlassen ihr Brutgebiet vor dem Winter und ziehen in den Süden. Standvögel bleiben das ganze Jahr über in ihrem Brutgebiet.

Aufgaben

1 ✏ Beschreibe, wie die Zugvögel ihre anstrengende Reise überstehen.

2 ✏ Vergleiche die Flugrouten von Weißstorch, Kuckuck und Rauchschwalbe. → 4

Zugvögel – Weltenbummler der Lüfte

Material A

Eine Futterglocke basteln

Im Winter lassen sich viele Standvögel gut an Futterstellen im Garten beobachten. Eine Futterglocke kannst du leicht selbst basteln. → 1

Materialliste: 150 g Rindertalg, 150 g Körnermischung, Kordel, Zweig, Blumentopf aus Ton mit 10 cm Durchmesser, Kochtopf, Kochlöffel, Kochplatte

1 Führe den Zweig durch das Loch. Binde die Kordel an den Zweig. Lass ihn 10 cm aus dem Topf herausragen. Erhitze den Talg vorsichtig, bis er schmilzt. Vermische Körner und Talg sorgfältig. Lass den weißen Brei etwas abkühlen. Fülle ihn dann in den Blumentopf. Warte, bis alles fest ist – fertig!

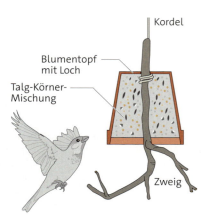

1 Die Futterglocke

Material B

Vögel im Winter füttern?

Vögel kannst du am Futterhäuschen aus nächster Nähe beobachten. Das ist ein schönes Naturerlebnis. Aber ist es überhaupt sinnvoll, Vögel im Winter zu füttern?

1 ✏ Finde zu jeder Aussage Schlagworte, die den Inhalt kurz beschreiben. → 2

2 ✏ Ordne die Schlagworte zur Winterfütterung nach Zustimmung und Ablehnung in einer Tabelle an.

3 ✏ Diskutiere mit deinem Gegenüber, ob man Vögel im Winter füttern sollte.

4 ✏ Schreibe deine eigene Meinung zur Winterfütterung von Vögeln auf.

- An Futterstellen besteht die Gefahr, dass sich die Vögel mit Krankheiten anstecken.

- Mit der Winterfütterung hilft man nur den oft bei uns vorkommenden Vögeln. Die anderen kommen nicht zu den Futterstellen.

- Vögel sind recht unempfindlich gegen Ansteckung mit Krankheitserregern.

- Man hat beobachtet, dass die Vögel, die eine Futterstelle besuchen, auch noch an anderen Stellen nach Nahrung suchen.

- Durch die Fütterung werden die Vögel abhängig von den Menschen.

- Der Mensch hat den Lebensraum vieler Vögel zerstört. Durch das Füttern im Winter kann er das zumindest teilweise wieder ausgleichen.

- Menschen mit Garten können durch das Anpflanzen heimischer Pflanzen viel für den Vogelschutz tun.

- Im Frühjahr werden die Jungvögel mit dem falschen Futter gefüttert und sterben.

- Gefährdete Vögel, die nur in kleiner Anzahl bei uns leben, werden durch die Fütterung unterstützt.

- Vögel suchen das richtige Futter für die Aufzucht der Jungtiere.

2 Aussagen zur Winterfütterung von Vögeln

Erweitern und Vertiefen

Ein „Fahrstuhl" aus Luft

Nach oben getragen • Wie ein Adler durch die Luft gleiten und die Welt von oben sehen – für Gleitschirmflieger und Gleitschirmfliegerinnen ist dieser uralte Traum Wirklichkeit geworden. → 3 4 Lange kreisen sie am Himmel, ohne viel an Höhe zu verlieren. Manchmal steigen sie sogar wie von alleine weiter hoch. Ohne einen „Fahrstuhl" aus Luft wäre so ein Flug bald zu Ende.

So entstehen Aufwinde • Wenn die Sonne scheint, werden Sand, Felsen und Getreidefelder wärmer als Gewässer, Wiesen oder Wälder. Die Luft am Erdboden wird von den warmen Flächen erwärmt. Sie dehnt sich aus und steigt deshalb nach oben. → 5
Aufwinde entstehen auch dann, wenn Wind gegen einen Berg strömt und nach oben gedrückt wird. → 5

Hoch hinaus • Beim Segelfliegen und beim Gleitschirmfliegen kreist man wie große Greifvögel in engen Kurven im Aufwind. Die aufsteigende Warmluft trägt sie bis zu 4000 m hoch. Mit der warmen Luft gelangt sehr viel Energie in große Höhen.

3 Ein Adler im Aufwind →

4 Ein startender Gleitschirmflieger im Aufwind

5 Nach oben getragen – von Aufwinden

Aufgaben

1. Gib an, wo Aufwinde besonders oft entstehen.

2. Ein Adler steigt immer weiter auf, ohne seine Flügel zu bewegen. Erkläre diese Beobachtung.

Energie effizient nutzen!

Zusammenfassung

Energie treibt alles an • Energie ist nötig, damit etwas wächst, erwärmt, bewegt oder beleuchtet wird. Energie tritt in vielen Formen auf:
- chemische Energie
- Strahlungsenergie
- thermische Energie (Wärme)
- Bewegungsenergie
- elektrische Energie
- Lageenergie

Energiewandler nehmen Energie in einer Form auf und geben Energie in einer anderen Form wieder ab. → 1

Energie geht bei Energieumwandlungen oder Energietransporten niemals verloren. Energie kann gespeichert werden. → 2

2 Verschiedene Energiespeicher

1 Die Energieumwandlungen in der Solarzelle und im Elektromotor (grau: ungenutzte Energie)

Energie für dich • Unser Körper wandelt die chemische Energie der Nahrung zum Beispiel in Bewegungsenergie und in thermische Energie um. → 3 Er braucht die Energie für die Bewegung, für seine Organe und um die Körpertemperatur von 37 °C zu halten. Wenn man zu viel isst und sich zu wenig bewegt, wird die überschüssige chemische Energie in Fett gespeichert.

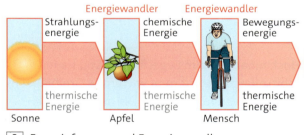

3 Energieformen und Energiewandler

Brennstoffe aus Pflanzen • Beim Verbrennen von Holz, Biogas und Biotreibstoffen wird chemische Energie in thermische Energie umgewandelt. Mit der thermischen Energie kann man zum Beispiel heizen, Motoren antreiben oder elektrische Energie erzeugen. → 4

Die Energiepflanzen können immer wieder neu angebaut werden. Sie brauchen aber viel Dünger und Pflanzenschutzmittel. Wo Treibstoffe „wachsen", können nicht gleichzeitig Pflanzen für die Ernährung wachsen.

4 Biodiesel zum Antrieb von Verbrennungsmotoren

Drei Dinge braucht das Feuer • Die drei Voraussetzungen für eine Verbrennung sind: → 5
- ein Brennstoff
- Sauerstoff
- eine ausreichend hohe Temperatur

Sauerstoff ist zu 21 % in der Luft enthalten, die uns umgibt.
Je höher der Zerteilungsgrad eines Brennstoffs ist, desto leichter entzündet er sich.

5 Das Verbrennungsdreieck

Brandschutz und Brandbekämpfung • Brandschutzmaßnahmen wie Rauchmelder, Brandschutztüren und nicht brennbare Dämmstoffe retten Menschenleben, indem sie Brände verhindern, deren Ausbreitung verlangsamen oder Menschen vor Bränden warnen.

Es gibt grundsätzlich drei Möglichkeiten, einen Brand zu löschen:
- Abkühlen des Brands → 6
- Entfernen des Brennstoffs
- Unterbinden der Sauerstoffzufuhr

Brennendes Fett, brennende Flüssigkeiten oder elektrische Anlagen dürfen niemals mit Wasser gelöscht werden!

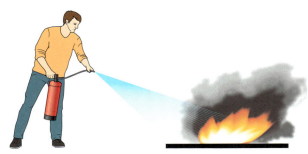

6 Die Brandbekämpfung mit dem Feuerlöscher

Tiere im Winter • Viele Tiere legen sich für die kalte und nahrungsarme Winterzeit energiereiche Fettreserven an. Durch ein dichtes Winterfell oder ein aufgeplustertes Gefieder verringern sie den Wärmeverlust ihres Körpers. → 7
Viele Säugetiere sind winteraktiv. Manche Säugetiere wie der Igel halten Winterschlaf, die Körpertemperatur sinkt dabei stark ab. → 8 Manche großen Säugetiere wie der Braunbär halten Winterruhe, ihre Körpertemperatur sinkt dabei nur um wenige Grad Celsius ab. → 9
Wechselwarme Tiere wie Marienkäfer fallen bei tiefen Temperaturen in Kältestarre. → 10

7 Aufplustern   8 Winterschlaf

9 Winterruhe, Erwachen   10 Kältestarre

Energie effizient nutzen!

Zusammenfassung (Fortsetzung)

Die Strahlung • Jeder Gegenstand sendet Energie durch Strahlung aus — je heißer er wird, desto mehr. Wenn Strahlung auf einen Gegenstand trifft, kann sie ihn erwärmen: Strahlungsenergie wird in thermische Energie umgewandelt. → 1

Die Wärmeströmung • Thermische Energie kann von strömenden Stoffen mitgeführt werden. → 2

Die Wärmeleitung • Thermische Energie kann sich in einem Gegenstand ganz von alleine ausbreiten. Sie breitet sich immer vom heißen zum kalten Ende des Gegenstands aus. → 3 Metalle sind gute Wärmeleiter. Wasser, Glas, Beton und Stein sind keine guten Wärmeleiter. Luft, Holz, Kunststoffe und Gase sind sehr schlechte Wärmeleiter.

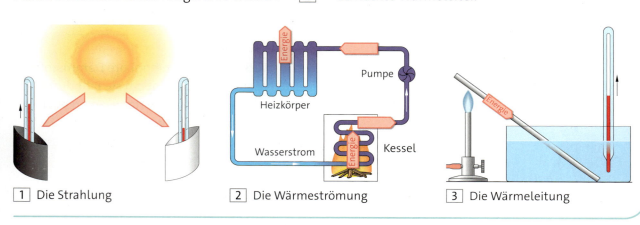

1 Die Strahlung 2 Die Wärmeströmung 3 Die Wärmeleitung

Tipps zum Energiesparen • Unser Energiebedarf lässt die Vorräte der Erde an Erdgas, Kohle und Erdöl schwinden. Jede Verbrennung belastet die Umwelt. Deshalb sollten wir Energie sparen. Dafür gibt es im Alltag viele Möglichkeiten:
- LED-Lampen oder Energiesparlampen mit geringem Energiebedarf einsetzen
- Unbenutzte elektrische Geräte ausschalten, nicht im Stand-by-Betrieb laufen lassen
- Im Winter nur Stoßlüftung, Fenster nicht lange gekippt halten
- Raumtemperatur im Winter mit dem Thermostaten nicht zu hoch einstellen
- Kaffee und Tee in der Thermoskanne warmhalten statt auf Warmhalteplatte
- Keine unnötigen Fahrten mit dem Auto
- Häuser mit Wärmedämmung versehen

Wie Vögel fliegen • Beim Gleitflug nutzen Vögel den Auftrieb an den gewölbten Flügeln. → 4 Beim Segelflug nutzen sie Aufwinde. Beim Ruderflug schlagen die Vögel mit den Flügeln. → 5

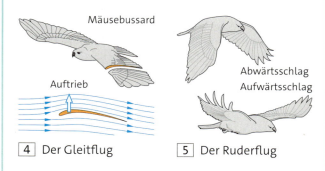

4 Der Gleitflug 5 Der Ruderflug

Zugvögel • Zugvögel verlassen ihr Brutgebiet vor dem Winter und ziehen in den Süden. Standvögel bleiben das ganze Jahr über im Brutgebiet.

sepoka
Übungen

Teste dich! (Lösungen auf Seite 383)

Energie treibt alles an

1. Gib jeweils an, in welcher Form die Energie vorliegt: Brot, heißer Tee, Sonnenlicht, fahrendes Auto.

2. Nach dem Frühstück schreibt Niels diese „Energiekette" in ein Arbeitsblatt:
elektrische Energie → thermische Energie.
   a. Nenne drei Haushaltsgeräte, zu denen die Energiekette passt.
   b. Nenne drei elektrische Haushaltsgeräte, die eine andere Energieform abgeben als thermische Energie. Zeichne die Energieketten.
   c. Britta schreibt für eine Kerze:
chemische Energie → Strahlungenergie.
Niels sagt: „Bei der Kerze entsteht nicht nur Strahlungsenergie." Bewerte seine Aussage und vervollständige die Energiekette.

3. „Die Sonne ist unsere wichtigste Energiequelle."
   a. Erkläre diese Aussage.
   b. Die Energie von der Sonne lässt sich in Bewegungsenergie umwandeln. Zeichne eine Energiekette mit einer Solarzelle.

Energie für dich

4. „Meine Muskeln arbeiten mit Sonnenenergie." Erkläre diesen Satz.

5. „Ich frühstücke nicht. Beim Schlafen in der Nacht habe ich ja keine Energie verbraucht." Nimm Stellung zu dieser Aussage.

6. Das Meerschweinchen von Hanna setzt ein wenig Fett an. Erkläre, wie es dazu kommt.

Brennstoffe aus Pflanzen

7. Nenne je einen festen, flüssigen und gasförmigen Brennstoff aus Pflanzen.

8. „Auch die Steinkohle, Erdöl und Erdgas sind letztlich aus Pflanzen entstanden." Nimm Stellung zu dieser Aussage.

9. Auf einem Feld wird Mais für eine Biogasanlage angebaut.
   a. Nenne Gründe, die für eine Nutzung von Biogas sprechen.
   b. Nenne Nachteile, die mit dem Anbau von Mais für die Biogasanlage verbunden sind.

Drei Dinge braucht das Feuer

10. Die Luft – ein Stoffgemisch
    a. Nenne drei Bestandteile der Luft.
    b. Gib an, welcher Bestandteil eine Verbrennung erstickt.
    c. Beschreibe einen Versuch, mit dem man Sauerstoff nachweisen kann.

11. Ein leeres Trinkglas wird über eine brennende Kerze gestülpt. Beschreibe und erkläre, was danach geschieht.

12. Wähle die drei Voraussetzungen für ein Feuer aus: Sonnenschein, Zündtemperatur, Kohlenstoffdioxid, Feuerlöscher, Sauerstoff, brennbarer Stoff, Stickstoff.

13. Das Speiseöl in einer Pfanne beginnt zu brennen.
    a. Gib die Temperatur des Öls an.
    b. Nenne den Fachbegriff für diese Temperatur.

Energie effizient nutzen!

Teste dich! (Fortsetzung)

14 Alicia möchte ein Grillfeuer entzünden. Dazu brennt sie zunächst ein Stück Grillanzünder mit dem Feuerzeug an. → [1]
a ✉ Begründe, warum sie die Kohle nicht direkt mit dem Feuerzeug entzündet.
b ✉ Nach einiger Zeit brennt die Kohle mit kräftigen Flammen. Alicia schließt nun das Luftloch am Boden des Grills. → [2] Erkläre, was sie damit erreicht.

[1] Grillanzünder   [2] Luftloch am Grill

Brandschutz und Brandbekämpfung

15 ✉ Begründe die Brandschutzmaßnahmen:
a Das Rauchen und der Gebrauch von offenem Feuer sind in Garagen, in Autowerkstätten und an Tankstellen streng verboten.
b Benutze niemals Spiritus als Grillanzünder!
c Im Nawi-Raum soll außer einem Feuerlöscher auch ein Kasten mit Sand bereitstehen.

16 ✉ Bei der Brandbekämpfung entzieht man dem Feuer eine der Voraussetzungen für die Verbrennung. Erkläre, warum die Feuerwehr:
a Wasser auf einen Waldbrand abwirft → [3]
b eine brennende Elektroanlage mit Löschschaum bedeckt

17 ✉ Beschreibe Schritt für Schritt, wie du einen Feuerlöscher bedienst. → [4]

Tiere im Winter – Leben auf Sparflamme

18 ✉ Ordne die folgenden Begriffe den abgebildeten Tieren zu: → [5] – [9] winteraktiv, Winterschlaf, Winterruhe und Kältestarre.

19 Grasfrösche im Winter
a ✉ Beschreibe, wie die Tiere überwintern.
b ✉ Was passiert mit ihnen, wenn die Temperatur weit unter den Gefrierpunkt sinkt?
c ✉ In den nördlichen Polargebieten leben zwar Eisbären, aber keine Frösche. Erkläre den Unterschied.

[3] Brandbekämpfung   [4] Feuerlöscher

[5] – [9] Biber, Erdkröte, Amsel, Igel

Energie unterwegs

20 🗨 Wärmeleitung, Wärmeströmung oder Strahlung? Ergänze die richtigen Begriffe:
a Auf der Herdplatte wird thermische Energie durch ◇ auf den Topf übertragen.
b Die Sonne erwärmt die Erde durch ◇.
c Die thermische Energie aus dem Heizkessel gelangt durch ◇ zum Heizkörper. → 10

21 🗨 Wie funktioniert die Heizungsanlage? → 10 Schreibe die Sätze in richtiger Reihenfolge auf (der erste Satz steht schon richtig):
• Im Brenner verbrennt Öl.
• Die Pumpe pumpt heißes Wasser zum Heizkörper.
• Das Wasser kühlt im Heizkörper ab und strömt zurück zum Kessel.
• Der Heizkörper gibt Wärme ans Zimmer ab.
• Das Wasser wird im Kessel erhitzt.

Schutz vor Wärme und Wärmeverlust

22 🗨 Eine zusammengedrückte Winterjacke wird bauschig, wenn man sie wieder loslässt. Erkläre, welchen Vorteil das hat.

23 Wärmeleitung und Wärmedämmung
a 🗨 Ordne die folgenden Stoffe – fange mit dem besten Wärmeleiter an: Wasser, Luft, Glaswolle, Eisen, Ziegelstein.
b 🗨 Wähle die Dämmstoffe für die Außenwände von Häusern aus: Styropor, Naturstein, Glaswolle, Beton.
c 🗨 Eine dünne Schicht aus Glaswolle ist zur Wärmedämmung besser geeignet als eine dicke Mauer aus Beton. Erkläre den Unterschied.

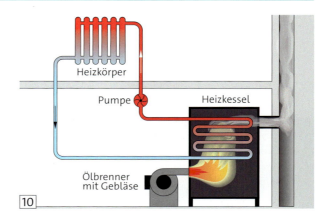
10

Tipps zum Energiesparen

24 🗨 „Ein gut wärmegedämmtes Haus spart Energie, Geld und schont die Umwelt."
Begründe diese drei Vorteile jeweils.

Wie Vögel fliegen

25 Flugformen des Mäusebussards
a 🗨 Nenne die drei Flugformen des Bussards.
b 🗨 Welche Flugform benötigt am wenigsten Energie, welche am meisten? Begründe deine Antwort.
c 🗨 Beim Gleitflug sinkt der Bussard nur langsam ab, weil er einen Auftrieb erfährt. Erkläre, wie es dazu kommt.

Zugvögel – Weltenbummler der Lüfte

26 Der Weißstorch – ein Zugvogel
a 🗨 Gib jeweils an, wo sich die Weißstörche in unserem Sommer/Winter aufhalten.
b 🗨 Begründe, warum die Störche ihre weiten Flüge im Herbst und im Frühjahr machen.
c 🗨 Beschreibe, wodurch sie ihren Energiebedarf unterwegs gering halten.

Entwicklung des Menschen

In der Pubertät werden aus Kindern junge Erwachsene. Wie verändern sich der Körper und das Fühlen und Denken in dieser Zeit?

Die Veränderungen in der Pubertät bringen große Verantwortung mit sich. Wie schützt man sich vor ungewollten Schwangerschaften?

Wie kommt eine Schwangerschaft zustande und wie entwickelt sich ein Kind?

Erwachsen werden

1 Ein neues Interesse

Früher hat Timo viel Zeit vor dem Computer verbracht. Jetzt unternimmt er lieber etwas mit Elena. Was hat sich verändert?

Pubertät • Zwischen dem 9. und dem 20. Lebensjahr durchlebt jeder junge Mensch eine Phase, in der sich sein Leben verändert. Aus Kindern werden junge Erwachsene. Diese Phase wird als Pubertät bezeichnet. Bei manchen Menschen beginnt diese Reifezeit mit neun oder zehn Jahren, bei anderen erst fünf Jahre später. Jeder Körper hat sein eigenes Tempo. → 2

Körperliche Veränderungen • Die Körper der Kinder verändern sich. Sie werden während der Pubertät erwachsenen Körpern immer ähnlicher. Verantwortlich dafür sind chemische Botenstoffe, die man als Hormone bezeichnet. Die Hormone werden in Drüsen hergestellt und über das Blut im Körper verteilt.

Seelische Veränderungen • Nicht nur der Körper verändert sich, sondern auch das Fühlen und Denken sowie das Verhalten gegenüber anderen. Plötzliche Stimmungsschwankungen, Diskussionen mit Eltern, aber auch sexuelles Interesse an anderen Menschen sowie die Bedeutung von Freundschaften können zunehmen.

> Als Pubertät bezeichnet man die Reifezeit, in der aus Kindern junge Erwachsene werden. Die Pubertät wird durch Hormone ausgelöst. Während dieser Zeit verändern sich der Körper und das Verhalten der Jugendlichen.

2 Gleich alt, aber unterschiedlich weit entwickelt

Aufgaben

1 ▶ Erläutere, was man unter Pubertät versteht.

2 ▶ Gib an, wodurch die körperlichen Veränderungen in der Pubertät ausgelöst werden.

3 ▶ Begründe die unterschiedliche Entwicklung gleich alter Jugendlicher. → 2

Lexikon Tipps
buwafi

die **Pubertät**
das **Hormon**

Material A

Wenn die Gefühle Achterbahn fahren

Vielleicht verliebst du dich ganz plötzlich. Dann hast du „Schmetterlinge im Bauch", alles kribbelt und du fühlst dich zu einem anderen Menschen hingezogen. Auf einmal kannst du an nichts anderes als an diese Person denken.

1 ▶ Kennst du dieses Gefühl? Wenn du möchtest, kannst du dich gerne dazu äußern.

2 Tobias, 12 Jahre: „Wenn mich jemand wirklich mag, nimmt er mich so, wie ich bin, und wir können über alles reden."
☒ Bewerte aus deiner Sicht die Aussage von Tobias.

3 „Miteinander gehen" kann mehr bedeuten, als einen gemeinsamen Spaziergang zu machen.
☒ Nimm Stellung zu dieser Aussage.

4 ☒ Überlegt euch zu zweit eine mögliche Fortsetzung der „Foto-Love-Story".
→ 3 – 5

3

4

5

Material B

Verhalten in der Pubertät

Während der Pubertät fühlt man sich oft unsicher, ist reizbar, traurig und schwankt zwischen den Stimmungen.

1 ▶ Berichtet von möglichen eigenen Erfahrungen.

2 ☒ Entwerft in Gruppen Rollenspiele zu den beiden Situationen. → 6 7

6

7

Vom Jungen zum Mann

1 Alex – mit 7 Jahren und mit 24 Jahren

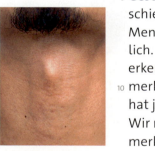

2 „Adamsapfel"

Auf dem Weg vom Jungen zum Mann kommt es zu zahlreichen körperlichen Veränderungen. Was passiert in der Pubertät?

Geschlechtsmerkmale • Es gibt verschiedene Geschlechter. Die meisten Menschen sind männlich oder weiblich. Das Geschlecht einer Person erkennt man an den Geschlechtsmerkmalen. Die Geschlechtsorgane hat jeder Mensch von Geburt an. Wir nennen sie primäre Geschlechtsmerkmale. Das Wort „primär" bedeutet hier „zuerst".

In der Pubertät bilden sich weitere Körpermerkmale aus, die sich zwischen den Geschlechtern unterscheiden. Wir sprechen von sekundären Geschlechtsmerkmalen. Das Wort „sekundär" bedeutet hier „als Zweites" oder „nachträglich hinzukommend".

Behaarung und Körperbau • Ein sekundäres Geschlechtsmerkmal von Jungen ist die ausgeprägte Körperbehaarung. Zwischen dem 10. und 15. Lebensjahr beginnen die Barthaare, Achselhaare und Intimhaare zu wachsen. Auch die Behaarung an den Armen, den Beinen und auf der Brust nimmt zu.
Häufig werden in dieser Zeit die Schultern breiter, das Becken dagegen bleibt schmal. Bei vielen Jungen wird der Körper muskulöser und kräftiger.

Stimmbruch • Wenn wir sprechen oder singen, dann bringt strömende Luft die Stimmbänder in unserem Kehlkopf zum Schwingen. →2 Mithilfe von Muskeln können wir die Spannung und die Dicke der Stimmbänder verändern. Dadurch wird unsere Stimme lauter oder leiser beziehungsweise höher oder tiefer.
In der Pubertät wird der Kehlkopf größer und tritt als „Adamsapfel" hervor. →2 Gleichzeitig werden die Stimmbänder dicker und länger. Die Stimme wird tiefer. Den Übergang nennt man „Stimmbruch": Die Muskeln stellen sich nicht gleich auf die längeren und dickeren Stimmbänder ein. Die Stimme kann dann plötzlich krächzen oder „sich überschlagen".

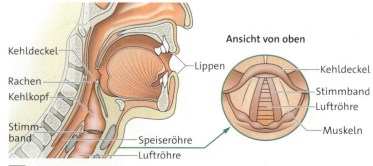

3 Kehlkopf mit Stimmbändern

Entwicklung des Menschen

Lexikon
Video
Tipps

fayika

der **Stimmbruch**
die **Spermienzelle**
die **Erektion**
der **Samenerguss**
das **Sperma**

Geschlechtsorgane • Die primären Geschlechtsmerkmale befinden sich bei Jungen überwiegend außerhalb des Körpers. → 4 Der Penis, die Hoden und der Hodensack werden in der Pubertät größer. In den Hoden bilden sich von nun an lebenslang männliche Geschlechtszellen, die Spermienzellen. → ▣ Sie werden in den Nebenhoden gespeichert.

Erektion • Mit der Pubertät versteift sich der Penis öfter und richtet sich auf. Ursache dafür ist Blut, das in die Schwellkörper fließt und sich dort staut. Der Penis wird dadurch dicker, länger und richtet sich auf. Dieser Vorgang heißt Erektion. Eine Erektion kann spontan geschehen oder durch Berührungen, positive Gefühle und Bilder ausgelöst werden.

Samenerguss • Wenn der steife Penis berührt wird, kann es zum Höhepunkt kommen. Das nennt man Orgasmus. Meist kommt es beim Orgasmus zu einen Samenerguss. Dabei werden Spermienzellen mit etwas Flüssigkeit nach außen abgegeben. → 5 Die Flüssigkeit wird von der Vorsteherdrüse und der Bläschendrüse gebildet. Die Flüssigkeit und die Spermienzellen zusammen nennt man Sperma. Es ist weißlich, trüb und etwas klebrig.

Hygiene • In der Pubertät werden die Schweißdrüsen unter den Armen und im Bereich der Geschlechtsorgane aktiv. Wenn Bakterien den Schweiß zersetzen, dann riecht man das. Der Geruch lässt sich durch Waschen oder Duschen beseitigen. Ziehe die Vorhaut (wenn du eine hast) beim Waschen des Penis vorsichtig zurück. Hier kann sich nämlich ein weißlicher Belag bilden, der Entzündungen verursachen kann. Entferne ihn mit warmem, klarem Wasser.

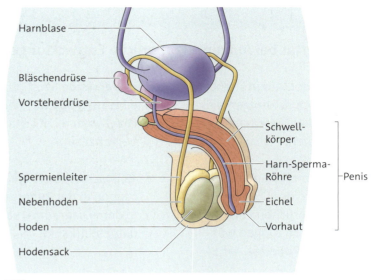

4 Die männlichen Geschlechtsorgane

5 Spermienzelle (etwa 1000-fach vergrößert)

> In der Pubertät verändert sich der Körperbau. Die Körperbehaarung nimmt zu. In den Hoden werden von nun an Spermienzellen gebildet, die männlichen Geschlechtszellen.

Aufgaben

1 ▣ Beschreibe die Entwicklung vom Jungen zum Mann.

2 ▣ Beschreibe den Weg von Spermienzellen bis zum Austritt aus dem Penis.

Vom Jungen zum Mann

Material A

Die Pubertät bei Jungen – körperliche Entwicklungen

Während der Pubertät entwickeln sich bei Jungen die körperlichen Merkmale eines Erwachsenen.

1. Beschreibe anhand des Bilds und des Diagramms die körperlichen Veränderungen von Jungen während der Pubertät. → 1

2. Begründe, weshalb die einzelnen Balken in dem Diagramm nicht scharf begrenzt sind.

3. Beschreibe die Veränderungen in der Pubertät, die in dem Diagramm nicht dargestellt sind.

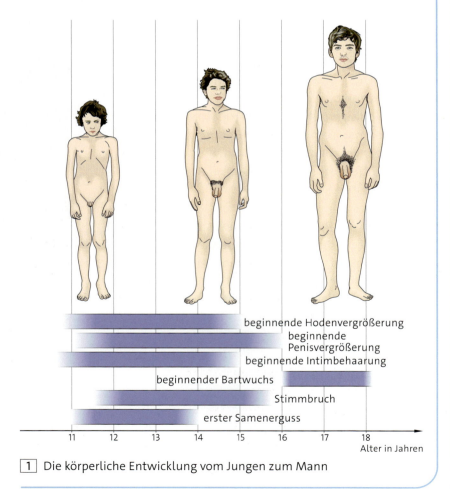

1 Die körperliche Entwicklung vom Jungen zum Mann

Material B

Die Körperpflege →

1. Lies dir den Text durch. → 2
a. Gib die Regeln zur Körperpflege mit eigenen Worten wieder.
b. Begründe, warum eine gründliche tägliche Hygiene notwendig ist.

Intimhygiene bei Jungen

In der Pubertät produziert der Körper mehr Schweiß und Talg. Es ist wichtig, täglich das Gesicht, die Achselhöhlen und die Geschlechtsorgane zu waschen. Jungen mit Vorhaut müssen die Stelle zwischen Vorhaut und Eichel reinigen. Sonst sammeln sich dort Bakterien an, die schmerzhafte Entzündungen hervorrufen können.

338 Entwicklung des Menschen

Erweitern und Vertiefen

Der Einfluss der Medien in der Pubertät

Schönheitsideale • Ein Sprichwort lautet: „Über Schönheit lässt sich streiten." Schönheitsideale verschiedener Kulturen und Zeiten sind unterschiedlich. Sie unterscheiden sich aber auch von Mensch zu Mensch. Was „schön" ist, wird in den Medien gezeigt und so mitbestimmt. Oft wird dabei getrickst – durch Kleidung, Schminke, geschickte Ausleuchtung, Filter und digitale Bildbearbeitung. Dieses am Ende scheinbar perfekte Aussehen setzt besonders Kinder und Jugendliche unter großen Druck.

Cybermobbing • Soziale Medien können nützlich sein und Spaß machen. Aber manchmal verlieren Menschen online das Gespür für angemessenes Verhalten. Dann werden andere Menschen in den sozialen Medien bewusst ausgegrenzt, verspottet, beschimpft und bedroht. Dieses negative Verhalten wird als „Cybermobbing" bezeichnet. → 7 →
Cybermobbing hat auch offline Folgen. Betroffene entwickeln häufig Depressionen. Wer mobbt, der sollte bedenken, dass Beleidigung online genauso wie offline eine Straftat ist und andere Menschen verletzt.

Sicherheit • Da man nicht sehen kann, wer tatsächlich hinter den Texten zum Beispiel in Chats steht, kann man fast jede Identität annehmen. Es gibt Menschen, die mithilfe falscher Angaben und Fotos vortäuschen, jugendlich zu sein. Sie versuchen, sich das Vertrauen von Kindern und Jugendlichen zu erschleichen – meist, weil sie ein sexuelles Interesse an ihnen haben. Das kann gefährlich werden. Wichtig ist: Lass dich zu nichts überreden, was du nicht möchtest! Wenn du dich unsicher fühlst, dann hole dir Rat bei der Nummer gegen Kummer oder bei vertrauten Personen aus deiner Familie, der Schule und deinem Freundeskreis.

Aufgaben

1 Beschreibe, wie Medien unsere Vorstellung von Schönheit beeinflussen.

2 „Über Schönheit lässt sich streiten."
a Nenne verschiedene Schönheitsideale, die du von anderen Menschen kennst.
b Nenne die Schönheitsideale, die sich von deinen unterscheiden.
c Stelle Vermutungen darüber an, warum es diese Unterschiede gibt.
d Nimm Stellung dazu, ob man über Schönheit streiten sollte.

3 Wer bist du im Internet?
a Überlege dir, ob du dich im Internet so präsentierst, wie du im echten Leben bist. Benenne die Unterschiede, wenn es sie gibt.
b Verhältst du dich im Internet anders als offline? Begründe deine Antwort.

3 Ein Beispiel von Cybermobbing

Vom Mädchen zur Frau

[1] Sarah – mit 7 Jahren und mit 34 Jahren

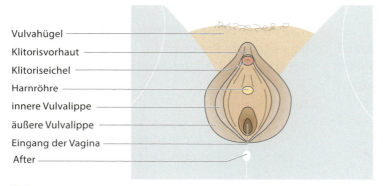

- Vulvahügel
- Klitorisvorhaut
- Klitoriseichel
- Harnröhre
- innere Vulvalippe
- äußere Vulvalippe
- Eingang der Vagina
- After

[2] Die Vulva (von unten betrachtet)

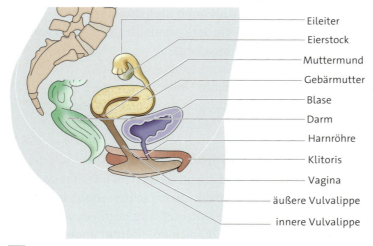

- Eileiter
- Eierstock
- Muttermund
- Gebärmutter
- Blase
- Darm
- Harnröhre
- Klitoris
- Vagina
- äußere Vulvalippe
- innere Vulvalippe

[3] Die weiblichen Geschlechtsorgane

Während der Entwicklung zur Frau finden viele Veränderungen statt. → [1]

Sekundäre Geschlechtsmerkmale • In der Pubertät wächst der Körper von Mädchen in die Länge. Durch Einlagerungen von Fett in die unteren Hautschichten wird die Körperform weicher. Vor allem das Becken wird runder und breiter, während die Schultern schmal bleiben. Die Brüste mit den Milchdrüsen entwickeln sich. Die Behaarung im Intimbereich und in den Achseln beginnt zu wachsen.

Geschlechtsorgane • Die weiblichen Geschlechtsorgane oder primären Geschlechtsmerkmale sind zum kleinen Teil von außen sichtbar, zum großen Teil liegen sie geschützt im Körper:
- Zu den äußeren Geschlechtsorganen gehört die Vulva. → [2] Die äußeren und inneren Vulvalippen werden oft Schamlippen genannt – für diesen Körperteil muss sich aber niemand schämen. Das Wort Vulvalippe ist daher passender.
Auch die Klitoriseichel ist von außen sichtbar. Sie ist ein kleiner Teil der Klitoris. → [3]
- Zu den inneren Geschlechtsorganen gehört der größte Teil der Klitoris. → [3] Sie besteht aus zwei Schenkeln mit Schwellkörpern, die links und rechts von der Vagina verlaufen. Die Klitoris kann sich wie der Penis durch Blutstau vergrößern und hat auch eine Vorhaut.
Die Vagina verbindet die äußeren und die inneren Geschlechtsorgane. Sie

Lexikon
Video
Tipps

mokezu

die **Gebärmutter**
die **Eizelle**
der **Eisprung**
die **Menstruation**
der **Menstruationszyklus**

führt zur Gebärmutter. In dieser wächst in der Schwangerschaft ein Kind heran. Von der Gebärmutter führen zwei Eileiter zu den Eierstöcken. Sie enthalten die weiblichen Geschlechtszellen, die Eizellen.

Menstruation • Ab der Pubertät wandert etwa einmal im Monat eine Eizelle durch den Eileiter in die Gebärmutter. Wenn die Eizelle nicht befruchtet wird, dann stirbt sie ab und wird mit etwas Blut und Gebärmutterschleimhaut aus der Vagina ausgeschieden. Diese Blutung nennt man Regel, Periode oder Menstruation. Sie wiederholt sich regelmäßig. Wir sprechen daher vom Menstruationskreislauf oder Menstruationszyklus. → 4 Seine Dauer schwankt zwischen 23 und 35 Tagen.

Menstruationsbeschwerden • Je nach Stärke der Blutung können Schwächegefühle sowie Unterleibsschmerzen und Kopfschmerzen auftreten. Ruhe, leichte Bewegung, sanfte Massagen, ein warmes Bad, Wärmflaschen, Wärmepflaster oder etwas Kräutertee können helfen.

Hygiene • Das Menstruationsblut lässt sich mit Tampons oder Menstruationstassen im Körper auffangen. → 5 Binden oder Slipeinlagen in der Unterwäsche fangen das Blut außerhalb des Körpers auf. Diese Hygieneartikel sollten alle sechs bis acht Stunden gewechselt werden. Der Intimbereich sollte bei Bedarf mit klarem Wasser gewaschen werden.

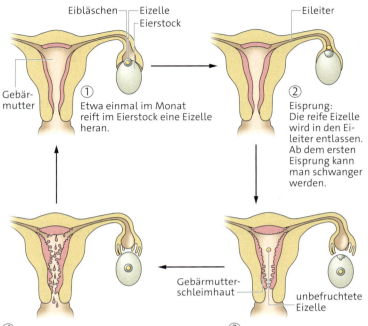

4 Der Menstruationskreislauf → [◯]

In der Pubertät beginnen die Eizellen zu reifen. Es kommt zum Eisprung und zur ersten Menstruation.

Aufgaben

1 ✉ Erläutere, was man im Menstruationskreislauf unter dem Begriff Eisprung versteht. → 4

2 ✉ Beschreibe den Menstruationskreislauf mithilfe von Bild 4.

5 Hygieneartikel

341

Vom Mädchen zur Frau

Material A

Die Pubertät bei Mädchen – körperliche Veränderungen

Während der Pubertät entwickeln sich bei Mädchen die körperlichen Merkmale einer Erwachsenen.

1. ▶ Beschreibe mithilfe des Bilds, wann sich bei Mädchen die körperlichen Merkmale ausbilden. → 1

2. ▶ Vergleiche den zeitlichen Verlauf der Pubertät bei Mädchen und Jungen.

3. „Nicht alle Veränderungen des weiblichen Körpers in der Pubertät lassen sich von außen erkennen."
   ▶ Erläutere diese Aussage.

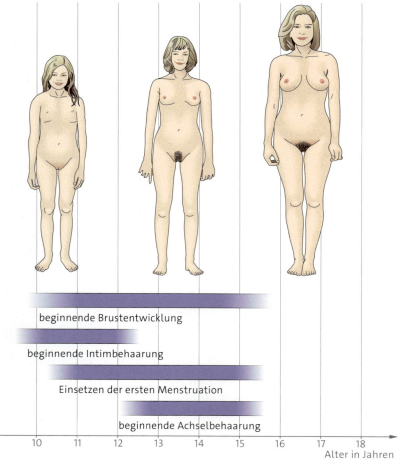

1 Die körperliche Entwicklung vom Mädchen zur Frau

Material B

Die Körperpflege

1. Lies dir den Text durch. → 2
   ▶ Gib die Regeln zur regelmäßigen Körperpflege mit eigenen Worten wieder.

Intimhygiene bei Mädchen

In der Pubertät beginnt die Vagina eine milchige Flüssigkeit abzusondern. Diese Flüssigkeit heißt Weißfluss. Die Haut produziert nun mehr Schweiß. Daher ist es wichtig, täglich das Gesicht, die Achselhöhlen und den Intimbereich zu waschen. Während der Menstruation kannst du das Menstruationsblut mit Binden, Menstruationsunterwäsche, Tampons oder Menstruationstassen auffangen. Sie müssen mehrmals täglich gewechselt werden. Menstruationsblut ist eine normale Körperflüssigkeit. Daran ist nichts, was dir unangenehm sein muss. Die Blutung schützt dich sogar vor Bakterien, die in deine Gebärmutter gelangen könnten. Nur wenn du das Blut zu lange nicht entfernst, kann es zum Nährboden für Bakterien werden.

2

Erweitern und Vertiefen

Das Geschlecht — nicht immer eindeutig

Geschlechtsidentität • Du hast sicherlich ein bestimmtes Bild davon, wer du bist. Wie du dich selbst wahrnimmst, nennt man Identität. Jeder Mensch hat eine eigene Identität, die ihn besonders macht. Sie wird beeinflusst durch das Umfeld, die Herkunft, das Alter, die sexuelle Orientierung und das Geschlecht. Wie du dein Geschlecht wahrnimmst, wird auch als Geschlechtsidentität bezeichnet. Du kannst dich zum Beispiel als männlich oder weiblich wahrnehmen. Vielleicht findest du auch, dass beide Wörter nicht zu dir passen. Sie sind nur zwei von vielen Möglichkeiten. → 🖻

Cisident – transident • Das biologische Geschlecht wird einem Menschen gleich nach der Geburt zugewiesen. Dazu betrachtet eine medizinische Fachkraft nur die äußeren Geschlechtsorgane des neugeborenen Kinds.
Sehr oft sind das biologische Geschlecht und die Geschlechtsidentität eines Menschen gleich. Solche Menschen bezeichnet man als cisident (sprich: „cis ident"). Die Silbe „cis-" bedeutet „auf der gleichen Seite".
Bei manchen Menschen passt das biologische Geschlecht dagegen nicht zu ihrer Geschlechtsidentität. Diese Menschen nennt man transident (sprich: „trans ident"). Die Silbe „trans-" bedeutet „auf der anderen Seite". Manche transidente Menschen ändern ihr Aussehen entsprechend ihrer Geschlechtsidentität. → 3 Einige lassen ihren Körper auch an das empfundene Geschlecht angleichen. Dazu kann man zum Beispiel Hormone einnehmen. Das verändert die Körperform und die Körperbehaarung. Auch Operationen sind möglich.

3 Marios Stil hat sich verändert — sieht super aus!

Intergeschlechtlich • Manche Menschen haben männliche und weibliche Körpermerkmale, sodass sich ihr biologisches Geschlecht nicht eindeutig bestimmen lässt. Man bezeichnet diese Menschen als intergeschlechtlich. Oft wird es direkt nach der Geburt erkannt, dass die Geschlechtsorgane nicht eindeutig männlich oder weiblich ausgeprägt sind. Bei vielen intergeschlechtlichen Menschen fällt es auch erst im Lauf der Entwicklung auf.

Aufgaben

1 ✉ Formuliere zwei richtige Aussagen: „Ein Mensch ist ..., wenn sein biologisches Geschlecht und seine Geschlechtsidentität ... sind.

2 ✉ „Mario hat ein biologisches Geschlecht und eine Geschlechtsidentität." → 3 Erkläre diese Aussage. Gehe dabei auch darauf ein, wer das biologische Geschlecht bestimmt und wer die Geschlechtsidentität.

Ein neuer Mensch entsteht

1 Nur eine Spermienzelle dringt in eine Eizelle ein.

Eine Spermienzelle dringt in eine Eizelle ein. Jedes menschliche Leben beginnt auf diese Weise.

Sex • Menschen, die einander mögen, können sich das auch körperlich zeigen. Man kann küssen, sich streicheln oder miteinander schlafen. Wenn Menschen sich körperlich zeigen, dass sie sich zueinander hingezogen fühlen, dann nennt man das Sex. Niemand darf eine andere Person zu sexuellen Handlungen zwingen – du entscheidest, was du mit wem machen möchtest.

Eine Art von Sex ist der Geschlechtsverkehr zwischen Mann und Frau. Dabei wird der Penis in die Vagina eingeführt und vor und zurück bewegt. Dadurch können bei beiden Personen angenehme Gefühle entstehen. Es kann zum Orgasmus kommen. Männer haben dabei einen Samenerguss. Dabei gelangen Millionen Spermienzellen in die Vagina der Frau.

Befruchtung • Die Spermienzellen schwimmen durch die Vagina in die Gebärmutter und von dort in die Eileiter. Im Eileiter kann sich nach dem Eisprung eine Eizelle befinden. Die Eizellen und die Spermienzellen enthalten jeweils einen Zellkern. → 2 Er enthält die Erbinformation. Nachdem eine Spermienzelle in eine Eizelle eingedrungen ist, bildet sich eine Hülle um die Eizelle, die das Eindringen weiterer Spermienzellen verhindert. In der Eizelle verschmelzen die Zellkerne von Eizelle und Spermienzelle. Dieser Vorgang heißt Befruchtung. →

Einnistung • Die befruchtete Eizelle gelangt durch den Eileiter in die Gebärmutter. Auf dem Weg dorthin beginnt sie sich zu teilen. Es entstehen erst zwei, vier, dann acht Zellen und schließlich ein kugeliger Zellhaufen. Diesen Zellhaufen nennt man Keimling. → 2 In der Gebärmutter verwächst der Keimling mit der Gebärmutterschleimhaut. Sie ernährt und schützt ihn. Dieser Vorgang wird Einnistung genannt. Ab diesem Zeitpunkt bleibt die Menstruation meist aus. Eine Schwangerschaft dauert ungefähr neun Monate.

> Das Verschmelzen der Zellkerne von Eizelle und Spermienzelle heißt Befruchtung. Der Keimling nistet sich in der Gebärmutter ein und entwickelt sich zu einem Baby.

2 Der Beginn eines neuen Menschen
(Spermienzellen, Eizelle, Zellkerne verschmelzen (Befruchtung), zwei Zellen, vier Zellen, Zellhaufen)

Aufgabe

1 Begründe, warum das Ausbleiben der Menstruation ein Zeichen für eine Schwangerschaft sein kann.

tihemo

Lexikon
Videos
Tipps

der **Sex**
die **Befruchtung**
die **Einnistung**
die **Schwangerschaft**

Material A

Das erste Mal

400 Jugendliche wurden gefragt, in welchem Alter sie ihr erstes Mal hatten. → 3

Alter	Jugendliche
unter 14 Jahre	16
14 Jahre	34
15 Jahre	48
16 Jahre	86
17 Jahre	38
noch nicht	138

3 Alter beim ersten Mal

1 ⊠ Stelle die Tabelle in einem Balkendiagramm dar. *Tipp:* Zeichne den Balken für 16 Jugendliche 16 mm lang.

2 ⊠ Fasse die Inhalte der Tabelle mit deinen eigenen Worten zusammen.

3 „Ich lasse mir nicht vorschreiben, wann ich mit jemandem schlafe. Und drängen lasse ich mich schon gar nicht!"
⊠ Nimm Stellung zu dieser Haltung.

Material B

Miteinander schlafen

Geschlechtsverkehr ist eine Art miteinander zu schlafen. Das Wort besteht aus den Wörtern „Geschlecht" und „Verkehr".

1 ⊠ Beurteile, ob du das Wort Geschlechtsverkehr passend findest. Berücksichtige dabei die beiden Teilwörter.

2 ⊠ „Der Geschlechtsverkehr dient ausschließlich der Fortpflanzung." Nimm Stellung zu dieser Aussage.

Material C

Zwillinge

Zwillinge sind eine Besonderheit. Ungefähr bei jeder 40. Geburt kommen Zwillinge zur Welt. Sie sind Geschwister, die sich zusammen im Bauch ihrer Mutter entwickelt haben. Sicher hast du schon einmal gehört, dass es eineiige und zweieiige Zwillinge gibt. Worin unterscheiden sich diese Zwillinge?

1 ⊠ Vermute, welches der Fotos A und B eineiige und welches zweieiige Zwillinge zeigt. → 4

A

B

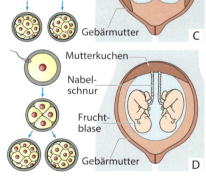

4 Die Entwicklung von eineiigen und zweieiigen Zwillingen →

2 ⊠ Beschreibe die Vorgänge in den Zeichnungen C und D.

3 ⊠ Ordne A und B die Vorgänge C oder D zu. Begründe.

Schwangerschaft und Geburt

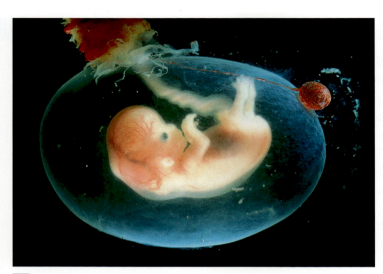

1 Menschlicher Fetus in der Fruchtblase

altgriechisch
embryon:
das Ungeborene

lateinisch
fetus:
der Nachkomme

In der Schwangerschaft entwickelt sich das Kind in einer Blase, die mit Flüssigkeit gefüllt ist. Wie verläuft diese Entwicklung?

Die Entwicklung • Nach der Einnistung des Keimlings in der Gebärmutterschleimhaut entwickelt sich ein Embryo in der Gebärmutter. Zunächst kann man nicht erkennen, dass aus dem Embryo ein Mensch werden wird. Aber er wächst heran und in den ersten acht Wochen bilden sich alle Organe. → 🔲 Der Embryo wird größer und schwerer. Ab dem vierten Monat wird er Fetus genannt. Bis zur Geburt schwimmt er in der Fruchtblase, die mit Fruchtwasser gefüllt ist. Sie schützt den Fetus vor Erschütterungen.

Die Versorgung • Mutter und Kind sind durch die Nabelschnur miteinander verbunden. Sie beginnt am Bauch des Kindes und endet in einem verdickten Bereich der Gebärmutter, dem Mutterkuchen. Der Mutterkuchen heißt auch Plazenta. Über die Nabelschnur erhält das Kind von seiner Mutter alles, was es für seine Entwicklung benötigt. → 2B

Die Geburt • Nach etwa neun Monaten im Mutterleib wird das Kind geboren. Die Geburt setzt mit den Wehen ein: Die Gebärmuttermuskulatur zieht sich krampfartig zusammen. Dadurch wird das Kind mit dem Kopf gegen den Gebärmuttermund gedrückt. Gebärmuttermund und Vagina weiten sich. Die Fruchtblase platzt und das Fruchtwasser fließt heraus. Dieser Abschnitt der Geburt heißt Eröffnungsphase. In der folgenden Austreibungsphase wird das Kind von den Wehen durch die Vagina nach außen geschoben. Es ist noch durch die Nabelschnur mit der Mutter verbunden. Der Fetus ist nun ein Säugling. In der Nachgeburtsphase werden der Mutterkuchen, die Fruchtblase und der Rest der Nabelschnur als Nachgeburt ausgestoßen. Die Nabelschnur wird dann einige Zentimeter vom Körper des Kindes entfernt abgebunden und durchgeschnitten.

> Die Entwicklung des Kindes findet in der Fruchtblase statt. Über die Nabelschnur wird das Kind bis zur Geburt von der Mutter versorgt.

Aufgabe

1 ▶ Beschreibe die Entwicklung des Kindes von der Eizelle bis zur Geburt.

346 Entwicklung des Menschen

bagibe

Lexikon
Videos
Tipps

der **Embryo**
der **Fetus**
die **Fruchtblase**
die **Geburt**

Material A

Die Geburt

Bei dieser Darstellung einer Geburt sind die Bilder durcheinandergeraten. → 2

1 Nenne die drei Phasen der Geburt.

2 Ordne die Bilder A–C in der richtigen Reihenfolge.

3 Beschreibe die Phasen der Geburt unter Verwendung dieser Begriffe: Fruchtblase, Wehen und Nachgeburt.

A

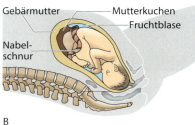
B

C

2 Die drei Phasen der Geburt – wie ist die Reihenfolge richtig?

Material B

Der Schutz des Fetus

Über die Nabelschnur erhält das Kind von seiner Mutter alles, was es für seine Entwicklung benötigt. Doch können auf diesem Weg auch Schadstoffe und Krankheiten transportiert werden. →

1 Gib die Aussagen der Hebammen und der Kinderärztin kurz wieder. → 3

2 Stelle Vermutungen an, welche Gründe für das geringe Gewicht des Neugeborenen verantwortlich sein könnten. → 3

3 Beschreibe, auf welchem Weg die Schadstoffe des Zigarettenrauchs zum Fetus gelangen können.

4 Stelle eine Vermutung darüber an, welche Aussage Bild 4 vermitteln soll.

Frau Mayer bekommt ein Kind. Nach der Geburt wird das Baby gewaschen und gewogen. „Sie ist viel zu leicht", sagt eine der Hebammen. Eine andere Hebamme antwortet: „Das ist nicht ungewöhnlich bei Frühgeburten. Sie ist drei Wochen zu früh auf die Welt kommen." „Frau Mayer hatte während der Schwangerschaft die Windpocken. Gut möglich, dass da die Ursache liegt." Die Kinderärztin fragt: „Frau Mayer, haben Sie oder jemand in Ihrem Umfeld stark geraucht? Das kann zu Entwicklungsstörungen führen."

3

4 Worauf muss man achten?

Die Verhütung

1 Verlangen, Verantwortung, Verhütung ...

Max und Lea genießen ihre Liebe. Ein Kind wünschen sie sich aber nicht. Wie können sie sich vor einer Schwangerschaft schützen?

Verhüten – aber womit? • Es gibt eine große Vielfalt an Verhütungsmitteln. → 🗆 Die beteiligten Personen sollten sich über Verhütungsmethoden informieren und dann gemeinsam über ihr Verhütungsmittel entscheiden.

„Ich passe schon auf." • Bei einem unterbrochenen Geschlechtsverkehr („Coitus interruptus") zieht der Mann seinen Penis vor dem Samenerguss aus der Vagina. Das ist jedoch keine Verhütungsmethode! Denn schon vor dem Orgasmus werden über den Penis „Lusttröpfchen" mit Spermienzellen abgegeben. Diese Spermien können eine Eizelle befruchten.

Das Kondom • Kondome bestehen aus einer dünnen Gummihaut und werden über den steifen Penis gerollt. Die Spermienzellen werden von dieser Gummihaut aufgefangen. → 2 Kondome schützen nicht nur vor ungewollter Schwangerschaft sondern auch vor sexuell übertragbaren Krankheiten.

Die Pille • Die Pille wird nur von einem Frauenarzt oder einer Frauenärztin verschrieben. Die Hormone in der Pille bewirken, dass die Eierstöcke keine eigenen Hormone mehr bilden. Das Heranreifen der Eizellen im Eierstock wird verhindert, sodass eine Befruchtung nicht möglich ist.

Die Pille danach • Nur in Ausnahmefällen sollte die „Pille danach" nach ungeschütztem Geschlechtsverkehr eingenommen werden. Sie kann eine Befruchtung verhindern, hat aber starke Nebenwirkungen.

> Verhütung schützt vor ungewollten Schwangerschaften und ist die Aufgabe aller beteiligten Personen. Kondome können vor sexuell übertragbaren Krankheiten schützen.

Aufgabe

1 ⏵ Diskutiert in der Klasse über die Sicherheit von Pille und Kondom.

2 Das Kondom und die Pille

Lexikon	kabode	das **Verhütungsmittel**
Video		das **Kondom**
Tipps		die **Pille**

Material A

Verhütung – weshalb?

Verhütung ist wichtig, um die Sexualität zu genießen und nicht ungewollt schwanger zu werden. Sie kann helfen, sich vor sexuell übertragbaren Krankheiten zu schützen.

1. ▸ Zeichne eine Spermienzelle, die eine Eizelle befruchtet, auf ein DIN-A4-Blatt.
a ✗ Notiere in vielen kleinen Sprechblasen um deine Zeichnung herum verteilt, was ein Paar vor und beim Geschlechtsverkehr beachten sollte.
b ✗ Vergleicht und besprecht eure Notizen in der Gruppe.

2. ✗ Begründe, weshalb Verhütung grundsätzlich wichtig ist.

3

Material B

Wie wird das Kondom richtig angewendet?

Damit das Kondom sicher vor Schwangerschaft und Krankheiten schützt, muss es richtig angewendet werden. → 4
Übt es mit einem Penismodell.

Materialliste: Klassensatz Kondome, 6–8 Penismodelle

1. Arbeitet in Vierergruppen mit je einem Penismodell und vier Kondomen.

Übt nacheinander: → 4
a ▸ das richtige Überstreifen des Kondoms
b ▸ das richtige Entfernen des Kondoms vom Penis
c ✗ Beschreibt, was bei der Anwendung eines Kondoms zu beachten ist.

2. ✗ Beschreibt, wann ein Kondom nicht mehr ausreichend schützt.

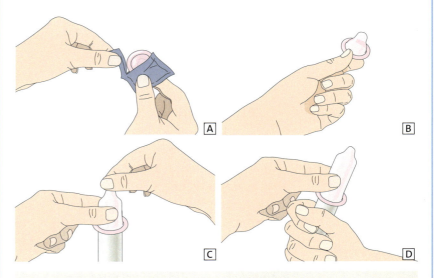

Das Kondom wird vor dem Geschlechtsverkehr über den steifen Penis gezogen. Dabei hält die eine Hand das Kondom an der Spitze fest, die andere Hand rollt es ab. Das Kondom bildet eine Barriere, indem es die Spermienzellen in einem leeren Reservoir an der Spitze auffängt. Wenn der Penis aus der Vagina herausgezogen wird, muss das Kondom am Penis festgehalten werden.

4 So wird ein Kondom richtig angewendet.

Vom Ja- und Neinsagen

1 Stopp!

Neinsagen ist nicht immer leicht, wenn dir eine Person unangenehm nahe kommt. Eine klare Geste von dir kann bei der Abwehr helfen.

Sexualisierte Belästigung • Sexuelles Verhalten ist nicht immer durch Rücksichtnahme, Achtung, Verantwortung und Zuneigung geprägt. Zum Beispiel darf niemand jemand anderen unerlaubt berühren. Man darf das auch nicht von anderen verlangen. Besonders schwer fällt es Kindern und Jugendlichen, ihre körperlichen Grenzen vor anderen zu schützen.

Sexuelles Verhalten, das ungewollt erfolgt oder von dir erzwungen wird, nennt man sexualisierte Belästigung. Im Extremfall spricht man von sexualisierter Gewalt. Wenn dir so etwas passiert, trägst du daran niemals Schuld. In diesem Fall solltest du Hilfe bei einer Vertrauensperson suchen.

Auswirkungen • Sexualisierte Belästigung und Gewalt können seelische und körperliche Verletzungen verursachen. Daher sind diese Handlungen schwere Straftaten. Solche Erfahrungen sind zudem für das Opfer oft mit Gefühlen wie Ohnmacht oder Hilflosigkeit verbunden.

„Nein heißt Nein!" • Es ist verboten, unter Androhung oder Ausübung von Gewalt sexuelle Handlungen zu erzwingen. Es ist auch verboten, sich über das „Nein!" einer anderen Person hinwegzusetzen. Bereits dann drohen Freiheitsstrafen. Das gilt auch, wenn das „Nein!" nicht ausgesprochen wird, sondern zum Beispiel durch die Körpersprache gezeigt wird.

Selbstbewusstsein • Selbstbewusst zu sein bedeutet:
- Nur du sagst anderen, was du willst oder nicht willst.
- Nur du allein bestimmst, wer deinen Körper berührt oder ob du einen anderen berühren willst.

Selbstbewusst zu sein kann helfen, sich gegen unangenehme Nähe und sexualisierte Belästigungen zu wehren. Einige Verhaltensweisen können dir helfen, in Gefahrensituationen angemessen auf sexualisierte Belästigungen und Gewalt zu reagieren. → 2
Lass dich nicht unter Druck setzen oder dir Angst machen. Wer deine Grenzen und Gefühle verletzt, ist im Unrecht.

Beratungsangebote • Die Jugendämter und andere Beratungsstellen bieten Hilfe bei sexualisierter Belästigung und Gewalt. → 3 Unter diesen Nummern

die sexualisierte Belästigung
die sexualisierte Gewalt

Selbstbewusst Grenzen setzen

- Sage deutlich „Nein", wenn dir Berührungen unangenehm sind. Schaue deinem Gegenüber dabei ernst in die Augen – auch wenn diese Person zur Familie oder zu deinen Bekannten zählt. Sei auffällig, wenn dir jemand unangenehm nahe kommt oder etwas mit dir macht, was du nicht magst. Zeige durch den Tonfall und die Lautstärke deiner Stimme, dass du das nicht möchtest.
- Mache mit deiner Körperhaltung deutlich, dass du es ernst meinst. Strecke zum Beispiel deine Hand abwehrend nach vorne. Stell dich gerade hin und mach dich groß. Schaue deinem Gegenüber in die Augen.
- Wenn die andere Person deine Grenzen nicht achtet und weitermacht, hole Hilfe.
- Vertraue dich jemandem an, wenn du sexuell belästigt wurdest. Das kann zum Beispiel ein Familienmitglied, eine Freundin, oder eine Vertrauenslehrkraft sein.

2 Selbstbewusst verhalten →

kannst du kostenlos anrufen. Du musst deinen Namen nicht nennen. Die Personen am Telefon überlegen mit dir, wie sie helfen können.

Gefahren im Netz • Sei misstrauisch im Netz! Am anderen Ende sitzt vielleicht ein Mensch, der dich belästigen will. → 4 Gib deine Kontaktdaten nicht preis und versende keine Fotos von dir. Beende den Kontakt, wenn du dich bedrängt fühlst. Achte auf dein Gefühl. Du spürst, was sich komisch, peinlich oder eklig anfühlt. Triff dich nicht mit einer Netzbekanntschaft, wenn du dir nicht absolut sicher bist, um wen es sich handelt. Wende dich im Zweifelsfall an eine Person deines Vertrauens.

> Nur du allein bestimmst über deinen Körper. Nur du darfst entscheiden, was mit ihm geschieht. Selbstbewusstes Auftreten kann in gefährlichen Situationen helfen, deine Rechte anderen deutlich zu machen.

4 Kennst du die Person auf der anderen Seite?

- Kinder- und Jugendtelefon „Nummer gegen Kummer": 116111
- Telefonseelsorge (rund um die Uhr): 0800 1110111

3 Telefonische Beratungsangebote

Aufgaben

1. Überlegt euch in Teamarbeit mögliche Situationen, in denen es wichtig ist, deutlich Nein zu sagen.

2. „Selbstbewusstes Auftreten kann man lernen." Bewerte diese Aussage.

Vom Ja- und Neinsagen

Material A

Mein Körper und meine Gefühle – was ist richtig?

In manchen Situationen fragst du dich vielleicht: Was tut mir gut und was nicht? Wo liegen die Grenzen? Wie verhalte ich mich richtig?

1 ✉ Versetze dich in die Lage der Jugendlichen. → 1

a Nimm Stellung: Welchen Aussagen würdest du zustimmen? In welchen Fällen würdest du anders handeln?
b Wen würdest du um Rat oder Hilfe bitten, wenn du dich sexuell belästigt fühlst?
Berichte und begründe.

1 Was ist richtig – was ist falsch?

Material B

Sicher chatten! →

1 ✉ Chatten kann viel Spaß machen. Es gibt aber auch Personen, die beim Chatten unehrlich sind.
a Lies dir Annas Chat mit „Kuschelkatze14" durch. → 2
b Wie würdest du dich verhalten? Formuliere Regeln für das Chatten mit Unbekannten.

2 Wann sagst du „Stopp!"?

Entwicklung des Menschen

Videos
Tipps

Material C

Selbstbewusst auftreten

Wenn jemand von dir etwas verlangt, was du nicht willst, musst du klar „Nein" sagen.

3 Rollenspiel

1 ▶ Die Person, die neben dir sitzt, verlangt etwas von dir, was du nicht möchtest.
a Stellt euch gegenüber. Mache deinem Gegenüber durch deinen Gesichtsausdruck, deine Handhaltung und durch Sprache deutlich, dass du nicht auf seinen Wunsch eingehst. → 3
b Beschreibe deine Gedanken und Gefühle in der Situation. Lass dir von deinem Gegenüber berichten, wie du gewirkt hast und wie du wahrgenommen wurdest.
c Wechselt die Rollen. Nun hat dein Gegenüber die Möglichkeit, dir ein deutliches „Nein" klarzumachen.
d Tauscht euch wieder über die Situation aus.

Material D

Dein Körper gehört dir!

Du allein bestimmst, was mit deinem Körper passiert. Du erlaubst nur, was du wirklich möchtest.

1 ✉ Lest die Texte. → 4 5
a Beurteilt die Situationen von Jonas und Lea. Was könnten sie tun? Begründet eure Meinung.
b Versetzt euch in die Lage von Jonas oder Lea und gebt ihnen Ratschläge, wie sie sich verhalten sollen.
c Diskutiert miteinander in der Gruppe.

Jonas turnt seit der 2. Klasse in einem Verein. Inzwischen trainiert er zweimal die Woche. Obwohl er ein sehr guter Turner ist, fühlt er sich momentan nicht wohl. Er überlegt, ob er mit dem Sport aufhören sollte. Sein neuer Trainer fasst ihn immer besonders lange an, um ihm Hilfestellungen beim Geräteturnen zu geben. Jonas hat das Gefühl, dass der Trainer seine Hand absichtlich lange an seinen Po legt.

4 Beim Sporttraining

Lea ist letzte Woche 13 Jahre alt geworden und zum ersten Mal richtig verliebt. Ihr Freund ist schon fast 16 und in der 9. Klasse. Als Leas Eltern nicht da sind, ist ihr Freund bei ihr zu Hause, die beiden kuscheln auf dem Sofa. Ihr Freund fängt an, Leas Pullover auszuziehen. Lea fühlt sich jedoch nicht wohl dabei und versucht, ihn abzulenken. Sie hat Angst, dass er sie für kindisch hält. Deshalb sagt sie nichts.

5 Unangenehme Gefühle

Entwicklung des Menschen

Zusammenfassung

Pubertät • Zwischen 9 und 15 Jahren beginnt die Pubertät. Der Körper ändert seine Form, Achsel- und Intimhaare wachsen. Jungen wächst ein Bart und sie kommen in den Stimmbruch.

Hygiene • Körperpflege trägt zur Gesunderhaltung der Haut und der Geschlechtsorgane bei. Tägliche Reinigung kann schlechten Gerüchen, Hautreizungen und Krankheiten vorbeugen.

Männliche Geschlechtsorgane • Die äußerlich sichtbaren Geschlechtsorgane sind der Penis und der Hodensack. Der Hodensack enthält beide Hoden. In den Hoden werden ab der Pubertät lebenslang männliche Geschlechtszellen, die Spermienzellen, gebildet. Über den Spermienleiter und den Penis gelangen sie aus dem Körper heraus. →1 Das nennt man Samenerguss.

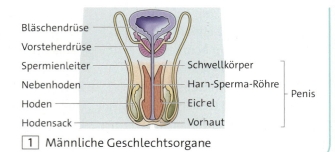

1 Männliche Geschlechtsorgane

Weibliche Geschlechtsorgane • Die Vulvalippen und ein kleiner Teil der Klitoris bilden die äußeren Geschlechtsorgane. Der größere Teil der Klitoris liegt im Körper. In den Eierstöcken reifen Eizellen heran, die weiblichen Geschlechtszellen. Jeden Monat gelangt eine Eizelle über den Eileiter in die Gebärmutter. Deren Schleimhaut verdickt sich. →2

Menstruation • Wenn eine Eizelle nicht befruchtet wird, löst sich die Gebärmutterschleimhaut und wird durch die Vagina ausgestoßen. Die entstehende Blutung nennt man Menstruation.

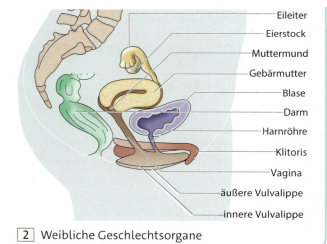

2 Weibliche Geschlechtsorgane

Befruchtung und Einnistung • Bei der Befruchtung verschmelzen die Zellkerne einer Spermienzelle und der Eizelle. Die befruchtete Eizelle teilt sich mehrmals. Aus ihr wird schließlich ein kugeliger Zellhaufen. Dieser Keimling verwächst mit der Gebärmutterschleimhaut. Diesen Vorgang nennt man Einnistung.

Schwangerschaft • Der Keimling entwickelt sich in der Gebärmutter über den Embryo zum Fetus. Über die Nabelschnur erhält er Nährstoffe.

Verhütung • Verhütungsmittel können vor ungewollten Schwangerschaften und sexuell übertragbaren Krankheiten schützen.

Teste dich! (Lösungen auf Seite 386)

Pubertät

1 ◼ Nenne körperliche Veränderungen, die während der Pubertät auftreten.

Geschlechtsorgane und Menstruation

2 ◼ Benenne die männlichen Geschlechtsorgane. Ordne den Nummern die passenden Begriffe zu. → 3

3 ◼ Benenne die weiblichen Geschlechtsorgane. Ordne den Nummern die Begriffe zu. → 4

4 ◼ Bringe die Bilder zum Menstruationskreislauf in die richtige Reihenfolge und beschreibe den Ablauf. → 5 Verwende dabei die Begriffe: Eierstock, Eizelle, Eileiter, Gebärmutter, Gebärmutterschleimhaut und Vagina.

Verhütung

5 ◼ Nenne zwei Verhütungsmittel und beschreibe jeweils die Wirkungsweise.

6 ◼ Leon sagt: „Beim ersten Mal kann sowieso nichts passieren. Außerdem ist Verhütung Mädchensache und nicht mein Problem."
Bewerte Leons Einstellung zur Verhütung.

Schwangerschaft und Geburt

7 ◼ Beschreibe den Vorgang der Befruchtung.

8 ◼ Beschreibe, wie ein Kind im Mutterleib versorgt wird.

9 ◼ Beschreibe die drei Phasen einer Geburt.

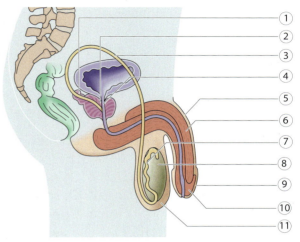

3 Männliche Geschlechtsorgane

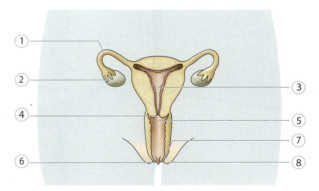

4 Weibliche Geschlechtsorgane

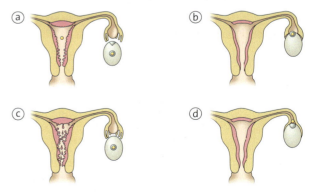

5 Menstruation – wie ist die richtige Reihenfolge?

Ein Produkt entsteht

Ein Schreibtischset hilft dir, die Ordnung zu halten. Das Schönste ist: Du kannst es selbst bauen!

Geduld und Sorgfalt sind beim Schleifen gefragt. Aber dann kann sich das Ergebnis sehen lassen.

Plane und baue ein Modellauto, vielleicht sogar mit Licht und Fernsteuerung! Hast du eine Idee?

Schreibtischset: Werkstoff und Planung

	Fichte	Kiefer	Balsa
Aussehen des aufgesägten Stamms	• Stamm lang und gerade • Holz gelblich weiß • Jahresringe sichtbar • Harzkanäle sichtbar	• Stamm lang und gerade • Holz an der Rinde gelblich weiß, im Kern rotbraun • Jahresringe gut sichtbar • Harzkanäle sichtbar	• Stamm kurz • Holz weiß-grau, im Kern rosa
Alter beim Fällen	70–80 Jahre	120–130 Jahre	12–15 Jahre
Eigenschaften des Holzes	• leicht, splittert stark • weich • harzhaltig • biegefest	• leicht, splittert wenig • mittelhart • harzhaltig • gut zu bearbeiten	• sehr leicht • weich • wenig belastbar • sehr gut zu bearbeiten
Verwendung des Holzes	• Bauholz: Balken, Bretter • Industrieholz: Papierherstellung, Spanplatten	• Bauelemente: Fenster, Türen • Möbel	• Floßbau • Modellbau • Papierherstellung
Beispiel			

1 Eigenschaften und Verwendung von Holz

2 Ein verformtes Holzbrett

3 Ein Kantholz aus Schichtholz

Holz ist nicht gleich Holz! Je nach Verwendung benötigt man Holz mit ganz bestimmten Eigenschaften. Die Tabelle zeigt dir, für welche Zwecke die Hölzer am besten geeignet sind. → 1

Holz „arbeitet" • Bretter aus Vollholz schrumpfen, wenn sie getrocknet werden. Sie quellen auf, wenn sie gewässert werden. Man sagt dazu: Holz „arbeitet". → 2 Verformtes Holz verursacht zum Beispiel klemmende Türen oder Fenster.
In Baumärkten oder in Schreinereien kannst du deshalb Bretter entdecken, die nicht aus Vollholz bestehen. Die Holzindustrie hat nämlich Werkstoffe entwickelt, die kaum „arbeiten". Sie sind aus dünnen Holzlagen, Holzspänen oder Holzfasern aufgebaut. Manchmal bedeckt eine dünne Schicht aus Holz oder Kunststoff ihre Oberfläche.

Schicht- und Leimholz • Holzbretter leimt man zu Schichtholz aufeinander. Brettschichtholz wird zum Beispiel für Dachbalken verwendet. → 3
Wenn man Holzstäbe in gleicher Faserrichtung nebeneinander leimt, entstehen Leimholzplatten. Äußerlich sehen sie aus wie Bretter aus einem Stamm. Sie verformen sich aber bei Feuchtigkeit nicht so stark. Leimholzplatten kann man in beliebiger Größe herstellen.

Lexikon   dariri

das **Vollholz**
die **Holzwerkstoffe**

Lagenwerkstoffe • Man verleimt mehrere dünne Holzlagen (Furnier), um Furniersperrholz herzustellen. Dabei legt man die Schichten nach ihren Faserrichtungen kreuzweise gegeneinander. Die Anzahl der Holzlagen ist immer ungerade. Jede Schicht wird so gegen Verformungen gesperrt – daher der Name Sperrholz. → 4
Für Stabsperrholz oder Tischlerplatten verleimt man dünne Holzstäbe miteinander. Furnier bildet die Oberfläche der Tischlerplatte. → 5
Platten aus Lagenwerkstoffen sind sehr stabil. Sie werden zum Beispiel zum Bau von teuren Möbeln verwendet.

4 Das Sperrholz

5 Die Tischlerplatte

Spanplatten • Bei der Holzverarbeitung entsteht viel Abfall. Dieses Restholz zerkleinert man zu Spänen verschiedener Größe. Um Spanplatten herzustellen, werden die Späne mit Klebstoff versetzt, erwärmt und gepresst. Die Oberflächen der Platten schützt und verschönert ein Überzug aus Holzfurnier oder Kunststoff. → 6 Spanplatten verwendet man zum Beispiel für Küchenarbeitsplatten und Regale.

Faserplatten • Holzreste werden gekocht und zu feinen Fasern verarbeitet. Die Fasern vermischt man mit Textilfasern aus Altkleidern und mit Klebstoff. Danach presst man sie. Je nach Festigkeit unterscheidet man zwischen weichen, mitteldichten und harten Faserplatten. Die harten Faserplatten haben eine sehr glatte Oberfläche. Damit können Möbel und Laminat hergestellt werden. → 7

6 Eine Küchenarbeitsplatte aus einer Spanplatte

7 Das Laminat mit einer Faserplatte

Nachhaltigkeit • Verschiedene Siegel zeigen an, wenn Holz und Papier aus nachhaltig bewirtschafteten Wäldern und kontrollierten Betrieben stammen. → 8 9 In solchen Wäldern wird nicht mehr Holz geschlagen als nachwächst, die Artenvielfalt bleibt erhalten.

8

9

Aufgaben

1 Balsaholz wird für Modellflugzeuge verwendet. Nenne die Eigenschaften, die dafür wichtig sind.

2 Präsentation „Holzwerkstoffe": Suche dir zu jedem genannten Holzwerkstoff ein kleines Abfallstück. Montiere alle Stücke auf einer Platte zu einer Schautafel. Füge kurze Steckbriefe der Werkstoffe hinzu.

Schreibtischset: Werkstoff und Planung

Material A

Das Holz auswählen

Das Holz für dein Schreibtischset soll sich gut sägen und weiterbearbeiten lassen.

1 Schlage in eine Leiste aus Kiefernholz und eine Leiste aus Buchenholz je einen Nagel ganz ein.
Zähle, wie viele Schläge du brauchst. → 1

1 Nägel einschlagen

Säge dann von denselben Leisten mit der Feinsäge je einen Streifen von 1 cm Breite ab. Miss die Zeit, die du dafür benötigst.
Achtung! • Buchenholzstaub nicht einatmen! FFP2-Maske aufsetzen.

a ▶ Vergleiche, wie gut du die Hölzer bearbeiten kannst.
b ▶ Begründe dein Ergebnis.

Material B

Die Bauteile für das Schreibtischset planen

Die Explosionszeichnung verschafft dir eine Übersicht über die einzelnen Teile des Schreibtischsets und deren Anordnung. → 2
Hierzu wird zunächst das Schrägbild des Bodens gezeichnet (in unserer Zeichnung Teil D). Dann ergänzt man Schrägbilder der anderen Teile. Auf der Zeichnung haben sie aber etwas Abstand von den Stellen, an denen sie später angebaut werden.

1 ▶ Übernimm die Explosionszeichnung und die Stückliste in deinen Ordner. → 2 3
Ergänze die Stückliste.

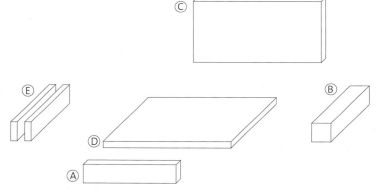

2 Die Explosionszeichnung des Schreibtischsets

Teil	Anzahl	Benennung	Werkstoff	Maße in mm
?	1	?	Kiefer	200 × 100 × 10
?	2	Seitenteil klein	Kiefer	30 × 10 × 85
?	1	Seitenteil groß	Kiefer	30 × 30 × 85
D	1	Boden	Kiefer	200 × 100 × 10
?	1	Frontteil	Kiefer	145 × 30 × 10

3 Die Stückliste des Schreibtischsets, noch unvollständig

Methode

Produkte – von der Planung zur Beurteilung

Im Technikunterricht wirst du zum Schluss nach deinem Produkt beurteilt. Dazu musst du schon vor der Arbeit wissen, welche Anforderungen das Produkt erfüllen soll. Diese Anforderungen könnt ihr in der Gruppe selbst erarbeiten.
So könnt ihr vorgehen:

1. Sammelt Anforderungen Jede Schülerin und jeder Schüler schreibt eine Anforderung für das Produkt auf eine große Karte.
Beispiel: „Sauber verarbeitet"

2. Erklärt die Anforderungen Nach einer vorher verabredeten Zeit werden alle Karten an die Tafel gehängt. Die Schülerinnen und Schüler erklären jeweils ihre Anforderung vor der Gruppe.
Beispiel: „Das Schreibtischset ist sauber verarbeitet, damit man sich nicht daran verletzt."

Die Gruppe diskutiert, welche Anforderungen wichtig sind.

3. Erstellt die Anforderungsliste Aus den wichtigsten Anforderungen wird eine gemeinsame Liste zusammengestellt. Sie ist dann für alle Schülerinnen und Schüler verbindlich.

4. Legt den Beurteilungsbogen fest Erfüllt das Produkt die Anforderungen? Das lässt sich mithilfe der vorher festgelegten Kriterien beurteilen.
Beispiel: Zur Anforderung „Sauber verarbeitet" können die Kriterien „Keine überstehenden Kanten" und „Die Oberfläche ist überall glatt geschliffen" überprüft werden.
Je nachdem, wie gut das Produkt die Kriterien erfüllt, vergebt ihr und die Lehrkraft Punkte auf dem Beurteilungsbogen. → 4

Beurteilungsbogen für das Schreibtischset			
Für jedes Kriterium werden Punkte vergeben: von 0 (nicht zutreffend) bis 3 (vollständig zutreffend).			
Max Musterschüler, Klasse 6a			*13.04.20XX*
Beurteilungskriterium	Beurteilung Klasse	Beurteilung Lehrkraft	Bemerkungen
Einige Stifte, ein Geodreieck sowie ein Stundenplan können untergebracht werden.	3	2	–
Keine offenen Fugen	1	2	–
Keine überstehenden Kanten	3	1	–
Die Oberfläche ist überall glatt geschliffen.	2	3	–
Die Oberfläche ist gleichmäßig eingeölt.	3	2	–
Die Bohrungen sind mittig und haben den gleichen Abstand.	3	3	–
Häufig benutzte Teile liegen auf der Seite der Arbeitshand.	2	3	–
Der Arbeitsablaufplan beschreibt ausführlich alle Arbeitsschritte.	2	2	–
Summe der Punkte	*19 von 24*	*18 von 24*	–

4 Beispiel für einen ausgefüllten Beurteilungsbogen

Schreibtischset: Werkstoff und Planung

Erweitern und Vertiefen

In der Schreinerei

Regal gesucht! • Alissas Schreibtisch ist voll. Ihre Bücher stapeln sich schon. Endlich finden auch ihre Eltern: Ein Bücherregal muss her! Aber Alissa hat ein Problem: Ihr Dachzimmer hat schräge Wände. →1 Im Möbelhaus findet sie kein passendes Regal. Ihr Vater ruft deshalb eine Schreinerin an.

Entwurf und Zeichnung • Am nächsten Tag misst die Schreinerin Alissas Zimmer aus. Sie skizziert ein Schrägbild des Regals auf ein Blatt Papier. Alissa sucht sich die Holzart aus, die am besten in ihr Zimmer passt. Der Entwurf des Regals gefällt Alissa. Ihre Eltern finden den Kostenvoranschlag angemessen.
Zurück in der Schreinerei: Die Meisterin überträgt ihre Handskizze in ein Computerprogramm (ein CAD-Programm). Damit erzeugt sie genaue Zeichnungen für alle Regalteile. Darin sind Länge, Breite und Dicke der Regalteile notiert. Und man findet auch Informationen über die Holzart, die Oberfläche und die Art der Verbindung der einzelnen Teile.

Fertigung • Alissa darf beim Bau des Regals in der Schreinerei zusehen. Zuerst sucht die Meisterin im Lagerraum Spanplatten aus. →2 Gemeinsam mit Youssef, dem Auszubildenden, bringt sie die Platten in die große Werkstatthalle. Mit der Kreissäge sägen sie die Platten auf die geplante Breite und Länge. Anschließend leimt Youssef ein Furnier aus Buchenholz auf die Flächen. In einer Maschine wird es angepresst, bis der Leim trocken ist.
In den senkrechten Teilen des Regals fehlen noch Löcher für die Metallzapfen, die die Regalböden

1 Hier passt kein Regal aus dem Möbelhaus!

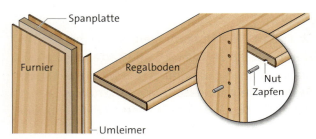

2 Alissas Regal

halten sollen. Sie werden zwei Tage später mit einer computergesteuerten Maschine (eine CNC-Maschine) gebohrt. Youssef hat sie zuvor programmiert. In die Regalböden fräst eine Maschine noch Nuten für die Zapfen.
Youssef klebt die abgerundeten Umleimer auf die Vorderkanten der Regalteile. Sie verdecken die rauen Stirnflächen der Spanplatten. →2 Danach werden die Oberflächen lackiert.
Alissa freut sich schon: Wenn alles trocken ist, wird endlich ihr neues Regal geliefert.

Aufgabe

1 Schreibe in Stichpunkten alle Arbeitsschritte zur Herstellung des Regals auf.

jodapu

Lexikon
Tipps

Erweitern und Vertiefen

Fachwerkhäuser

Zeugen der Geschichte • Jannis macht einen Ausflug mit seiner Familie. Beim Spaziergang durch die Altstadt von Esslingen am Neckar sieht er viele schöne Häuser mit dicken Holzbalken. → 3 An einem Haus entdeckt er die Jahreszahl 1262. Wie konnte das Holzhaus fast 800 Jahre überdauern?

Einfache Bauweise • Bis ins 13. Jahrhundert haben die Menschen häufig Holzpfosten in den Boden eingegraben und darauf ein Dach errichtet. Diese flachen Häuser überdauerten aber nur wenige Jahrzehnte. Die Feuchtigkeit aus dem Boden ließ die Pfosten verfaulen.

Fachwerkbauten • Esslingen erlebte im 13. Jahrhundert einen wirtschaftlichen Aufschwung. Die Einwohnerzahl stieg. Innerhalb der engen Stadtmauern mussten höhere und stabilere Häuser als früher gebaut werden:
- Auf dem Boden wurde ein Steinsockel errichtet. Dadurch konnte keine Feuchtigkeit mehr aus der Erde ins Gebälk steigen. → 4
- Über die Steine legte man waagerecht Balken, die Schwellen. Auf ihnen stellte man senkrecht die Ständer auf.
- Schräge Balken stützten die Pfosten des Fachwerks zum Beispiel gegen Wind. Diese schrägen Balken werden „Bänder" genannt.
- Viele Fachwerkhäuser wurden unten schmal gebaut und nach oben breiter. So blieb unten auf der Gasse genügend Platz zum Durchfahren mit Pferdewagen und oben hatte man mehr Wohnfläche. → 4
- Die Zimmerleute verbanden die Balken mit Holzzapfen oder Holznägeln.

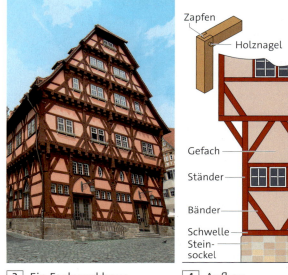

3 Ein Fachwerkhaus   4 Aufbau

So werden noch heute Dachstühle auf Häusern errichtet.

Füllung • Die Flächen zwischen den Balken, das Gefach, wurden auf verschiedene Weise gefüllt. Im 13. Jahrhundert fügte man ein Geflecht von Weidenruten ein und verschmierte es winddicht mit Lehm.
Später wurden auch Feld- oder Backsteine eingemauert und mit Kalk verputzt.

Aufgabe

1 Suche dir ein Bild vom Giebel eines Fachwerkhauses.
Zeichne mit Lineal und Geodreieck den genauen Verlauf der Balken auf ein Blatt Papier.

Schreibtischset: Anzeichnen, Sägen, Bohren

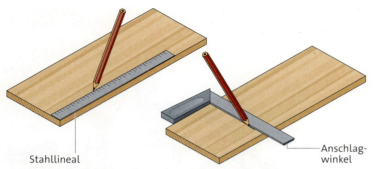

1 Messen mit dem Stahllineal und Anzeichnen mit dem Anschlagwinkel

Tipps zum Messen und Anzeichnen
- Miss mit dem Stahllineal. Lege es bündig an das Holzstück an. → 1
- Auf Holz zeichnest du am besten mit einem Bleistift an. Den Strich kannst du später leicht wieder abradieren.
- Zeichne gerade Linien im rechten Winkel zur Holzkante mit einem Anschlagwinkel. → 1
- Rundungen zeichnest du mit dem Zirkel direkt auf das Holz.
- Der Mittelpunkt eines Bohrlochs wird vorgestochen. Markiere ihn durch ein Linienkreuz.

Sägen • Mit diesen Sägen kannst du Leisten und Bretter kürzen: → 2
- Die Feinsäge arbeitet „auf Stoß". Sie sägt, wenn du den Griff von dir wegbewegst.
- Die Laubsäge und die Puksäge arbeiten „auf Zug". Sie sägen, wenn du den Griff zu dir ziehst. Mit der Laubsäge sägst du Rundungen.
- Die Sägezähne sind „geschränkt": → 3 Die Zahnspitzen zeigen abwechselnd nach rechts, nach links, wieder nach rechts und so weiter. Der Schnitt im Holz ist deshalb breiter, als das Sägeblatt dick ist. Dadurch klemmt es beim Sägen nicht fest.

Aufgaben

1. ◼ Markiere auf einem Brettchen den Mittelpunkt für ein Bohrloch mit dem Vorstecher. Der Punkt soll jeweils 15 Millimeter von der unteren Brettkante und von der linken Brettkante entfernt sein.

2. ◼ Betrachte die Sägeblätter der Laubsäge und der Feinsäge genau.
a) Zeichne ihre seitliche Ansicht vergrößert in dein Heft.
b) Beschreibe, wie sich die Sägeblätter unterscheiden.

2 Von links: Feinsäge, Laubsäge, Puksäge

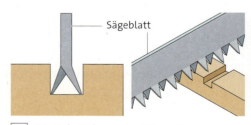

3 Die Schränkung der Sägezähne

bavahu

Lexikon Tipps

das **Messen**
das **Anzeichnen**
das **Sägen**
die **Säge**

Material A

Die Länge der Bauteile „anzeichnen"

Um Bauteile zu kürzen, musst du die richtige Länge anzeichnen. Übe zunächst alle Schritte an einem Abfallbrett.

1 Lege das Stahllineal mit der Null an den Anfang des Bauteils.
Halte das Lineal an der Längskante. Markiere die gewünschte Länge mit einem Punkt.

2 Zeichne mit einem rechtwinkligen Anschlagwinkel oder mit einem Geodreieck eine gerade Linie auf das Holz.

Material B

Einen Arbeitsplan erstellen

1 ▣ Plane deine Arbeiten Schritt für Schritt. → 4

Tipp: Wenn du Hilfe dabei brauchst, den Arbeitsplan zu erstellen, nutze die umgedrehte Tabelle. → 5

Nr.	Arbeitsschritt	Werkzeug/Material
1	Die Teile A–E auf Länge sägen	Feinsäge mit Gehrungslade

4 So kann der Arbeitsplan für das Schreibtischset beginnen.

8	Die Oberfläche ölen	Leinöl, Pinsel, Lappen
7	Die Außenflächen verschleifen	Schleifpapier, Körnung 120; evtl. Schleifmaschine
6	Die Rückwand an den Boden schrauben	Spax-Schraube 3 mm × 30 mm, Kreuzschlitzdreher
5	Die Rückwand C zum Schrauben vorbereiten; Löcher bohren und senken	Bohrer, Durchmesser 3 mm; Senker
4	Die Teile A, B, E auf den Boden D leimen	Holzleim
3	In das Teil B bohren und senken	Bohrer, Durchmesser 10 mm oder 12 mm; Senker
2	Alle Kanten und Stirnseiten verschleifen	Schleifpapier, Körnung 120

5 Hilfe für den Arbeitsplan

Material C

Das Absägen der Bauteile

1 ▣ Nimm dir zunächst ein Abfallstück aus Kiefernholz. Säge es mit der Feinsäge und der Puksäge. Vergleiche: Mit welcher Säge kommst du besser zurecht?

2 Spanne das Holzstück 1 cm neben deinem Bleistiftstrich ein (siehe Material A). Säge dein Bauteil etwas außerhalb der Markierung ab. So kannst du es später mit der Feile und dem Schleifpapier noch glätten, ohne dass das Bauteil zu kurz wird. Kerbe das Holzstück zunächst ein wenig ein. Bewege dazu die Säge gegen die Sägerichtung. Führe das Sägeblatt danach in der Kerbe. → 6

6 Absägen mit der Feinsäge

Schreibtischset: Anzeichnen, Sägen, Bohren

Methode

Das Bohren mit der Tischbohrmaschine

Achtung! • Beachte die folgenden Regeln:
- Schutzbrille tragen! → 1
- Lange Haare hochstecken oder mit einem Haargummi zusammenhalten!
- Eng anliegende Kleidung tragen!
- Schmuck und lose Kleidungsstücke ablegen!
- Sicherheitsabstand einhalten. Kein Mitschüler und keine Mitschülerin betritt die markierte Zone.

1. Spanne den Bohrer ein Wähle einen Holzbohrer aus. Spanne ihn fest in das Bohrfutter ein. → 2

2. Stelle die Drehzahl ein Moderne Maschinen zeigen die richtige Drehzahl in einem Display an. An älteren Maschinen liest du den Wert aus einer Drehzahltabelle ab. → 3

3. Spanne das Werkstück ein Spanne das Werkstück im Maschinenschraubstock fest ein. Richte es unter dem Bohrer aus. → 4

4. Schalte die Maschine ein Prüfe, ob der Bohrer rundläuft. Er darf nicht „eiern". → 5

5. Bohre vorsichtig Ziehe den Vorschubhebel langsam. Das Holz darf beim Bohren nicht schwarz werden. Hebe bei tiefen Bohrungen mehrmals den Bohrer wieder aus dem Loch. So werden die Späne ausgeworfen. → 1

6. Schalte die Maschine aus Hebe den Bohrer an. Warte, bis er sich nicht mehr dreht. Entferne dann die Späne mit dem Pinsel oder mit einer Absaugvorrichtung.

1 Die Tischbohrmaschine

2 Bohrer einspannen

3 Die Drehzahltabelle

4 Ausrichten

5 „Eiernder" Bohrer

sitube

Lexikon
Tipps

das **Bohren**
die **Tischbohrmaschine**

Material D

Bohrlöcher anzeichnen

Zwischen zwei Bohrungen soll mindestens 6 mm Holz stehen bleiben. Wenn die beiden Bohrlöcher jeweils einen Durchmesser von 12 mm haben, musst du die Mittelpunkte also in einem Abstand von 18 mm anzeichnen. → 6

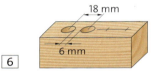

6

1 Übe zunächst an einer Abfallleiste aus Kiefernholz. Bestimme die Lage der Mittellinie. Zeichne sie mit dem Bleistift an. Markiere die Mittelpunkte für die Bohrungen mit einem kurzen Querstrich.

2 ◪ Du sollst Löcher mit einem Durchmesser von 10 mm bohren. Berechne den Mindestabstand zwischen zwei Mittelpunkten.

Material E

Stiftehalter bohren

Das Bauteil B unseres Schreibtischsets soll Löcher für Stifte bekommen.

1 Überlege dir, welche Stifte du in dein Schreibtischset stellen willst.
Ermittle den Durchmesser, den die Bohrlöcher haben müssen. Stecke dazu deine Stifte in die Löcher einer Bohrerkassette. → 7

2 Markiere auf dem Bauteil B die Mittelpunkte für die Bohrungen. Stich dort jeweils 2–3 mm tiefe Löcher mit dem Vorstecher. → 8

3 Spanne das Bauteil B in den Schraubstock der Bohrmaschine ein.
Tipp: Lege ein schmaleres Abfallbrett unter die Leiste. Dadurch bekommt das Loch beim Durchbohren einen glatten unteren Rand. Richte die Spitze des Holzbohrers (Durchmesser zum Beispiel 12 mm) über dem vorgestochenen Loch aus.
◪ Stelle die Drehzahl an der Maschine ein und bohre. Beschreibe deine Vorgehensweise.

4 ◪ Ermittle die Drehzahl für einen Holzbohrer mit einem Durchmesser von 10 mm.

7 Das Ermitteln des Bohrerdurchmessers

8 Das Vorstechen

Schreibtischset: Feilen und Schleifen

[1] Querschnitte von Feilen

[2] Eine Feile (links) und drei Raspeln

Feilen und raspeln • Beim Feilen und Raspeln muss das Werkstück fest eingespannt sein. Es soll so wenig wie möglich über die Spannbacken hinaus-
5 ragen, damit es nicht federt.
Alle Feilen arbeiten „auf Stoß", also vom Körper weg. → [1] [2]
Raspeln haben größere „Zähne" als Feilen. Je dichter die Rillen auf einer
10 Feile nebeneinanderliegen, desto weniger Holz trägt sie bei einem Durchgang ab. Die Oberfläche des Werkstücks wird dann schön glatt. Säubere die Raspeln und Feilen nach
15 dem Gebrauch mit einer Bürste. Lege die Werkzeuge vorsichtig auf eine weiche Unterlage, weil die harten Zähne sonst leicht brechen.

Schleifen • Ganz glatt werden die
20 Oberflächen mit Schleifpapier. Am besten legt man es um einen Schleifklotz. So wird der Druck beim Schleifen gleichmäßig verteilt. → [3]
Auf dem Schleifpapier kleben viele
25 kleine Körner. Je größer die gedruckte Zahl auf der Rückseite des Papiers ist, desto feiner schleift es. Auf einem Schleifpapier mit der Körnung 120 kleben viel mehr Körner pro Quadrat-
30 zentimeter als auf einem Papier mit der Körnung 60. → [3] Die 120er-Körner sind viel kleiner als die 60er.

Achtung! • Schleifstaub kann Allergien auslösen! Eichen- und Buchenstäube
35 können sogar Krebs erregen. Nicht abfegen oder abklopfen! Sauge die Werkstücke und den Arbeitsplatz gründlich mit einem Staubsauger ab.

Aufgaben

1 ▸ Liste auf, welche Feilen im Technikraum vorhanden sind. Zeichne jeweils die Querschnitte der Feilen dazu und beschrifte sie.

2 ▸ Erläutere die Vorteile der Rundfeile und der dreieckigen Feile. Beschreibe, wofür du die Feilen einsetzen würdest.

3 ▸ Welche Körnung haben die Schleifpapiere im Technikraum? Notiere sie.

[3] 120er-, 60er- und 40er-Schleifpapier

pojere

Lexikon
Tipps

das **Feilen**
die **Feile**
das **Schleifen**
das **Schleifpapier**

Material A

Feilen und raspeln

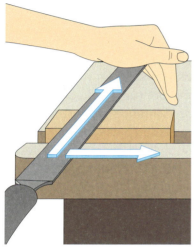

[4] So feilst du richtig.

Mit Raspeln und Feilen kannst du Holzoberflächen bearbeiten. → [2]

1 Spanne ein Kiefernbrett (Abfallstück) fest im Schraubstock ein. Bewege die Feile oder Raspel über die Sägekante. Drücke bei der Vorwärtsbewegung mit dem Werkzeug leicht auf das Brett. Verschiebe das Werkzeug dabei seitlich. → [4]
Tipp: Schräge die Sägekante immer wieder an, damit keine Späne ausreißen.

Rasple zunächst das Werkstück, bis es eben ist. Überlege dir, in welchen Schritten du vorgehst. Setze anschließend eine Feile am Werkstück ein.
⊠ Bewerte deine Ergebnisse. Wofür setzt man besser die Raspel ein und wofür die Feile?

2 Bearbeite nun die Bauteile deines Schreibtischsets.

Material B

[5] Glatte Kanten durch Schleifen

Mit Schleifpapier glätten

Nach dem Feilen stehen an den Kanten deiner Bauteile noch viele Fasern ab, an denen man sich leicht verletzen kann.
Beseitige die Fasern mit Schleifpapier. → [5]

1 Probiere das Schleifen wieder an einem Abfallstück aus.
Umwickle einen Schleifklotz mit dem Schleifpapier. Nimm erst einmal Schleifpapier mit der Körnung 60.

Verwende danach ein Schleifpapier mit der Körnung 120.
a ⊠ Vergleiche die Wirkungen der beiden Schleifpapiere miteinander.
b ⊠ Welches Schleifpapier setzt du für die Teile des Schreibtischsets ein? Begründe deine Antwort.

2 Schleife nun die Bauteile deines Schreibtischsets schön glatt.

Schreibtischset: Fügen und Veredeln

1 Der Holzleim wird verstrichen.

Leimen • Mit Holzleim verbindest du Werkstücke fest und dauerhaft miteinander. Der Leim ist nach 24 Stunden trocken.
Trage den Leim gleichmäßig und dünn auf einer Klebefläche auf. Zum Verstreichen eignet sich ein dünnes Abfallbrett. → 1 Bei besonders rauen Holzflächen werden beide Klebeflächen mit Leim eingestrichen. Anschließend presst du die beiden Klebeflächen zum Beispiel mit einer Leimzwinge zusammen. → 4

Schrauben • Schraubverbindungen können immer wieder gelöst werden. Heute nimmt man vor allem Spax-Schrauben. → 2 Sie haben einen Kreuzschlitz. Man kann sie gut mit einem Schraubendreher drehen. Spax-Schrauben schneiden sich besonders leicht in Spanplatten ein. In das aufliegende Brett wird eine Durchgangsbohrung im Außendurchmesser der Schraube gebohrt. Je weiter die Schraube durch das Loch hindurch in das untere Brett gedreht wird, desto besser hält die Verbindung. Der Senkkopf der Schraube darf zum Schluss nicht über die Holzoberfläche herausragen. → 3

Oberflächen veredeln • Die Holzoberflächen schützt man je nach Beanspruchung mit Lack, Öl oder Wachs. Beachte jeweils die Sicherheitshinweise auf der Packung. Feuchtigkeit schadet dem Holz am meisten. Wenn du dein Schreibtischset immer im trockenen Zimmer lässt, reicht eine Behandlung mit Öl oder Wachs aus.

2 Spax-Schraube

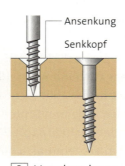

3 Verschraubung

Aufgaben

1 ▣ Beschreibe zwei Beispiele, in denen eine Schraubverbindung günstiger ist als eine Leimverbindung.

2 ▣ Vergleiche das Verleimen zweier Werkstücke mit dem Verschrauben. Stelle die Arbeitsschritte in einer Tabelle gegenüber.

sixeba

Lexikon
Tipps

das **Leimen**
das **Schrauben**
der **Schraubendreher**

Material A

Holzteile leimen

1 Übe an zwei Abfallstücken. Verstreiche ein wenig Holzleim dünn und gleichmäßig auf den beiden Teilen. Benutze dazu ein altes Brettchen. → 1
Beachte auch die Anwendungshinweise auf der Leimverpackung.

2 Füge die beiden Teile exakt zusammen. Spanne sie dann für 10 Minuten in eine Leimzwinge oder einen guten Holzschraubstock. → 4 5
Nach 24 Stunden kannst du die Verbindung belasten.

4 Die Leimzwinge

5 Die Holzschraubstock

Material B

Bretter verschrauben

1 Übe mit Abfallbrettern. Zeichne die Schraublinie mit dem Anschlagwinkel und dem Bleistift an. → 6

6 Schraublinie anzeichnen

7 Bohrlöcher ansenken

Die Schraube muss in die Mitte des zweiten Bretts treffen. Zeichne 10 mm von außen ein Kreuz. Stich mit dem Vorstecher ein Loch in die Mitte des Kreuzes. Nimm eine Spax-Schraube, die 20 mm in das zweite Brett eindringen kann. Miss ihren Außendurchmesser. Bohre ein passendes Loch an der markierten Stelle. Senke das Loch an. Die Schraube soll nicht über das Loch hinausragen. → 7
Schraube die Bretter mit dem Kreuzschlitzdreher zusammen.

2 Schraube die Rückwand deines Schreibtischsets an.

Material C

Die Oberflächen schützen

Gewachste oder geölte Holzoberflächen sehen edel aus und werden nicht so schnell schmutzig.

1 Übe mit Leinöl und Möbelwachs an geschliffenen Kiefernholzresten.
Achtung! • Beachte die Sicherheitshinweise auf der Packung!

Trage das Öl mit einem Pinsel auf ein Holzstück auf. Reibe das Wachs mit einem Tuch auf das andere Stück. Poliere anschließend.

2 Veredle dein Schreibtischset. Entferne Leimreste vorher – Öl und Wachs haften nicht auf Leim.

**Dein Set ist fertig!
Es kann nun beurteilt werden.**

Ein Fahrzeug erfinden

Es gibt viele Möglichkeiten, Fahrzeuge anzutreiben – erfinde selbst eine!

1 Auto mit Gummimotor

2 Auto mit Mausefallenantrieb

3 Elektroauto

Fahrzeuge • Fahrzeuge sind für uns unentbehrlich geworden: Jeden Tag fahren wir damit zur Arbeit oder in die Schule. Viele Tonnen Güter gelangen in die Fabriken und in die Läden.

Energie für den Antrieb • Du musst deinem Fahrzeug Energie zuführen, um es anzutreiben. „Echte" Autos werden meist von Verbrennungsmotoren angetrieben. In den Treibstoffen Benzin und Diesel steckt Energie für den Antrieb.

Wenn du ein Gummiband auf eine Achse wickelst, wird es gedehnt. → 1 Wir sprechen von Spannenergie. Bei der Mausefalle drückst du eine Metallfeder zusammen. → 2 Im gedehnten Gummiband und in der zusammengedrückten Metallfeder ist Energie gespeichert. Oder du verwendest die Energie eines Schwungrads, das du zuvor in Bewegung versetzt hast. Nur die Energie für den Elektromotor kommt nicht von deinen Muskeln, sondern aus der Batterie. → 3

Lager • Wenn dein Fahrzeug schnell sein soll, dann dürfen die Achsen möglichst wenig in den Lagern abgebremst werden. → 4 Deshalb verwendet man Lager aus hartem Metall. Besonders gering ist die Reibung, wenn sich Achsen und Lager wenig berühren. Mit etwas Öl oder Fett zwischen Achse und Lager läuft es „wie geschmiert". Die Achse gleitet dann auf der Ölschicht so wie du auf der Wasserrutsche im Schwimmbad.

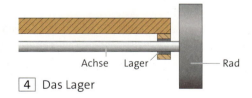

4 Das Lager

Aufgabe

1 ◻ Zeichne die Energieketten für die verschiedenen Modellautos. → 1 – 3

mejube

Lexikon
Tipps

Material A

„Formel Holz"

Plane und baue ein Auto aus Holz für einen Wettbewerb.
- Wettbewerb 1: Welches Auto fährt am schnellsten einen Meter weit?
- Wettbewerb 2: Welches Auto fährt in einer Minute am weitesten?

Nur für den Wettbewerb 2 dürfen Elektromotoren verwendet werden. Entscheide dich für einen Wettbewerb.

1 ☒ Überlegt, welche Anforderungen eure Autos für den Wettbewerb erfüllen müssen. Erstellt einen Beurteilungsbogen.

2 ☒ Fertige eine Explosionszeichnung der Fahrzeugteile an. → 5

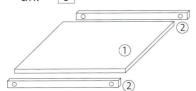

5 Die Grundplatte mit Holmen

Teil	Anzahl	Benennung	Werkstoff	Maße in mm
1	1	Grundplatte	Pappelsperrholz	160 × 99 × 6
2	2	Holme mit Bohrungen für die Achsen	Pappelsperrholz	160 × 10 × 5
3	?	?	?	?

6 Die Stückliste für das Fahrgestell

3 ☒ Erstelle eine Stückliste der Teile, die du verwenden willst. → 6
Die Teile werden von der Lehrkraft bereitgestellt.

4 ☒ Du erhältst eine Vorlage für den Arbeitsplan. → 7
Fülle den Plan mit den Arbeitsschritten für das Auto aus. Trage die notwendigen Werkzeuge ein.

5 ☒ Beschreibe dein fertiges Auto in einem kurzen Text:
- Wie wird es angetrieben?
- Wo könnte es Verwendung finden?

Benutze Fachausdrücke.

6 ☒ Führt die Wettbewerbe durch.

7 ☒ Bewertet eure Autos mit dem Beurteilungsbogen.

Name:	Arbeitsplan zur Herstellung des Fahrzeugs	Datum: Schule:
Nr.	Arbeitsschritt	Werkzeug/Material
1	Grundplatte 1 aufzeichnen	Stahllineal, Bleistift, Pappelsperrholz
2	Grundplatte aussägen	Feinsäge, Sperrholz
3	?	?

7 Der Arbeitsplan zur Herstellung des Fahrzeugs

Material B

Verschiedene Lager

1 ☒ Baue eine Fahrzeugplattform mit diesen Achslagern:
- Holzachse – Holzloch
- Metallachse – Metallloch
- Metallachse – Holzloch

Lass das Fahrzeug von einer Rampe rollen.
Miss, mit welchen Lagern es am weitesten kommt.

Anhang

Lösungen der Testaufgaben

Menschen leben mit Tieren – S. 47

1 Vergleich von Wolf und Roboterhund:

Kennzeichen	Roboterhund	Wolf
Bewegung	laufen, rennen	laufen, rennen
Wachstum	behält immer dieselbe Größe	wächst die ersten 1–2 Lebensjahre
Stoffwechsel	kein aktiver Stoffwechsel	nimmt Nahrung auf, gibt Kot ab
Reizbarkeit	nicht reizbar	reagiert auf Reize aus der Umwelt wie Rufen oder Bellen anderer Hunde
Fortpflanzung	pflanzt sich nicht fort	pflanzt sich fort und bekommt lebende Nachkommen

2 Schafe sind Haustiere. Man kann von ihnen Milch, Fleisch und Wolle nutzen.
Pferde wurden früher als Arbeitstiere gehalten. Heute dienen sie als Reitpferde oder ziehen Kutschen.
Hunde wurden früher auf den Höfen als Wachhunde und zum Hüten von Schafen eingesetzt. Heute halten wir die Hunde hauptsächlich als Familienmitglieder zum Spielen und als Tröster.

3 Der Mensch zähmte den Wolf zuerst. Das heißt, er gewöhnte die Wölfe an die menschliche Nähe und zog junge Wölfe auf. Man erkannte, dass die gezähmten Wölfe unterschiedliche Fähigkeiten und Merkmale besaßen. Der Mensch wählte gezielt nur die Elterntiere für eine weitere Vermehrung aus, die für ihn nützliche Merkmale und Fähigkeiten aufwiesen. So wurden aus dem Wolf nach und nach unsere heutigen Hunderassen gezüchtet.

4 Katzen haben im hinteren Teil des Auges eine Schicht, die wie ein Spiegel wirkt. Das Restlicht in der Dämmerung und in der Nacht wird so doppelt genutzt.
Katzen sind Schleichjäger. Sie treten nur mit den Zehenballen auf. Deswegen machen sie kaum Geräusche, wenn sie sich ihrem Beutetier nähern. Wenn die Katze der Beute nahe genug gekommen ist, dann springt sie auf sie zu. Sie schiebt die Krallen aus der Hautfalte und packt das Beutetier.

5 a Der Mensch züchtete Rinder, die möglichst viel Milch geben. Sie heißen Milchrinder. Fleischrinder wurden so gezüchtet, dass sie möglichst viel Fleisch liefern. Zweinutzungsrinder werden für beides genutzt.
b Rinder sind Säugetiere. Kühe bringen Kälber zur Welt, die in den ersten Monaten gesäugt werden. Kühe müssen jährlich kalben, damit man sie melken kann. Ohne Kälber geben sie keine Milch.

6 a Wildschweine leben in Wäldern mit feuchtem Unterholz. Sie durchwühlen den Boden nach Wurzeln, Insekten, Schnecken und Würmern. Sie leben in Rotten. Die Bachen leben dort mit ihren Jungtieren zusammen. Jede Rotte hat ein Revier. Die Keiler sind Einzelgänger. Sie suchen zur Paarungszeit die Bachen in ihren Revieren auf.
b Eine artgerechte Haltung sollte den Schweinen ein ähnliches Leben wie im natürlichen Lebensraum bieten. Die Schweine sollten in Rotten leben, Auslauf haben, im Schlamm wühlen und sich suhlen können.

7 Eine artgerechte Haltung sollte den Hühnern ein ähnliches Leben wie im natürlichen Lebensraum bieten. Sie sollten ausreichend Platz haben, sich im Freien bewegen, scharren und picken können. Es sollten nicht zu viele Hühner auf engem Raum leben. Auch das Futter sollte möglichst naturnah gewählt werden.

8 a Wenn ein Pferd Angst hat, legt es seine Ohren an.
b Pferde sind Zehenspitzengänger. Sie treten nur mit der Zehenspitze auf. Die Zehenspitze ist vom Huf umgeben. Der Huf kann sich schnell abnutzen. Das gilt besonders, wenn das Pferd viel auf hartem Untergrund läuft. Um die Abnutzung zu verringern, werden Hufeisen unter den Hufen befestigt.

9 A: Zehenspitzengänger, Unpaarhufer
B: Zehenspitzengänger, Paarhufer
C: Zehenspitzengänger, Paarhufer
D: Zehengänger
E: Zehengänger
F: Sohlengänger

10 a A: Hausschwein – Allesfresser
B: Pferd – Pflanzenfresser
C: Katze – Fleischfresser
b Das Hausschwein hat ein Allesfressergebiss. Das erkennt man daran, dass die vorderen Backenzähne scharfkantig sind wie bei Fleischfressern. Die hinteren Backenzähne sind eher breit wie bei Pflanzenfressern.

Das Pferd hat ein Pflanzenfressergebiss. Alle Backenzähne des Pflanzenfressergebisses haben eine breite Kaufläche.
Die Katze hat ein Fleischfressergebiss. Man erkennt es an den Fang- und Reißzähnen.
c Pferde können zwischen ihren Backenzähnen harte, faserige Gräser zerreiben. Die Fangzähne der Katze dienen dem Töten der Beute, die Reißzähne dem Zerteilen von Fleisch.

Die Vielfalt der Wirbeltiere – S. 88/89

1 Die fünf Wirbeltiergruppen:
Fische, Amphibien, Reptilien, Vögel, Säugetiere

2 Wirbeltiere haben ein innen liegendes Skelett mit einer Wirbelsäule. Sie besteht aus vielen Wirbelknochen, die durch Gelenke miteinander verbunden sind.

3 a A: Säugetiere
B: Reptilien
C: Vögel
D: Fische
b Die Haut der Fische ist mit knöchernen Schuppen bedeckt, die sich wie Dachziegel überlappen. Eine dünne Oberhaut liegt über den Schuppen. Die Drüsenzellen der Oberhaut bilden einen Schleim, der den gesamten Fisch überzieht.

4 Vergleich der Befruchtung und Entwicklung:

	Befruchtung	Ort der Eiablage	Entwicklung der Jungtiere
Fische	außerhalb des Körpers	im Wasser	im Ei / Fischlarve
Amphibien	außerhalb des Körpers	im Wasser	im Ei / Kaulquappe
Reptilien	im Körper	an Land	im Ei
Vögel	im Körper	an Land	im Ei
Säugetiere	im Körper	–	im Mutterleib

5 Aussagen zu Fischen:
a Richtig
b Falsch. Das Maul der Fische dient auch der Aufnahme von Atemwasser.
c Falsch. Die Schwimmblase der meisten Fische ist mit Gas gefüllt.
d Richtig
e Falsch. Bei der Fortpflanzung der Fische entsteht durch die Entwicklung im Ei eine Fischlarve.
f Falsch. Die befruchteten Eier entwickeln sich bei den meisten Fischen außerhalb des Körpers.

6 Das Weibchen der Erdkröte legt den Laich in Form von Schnüren im Wasser ab. Das Männchen gibt seine Spermienzellen ins Wasser ab. Die Eizellen werden im

Lösungen der Testaufgaben

Wasser befruchtet. Aus den befruchteten Eiern entwickeln sich Larven, die eine Zeit lang im Wasser leben. Die Larven heißen Kaulquappen. Sie haben äußere Kiemen und einen Ruderschwanz. Nach 40 Tagen beginnt sich der Schwanz zurückzubilden. Die Hinterbeine beginnen zu wachsen. Etwas später bilden sich die Vorderbeine. Nach etwa 3 Monaten haben sich die äußeren Kiemen und der Ruderschwanz zurückgebildet. Die Beine sind voll ausgebildet. Außerdem hat sich eine Lunge entwickelt. Man spricht jetzt von einer Jungkröte.

7 Die Larven der Amphibien nehmen mit äußeren Kiemen Sauerstoff aus dem Wasser auf.
Erwachsene Tiere atmen mit der Haut und der Lunge. Mit der Haut nehmen sie Sauerstoff aus dem Wasser und der Luft auf. Darüber hinaus nehmen sie mit der Lunge Sauerstoff aus der Luft auf. Sie können also im Wasser und an Land atmen.

8 Die Entwicklung der Amphibien verläuft im Wasser. Aus dem befruchteten Ei entwickelt sich eine Larve, die eine Zeit lang im Wasser lebt. Außerdem können sie als Larven mit Kiemen und als erwachsene Tiere mit der Haut Sauerstoff aus dem Wasser aufnehmen. Weil die Haut einen feuchten Schleimfilm besitzt, können Amphibien auch aus der Luft Sauerstoff aufnehmen. Deshalb ist es wichtig, dass die Haut nicht austrocknet.

9 Viele Amphibien suchen zur Fortpflanzung im Frühjahr die Gewässer auf, in denen sie als Kaulquappen gelebt haben. Viele dieser Gewässer werden von den Menschen verunreinigt oder zerstört. Oft müssen Amphibien bei ihrer Frühjahrswanderung lange Wege zurücklegen. Auf diesen Wegen treten Gefahren auf, zum Beispiel durch den Autoverkehr. Um die Tiere auf ihrem Weg zu schützen, können Amphibientunnel und Amphibienschutzzäune angelegt werden. Auch das Aufstellen von Lebendfallen, zum Beispiel im Boden eingelassene Eimer, ist eine Schutzmaßnahme.

10 Tiergruppen, die zu den Reptilien gehören: Eidechsen, Krokodile, Schlangen, Schildkröten

11 Die Gliedmaßen vieler Reptilien stehen seitlich vom Körper ab. Bei der Fortbewegung schieben sie ihren Körper mit ihren Beinen kriechend über den Boden.

12 Reptilien sind wechselwarm. Ihre Körpertemperatur ist von der Umgebungstemperatur abhängig. Um aktiv zu sein, sind sie auf Wärme angewiesen. Wenn es kalt ist, schlägt das Herz der Reptilien nur sehr langsam. Auch ihre Atmung ist stark verlangsamt. Deshalb leben viele Reptilien in warmen Gegenden.

13 Vögel haben einen zahnlosen Schnabel aus leichtem Horn. Ihre Knochen sind hohl. Die Federn sind hohl.

14 Lage und Aufgabe der Vogelfedern:

Feder	Lage	Aufgabe
Daunen	direkt am Körper	bilden Luftpolster, verringern Wärmeabgabe
Deckfedern	über den Daunen	schützen Daunen, bilden geschlossene Schicht, fördern Stromlinienform
Steuerfedern	am Schwanz	Steuerung beim Flug
Schwungfedern	an den Flügeln	bilden geschlossene Schicht („Tragfläche")

15 Bestandteile des Hühnereies und ihre Aufgaben:

Eibestandteil	Aufgabe
Kalkschale	schützt das Ei vor Verletzungen
Schalenhäute	schützen das Ei vor dem Austrocknen
Luftkammer	versorgt den Embryo mit Sauerstoff
Eiklar	versorgt den Embryo mit Nährstoffen
Hagelschnüre	halten den Dotter in Position
Dotterhaut	grenzt den Dotter nach außen ab
Keimfleck	daraus entwickelt sich der Embryo
Dotter	versorgt den Embryo mit Nährstoffen

16 Zu den Nesthockern gehören die Jungtiere, die direkt nach dem Schlüpfen noch nicht vollständig entwickelt sind. Die Küken haben keine Federn, sind fast blind und hilflos.
Die Küken der Nestflüchter haben Federn und offene Augen. Sie sind sehr weit entwickelt und finden sich sofort in ihrer Umwelt zurecht.

17 Säugetiere bringen lebende Jungtiere zur Welt. Diese säugen sie mit Milch. Säugetiere haben ein Fell.

18 Katzen bringen ihre Jungen lebend zur Welt. Die Katze säugt die Kätzchen in den ersten Monaten. Die Kätzchen werden mit Fell geboren.

19 Wildschweine sind vom Wald in die Lebensräume gefolgt, die von Menschen geschaffen wurden. Sie finden Nahrung zum Beispiel in Gärten und in Parks. Teilweise leben sie auch dort. Daher werden sie als Kulturfolger bezeichnet.

20 Aussagen zu Säugetieren:
   a Falsch. Fledermäuse sind zum Beispiel Säugetiere und können fliegen.
   b Richtig
   c Falsch. Wale atmen mit Lungen.
   d Richtig
   e Richtig
   f Falsch. Igel sind in der Dämmerung oder nachts aktiv.

Wirbellose – S. 121

1 Teile der Honigbiene:
   1 – Kopf
   2 – Brust
   3 – Hinterleib
   4 – Flügel
   5 – Facettenauge
   6 – Fühler
   7 – gegliederte Beine

2 Die Entwicklung von Schmetterlingen wie dem Tagpfauenauge verläuft in vier Schritten: vom Ei über die Larve zur Puppe und schließlich zum Vollinsekt. Die Larven werden bei Schmetterlingen Raupen genannt. Diese Verwandlung vom Ei über die Larve und Puppe zum Vollinsekt heißt vollkommene Metamorphose. Heuschrecken entwickeln sich in drei Schritten: vom Ei über die Larve zum Vollinsekt. Das Puppenstadium fehlt. Diese Verwandlung ohne Puppenstadium wird unvollkommene Metamorphose genannt.

3 Der Marienkäfer durchläuft eine vollkommene Metamorphose. Das erkennt man daran, dass es ein Puppenstadium gibt.

4 Mundwerkzeuge von Insekten
   a Bild 5, Käferlarve: Beißzangen; Bild 6, Schmetterling: Saugrüssel; Bild 7, Mücke: Stechrüssel
   b Die Mundwerkzeuge der Insekten sind an ihre jeweilige Nahrungsaufnahme angepasst.
   Käferlarven fressen härtere Nahrung, die sie vor der Aufnahme zerkleinern müssen. Das können sie, weil sie kräftige Beißzangen haben.
   Schmetterlinge ernähren sich von Nektar. Ihr Saugrüssel ist lang und schlauchförmig. Mit ihm können sie Nektar auch aus Blüten mit tiefem Blütenboden saugen.
   Mücken saugen Blut. Sie haben einen harten, spitzen Stechrüssel, der die Haut anderer Lebewesen durchdringen kann.

5 Vergleich von Insekt und Wirbeltier:

	Insekt	Wirbeltier
Körperbau	Gliederung des Körpers in Kopf, Brust mit sechs Beinen (und oft mit Flügeln) und Hinterleib	Gliederung in Kopf, Rumpf und Schwanz sowie zwei Paar Gliedmaßen oder Flossen
Skelett	Außenskelett aus Chitin, Einzelteile durch Gelenkhäute beweglich verbunden	Innenskelett aus Knochen, mit Wirbelsäule, Knochen über Gelenke beweglich verbunden

Lösungen der Testaufgaben

6 Insekten können sich trotz ihres starren Außenskeletts bewegen, weil die Einzelteile ihres Panzers durch Gelenkhäute beweglich verbunden sind.

7 Die Weinbergschnecke ist kein Insekt. Ihr fehlen die typischen Merkmale der Insekten. Sie hat keine sechs Beine. Ihr Körper ist nicht in Kopf, Brust und Hinterleib gegliedert. Außerdem hat sie kein Außenskelett aus Chitin. Ihre Entwicklung verläuft nicht über eine Larve und Puppe. Die Weinbergschnecke ist ein Weichtier.

8 Die Weinbergschnecke atmet über ein Atemloch im Mantel. Das Atemloch lässt sich über Muskeln öffnen und schließen. Der Regenwurm hingegen atmet über die Haut. Dazu muss die Haut immer feucht sein, sonst erstickt der Regenwurm.

9 Regenwürmer sind Zwitter. Das heißt, jeder Regenwurm besitzt männliche und weibliche Geschlechtsorgane. Zur Fortpflanzung legen sich zwei Regenwürmer aneinander und tauschen Spermienzellen aus. Dann trennen sie sich wieder. Der Regenwurm speichert die Spermienzellen des anderen Regenwurms im Schleim außerhalb seines Körpers und gibt seine Eizellen in den Schleim ab. Sie werden in dem Schleim außen am Körper befruchtet. Der Schleim härtet an der Luft aus und der Regenwurm streift ihn ab. So entsteht der Kokon, in dem sich die Jungtiere entwickeln.

Die Vielfalt der Blütenpflanzen – S. 171

1 Schemazeichnung siehe Seite 125, Bild 3.
Bestandteile und ihre Aufgaben:
Die Wurzeln geben Halt im Boden und dienen der Aufnahme von Wasser und Mineralstoffen.
Die Sprossachse trägt die Blätter und Blüten und leitet Wasser, Mineral- und Nährstoffe.
Die Blätter stellen Nährstoffe und Sauerstoff aus Sonnenlicht und Kohlenstoffdioxid her.
Die Blüte dient der Fortpflanzung.

2 Blütendiagramm der Tulpenblüte:

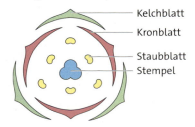

3 Die Blüten von Rosengewächsen haben fünf Kronblätter, fünf Kelchblätter und viele Staubblätter. Beispiele für Rosengewächse: Apfelbaum, Himbeere

4 Dargestellt ist die Bestäubung einer Blüte durch eine Biene. Die Biene fliegt auf der Suche nach Nahrung von Blüte zu Blüte. Dabei bleiben Pollen an ihrem Körper hängen. Beim Besuch der nächsten Blüte überträgt sie die Pollen auf die Narbe dieser Blüte. Wenn die Blüte zu derselben Pflanzenart gehört wie die erste Blüte, wird sie bestäubt.

5 Verbreitung von Pflanzen
a Es gibt Verbreitung durch Wind, Wasser, Tiere, Menschen und die Selbstverbreitung.
b Verbreitungsart: Windverbreitung
Pflanzenart: Löwenzahn
c Eichhörnchen legen mit gesammelten Samen und Früchten Vorräte für den Winter an. Wenn nicht alle Samen oder Früchte wiedergefunden werden, dann können diese auskeimen. Ungewollt betätigt sich das Eichhörnchen also als Gärtner, indem es aus Versehen neue Pflanzen aussät.

6 Ungeschlechtliche Fortpflanzung
a Bei der ungeschlechtlichen Fortpflanzung entstehen aus Teilen der Mutterpflanze selbstständig identische Tochterpflanzen. Die Vermehrung der Pflanze erfolgt also ohne Früchte und Samen.
b Formen der ungeschlechtlichen Fortpflanzung: Ausläufer mit Ablegern, Knollen, Tochterzwiebeln, Tochterpflanzen am Blattrand

7 Da Kartoffelpflanzen viele Ausläufer mit Sprossknollen bilden können, kann man die Kartoffelpflanze ungeschlechtlich vermehren. Pflanzt man die Sprossknollen ein, können daraus neue Kartoffelpflanzen wachsen. Diese Art der Vermehrung läuft schneller ab als die geschlechtliche Fortpflanzung über Samen.

8 Wichtige Nutzpflanzen: Weizen, Gerste, Roggen, Hafer, Kartoffel, Kohl und Raps
Aus Weizen, Gerste, Roggen und Hafer wird Mehl für Backwaren hergestellt. Kartoffeln sind ein Grundnahrungsmittel, Kohl ist ein wichtiges Gemüse. Aus Raps wird Speiseöl und Biodiesel hergestellt.

9 Kartoffeln sind die unterirdischen Knollen der Kartoffelpflanze. Sie gehen aus der Sprossachse hervor. Früchte mit Samen entstehen dagegen aus bestäubten Blüten.

Die Vielfalt der Lebensräume – S. 201

1 Nicht lebende / Abiotische Umweltfaktoren: Sonnenlicht, Feuchtigkeit, Temperatur
Lebende / Biotische Umweltfaktoren: welche und wie viele Pflanzen zusammen in einem Lebensraum vorkommen, Fressfeinde

2 In jedem Lebensraum herrschen bestimmte Bedingungen. Lebewesen können nur dann in einem Lebensraum leben, wenn sie unter diesen Bedingungen gedeihen und sich fortpflanzen können. Die Tiere und Pflanzen, deren Eigenschaften am besten zu den vorherrschenden Umweltbedingungen passen, haben einen Überlebensvorteil. Unterschiedliche Tiere und Pflanzen kommen deshalb in unterschiedlichen Lebensräumen vor. Man sagt, sie sind angepasst.

3 Eine Nahrungskette gibt die Nahrungsbeziehungen zwischen Lebewesen wieder. Diese Nahrungsbeziehungen lassen sich als Kette mit Pfeilen zwischen den Lebewesen darstellen. Der Pfeil bedeutet „wird gefressen von". Die Verbindung verschiedener Nahrungsketten ergibt ein Nahrungsnetz. Es stellt die Nahrungsbeziehungen zwischen vielen verschiedenen Lebewesen dar. Die Pflanzen sind die Nahrung für die Pflanzenfresser und teilweise auch für die Allesfresser. Die Pflanzenfresser werden von den Allesfressern und den Fleischfressern gefressen. So sind alle Glieder des Nahrungsnetzes direkt oder indirekt von Pflanzen abhängig.

4 Nahrungsnetz im Gewässer:

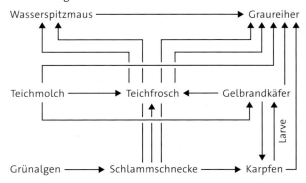

5 Möglichkeiten von Pflanzen, den Winter zu überdauern: Knospen, Erdsprosse, Knollen

6 a Im Frühjahr tragen die Bäume kein Laub. Die Tage und damit die Sonnenscheindauer pro Tag werden länger. Im Herbst fällt das Laub von den Bäumen. Dadurch kann mehr Licht auf den Waldboden gelangen.
b Alle Pflanzen geben ständig Wasser über die Blätter ab. Im Winter ist das Wasser im Boden gefroren und kann nicht aufgenommen werden. Wenn Bäume trotz-

Lösungen der Testaufgaben

dem weiter Wasser abgeben würden, dann würden sie vertrocknen. Weil die Bäume ihre Blätter abwerfen, vertrocknen sie nicht.

7 Im Sommer nimmt der Baum Wasser über die Wurzeln aus dem Boden auf. Über den Stamm und die Äste erfolgt der Transport bis zu den Blättern. Über die Blätter wird Wasserdampf nach außen abgegeben. Im Winter ist das Wasser im Boden gefroren und kann nicht aufgenommen werden.

8 Rote Liste der gefährdeten Arten

9 Beispiele für Naturschutzverbände: NABU und BUND

10 Unterschiedliche Lösungen, zum Beispiel:
Maßnahmen zum Artenschutz, wie ein Angebot an Kunstnestern und die Anlage von Kleingewässern, können Laubfrosch und Fischadler helfen. Bodennahe Vogelnester können mit Stöcken markiert werden. Eine weitere Maßnahme ist das Anlegen von Totholzhaufen. Es dient vielen Tieren wie Insekten als Nistmöglichkeit und auch als Nahrungsquelle.
Alle Tiere und Pflanzen profitieren vom Biotopschutz, weil zum Beispiel naturnahe Lebensräume wiederhergestellt werden.

Materialien trennen – Umwelt schützen
S. 229

1 Abfälle und ihre Stoffgruppen:
Bild 4: Leere Einmachgläser und Flaschen sind aus Glas.
Bild 5: Leere Joghurtbecher sind aus Kunststoff.
Bild 6: Die Bananenschale gehört zum Biomüll.
Bild 7: Alte Zeitungen sind aus Papier.
Bild 8: Leere Konservendosen sind aus Metall.

2 Kunststoffe
a Die Windel und die Zahnbürste gehören nicht in die Gelbe Tonne, sondern in den Restmüll.
b Mit dem Schwimm-Sink-Verfahren können Kunststoffsorten voneinander getrennt werden.

3 Papier
a Büroklammern bestehen aus Metall oder Kunststoff. Schnellhefter enthalten Bestandteile aus Metall und Kunststoff.
b Holz wird erstmalig zur Produktion von Papier eingesetzt. Es handelt sich daher um einen Primärrohstoff. Altpapier wird mindestens zum zweiten Mal zur Produktion von Papier eingesetzt. Man bezeichnet Altpapier daher als Sekundärrohstoff.

4 Richtig geordnete Tabelle:

Trennverfahren für Abfälle	
Windsichter	Trennung von leichten und schweren Abfällen
Magnetabscheider	Trennung von Eisen und anderen Metallen
Schwimm-Sink-Anlage	Trennung von unterschiedlichen Kunststoffen

5 Wir produzieren viele Gegenstände und Verpackungen. Dafür werden Rohstoffe verwendet. Diese Rohstoffe stehen dann nicht mehr für andere Dinge zur Verfügung. Bei der Wiederverwertung des Mülls geht immer ein Teil der Rohstoffe verloren. Um die Rohstoffe der Erde möglichst lange zu erhalten, sollte man also so wenig Müll wie möglich produzieren.
Für die Sammlung, Trennung, Bearbeitung und Lagerung von Müll ist in der Regel Energie erforderlich und die Umwelt kann dabei belastet werden. Die Umweltschutzmaßnahmen können sehr aufwendig sein.

6 Zersetzer zerkleinern, fressen und verdauen Laub, Holz und andere Reste von Pflanzen oder Tieren. Insgesamt zersetzen sie das tote Material vor allem zu Mineralstoffen, Kohlenstoffdioxid und Wasser. Diese Stoffe sind wieder Grundlage für das Wachstum neuer Pflanzen.

Die Zersetzer ermöglichen also einen ständigen Stoffkreislauf in der Natur.

7 Die Müllprobleme sind danach nicht weg. Bei der Müllverbrennung bleiben Schlacke und giftige Stäube übrig, die noch sicher gelagert werden müssen. Außerdem entsteht bei der Verbrennung das klimaschädliche Gas Kohlenstoffdioxid.

Wasser zum Leben – S. 272/273

1 Der Wasseranteil am Körpergewicht des Menschen beträgt etwa zwei Drittel. Zwei Drittel von 60 kg sind 40 kg.

2 Ohne Wasser gäbe es auf unserem Planeten kein Leben. Wasser spielt in vielen Lebensbereichen eine wichtige Rolle: Es ist Durstlöscher, wird für die tägliche Hygiene, zum Kochen und Wäschewaschen benötigt und ermöglicht verschiedene Freizeitbeschäftigungen. Außerdem wird es in Industrie und Landwirtschaft für die Herstellung von Lebensmitteln und anderen Produkten benötigt. Wasser ist ein wichtiger Bestandteil in jeder lebenden Zelle und erfüllt verschiedene Funktionen in unserem Körper: Es dient als Baustoff, Lösungsmittel, Transportmittel und zur Temperaturregelung.

3 Der menschliche Körper kann nur wenige Tage ohne Wasseraufnahme überleben. Deshalb muss die Trinkwasserversorgung nach Naturkatastrophen rasch wiederhergestellt werden.

4 a Drei Stoffe in der Wasserprobe: Wasser, Sand (Gestein), Salz
b Suspension: Das Wasser enthält festen Sand (Gestein). Lösung: Im Wasser ist (festes) Salz gelöst.
c Suspension: Man lässt groben Sand absetzen (sedimentieren) und dekantiert dann. Wenn der Sand sehr fein ist, kann man das Wasser auch filtrieren. Lösung: Man dampft das Wasser ein. Als Rückstand erhält man das Salz. Wenn man den Wasserdampf auffängt und kondensieren lässt, erhält man das Wasser.

5 Für die Herstellung einer Jeans werden rund 11 000 Liter virtuelles Wasser verbraucht. Diese erstaunliche Menge setzt sich aus allen Produktionsschritten zusammen: Anbau der Baumwolle und ihre Bewässerung, Färben der Baumwolle, Veredelung der Jeans usw.

6 Das Wasser aus Flüssen und Seen enthält Verunreinigungen und Krankheitserreger. Erst wenn diese entfernt sind, kann dieses Wasser getrunken werden.

7 a Flockungsmittel binden Problemstoffe: chemische Reinigungsstufe.
b Im Sandfang setzt sich Sand ab: mechanische Reinigungsstufe.
c Mikroorganismen zersetzen pflanzliche und tierische Verunreinigungen: biologische Reinigungsstufe.

8 Fische atmen durch Kiemen, die sich unter den Kiemendeckeln befinden. Sie lassen das Wasser durch ihr Maul einströmen. Die zarten Kiemenblättchen können den im Wasser gelösten Sauerstoff aufnehmen und Kohlenstoffdioxid an das Wasser abgeben. Anschließend fließt das Wasser durch die Kiemendeckel wieder nach außen.

Lösungen der Testaufgaben

9 In kalten Meeresströmungen ist der Anteil an gelöstem Sauerstoff höher als in warmen Meeresströmungen, sodass das Atmen der Fische erleichtert wird. Dadurch halten sich in den kalten Meeresströmungen oft auch mehr Beutetiere auf, sodass das Nahrungsangebot größer ist.

10 a Der Hund hat eine Masse von 16 Kilogramm.
b Die Mülltonne hat ein Volumen von 120 Litern.

11 Das Eisenschiff besteht aus einer großen Hülle aus Metall, die mit Luft gefüllt ist. Das Schiff schwimmt, weil seine Dichte geringer ist als die Dichte von Wasser. Die Dichte des Eisenwürfels ist dagegen größer als die Dichte von Wasser – er sinkt.

12 a Wenn der Fisch die Schwanzflosse hin und her schlägt, dann schiebt sie ihn vorwärts durch das Wasser. Mit den Brustflossen und Bauchflossen steuert der Fisch zum Beispiel nach oben und unten.
b Damit ein Fisch im Wasser schwebt, muss seine Dichte so groß sein wie die Dichte von Wasser.
c Der Fisch schwebt zunächst in einer mittleren Wassertiefe. Seine Dichte ist genauso groß wie die Dichte von Wasser. Er schwimmt nun mithilfe der Flossen nach oben. Oben lastet weniger Wasser auf dem Fisch als unten, sodass er weniger stark zusammengepresst wird und sein Volumen zunimmt. Die Dichte wird kleiner als die Dichte von Wasser. Damit der Fisch nicht immer weiter zur Wasseroberfläche steigt, wird jetzt Gas aus der Schwimmblase in den Blutkreislauf abgegeben. Ihr Volumen nimmt ab – und damit auch das Volumen des Fischs, bis seine Dichte wieder so groß ist wie die Dichte von Wasser. Jetzt schwebt er höher als zuvor.

13 0 °C: Schmelztemperatur von Eis (Erstarrungstemperatur von Wasser); unterer Fixpunkt der Celsiusskala
37 °C: Körpertemperatur eines Menschen
100 °C: Siedetemperatur von Wasser (Kondensationstemperatur von Wasserdampf); oberer Fixpunkt der Celsiusskala

14 Ein Fieberthermometer muss zwischen 34 °C und 42 °C auf 0,1 °C genau messen und anzeigen. Der Messbereich des Thermometers im Bild ist viel größer, die Anzeige im genannten Temperaturbereich aber nur auf 1 °C genau.

15 Skizze eines Flüssigkeitsthermometers: Seite 254, Bild 2
Beim Erwärmen dehnt sich die Thermometerflüssigkeit aus, ihr Volumen nimmt zu. Deshalb steigt die Flüssigkeitssäule im Glasrohr an, wenn die Temperatur zunimmt. Je höher die Temperatur steigt, desto höher steigt auch die Flüssigkeitssäule. Bei Abkühlung zieht sich die Flüssigkeit wieder zusammen und sinkt ab. An der Skala liest man jeweils die Temperatur ab.

16 Aggregatzustände: fest, flüssig, gasförmig

17 a Das Wasser für den Tee siedet.
b Das Wasser in einer Pfütze erstarrt zu Eis.
c Beim Kochen steigt Wasserdampf im Topf auf. Der Dampf kondensiert am Topfdeckel zu Wassertröpfchen.
d Eiszapfen schmelzen. Das Eis wird dabei zu flüssigem Wasser, das nach unten vom Eiszapfen abtropft.
e Die Temperatur der Schokolade steigt so weit an, dass die erwärmte Schokolade schmilzt.
f Die Temperatur des flüssigen, heißen Wachses sinkt nach dem Erlöschen der Flamme so weit ab, dass das abgekühlte Wachs erstarrt.

18 Wasserkreislauf und Zustandsänderungen:

19 Wasser verdunstet aus Flüssen, Seen und Meeren, vom Erdboden oder aus Blättern von Pflanzen. Wenn feuchte Luft abkühlt, kondensiert der Wasserdampf zu Tröpfchen. Die Tröpfchen bilden Nebel oder Wolken. Wenn zu viele Tröpfchen in der Wolke sind, werden die Tropfen zu schwer und es beginnt zu regnen. Das Regenwasser fällt auf die Erde und gelangt über Bäche und Flüsse in die Meere oder über das Grundwasser zu uns zurück und ermöglicht uns so immer wieder das Leben.

20 Eis hat eine geringere Dichte als Wasser. Deshalb steigt das Eis im Wasser nach oben und schwimmt dort.

21 a See im Sommer: 1 / 22 °C, 2 / 15 °C, 3 / 4 °C
b See im Winter: 4 / 0 °C, 5 / 3 °C, 6 / 4 °C
c See im Sommer: Das Wasser wird an der Oberfläche erwärmt und dabei leichter (die Dichte nimmt ab). Kälteres Wasser (mit höherer Dichte) sinkt nach unten. See im Winter: Wenn Wasser von 4 °C an der Oberfläche weiter abkühlt, wird es wieder leichter (die Dichte nimmt ab). Es liegt dann über dem Wasser von 4 °C. Wenn sich das Wasser an der Oberfläche weiter abkühlt, erstarrt es zu Eis. Ganz unten im See befindet sich Wasser von 4 °C (größte Dichte).
d Aufgrund der Anomalie des Wassers frieren genügend tiefe Gewässer nicht bis zum Grund zu. In dem

Wasser von 4 °C am Boden der Gewässer können Fische überleben.
Flüssigkeiten ziehen sich normalerweise beim Abkühlen und Erstarren zusammen. Wasser verhält sich beim Abkühlen anders: Wenn man es unter 4 °C abkühlt, dehnt es sich wieder aus, und auch beim Erstarren dehnt es sich aus. Weil sich das Wasser „unnormal" verhält, spricht man von der Anomalie des Wassers.

Energie effizient nutzen – S. 329–331

1 Brot: chemische Energie
heißer Tee: thermische Energie
Sonnenlicht: Strahlungsenergie
fahrendes Auto: Bewegungsenergie

2 a Beispiele: Toaster, Wasserkocher, Herdplatte
b Beispiele:
elektrische Energie → Energiewandler LED-Lampe → Strahlungsenergie, thermische Energie
elektrische Energie → Energiewandler Mixer → Bewegungsenergie, thermische Energie
elektrische Energie → Energiewandler Fernsehgerät → Strahlungsenergie, Schallenergie, thermische Energie
c Niels hat recht. Die Kerzenflamme scheint nicht nur hell, sondern ist auch sehr heiß. Chemische Energie wird also in Strahlungsenergie und thermische Energie umgewandelt:
chemische Energie → Energiewandler Kerze → Strahlungsenergie, thermische Energie

3 a Die Sonne erwärmt und beleuchtet die Erde. Ihre Energie lässt Pflanzen wachsen und leben. Dadurch wird die Erde mit Sauerstoff versorgt und wir erhalten Nahrung. Holz, Erdöl, Erdgas und Kohle haben Strahlungsenergie von der Sonne als chemische Energie gespeichert. Beim Verbrennen entsteht thermische Energie, die wir zum Heizen und Antreiben von Motoren nutzen. Die Strahlungsenergie von der Sonne kann mit Sonnenkollektoren in thermische Energie zum Heizen umgewandelt werden oder mit Solarzellen in elektrische Energie zum Betreiben von elektrischen Geräten.
b Beispiel: Strahlungsenergie strömt in den Energiewandler Solarzelle hinein, elektrische Energie strömt heraus und fließt in den Energiewandler Elektromotor hinein, Bewegungsenergie strömt heraus und treibt ein Elektroauto an.

4 Die Muskeln wandeln chemische Energie aus unserer Nahrung um. Die chemische Energie in Nahrungspflanzen ist umgewandelte Strahlungsenergie von der Sonne. Tiere ernähren sich direkt oder indirekt von Pflanzen. Damit ist auch die chemische Energie in ihnen umgewandelte Strahlungsenergie von der Sonne.

5 Die Aussage ist falsch. Auch im Schlaf wandelt der Körper chemische Energie um, damit die Atmung, der Blutkreislauf und die Arbeit des Gehirns sowie der inneren Organe fortläuft. Um die Körpertemperatur auf 37 °C zu halten, wandelt der Körper auch beim Schlafen chemische Energie in thermische Energie um. Weil der Körper im Schlaf einen Teil seiner Vorräte an chemischer Energie umwandelt, ist man morgens oft hungrig.

Lösungen der Testaufgaben

6 Das Meerschweinchen bekommt mit dem Futter zu viel Energie. Die überschüssige Energie, die es nicht für seine Bewegung, Temperaturregulierung und die Aufrechterhaltung der Körperfunktionen benötigt, wird in Körperfett gespeichert.

7 Fester Brennstoff: Holz; flüssiger Brennstoff: Biodiesel; gasförmiger Brennstoff: Biogas

8 Die Steinkohle ist vor langer Zeit aus abgestorbenen Pflanzen entstanden. Erdöl und Erdgas sind aus abgestorbenen pflanzlichen und tierischen Kleinstorganismen (Plankton) der Meere entstanden. Auch die tierischen Kleinstorganismen ernährten sich letztlich von pflanzlichen Kleinstorganismen.

9 a Die Nutzung von Biogas hilft, kostbares Erdgas und Erdöl für die Verbrennung zu sparen. Beim Wachsen nehmen die „Energiepflanzen" Kohlenstoffdioxid aus der Luft auf. Beim Verbrennen von Biogas wird nur so viel Kohlenstoffdioxid an die Atmosphäre abgegeben, wie die „Energiepflanzen" zum Wachsen aufgenommen haben. Die Atmosphäre wird also insgesamt nicht durch zusätzliches Kohlenstoffdioxid belastet.
b Wo Mais für die Biogasanlage angebaut wird, können keine Nahrungspflanzen angebaut werden. Für den Maisanbau sind große Mengen an Düngern und Pflanzenschutzmitteln erforderlich, die die Umwelt beziehungsweise die Lebensräume belasten können.

10 a Bestandteile der Luft: Stickstoff, Sauerstoff, Kohlenstoffdioxid
b Stickstoff erstickt die Verbrennung.
c Glimmspanversuch: Ein Holzspan wird an einem Ende angezündet und wieder ausgeblasen, sodass er noch glimmt. Der glimmende Holzspan wird in ein Reagenzglas geführt, in dem das zu untersuchende Gas ist. Wenn der Glimmspan dann wieder hell aufflammt, ist das Gas im Reagenzglas Sauerstoff.

11 Beobachtung: Die Flamme erlischt nach kurzer Zeit.
Erklärung: Bei der Verbrennung wird der Sauerstoff in der eingeschlossenen Luft verbraucht. Wenn kein Sauerstoff mehr vorhanden ist, fehlt eine Voraussetzung für die Verbrennung.

12 Drei Voraussetzungen für ein Feuer: brennbarer Stoff, Sauerstoff, Zündtemperatur

13 a Das Speiseöl hat eine Temperatur von rund 300 °C.
b Fachbegriff: Zündtemperatur

14 a Kohle hat eine relativ hohe Zündtemperatur von ca. 300 °C. Diese wird zwar mit dem Feuerzeug erreicht, aber trotzdem brennt die Kohle nur schlecht an. Das liegt daran, dass die Kohlenstücke recht groß (geringer Zerteilungsgrad) sind und relativ wenig Sauerstoff an die Kohle gelangt. Um eine lange Flammeneinwirkung zu erzeugen, ist ein Feuerzeug ungeeignet. Besser ist es, einen Grillanzünder zu verwenden. Dieser brennt schnell an. Dann liefert er über eine längere Zeit so viel thermische Energie bei hoher Temperatur, dass die Kohle anbrennen kann.
b Durch das Schließen des Luftlochs wird die Sauerstoffzufuhr gesenkt. Dadurch verbrennt die Kohle langsamer, sie glüht nur noch. Die Temperatur auf dem Grill sinkt dabei.

15 a In Garagen, Autowerkstätten und Tankstellen sind brennbare Stoffe (zum Teil in der Luft fein verteilt) und Sauerstoff vorhanden. Damit kein Feuer ausbrechen kann, darf die Zündtemperatur nicht erreicht werden. Das wäre aber bei einem offenen Feuer an diesen Orten der Fall.
b Wenn man Spiritus auf heiße Grillkohlen gießt, kommt es zu einer explosionsartigen Verbrennung.
c Im Nawi-Raum kann es zu Bränden von Flüssigkeiten oder elektrischen Anlagen kommen. Solche Brände dürfen nicht mit Wasser gelöscht werden. Sie können mit Löschsand erstickt werden. Dabei wird die Frischluftzufuhr für das Feuer unterbunden.

16 a Durch das Wasser wird die Temperatur gesenkt, sodass sie unterhalb der Zündtemperatur liegt. Das Feuer erlischt.
b Durch den Löschschaum wird dem Brand der Sauerstoff entzogen, sodass das Feuer ausgeht. Ein weiterer Grund ist: Elektrische Anlagen dürfen nicht mit Wasser gelöscht werden, weil man einen Stromschlag bekommen könnte.

17 1. Ziehe den Sicherungsstift bzw. die gelbe Lasche ab.
2. Richte den Schlauch auf das Feuer.
3. Drücke den Bedienhebel.

18 winteraktiv: Amsel; Winterschlaf: Igel; Winterruhe: Biber; Kältestarre: Erdkröte

19 a Grasfrösche suchen vor dem Winter frostgeschützte Stellen wie den Bodenschlamm von Gewässern auf und überwintern dort. Ihre Körpertemperatur sinkt ab, sie fallen bei tiefen Temperaturen in Kältestarre.
b Wenn die Temperatur weit unter 0 °C fällt, kann sich Eis im Körper des Grasfroschs bilden. Dann überlebt der Frosch den Winter nicht.
c Eisbären sind gleichwarm, Grasfrösche wechselwarm. Die Frösche würden die meiste Zeit des Jahrs bewegungslos (und damit eine leichte Beute) sein. Bei sehr tiefen Außentemperaturen würde sich in ihrem Körper Eis bilden, sodass sie nicht überleben.

20 a Auf der Herdplatte wird thermische Energie durch Wärmeleitung auf den Topf übertragen.
b Die Sonne erwärmt die Erde durch Strahlung.
c Die thermische Energie aus dem Heizkessel gelangt durch Wärmeströmung zum Heizkörper.

21 Im Brenner verbrennt Öl.
Das Wasser wird im Kessel erhitzt.
Die Pumpe pumpt heißes Wasser zum Heizkörper.
Der Heizkörper gibt Wärme ans Zimmer ab.
Das Wasser kühlt im Heizkörper ab und strömt zurück zum Kessel.

22 In der bauschigen Jacke ist viel Luft eingeschlossen. Die Luft ist ein sehr schlechter Wärmeleiter, sodass die Wärmedämmung der Jacke sehr gut ist. Dadurch braucht man weniger Energie, um die Körpertemperatur aufrechtzuerhalten. In der Jacke fühlt man sich warm.

23 a Reihenfolge: Eisen (bester Wärmeleiter), Ziegelstein, Wasser, Glaswolle, Luft (schlechtester Wärmeleiter)
b Dämmstoffe für den Hausbau: Styropor, Glaswolle
c Schon in der dünnen Schicht aus Glaswolle ist viel Luft eingeschlossen, sodass sie ein sehr schlechter Wärmeleiter ist. Beton ist ein viel besserer Wärmeleiter als Luft und deshalb zur Wärmedämmung ungeeignet.

24 Energie: Einem gut wärmegedämmten Haus muss im Winter für eine stabile Innentemperatur von 20 °C viel weniger thermische Energie zugeführt werden als einem schlecht wärmegedämmten Haus.
Geld: Weil weniger thermische Energie zugeführt werden muss, muss weniger Brennstoff beziehungsweise elektrische Energie (für eine Wärmepumpe) eingesetzt und bezahlt werden.
Umwelt: Weil weniger thermische Energie zugeführt werden muss, muss weniger Brennstoff verbrannt werden. Dadurch wird weniger vom klimaschädlichen Kohlenstoffdioxid in die Atmosphäre abgegeben und die Vorräte an kostbarem Erdöl und Erdgas geschont.

25 a Flugformen des Bussards: Gleitflug, Segelflug, Ruderflug
b Beim Gleitflug und beim Segelflug bewegt der Bussard seine Flügel nur wenig und braucht dafür kaum Energie. Beim Gleitflug sinkt der Vogel allmählich aus größerer Höhe herab, beim Segelflug wird er durch Aufwinde in größere Höhen getragen und geht dann in den Gleitflug über.
Beim Ruderflug müssen sich die Flugmuskeln des Bussards ständig bewegen. Dafür ist viel Energie nötig.
c Die Flügel des Bussards haben einen gewölbten Querschnitt. Wenn die Luft beim Gleitflug um die gewölbten Flügeln strömt, wird sie umgelenkt. Die Flügel und damit der Vogel werden dabei angehoben, sie erfahren einen Auftrieb. Dadurch sinkt der Vogel im Gleitflug nur langsam ab.

26 a In unserem Sommer halten sich die Weißstörche in Mittel- und Nordeuropa auf, in unserem Winter im südlichen Afrika.
b Der Weißstorch ernährt sich von Fröschen, Mäusen, Insekten und Würmern. Diese Nahrung steht im Winter in Mittel- und Nordeuropa nicht zur Verfügung. Deshalb nimmt der Weißstorch die lange Reise in den Süden auf sich. Dafür benötigt er viel Energie. Im Winterquartier versammeln sich sehr viele Störche. Die Nahrung reicht für sie aus, aber nicht für die Aufzucht von Jungtieren. Dafür ziehen sie wieder nach Norden zurück.
c Weißstörche lassen sich von Aufwinden in große Höhen tragen. Dann gleiten sie ohne einen einzigen Flügelschlag über weite Strecken, ohne dafür Energie aufzuwenden.

Lösungen der Testaufgaben

Entwicklung des Menschen – S. 355

1 Jungen: Körperbau ändert sich (Körpergröße nimmt zu, Schultern werden meist breiter, Körper kann insgesamt muskulöser werden); Intimhaare, Achselhaare und Barthaare wachsen; Stimme wird tiefer (Stimmbruch); Hoden bilden Spermienzellen.
Mädchen: Körperbau ändert sich (Körpergröße nimmt zu, Becken wird meist breiter); Brüste wachsen; Intimhaare und Achselhaare wachsen; etwa einmal im Monat entwickelt sich eine Eizelle.

2 Männliche Geschlechtsorgane:
1 – Bläschendrüse, 2 – Vorsteherdrüse, 3 – Spermienleiter, 4 – Harn-Sperma-Röhre, 5 – Penis, 6 – Schwellkörper, 7 – Nebenhoden, 8 – Hoden, 9 – Vorhaut, 10 – Eichel, 11 – Hodensack

3 Weibliche Geschlechtsorgane:
1 – Eileiter, 2 – Eierstock, 3 – Gebärmutter, 4 – Muttermund, 5 – Vagina, 6 – Klitoris, 7 – innere Vulvalippe, 8 – äußere Vulvalippe

4 Richtige Reihenfolge Menstruationszyklus: b – d – a – c
5b: Etwa einmal pro Monat entwickelt sich in einem Eierstock eine Eizelle.
5d: Beim Eisprung wird die reife Eizelle in den Eileiter entlassen. Die Gebärmutterschleimhaut beginnt dicker zu werden.
5a: Die Eizelle wird in die Gebärmutter transportiert. Die Gebärmutterschleimhaut wird weiter dicker.
5c: Wenn keine Befruchtung stattfindet, wird die Eizelle zusammen mit der Gebärmutterschleimhaut und etwas Blut durch die Vagina nach außen abgegeben.

5 Unterschiedliche Lösungen, zum Beispiel:
Kondom: Es verhindert, dass Spermien in die Vagina der Frau gelangen.
Antibabypille: Sie enthält künstliche Hormone, die einen Eisprung verhindern.

6 Leons Einstellung zur Verhütung ist falsch. Bereits beim ersten Eisprung – also vor der ersten Menstruation – wird eine Eizelle in den Eileiter entlassen, die befruchtet werden und zu einer Schwangerschaft führen kann. Ab diesem Punkt kann im Prinzip jeder Geschlechtsverkehr zur Befruchtung führen.
Verhütung ist die Aufgabe aller beteiligten Personen.

7 Bei der Befruchtung verschmelzen die Zellkerne von Eizelle und Spermienzelle miteinander.

8 Die Versorgung des Fetus mit Nährstoffen erfolgt über die Nabelschnur. Sie verbindet den Bauch des Kindes mit einem verdickten Bereich der Gebärmutter, dem Mutterkuchen. Der Mutterkuchen heißt auch Plazenta.

9 Eröffnungsphase: Die Gebärmuttermuskulatur zieht sich krampfartig zusammen. Das nennt man Wehen. Durch die Wehen wird das Kind mit dem Kopf gegen den Gebärmuttermund gedrückt. Gebärmuttermund und Vagina weiten sich. Die Fruchtblase platzt und das Fruchtwasser fließt heraus.
Austreibungsphase: Das Kind wird von den Wehen durch die Vagina nach außen geschoben.
Nachgeburtsphase: Der Mutterkuchen, die Fruchtblase und der Rest der Nabelschnur werden als Nachgeburt ausgestoßen.

Methode

Verhalten im Fachraum

Beim Betreten

- Betritt den Fachraum nur mit der Lehrkraft.
- Befolge die Anweisungen der Lehrkraft.
- Nicht herumrennen oder schubsen!
- Lege nie Taschen und Jacken in Fluchtwegen ab.
- Nicht essen oder trinken!

Beim Experimentieren

- Lies dir vor dem Versuch die Arbeitsanweisungen genau durch.
- Halte Ordnung und entferne unnötige Dinge vom Arbeitsplatz.
- Binde lange Haare zurück.
- Lege Schals und lose Kleidung ab.
- Trage eine Schutzbrille, wenn gefordert.

- Fächle dir Gerüche vorsichtig zu.
- Richte die Öffnungen von Reagenzgläsern niemals auf dich oder andere Personen.

Sicherheitseinrichtungen

 Fluchtweg

  Feuerlöscher, Löschdecke, Löschsand

 Notfalltelefon Augendusche

 Erste-Hilfe-Kasten Not-Aus-Schalter

Im Notfall

- Drücke den Not-Aus-Schalter.
- Hole Hilfe.
- Hilf anderen Personen.
- Verlasse schnell den Raum über die Fluchtwege.

Methode

Mit dem Gasbrenner arbeiten

Für viele Experimente im Fachraum braucht man einen Gasbrenner. → 1 Vielleicht wird an deiner Schule ein anderer Brennertyp benutzt. Dann lass dir euren Gasbrenner genau erklären.

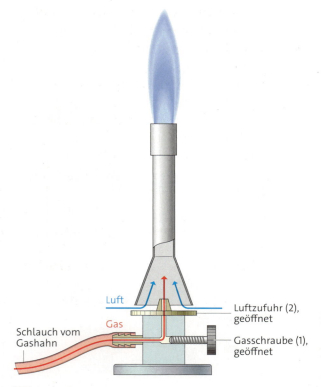

1 Der Gasbrenner

Achtung! • Beachte die folgenden Hinweise:
- Verbrennungsgefahr!
- Trage immer eine Schutzbrille!
- Binde lange Haare zusammen.
- Lege lose Teile deiner Kleidung ab (Schal, Tuch).
- Stecke Bänder oder Kordeln fest.
- Lass offene Flammen nie unbeaufsichtigt.
- Schließe Gas- und Luftzufuhr, wenn die Flamme des Brenners erlischt.
- Bei Gasgeruch: Schließe sofort den Gashahn und informiere die Lehrkraft. Öffne die Fenster!

Gehe so vor, um den Gasbrenner einzuschalten:

1. Bereite den Gasbrenner vor Die Stellschrauben der Gaszufuhr (1) und der Luftzufuhr (2) müssen geschlossen sein. Überprüfe es! Verbinde dann den Brenner mit dem Gashahn am Tisch. Achte auf einen sicheren Stand des Brenners.

2. Entzünde das Gas Öffne den Gashahn, indem du gleichzeitig drückst und drehst. Drehe dann die Stellschraube der Gaszufuhr etwas auf. Entzünde sofort das ausströmende Gas: Die leuchtende Flamme entsteht. → 2

3. Stelle die Flamme ein Öffne die Stellschraube der Luftzufuhr. Die blaue Flamme nennt man „rauschende Flamme". → 3 Drehe die Stellschraube für die Gaszufuhr weiter auf, wenn du eine größere Flamme brauchst.

 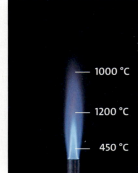

2 3 Leuchtende und rauschende Flamme

Gehe so vor, um den Gasbrenner auszuschalten:

1. Schließe die Luftzufuhr.

2. Schließe die Gaszufuhr.

3. Schließe den Gashahn Entferne anschließend den Gasschlauch.

Methode

Mit der Heizplatte arbeiten

Für einige Experimente im Fachraum müssen Flüssigkeiten erwärmt werden. Dazu kann eine elektrische Heizplatte genutzt werden. → 4

4 Die Heizplatte — Einstellung der Heizstufe

Achtung! • Beachte die folgenden Hinweise:
- Verbrennungsgefahr!
- Die Heizfläche während des Betriebs und danach nicht berühren! Sie bleibt auch nach dem Ausschalten noch längere Zeit heiß!
- Erhitzte Gefäße vor dem Transport stark abkühlen lassen oder hitzefeste Greifzangen oder Thermohandschuhe benutzen.
- Schutzbrille tragen!
- Gefäße höchstens zu drei Vierteln mit Flüssigkeiten füllen.
- Wenn heiße Flüssigkeit in die Augen gelangt: Augen unter fließendem Wasser bei gut geöffnetem Lidspalt mehrere Minuten spülen (Augendusche!).
Verbrennungen mit reichlich Wasser kühlen und keimfrei bedecken.
Anschließend einen Arzt oder eine Ärztin aufsuchen.
Alle Unfälle sind sofort der Lehrkraft zu melden.

Gehe so vor, um mit der Heizplatte zu erhitzen:

1. Bereite die Heizplatte vor Stelle die Heizplatte auf eine feste, feuerfeste Unterlage. Schließe das ausgeschaltete Gerät an die Steckdose an. Bereite das Experiment vor. Auf die Heizfläche stellst du das Gefäß mit der Flüssigkeit, die erwärmt werden soll.

2. Schalte die Heizplatte ein Wenn alle Vorbereitungen getroffen sind, schaltest du das Gerät ein. Deine Lehrkraft teilt dir mit, welche Heizstufe du wählen sollst.
Bei technischen Problemen oder Schwierigkeiten beim Experimentieren ist die Heizplatte sofort auszuschalten!

3. Schalte die Heizplatte wieder aus Nach dem Ende des Experiments schaltest du die Heizplatte sofort wieder aus. Ziehe den Netzstecker aus der Steckdose.
Räume das Gerät erst weg, wenn es vollständig abgekühlt ist.

Operatoren

Keine Missverständnisse mehr bei Aufgaben

Die meisten Aufgaben in diesem Buch beginnen mit einem Verb:
- **Nenne** die fünf …
- **Beschreibe** die Fortbewegung von …
- **Erkläre**, warum Amphibien …
- **Erläutere** die Begriffe …
- …

Diese Verben geben an, was du tun sollst.

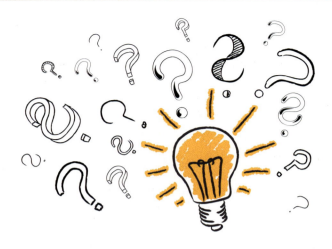

Nenne
Notiere Namen oder Begriffe.

Beispiel: Nenne die fünf Wirbeltiergruppen die du kennengelernt hast.
Lösung: Fische, Amphibien, Reptilien, Vögel und Säugetiere

Beschreibe
Formuliere so genau (mit Fachwörtern), dass man sich alles vorstellen kann.

Beispiel: Beschreibe den Weg des Wassers in einer Pflanze.
Lösung: Das Wasser im Boden wird über die Wurzelhaare der Wurzel aufgenommen. Anschließend wird das Wasser in den Leitungsbahnen von der Wurzel bis zu den Blättern nach oben transportiert. Ein Teil des Wassers wird dort über Spaltöffnungen an die Luft abgegeben.

Erkläre – Begründe
Notiere eine oder mehrere Ursachen.

Beispiel: Erkläre, warum unser Trinkwasser in Kläranlagen aufbereitet werden muss.
Lösung: Das Grundwasser und das Wasser in unseren Flüssen und Seen ist oft stark verunreinigt. Es kann außerdem Krankheitserreger enthalten. Daher muss dieses Wasser in Kläranlagen gründlich gereinigt und anschließend noch kontrolliert werden.

Erläutere
Erkläre ausführlich und liefere Beispiele.

Beispiel: Erläutere die Begriffe „Schmusekatze" und „Stubentiger" im Hinblick auf die natürliche Lebensweise und die Verhaltensweisen der Katzen.
Lösung: Katzen kuscheln und schmusen mit uns. Sie haben sich aber auch ihre Wildheit bewahrt. Sie jagen wie eine Wildkatze. Dabei schleichen sie sich in geduckter Haltung an ihre Beute heran. Die scharfen, spitzen Krallen an den Pfoten werden beim Beutefang ausgestreckt. Die Beute wird mit den Krallen festgehalten und mit einem Biss in den Nacken getötet.

Ordne
Teile in Gruppen ein.
Lege zum Beispiel Listen an.

Beispiel: Ordne Stoffe aus dem Alltag nach „löslich in Wasser" und „nicht löslich in Wasser".
Lösung:
Löslich in Wasser: Zucker, Kochsalz, Essig, Luft
Nicht löslich in Wasser: Sand, Eisen, Öl, Glas

Vergleiche
Stelle Gemeinsamkeiten und Unterschiede dar.

Beispiel: Vergleiche Wildschwein und Hausschwein anhand von verschiedenen Kriterien.
Lösung:

	Wildschwein	Hausschwein
Kopfform	keilförmig	weniger keilförmig
Gewicht	120 kg	250 kg
Gebiss	Allesfressergebiss	Allesfressergebiss
Ernährung	Würmer, Wurzeln, Eicheln, Gras, Kräuter	in der Haltung vor allem Kraftfutter
Behaarung	graubraunes Fell mit sichtbaren Borsten	nur leichte Behaarung; fast „nackt"
Fortpflanzung	kann im Frühjahr drei bis zwölf Frischlinge gebären	kann zweimal im Jahr jeweils zehn bis zwölf Ferkel gebären

Skizziere
Lege ein ganz einfaches Bild an, das auf den ersten Blick verständlich ist.

Zeichne
Gib dir Mühe, ein genaues und vollständiges Bild anzufertigen.

Beispiel: Zeichne ein Blütendiagramm der Tulpenblüte. Beschrifte die einzelnen Blütenteile.
Lösung:

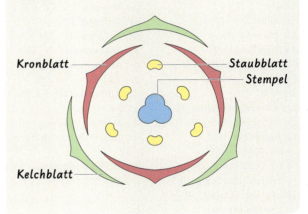

Stelle Vermutungen an
Überlege mögliche Gründe oder Auswirkungen. Begründe deine Vermutung.

Beispiel: Stelle Vermutungen an, weshalb im Frühjahr manchmal Pollenkörner auf Seen oder Teichen schwimmen.
Lösung: Die Pollenkörner von Pflanzen, die vom Wind bestäubt werden, sind klein und leicht. Ich vermute, dass sie deshalb auf der Wasseroberfläche schwimmen, wenn sie vom Wind auf einen See oder einen Teich geweht werden.

Stichwortverzeichnis

Fett gedruckte Begriffe sind Lernwörter.
Wenn für einen Begriff mehrere Seiten angegeben sind, dann geben *schräg gedruckte Seitenzahlen* die Seiten mit besonderem Schwerpunkt auf dem Begriff an.
Die Abkürzung „f." bedeutet, dass ein Begriff auch auf der folgenden Seite vorkommt.
Die Abkürzung „ff." bedeutet, dass ein Begriff auch auf den folgenden Seiten vorkommt.

A

der Abfall *204*, 222
das **Abgas** *224*, 312, 314
der **abiotische Umweltfaktor** 188
der **Ableger** 148
die Abwandlung 128
die Abwasserreinigung 238, *242*
das Achslager 373
der After 54, 340
die **Afterflosse** *54*, 250
der **Aggregatzustand** 260
die Ahornfrucht 152
der Akku 220
das Allesfressergebiss 36
das Altpapier 205, *213*
die **Amphibie** 58 ff.
 • die Atmung 59
 • die Ernährung 58
 • die Fortpflanzung 62 f.
 • die Hautatmung 59
 • das Skelett 59
 • die Wanderung 64
der Amphibienschutz 64
die Amsel *76*, 296
die Anforderungsliste 361
die **Angepasstheit** *82 ff.*, 95, 111, 128
die Anomalie des Wassers 266 f.
der Anschlagwinkel 364
das **Anzeichnen** 364
der Apfelbaum *158*, 166, 186 f.
die App 131, 161
das Aquarium 23
die Arbeiterin 100
der Arbeitsplan 365, 373
der Aronstab 143
die **Art** 96, 104, 162, 177

der Artenschutz 197
die Artenvielfalt 177, 192, 199
die **artgerechte Haltung** *37*, 41
der **Asbest** 220
die Assel 189, 222
der Ast 125
das Atemloch 113
die **Atmung** 79, 97, 117, *244*
der **Auftrieb** 318 f.
der Aufwind *319*, 323, *325*
die **Augendusche** *12*, 387
der Ausläufer 148
dasAusleseverfahren 209
das **Außenskelett** *96, 108*, 112
die Außenverdauung 110
die **äußere Befruchtung** 55, *62*
die Austreibungsphase 346

B

die Bachforelle *54*, 244
 • der Körperbau 54
die Bakterie 117, 188, *222*
die **Balz** 76 f.
die Banane 280 f.
das Bankivahuhn 41
die Bartagame 22
die Batterie 209, 220, 372
das Batterierecycling 221
die Bauchflosse 54, 250
das Baummonatsbuch 186 f.
die **Befruchtung** 55, *144 f.*, 341, 344
 • äußere 55, *62*
 • innere *67*, 78
das Beißwerkzeug 102
die Beobachtung 10 f., *28 f.*, 258 f., 320

das Beobachtungsprotokoll 29
die **Bestäubung** 140 ff.
der Beurteilungsbogen 361
die **Beute** 24 f., 30, 82, *178*
der Beutel 80
die **Bewegung** 16
die **Bewegungsenergie** *276 f.*, 280, 282, 309
die Bewegungslosigkeit 297
die **Biene** *96 ff.*, *100 f.*, 104, 140 f.
der Bienenfresser 108
der Bienenstaat 100 f.
der Bienenstock 100 f.
das Bimetall 255
das Bimetallthermometer 255
der Biodiesel 282
das **Biogas** 242, *282 ff.*
das biologische Geschlecht 343
der **Biomüll** *204*, 208
der **biotische Umweltfaktor** 188
der Biotopschutz 196
der **Biotreibstoff** 282
das **Blatt** *124 ff.*, 128, 132, *169*
der Blättermagen 33
die Blattformen 169
der Blauwal 83
die **Blüte** *124 ff.*, 128, *134 ff.*, 158 f.
 • der Aufbau 134 ff.
das Blütendiagramm 135 ff.
die **Blütenpflanze** *124 ff.*, 140 f., 166
 • der Bau 124 f.
der Blutkreislauf *97*, 244, 251
BNT 10
die Bodenfeuchtigkeit 176, 188
die **Bodenhaltung** 40 f.
die Bodenqualität 117
der Bodenschutz 199 f.
der Bogenstrahl 73
das **Bohren** 366
die Borsten 37, 116, 143
der **Brand** 290 ff.
die Brandbekämpfung 291
der Brandschutz 290
der Braunbär 297

die **Brennnessel** 104, 166 f., 179
der **Brennstoff** 163, *282*, 286, 291
die **Brustflosse** 56 f., *250*
das Brutblatt 148
die **Brutpflege** 76
der Buchenwald 182 ff.

C

das CAD-Programm 362
die Celsiusskala 254 f., *263*
das Chamäleon 19
das Chatten 352
die **chemische Energie** *276 f.*, 280, 282, 287
das Chitin *108*, 110, 113 f.
das **Chlorophyll** *132*, 183
cisident 343
die CNC-Maschine 362

D

der Dachs 192
der **Dämmstoff** 220, 290, *310*, 312 f.
die Daunenfeder 70 f., 73
die Deckfeder 70
das **Dekantieren** 237
die **Deponierung** 209, 220, 224 ff.
das **Destillieren** 239
der **Destruent** 222
die **Dichte** *207*, 247, 249 ff., 266
der **Dotter** 55, *74 f.*
die Drohne 100
die Drüsenzelle 55
der Dsungarische Zwerghamster 297
der Dünger 33, 177, 282

E

das Echo 82
das **Ei** 40 f., *74 f.*, 104, 113
das Eibläschen 341
das Eichhörnchen *85*, 151, 179 f.
der Eierstock 74, *340 f.*, 348
die **Eihaut** 74 f.
das **Eiklar** 74 f.
der Eileiter 340 f., 344
das **Eindampfen** 237

392 Anhang

die **Einnistung** *344*, 346
die **Einwegflasche** 216
das **Eis** 235, 257, *260 ff.*, 266 f.
der **Eisbär** 299
der Eisberg 269
der Eiskristall 264
der **Eisprung** *341*, 344
der Eisvogel 196
das Eiswasser 261
die Eizelle 55, 74, *341*, 344
die elektrische Energie 209, 224, *276 f.*, 305
das Elektroauto 372
das elektronische Thermometer 255
der **Embryo** 55, 62, 74, *356*
die Emulsion 236
die **Energie** *276 f.*, 280, 296 f., 314
 • die **Bewegungsenergie** *276 f.*, 280, 309
 • die **chemische Energie** *276 f.*, 280, 287, 309
 • die **elektrische Energie** 209, 224, *276 f.*, 305
 • die **Lageenergie** *276 f.*, 279
 • die **Strahlungsenergie** *276 f.*, 287, 300, 305
 • die **thermische Energie** *276 f.*, 305 f., 308 f., 312
der **Energiebedarf** 280
die **Energieform** *276 f.*, 280
die **Energiekette** 277
das **Energiesparen** 314
die Energiesparlampe 209, *314*
der **Energiespeicher** *276*, 279 f.
die **Energieumwandlung** 276
der **Energiewandler** *276 f.*, 280, 305
die Erdbeere 124, *148*, 158
das Erdgas 219, *285 f.*
die Erdkröte 60 f., *64*
das Erdöl 216 f., 224, *285*
die **Erektion** 337
der erneuerbare Energieträger 285
die Eröffnungsphase 346
der **Erste-Hilfe-Kasten** 12

das erste Mal 345
die Esche 169
das Essen 234
die Explosion 287
die Explosionszeichnung 360

F

das **Facettenauge** 96 f., 109
der Fachraum *12*, 387
das Fachwerkhaus 363
die Fahne 73, *159*, 319
das Fahrzeug 209, *372*
die Faserplatte 359
der Faulturm 243
die **Feder** *70 ff.*, 319
die Feile 368
das Feilen 368
der Feldhamster 284
das **Fell** 79
ferromagnetisch 206
fest 260
der Feststoff 236 f.
der Fettbrand 292
die Fettflosse 57
die Fettreserve 297
der **Fetus** 346
die **Feuchtigkeit** 112, *174*, 176, 188
das Feuer *286 f.*, 290 f.
die Feuerbohne 154 f.
das Feuerlöschen 290 ff.
der Feuerlöscher *12*, 291
der Feuermelder 294
die Fichte 126, 212, 358
der Filter 23, 224, *237*, 243
das **Filtrieren** 237
der **Fisch** 54 ff.
 • die **Atmung** 54, *244*
 • die **Fortpflanzung** 55
 • die **Haut** 55
 • der **Körperbau** 54
 • die **Präparation** 57
 • das **Sinnesorgan** 55
 • das **Skelett** 54
die Fixpunkte 262
der Flachwurzler 126
die Fledermaus *82 ff.*, 192
der Fleischfresser *24 ff.*, 38, 79, 179
das **Fleischfressergebiss** 25 f.
das Fließgewässer 253

die **Flosse** *54 ff.*, 250
die Flugfrucht 150
die Flugroute 84, 323
flüssig 260
die **Flüssigkeit** 232, *236 f.*, 260, 266
das Flüssigkeitsthermometer 263
die **Fortpflanzung** 17, 344
 • geschlechtlich 17, *344*
 • ungeschlechtlich 148
der fossile Energieträger 285
die **Fotosynthese** 125, *132*, 175, 182 f.
die Fraßspur 181
die **Freilandhaltung** *35 ff.*, *40 f.*
der Froschlurch 58
die Frucht 144 ff.
 • die **Fruchtbildung** 144 f.
 • die **Fruchtform** 146
 • die **Verbreitung** 150 f.
die **Fruchtbildung** 144 f.
die Fruchtblase 346
das **Fruchtblatt** *134 f.*, 158
die Fruchtfolge 163
der **Frühblüher** 183 ff.
der Fuchs 81, *178 f.*
das Fügen 370
die Futterglocke 324

G

das Gas 125, 132, *244*, 260
der Gasaustausch 75, 79
der Gasbrenner 388
gasförmig 260
die **Gebärmutter** 340 f.
die Gebärmutterschleimhaut 341
die **Geburt** 76, 78, *343*, 346
die Gefahr 196, 254, 301, *351*
der **Gegenstand** 11, 138, *206 f.*, 246 f.
die Gelbbauchunke 60
der **Gelbe Sack** 216
der Gelbrandkäfer 99
das Gelenk 25, 43, 50, 108
das Gemisch 209, *236 f.*
der **Generator** 224
die Gerste 163
die **Geschlechtsidentität** 343

das Geschlechtsmerkmal 336 f., 340
das Geschlechtsorgan 337, 340
 • männlich 337
 • weiblich 340
der Geschlechtsverkehr 344 f., 348
die Geschlechtszellen 144, 337, 341
der Gesichtsausdruck 28, 42, 353
das Getreide 43, *163*, 167
die Giftklaue 110
das Glas 138, *206*, 208, 310
die Glaswolle 312
gleichwarm *71*, 79, 297
der **Gleitflug** 318
der Gletscher 269
der **Gliederfüßer** *92*, 110
die Glimmspanprobe 286 ff.
der Golfstrom 308
das **Grad Celsius** 206, *254*
der Grasfrosch 296, 298
das Große Mausohr 82
das Grundorgan 128

H

der Hafer 163
der Hakenstrahl 73
die Haselnuss 181
das Haushuhn 40 f.
der Hausmüll *208 f.*, 224
das **Hausschwein** 21, *36 ff.*
das **Haustier** 20 ff.
die **Hautatmung** *59*, 117
der Hautkrebs 301
die **Häutung** 66 f.
die Heilpflanze *163*, 166
das **Heimtier** 21 f.
die Heizung 23, *306*, 309
das Herbar 127
die Herde 42
das Herz 69, 97, 110, 112
der **Hetzjäger** 25 f.
der Hoden 337
das Holzpellet 282
der **Holzwerkstoff** 358 f.
die Honigbiene *96 ff.*, *100 f.*, 104
das **Hormon** *334*, 343, 348
der Hornschnabel 70

393

Stichwortverzeichnis

die **Hornschuppe** 66 f.
der **Huf** 43 ff.
der **Hufbeschlag** 43 f.
das **Hühnerei** 41, *74 f.*
die **Hülsenfrucht** 146
der **Hund** 24 ff.
  • das Fleischfressergebiss 25
  • der Pfotenabdruck 26
die **Hunderasse** 24

I
der **Igel** *85*, 297
der **Imker** 100 f.
die **infrarote Strahlung** 301
das **Innenskelett** 54, 58, *108*, 112
die **innere Befruchtung** *67*, 78
das **Insekt** 96 ff.
  • die Atmung 97
  • das Facettenauge 96
  • der Körperbau 97
  • das Nervensystem 97
die **Insektenbestäubung** 140 ff.
das **Insektenhotel** 198
der **Insektenstaat** 100 f.
die **Intensivhaltung** 35, *37*
intergeschlechtlich 343
das **Internet** *194*, 317, *339*
die **Intimhygiene** 338, 342
der **Isolator** 206, *310*

J
der **Joghurtbecher** 208, 216
die **Jugendfeuerwehr** 293

K
der **Kaktus** 128
die **Kalkschale** 74 f.
die **Kältemischung** 257, 268
der **Karpfen** 56, *250*
die **Kartoffel** 148, *162 f.*
die **Kältestarre** 59, 66, 119, *296*
der **Käse** 34
die **Katze** 30
  • das Auge 31
  • die Jagd 30
  • die Körperhaltung 30
  • die Kralle 31

die **Katzenrasse** 30
die **Kaulquappe** 62 f.
die **Kauplatte** 32
die **Keimscheibe** 74
die **Keimung** 155
  • die Bedingungen 156
das **Kelchblatt** *134 f.*, 158
die **Kennzeichen des Lebens** 16 f.
die **Kiefer** 140 f., 358
der **Kiefertaster** 110
die **Kieferzange** 110
die **Kiemen** 54, 62, 244 f., 251
die **Kiemenatmung** 244
das **Kiemenblättchen** 56 f., *244*, 251
der **Kiemendeckel** 54, *244*
das **Kiemenmodell** 245
die **Kirschblüte** *134 f.*, 140, *144*
die **Kirsche** 144 f.
die **Kläranlage** 220, *242*
der **Klatschmohn** 151
die **Klaue** 37, 45
die **Kleingruppenhaltung** 40
die **Klitoris** 340
der **Knochen** 24 f., 45, 50, 108
die **Knospe** 168, 184, 187
der **Kohl** 165
die **Kohle** 227, *285 f.*, 314
das **Kohlenstoffdioxid** 125, 132, *225*, 244
die **Kohlmeise** 77
der **Kokon** 117
der **Kolibri** 109
die **Königin** 101
das **Kondom** 348
das **Korbblütengewächs** 160
die **Körperhaltung** 28, 351
die **Körperpflege** 338, 342
die **Körpersprache** 42, 350
die **Kralle** 25 f., *30*, 110
das **Kräutersalz** 165
das **Kriterium** 93, 116 f.
das **Krokodil** 66
das **Kronblatt** *134 f.*, 158
die **Krötenwanderung** 64
der **Kulturfolger** 81, *85*
die **Kulturpflanze** *163 f.*, 167
der **Kunststoff** 204, 208, *216 f.*, 310
die **Kunststoffsorte** 217

L
der **Labmagen** 33
die **Lageenergie** *276 f.*, 279
der **Lagenwerkstoff** 359
das **Lager** 372
der **Laich** 55, 62
das **Laichgewässer** *62*, 64
die **Landwirtschaft** 65, 117, 148, 240
die **Larve** 55 f., 62, 100 f., *104 f.*
das **Larvenstadium** 50, *63*, 107
der **Laubbaum** *168 f.*, 186, 199
der **Laubfall** 183
die **Lebensbedingung** *174 ff.*, 192
die **Lebensgemeinschaft** *188*, 192
der **Lebensraum** 128, 175, *188 f.*, 192
das **Lebewesen** *16 f.*, 93, 166, 179
das **Legebild** 135, 137
die **Leichtbauweise** *70*, 72
das **Leimen** 370
das **Leimholz** 358
das **Lernwörterüben** 316 f.
das **Licht** 16, 30, 132, *301*
die **Linde** 169
das **Liniendiagramm** 262
das **Lippenblütengewächs** 158 ff.
die **Löschdecke** 387, 400
das **Löschmittel** *294 f.*, 400
die **Lösung** 236 f.
das **Lösungsmittel** *232*, 236
die **Luft** 70 f., 192, *286*, 306
die **Luftkammer** 74
das **Luftpolster** *70*, 79, 296
die **Lunge** 51, 59, 71, *79*
die **Lupe** 138
der **Lurch** 58
das **Luxmeter** 176

M
der **Magnet** 206
der **Magnetabscheider** 209
der **Mais** 163, 167, 282, *284*
das **männliche Geschlechtsorgan** 337
der **Marienkäfer** 92, *296*

die **Masse** *246 f.*, 399
das **Material** 130 f., 195, *206 ff.*
der **Maulwurf** 82 ff.
der **Mäusebussard** 318 f.
die **Medien** 339
das **Medikament** 220
der **Meeresspiegel** 225
das **Meerwasser** 235 f., *239*
der **Mehlwurm** 107
die **Mehrwegflasche** 208, 216
die **Menstruation** 341 f.
der **Menstruationszyklus** 341
der **Messbereich** 255
das **Messen** 364
der **Messpunkt** 262
das **Metall** 206, 208, 255, 295
die **Metamorphose** 63, *104 f.*
  • unvollkommen 105
  • vollkommen 104
die **Methode**
  • das Baummonatsbuch 186
  • das Bohren mit der Tischbohrmaschine 366
  • das richtige Verhalten bei Bränden 294
  • einen Versuch durchführen und protokollieren 258
  • eine Präsentation erstellen und halten 195
  • ein Herbar anlegen 127
  • ein Liniendiagramm zeichnen 262
  • Einrichten eines Aquariums 23
  • Lernwörter üben im naturwissenschaftlichen Unterricht 316
  • mit dem Gasbrenner arbeiten 388
  • mit der Heizplatte arbeiten 389
  • Modelle helfen verstehen 320
  • naturwissenschaftliche Vorgänge in Stop-Motion-Filmen darstellen 130
  • Pflanzen bestimmen mit einer App 161

- Pflanzen nach Kriterien ordnen 166
- Produkte – von der Planung zur Beurteilung 361
- So erstelle ich einen Steckbrief 81
- Suchen und Finden im Internet 194
- Tiere beobachten 28
- Tiere nach Kriterien ordnen 93
- das Vergleichen 18
- das Verhalten im Fachraum 387

die **Milch** *33 f.*, 78 f., 236
die Milchdrüse 33, 78, 352
der Mineralstoff 17, *124 f.*, 162, 232
das Modell
- die Ahornfrucht 152
- der Aufwind 321
- die Eidechse 68
- der Flügel 320
- das Kiemenmodell 245
- die Kläranlage 243
- die Kriechbewegung 114
- das Modellhaus 313
- die Schwimmblase 252
- der Wasserkreislauf 265

das Modellhaus 313
die **Monokultur** 163
der **Motor** *277*, 282, 309, 372
die Motorkühlung 309
der **Müll** *204 ff.*, 216, 220, *224 f.*
die Müllsortieranlage 209, 211, 216
die **Mülltrennung** 208 f.
die **Müllverbrennung** 209, 220, *224 ff.*
die Müllvermeidung 204
die Müllverwertung *204*, 208, 213
das **Mundwerkzeug** 96, *102 ff.*
die Muschel 115
der Muskel 31, 108, *336*

N
die Nabelschnur 346
die Nachgeburt 346
die Nachgeburtsphase 346

die Nadel 168
der Nadelbaum *168 f.*, 199
die **Nahrungsbeziehung** 178 f.
die **Nahrungskette** 178 f.
das Nahrungsmittel 234, 281
das **Nahrungsnetz** 178 f.
der Naturschutz 64, *196*
der Naturschutzverband 196
die **Naturwissenschaft** 10
die **naturwissenschaftliche Arbeitsweise** 10
der Nawi-Raum 12
der Nebel 264
der **Nektar** 101 f., *140 ff.*
der **Nestflüchter** 76 f.
der **Nesthocker** 76 f.
der Netzmagen 33
der Niederschlag 164
die Nisthilfe 198
der **Not-Aus-Schalter** 12
der Notruf 12, *294*
die Nussfrucht 146
der **Nützling** 117
die Nutzpflanze 163
das **Nutztier** 21 f.
- die Tierhaltung 35, 37, 40 f.

O
die Oberflächenveredlung 370
die **Oberflächenvergrößerung** *25*, 27, 126
die Oberhaut 55, 59, 67, 71
der Oberkiefer 32, 103
der offene Blutkreislauf 97
die **ökologische Haltung** 40 f.
der Operator 390 f.

P
der Paarhufer 44 f.
die Paarung 62, 67, 74, 78
der Pansen 32 f.
das **Papier** 163, *212 ff.*
der Penis *337*, 340, 344
das PET 218 f.
das Pferd 20, *42 ff.*
die Pflanzenbestimmung 161
die Pflanzenbewegung 16
die **Pflanzenfamilie** 158 ff.

- die Korbblütengewächse 160
- die Lippenblütengewächse 158
- die Rosengewächse 158
- die Schmetterlingsblütengewächse 159

der Pflanzenfresser 33, 38, 43, *179*
das **Pflanzenfressergebiss** *33*, 38, 44
die Pflanzenüberwinterung 184
der Pfotenabdruck 26
die Pille 348
der **Pollen** 98, 134, *140 ff.*, *144 ff.*
der Pollenschlauch 144 f.
die Präparation 57
die Präsentation 195
die Pressluft 249
das primäre Geschlechtsmerkmal 336 f., 340
- männlich 336 f.
- weiblich 340

der **Problemmüll** 209, *220*
die **Pubertät** 334
die **Puppe** 104 f.

Q
die **Quellung** 154

R
der Raps *137*, 163, 282
die Raspel 268
die **Raspelzunge** 113 f.
der **Räuber** 178
der Rauchmelder 290
die Rauchschwalbe 322 f.
die Raupe *104*, 179
das Recycling 208, 213 ff., 217, 220
die Regel 341
der Regen 264
der regenerative Energieträger 285
der Regenwurm *116 ff.*, 222
das Reh 179, *296*
die Reinigung 242
die Reizbarkeit 16
das **Reptil** 50, *66 f.*
- die Atmung 67

- die Fortpflanzung 67
- die Häutung 67
- das Skelett 66

der Restmüll 209, 212, 220, *224 ff.*
die Riechschleimhaut *25*, 27
das Rind 21, *32 ff.*, 45
die Rinderrasse 33
der **Ringelwurm** 92, *116*
der Roggen 163
der **Rohstoff** *208*, 213, 216 f., 224
die Rosskastanie 168
die Rotbuche 127, 169, *182*
die Rote Liste 197
der Rotfuchs 81, *178 f.*
die Rückenflosse *54 ff.*, 250
der **Ruderflug** 319

S
die Säge 364
das **Sägen** 364
das **Salzwasser** *232*, 235 ff.
der Samen 17, 125, 150 f., *154 f.*
die Samenanlage 135, *144 f.*
der **Samenerguss** 337, 344, 348
die Samenruhe 154
die Samenschale 151, 154 f.
die **Sammelbeine** 98 f.
die **Sammelsteinfrucht** 146
die **Sammellinse** 138
der Sandfang 242
der **Sauerstoff** 132, 244, *286*, 291
das Säugen 78
das **Säugetier** 78 ff.
- die Atmung 79
- das **Fell** 79
- die Fortpflanzung 78
- das Skelett 79

der Säugling 346
der Saugrüssel 102
der Schadstoff 204, 347
der **Schädling** 37, *113*, 164
der Schaum 292, *295*
der Schaumstoff 290, 312 f.
das Schichtholz 358
das Schiff *247*, 269
das Schiffchen 159
die Schifffahrt 269
die Schildkröte 66

Stichwortverzeichnis

die Schlange 66
der **Schleichjäger** 30
das **Schleifen** 368
das Schleifpapier 368
die Schleimschicht 55, 59, 250
die Schlüsselblume 183 f.
die **Schmelztemperatur** 206, *260*, 263
die Schmuckfeder 71
das **Schnabeltier** 52
die Schnecke 92, *112 ff.*
das Schneeglöckchen 129, *183*
die Schneise 291
das Schönheitsideal 339
das **Schrauben** 370
der Schraubendreher 370
das Schreibtischset 358 ff.
die Schreinerei 362
die Schuppe 51, 55, 66 f., 250
die **Schwangerschaft** 344, 346, 348
die Schwanzflosse 54 ff., 250
der Schwanzlurch 58
das **Schweben** 246 ff., 250 f.
das **Schwein** 21, *36 ff.*
der Schweiß *337 f.*, 342
die **Schwimmblase** 54, *250 f.*
das **Schwimmen** 247, 250, 269
die Schwimmfrucht 151
das **Schwimm-Sink-Verfahren** 217
die Schwungfeder 71
der **Segelflug** 319
die Sehne 31, 108
das Seitenlinienorgan *54 f.*, 252
das sekundäre Geschlechtsmerkmal 336, 340
 • männlich 336
 • weiblich 340
das Selbstbewusstsein 350
die **Selbstverbreitung** 151
der **Sex** 344
die sexualisierte Belästigung 350
die sexualisierte Gewalt 350
die Sicherheit 12, 294 f., 339
die Sicherheitseinrichtung 387

die Siedetemperatur 206, *260*, 264
der **Singvogel** 76
das **Sinken** 246 ff.
die Skala 254 f., *263*
die Smaragdeidechse 66 f.
der Solarantrieb 278
die Solarzelle 277, 305
die Sonne 132, 174 f., 276, *300 ff.*
der Sonnenbrand 27, *301*
der Sonnenkollektor 304 f.
das **Sonnenlicht** 132, *174 f.*, 179, 188
der Sonnentau 129
die sozialen Medien 339
die Spaltöffnung 125
die Spanplatte 359
das **Sperma** 337
die **Spermienzelle** 55, 74, *337*, 344
das Sperrholz 359, 373
der Sperrmüll 209
die **Spinne** 92 ff., *110 f.*, 188
der Spitzahorn 169
der **Spross** *124 ff.*, 128
die Sprossachse *124 ff.*, 128, 131, 162
die Sprossknolle 162
das **Stadtgrün** 192
der Stammbaum 50
der Stand-by-Betrieb 314
der Standvogel 322 f.
die **Stärke** 132, 154 f., 162
das **Staubblatt** *134 f.*, 158
der Stechrüssel 102
einen Steckbrief erstellen 81
die Steinfrucht 145 f.
die Steinkohle 285
der Stempel 134 f., 141, 159
das **Stereomikroskop** 138
die Steuerfeder 71
der Stickstoff 286
die Stieleiche 169, 180
der **Stimmbruch** 336
der **Stoff** 10, 204, *206 ff.*, 224 f.
die **Stoffgruppe** 204
der **Stoffwechsel** 16 f.
der Stop-Motion-Film 130 f.
das Storyboard 130 f.
das Stoßlüften 314 f.

die **Strahlung** 276, *300 ff.*
die Strahlungsenergie *276 f.*, 287, 300, 305
die Streuobstwiese 177
die **Stromlinienform** 54 f., 70, 250
die Strömung 54 f.
der **Strömungswiderstand** 250
das Stoßlüften 314
die Stückliste 360, 373
die Suchmaschine 194
die Suspension 236
das **Süßwasser** 232, 235, 269

T

das **Tagpfauenauge** 104 f., 175, 179
der Tampon 341 f.
die Tanne 168, 212
das Taubenschwänzchen 102, 109
der Teichfrosch 58, 62
die **Temperatur** 174 ff., 188, 254 ff., 260
der Temperatursinn 254
das **Thermometer** 254 f.
 • das Bimetallthermometer 255
 • das elektronische Thermometer 255
 • das Flüssigkeitsthermometer 254
die Thermometerskala 254 f., *263*
die Thermoskanne 315
der Tiefwurzler 126
die Tierhaltung 37, *40 f.*
 • artgerecht 41
 • ökologisch 40 f.
die **Tierverbreitung** 150
der Tintenfisch 115
die Tischbohrmaschine 366
die Tischlerplatte 359
die Tochterzwiebel 148
transident 343
der **Traubenzucker** 125, *132*, 182, 276
das Trennverfahren *209*, 236 f.

das **Trinken** 232 ff.
das Trinkwasser 232, 235 f., 239, 242
die Trinkwasserreinigung 242
die **Turbine** 224

U

die Überwinterung 59, 183 f., *296 f.*
die ultraviolette Strahlung 301
der **Umweltfaktor** 188, 192
 • abiotisch / nicht lebend 188
 • biotisch/lebend 188
die **ungeschlechtliche Fortpflanzung** 148
der Unpaarhufer 44 f.
die Unterhaut 55, 59, 67, 71
der Unterkiefer 32, 103
die unvollkommene Metamorphose 105
der Urin 37, 232

V

die Vagina 340 f., 344
die **Verbrennung** 204, *286 f.*, 291, 314
die Verbrennungsbedingungen 286
das **Verbrennungsdreieck** 286 f.
der Verbrennungsmotor 309, 372
der **Verbundstoff** 209, 212
die **Verdunstung** 168, 192, *264*
der Vergleich
 • Amphibien–Reptilien 69
 • Insekt–Spinne 94
 • Insekt–Vogel 109
 • Intensivhaltung–Freilandhaltung 35
 • Modell–Wirklichkeit 320
 • Plantage–Streuobstwiese 177
 • Spielzeughund–echter Hund 18
das Verhalten 28 f., 76 f., 294, 346 f.
das Verhütungsmittel 348

das **Versuchsprotokoll** 258 f.
das **virtuelle Wasser** 240
die **Vitamine** 162
der **Vogel** 70 ff.
- die Atmung 71
- die **Feder** 70 f., 319
- die Fortpflanzung 74
- die **Leichtbauweise** 70, 72
- das Skelett 70

das **Vollholz** 358
das **Vollinsekt** 104 f.
die vollkommene Metamorphose 104
das **Volumen** 246 f., 255
die Volumenänderung 266 ff.
die **Vulva** 340
die Vulvalippen 340

W

das **Wachs** 268, 295, 370
das **Wachstum** 17, 155
der **Wald** 174 f., 178 ff., 183
die **Wärme** 224 f., 276, 287, 296 f.
die **Wärmedämmung** 312
der **Wärmeleiter** 310, 312
die **Wärmeleitfähigkeit** 310

die **Wärmeleitung** 310
die **Wärmeströmung** 306 ff.
das **Wasser** 132, 154, 182 f., 232 ff.
- die Anomalie 266 f.
- die Bedeutung für das Leben 132, 232
- die Dichte 247
- das gefrierende Wasser 266
- die Zustandsänderung 260

der Wasserdampf 237, 239, 260, 264
der Wasserfußabdruck 240
der **Wasserkreislauf** 264
der Wassermangel 235
die **Wasserreinigung** 238, 242
die Wassertemperatur 253, 266 f.
der Wassertransport 124 f., 130 f.
die **Wasserverbreitung** 151
das Wasservorkommen 240
die **wässrige Lösung** 236
der Weberknecht 111
wechselwarm 55, 59, 66, 297

das weibliche Geschlechtsorgan 340
der weibliche Zyklus 341
das **Weichtier** 92, 112 ff.
die Weinbergschnecke 122 f.
der Weißstorch 322 f.
der Weizen 163, 167
der Wellensittich 21
der **Wertstoff** 204, 208 f.
der **Wiederkäuer** 33
die Wiese 174
der Wiesensalbei 142
die **Wildpflanze** 162 f., 167
das **Wildschwein** 20, 36 ff.
der **Wind** 141, 150 f., 174, 276
die **Windbestäubung** 140 ff.
der Windschatten 323
der Windsichter 210
die **Windverbreitung** 150
winteraktiv 296
das **Winterfell** 296, 312
die Winterfütterung 324
die **Winterruhe** 297
der **Winterschlaf** 297
der **Wirbelknochen** 50
die **Wirbellosen** 92 ff., 108, 119
die **Wirbelsäule** 50, 54, 58, 70

das **Wirbeltier** 50 ff.
der **Wolf** 24 ff.
die **Wolke** 260, 264
die **Wurzel** 125 ff., 182
die **Wüste** 128, 235, 240

Z

die Zähmung 24
der **Zapfen** 168, 198
die Zauneidechse 66 ff.
der **Zehengänger** 25 f.
der **Zehenspitzengänger** 43, 45
der **Zersetzer** 222
die Zierpflanze 161, 163, 167
die **Züchtung** 24 ff., 36 f., 162 ff.
der Zucker 78, 232
die Zuckerrübe 282
der **Zugvogel** 322 f.
die **Zündtemperatur** 286 f., 291
die **Zustandsänderung** 260
die Zwillinge 345
der **Zwitter** 113, 117

Bild- und Textquellenverzeichnis

Cover
Eichhörnchen: stock.adobe.com/Vojtech Herout; Handy: stock.adobe.com/vegefox.com, Wolken: stock.adobe.com/suthisak, Origami Vogel: Cornelsen/VDL

Fotos
action press: imageBROKER 76/1 | **Adobe:** akulamatiau: 255/7, angeldibilio: 109/5, Astrid Gast: 30/1, BEAUTYofLIFE: 219/5 Pullover, bernardbodo: 275/li, Bernd Jürgens: 76/2, Bigc Studio: 333/li, Carola Vahldiek: 111/5, chayakorn: 40/1, choucashoot: 347/4, Christian Schwier: 188/1, Christoph Hähnel: 153/C, countrypixel: 39/8, creativenaturenl: 17/3A, cut: 219/5 Zelt, Dave Massey: 123/li, David Tadevosian photography/davit85: 212/1, Denis Gladkiy: 246/3, digitalfoto105: 144/2, doehrn: 44/2, dudek: 279/9, Eckehard Wolf/ecwo: 49/li, eqroy: 6, 230, Eric Isselée: 50/1, eshana_blue: 134/5, et-foto: 39/10, Filipe: 102, fineart-collection: 39/9, Frank: 151/5, Frank Roeder/Imaginis: 173/re, Friedberg: 153/A, 91/re, funkenzauber: 150/2, George Dolgikh: 258, Gerhard Seybert: 282/3, giansacca: 106/5, giedriius: 108/1, Grubärin: 44/3, hfox: 60/3, Henrik Larsson: 103/6, Horst Schmidt: 305/3, Ivan Kmit: 91/li, Jérôme Rommé: 203/re, joël BEHR: 96/1, jokapix: 189/4, kegfire: 336/1 li, Kirill Rischow: 256/2, Klaus Eppele: 291/7, Kletr: 94/2 li, kosta_iliev: 246/1, Krakenimages: 343, Ksenia Raykova/ksuksa: 20/1, KYY: 138/1, lavillia: 58/2, Kzenon/Kzenon: 5/u, 202, Lensman300: 85/6, LIGHTFIELD STUDIOS: 3/o, 14, Lubos Chlubny: 173/li, LuSch: 109/6, Marc Kunze: 124/1, Marcel Schauer: 5/o, 172, Marek M: 121/6, Martina Berg: 191/3, Max Djadik: 235/5, M. Schuppich: 229/4, Michael Tieck: 229/6, Natallia: 312/1, Natalya Antoshchenko: 16/o, NextMars: 279/9, Nik: 229/8, nito: 236/1, nmann77: 279/6, nwf: 36/1, outdoorpixel: 196/3, paylessimages: 123/re, Pelz: 150/1, Petra Gurtner: 22/3, PhotographyByMK: 348/2, piggya: 309/6 li, pit24: 255/5, pololia: 345/A, rcfotostock: 290/4, rdnzl: 146/2, Reynante M. Martinez: 4/o, 90, Rita Kochmarjova: 3/u, 48, Roberto Colino: 235/6, ronstik: 290/3, 229/7, Satit_Srihin: 22/4, Schlierner: 248/4, SdelMo: 290/2, seeyou.c. steps: 288/2, sergioboccardo: 44/5, SHArtistry: 312/3, Stefan Müller: 295/3, StefanoT: 15/li, Sunshine Pics: 307/9, Suzi Media: 203/li, Swetlana Iliewa: 31/7, tcsaba: 100/1, TELCOM-PHOTOGRAPHY: 291/6, TF_studios: 138/4, The body louse Pediculus humanus on the hair/Tomasz: 94/5, tinadefortunata: 221/2, TinPong: 231/li, Ulrich Müller: 232/2, Vadim-Guzhva: 348/1, Vasiliy Koval: 167/4, vchalup: 138/3, Victor: 334/1, Vitalii Hulai: 99/6, Vladislav Noseek: 7, 274, Vojtech Herout: 1/o mi, wolfgang rieger/bittedankeschön: 4/u, 122, holgerkirk: 282/2, smith1972/smuay: 99/5, Xaver Klaussner: 24/1, Zerbor: 220/1 mi | **akg-images GmbH:** Harald A. Jahn/viennaslide/BIG: 12 | **Bildagentur Schapowalow GmbH:** Manfred Eckebrecht 267/7 | **blickwinkel:** B. Rainer/Caroline Brinkmann: 134/4, D. Maehrmann: 41/5 li, Frank Teigler/Hippocampus-Bildarchiv: 134/3, 136/3, Ziese: 224/1 | **Bridgeman Images:** Neveu P./HorizonFeatures 174/2 | **Clip-Dealer GmbH:** Herbert Schwind: 62/A | **Colourbox EU GmbH:** 220/1 li | **Cornelsen:** Heinz Mahler: 321/3, 372/1–3, Marit Kastaun: 130, Markus Gaa Fotodesign: 8/u, 68/2, 236/2+3, 245/5, 254/1, 256/1, 356–358, 359/6+7, 360/1, 364/1+2, 365, 366, 367/7+8, 368/2+3, 369/5, 370/1+2, 371/4+5, Stephan Röhl: 206/1, Heinz-W. Hommel: 278/2, Volker Döring: 236/5 re, 248/2, 330/4, Volker Minkus: 75/3+4, 98/1, 107/7, 135/8, 146/3+4, 185/5, 257/6, 330/1+2 | **Cornelsen/Inhouse:** Illu: Cornelsen/Oxana Rödel, Foto: stock.adobe.com/M. Schuppich: S 228/1; Illu: Cornelsen/newVision!GmbH, Bernhard A. Peter, Foto: stock.adobe.com/Mariusz Blach: 186/2, 187; Cornelsen/Rainer Götze, Fotos: Cornelsen/Volker Döring: 388/2+3; Zeynep Arghan: 221/4 | **culture-images GmbH:** United Archives/ua: 263/3 | **Depositphotos:** Leonid Iastremskiy: 8/o, 332, Michael Krabs: 363/3, Miroslawa Drozdowski: 189/3, Pavel Lipskyi: 273/3, Peter Kirschner: 200/2, Svetlana Golubenko: 42/4 | **dpa Picture Alliance:** AA: 194/1, AGAMI/blickwinkel/D. Occhiato: 322/3, AGRAR-PRESS: 37/4, Arco Images GmbH: 143/7 li, 164/3, 168/2, ArTo/Zoonar: 193/3, Bernd Kunz: 119/5, blickwinkel/H Schmidbauer: 116/1, Carmen Jaspersen: 162/3, dpa Themendienst 307/8, dpa-Zentralbild/Tim Brakemeier: 121/5, euroluftbild/dpa-Zentralbild/Martin Bildstein: 196/1, foodcollection: 164/1, 307/7, HELGA LADE/Olende Schall/picture-allia/Helga Lade: 260/3, imageBROKER: 58/1, Imagesource RF: 80/3, Jasper Doest: 178/1, Minden Pictures: 117/4, 83/3, Okapia: 181/7, Patrick Dieudonne/robertharding: 269/3, PHOTOPQR/MAXPPP/LE R: 40/2, Photoshot./Woodfall/Mark Hamblin: 192/2, R.Usher/WILDLIFE: 181/5, Wegner, P./Arco Images GmbH: 22/5, Westend61: 296/4, 327/10, WILDLIFE: 82, Wolfgang Pölzer/WaterFrame: 266/1, Adelheid Nothegger/Imagebroker RM: 330/5 Amsel | **Fotofinder.com:** FLPA/Malcolm Schuyl: 70/1 | **Fotolinline:** | **Glow Images GmbH:** imageBROKER RM: 293/5 | **Heinz Mahler:** 321/3, 372/1–3, 273/2 | **Image Professionals GmbH:** Science Photo Library/DR G. MOSCOSO: 346 | **Imago Stock & People GmbH:** 335/3–5, Â Hein van Tonder: 7/u li, Arnulf Hettrich: 177/2, blickwinkel: 17/3B, 40/3, 55/5, 62/1, 63/E+F, 77/3, 95/8, M. Lenke: 103/C, 160/4, 178/2, 196/2, 197/4+6, 300/1, 330/5 Igel, emil umdorf: 335, Harald Lange: 296/1, imagebroker: 46/4, begsteiger: 112/1, Fabian von Poser: 95/7, siepmann: 183/5, ITAR-TASS: 240/1, 225/4, Manfred Ruckszio: 7/o li, 142/3, Niehoff: 236/4, photothek/Thomas Trutschel: 339, Rupert Oberhäuser: 35/2 li, Schöning: 359/9, Steffen Schellhorn: 94/4, Westend61: 175/3+4, ZUMA Press: 15/7 u | **INTERFOTO:** David Tipling: 296/2 li, FLPA/Nigel Cattlin: 132/1+2, 126/5, FLPA/S Jonasson: 153/7o, Sammlung Rauch: 208/2, imageBROKER/Siegfried Grassegger: 149/3 | **juniors@wildlife:** Avalon: 52, Harms, D.: 64/1, K. Bogon: 67/5, Danegger: 77/6 | **mauritius images:** age: 111/4 u, 260/2, 301/6, 318/1, 322/1+2, age fotostock: 43/6, Alamy: 110/1, 114/1+2, 301/5, 302/3, 128/1, 142/4, 148/1, Alfred Albinger: 17/4 re, Arterra Picture Library: 60/2, 83/2, Azad Jain: 44/6, Bernd Zoller: 319/5 li, blickwinkel: 54/1, 141/5B, 181/6, 194/2, Bluegreen Pictures: 299/3, Bob Gibbons: 129/5, Cavan Images: 289/5, Claudia Rehm/Westend61: 144/1, Cultura: 249/6, David Chapman: 308/3, David J. Green - animals/Alamy: 94/2 re, Dirk von Mallinckrodt: 151/7, Elisabeth Schmidbauer: 136/4, Emmanuel LATTES: 151/6, Ernie Janes: 183/4, FLPA: 64/2, Frank Hecker: 182/2 re, Frédéric Didillon/MAP/GWI/Garden World Images/All mauritius images: 137/8, Fritz Rauschenbach: 101, 103/D, Gerard Lacz: 104/1, Hans Reinhard: 100/2, Hans Verburg: 113, Harald Lange: 142/1, Harvey Wood: 117/3, Hikupic: 246/2, Horst Jegen: 129/7, ib: 26/4+5, ib/Bernd Zoller: 319/4 li, imagebroker/Arco Images/Hinze, Kerstin: 106/1, Ingram Premium Collection: 308/2, INSADCO Photography: 160/2, Ingo Schulz: 41/5 re, Jeppe Gustafsson: 359/8, JG Photography: 153/6, Joe Blossom: 297/5, John Cancalosi: 244/1, Johnér: 24/2, John Eveson/FLPA: 106/6, Jörn Friederich: 299/5, Kseniya Abramova: 42/3, Ludwig Mallaun: 325/3, MacRein: 193/4, Martin Fowler: 188/2, Masterfile RM: 269/4, McPHOTO: 66/1, Michael Krabs: 53/5, Michal Boubin: 159/4, Minden Pictures: 77/4, 80/1, 84/4, 105/3, 120/1, 140/2, 153/4, 297/5, 327/8, Minden Pictures/Jan van Arkel/NiS: 84/2, Minden Pictures/LeeC: 153/5, Multipedia: 6/o mi, Nadja Jacke: 182/2 li, nature picture library: 106/2, 111/4 o, Nearby: 330/5 Erdkröte, Nigel Cattlin: 159/5, 160/5, Oliver Heinz: 111/3 li, Ottfried Schreiter: 84/3, Peter Lehner: 182/1, Pitopia: 6/mi, Pixtal: 330/5 Biber, Radius Images: 154/1, Science Photo Library: 233, Science Source/Michael Abbey: 132/3, Sergei Kotelnikov: 6/mi re, Seymour: 30/2, 344/1, Stephanie Jackson: 27/7, Stockimo/Rebecca: 31/6, superclic: 126/1, tbkmedia.de: 181/4, Thorsten Negro: 19/7, Thunig: 201/4, United Archives: 183/3, Viktor Pazemin: 7/u re, Westend61: 78/1, 296/2 re, 345/B, Winfried Schäfer: 36/2 | **Okapia:** Andreas Hartl: 56/4, Christen: 56/2+3, Harald Lange: 74/1, KG/Dr. Frieder Sauer: 75/6 mi + 6 o, KG/Hellio-Van Ingen: 75/6 mi, Thomas Frey: 293/4, KG/J.-M.Labat & F.Rouquette/BIOS: 75/6 u, KG/NAS/Lynwood M. Chace: 124/2, Rob de Wind/KINA: 220/1 re | **Panther Media GmbH:** ACPIX/Hinz, Lothar: 103/B, Christine Schmutzler-Schaub: 92/1, Martin Konopka: 302/4 | **picture alliance:** blickwinkel: 17/4 li, OKAPIA/Hans Lutz: 141/5A | **Science Photo Library:** CROWN COPYRIGHT/HEALTH & SAFETY LABORATORY: 287/6, Gadomski, Michael P.: 162/1 | **Shutterstock GmbH:** 19/8, Adventuring Dave: 31/8, Air Images: 21/3, Aleksandar Dickov: 137/5, AlessandroZocc: 152/1, Anastasiia-Ser: 218/3, Anest: 103/A, Anya Douglas: 15/re, Ariene Studio: 138/2, Aurelien Laforet: 325/4, bjonesphotography: 140/1, Blue Lemon Photo: 260/1, boban_nz: 80/4, bondgrunge: 226/2, Brian A Jackson: 150/3, 171/5, Brocreative: 279/10, Cathy Keifer: 19/5, Chiffanna: 191/4, COULANGES: 253/8, cynoclub: 24/Dogge, Damian Money: 60/4, Dariush M: 290/1, David A. Litman: 115/8, Dean Drobot: 336/1 re, DeStefano: 279/8, Divelvanov: 95/9, diy13: 134/2, Dreamframer: 111/7, Eric Isselee: 24/Bernhardiner, Dackel, Erick Cervantes: 128/2, EuskalFotos: 142/2, FabrikaSimf: 341/5, FotoHelin: 186/1, Fotokostic: 44/1, frank60: 121/7, Gabi Wolf: 49/re, GenViewFinder: 350, Geza Farkas: 253/7, Giedriius: 275/re, 327/7, Gorb Andrii: 22/2, Grey Carnation: 89/5, grey_and: 146/1, HandChe: 45/10, Henner Damke: 19/o re, Iceskatinggrizzly: 42/1, irin-k: 111/8, Johenus: 115/7, Kekyalyaynen: 242, KieferPix: 232/1, koliw: 244/2, kritskaya: 174/1, Kuttelvaserova Stuchelova: 100/Arbeiterin, Drohne, Königin, Lively.creature: 41/4, Madlen: 148/2, 162/2, Marek R. Swadzba: 60/1, Maria Moroz: 201/5, Martin Fowler: 60/5, Martin Pelanek: 250/1, Michael Benard: 62/B+C, Milan Zygmunt: 81, milatas: 340/1, Mirjam Claus: 192/1, Miroslav Hlavko: 85/7, MURGVI: 97/4, Nadezhda Kharitonova: 128/3, natrot: 111/6, New Africa: 232/3, Nick Henn: 19/6, Olga_i: 42/2, Only background: 336/2, Peeradontax: 145/4 re, pisitpong2017: 167/2, Popova Tetiana: 37/5, Prostock-studio: 333/re, Rattiya Thongdumhyu: 147/5, Rawpixel.com: 335/6, Roman Malanchuk: 106/3, Rudmer Zwerver: 60/5,

Sabphoto: 335/7, sam100: 22/7, Sarah Holmlund: 46/1, Satirus: 26/1, Serg64: 219/5 Tasche, Sergio Photone: 236/5 li, Simon Bratt: 314/1, smereka: 43/1, sobolicha11: 231/re, Susan Schmitz: 21/4, Szasz-Fabian Jozsef: 16/u, Tishchenko Dmitrii: 134/1, Toa55: 32/1, Tom Meaker: 167/5, Tracy Riddell Photography: 167/3, unpict: 165/7, Vaclav Volrab: 158/1, Vadven: 279/7, Valentina De Menego: 45/8, Valentina_S: 160/6 li, VH-studio: 46/3, Vitaly Ilyasov: 171/6, Wang LiQiang: 197/5, weha: 158/2, Whiteaster: 168/1, Will Rodrigues: 19/o mi, Wojciech Skora: 232/4, worradirek: 208/1, YuriyZhuravov: 35/2 re, zhekoss: 153/B, zlikovec: 297/6, 327/9 | **StockFood GmbH:** Â/BOB GIBBONS: 160/3, Camazine, Scott: 151/4, Carolina Biological Supply Co.: 147/6, DAVID SCHARF: 212/2, Eye Of Science: 112/2 o li, 114/4, Fox, Frank: 7/mi li, Photocuisine/Studio: 165/4, Schieren, Bodo A.: 141/4, SCIENCE PICTURE CO: 337/5, SciMAT: 312/2, Smith, Mark: 63/D, Van Ravenswaay, Detlev: 235/3 | **TOPIC-Media:** Alfred Schauhuber: 77/1, imagebroker: 56/5, PantherMedia/ThePlejades: 111/3 re | **Umweltbundesamt:** 213/4 | **VISUM Foto GmbH:** Bernd Roselieb: 224/2 | **Your Photo Today/Ducke & Willmann Gbr.:** LA PHOTOTHEQUE SGM: 330/3, Otmar_Diez: 164/2

Illustrationen
Adobe: Daniel Berkmann: 390 | **Cornelsen:** Andrea Thiele: 33/4, Atelier G/Marina Goldberg: Warnzeichen 283, 289, 400, Christine Faltermayr: 84/1, Detlef Seidensticker: 190, 210, 213/3, 214, 215, 216/2, 217, 218/1, 219/4, 225/3, 226/1, 228/2+3, 229/9, 232/5, 238/2, 239, 240/2, 241, 243, 265/4, 270/6, 279/11, DiGraph: 23, 53/3, 54/3, 56/1, 57/7, 68/1, 70/2, 71/4, 72/3, 73/4+5, 84/5, 87/5, 88/3, 98/2, 107/9, 108/2, 109/3+4, 121/3+4, 126/2, 140/3, 143/6+7 re, 152/2, 171/4, 181/3, 184, 222, 223/2, 244/3, 250/3, 252/3, 319/4 re + 5 re, 321/2, 344/2, 345/C+D, Esther Welzel: 50/3, 64/3, 69/5, 119/3+4, 252/2, 349/4, Hannes von Goessel: 71/5, Rainer Götze: 11, 57/6, 86/1, 139, 206/3+4, 207, 209, 234, 235/4, 237, 238/1, 240/3, 245/4, 246/4, 247, 248/5, 249/7, 251/5, 252/4, 254/2+3, 255/4+6, 257/4+5, 259, 260/4, 261, 262, 263/4, 264/2+3, 265/5, 267/5+6, 268, 270/1–5, 271, 272, 273/4, 277, 278/1+3, 280/2, 281, 282/4, 283/5+6, 285, 286/2, 287/3+5, 288/1, 289/3+4, 292, 294, 295/4 + Brandklassen, 298, 300/2+3, 302/1+2, 304, 305/4–6, 306/2+3, 307/4–6, 308/1, 309/4–6 re, 310/2, 311, 313, 315, 318/2+3, 323, 324, 325/5, 326, 327/5+6, 328/1–5, 331, 352/2, 359/4+5, 360/2, 362/2, 363/4, 364/1+3, 367/6, 368/1, 369/4, 370/3, 371/6+7, 372/4, 373, 382, 387/Not-Aus-Schalter, 389, bearbeitet von newVision!GmbH, Bernhard A. Peter: 86/2, 86/3, 87/4, 135/9, 136/2, 137/7+9, 169, 200/1, 354, Gregor Mecklenburg: 317, Inhouse: 301/4, Karin Mall: 250/2, bearbeitet durch Tom Menzel: 31/4, 38/3, 47/6, 61, 66/2, 73/6, bearbeitet von newVision!GmbH, Bernhard A. Peter: 77/8, Laura Carleton: 310/1, Matthias Pflügner: 13, 18, 34, 35/3, 195, 199/4+5, 204, 205, 211, 216/1, 227, 276, 280/1, 282/1, 286/1, 291/8, 303, 306/1, 314/2, 320, 334/2, 349/3, 351, 352/1, 353/, 362/1, 387/mi re + o re + u re, Matthias Pflügner, Gregor Mecklenburg: 10, Tom Menzel: 20/2, 25, 26/6, 27/9, 28, 30/3, 32/2, 33/3, 36/3, 38/1+4, 39/5+7, 43/5+8, 44/4 + Illustrationen, 45/7+9, 46/2, 47/5, 50/2, 51, 54/2, 59/3+4, 62/2A+B+C, 63/Illustrationen, 65, 66/3, 67/4, 69/3+4, 71/3, 74/2, 75/5, 79/3, 87/6, 88/B+C, 89/4, 92/2, 94/1, 95/6, 96/2, 97/3, 99/4, 103/2–5, 104/2, 105/4, 106/4, 110/2, 112/2, 114/3+5, 115/6, 116/2, 118/2, 120/2, 125, 126/4, 127/7+8, 129/4, 132/4, 133, 135/6+7 (Foto: Cornelsen/Volker Minkus), 136/1, 142/5, 145/3–5, 146/A–D, 147/7, 149/4+6, 152/3, 154/2, 155, 156, 158/3, 159/6+7, 160/6 re, 163, 165/5, 168/3, 170, 171/3, 176, 177/3, 179, 180, 185/4, 199/2+3, 201/3+6, 223/4, 336/3, 337/4, 338, 340/3, 341/4, 342, 347/2, 248/1, 252/1, 253/5, 354, 355, newVision!GmbH, Bernhard A. Peter: 26/2, 41/6, 55/4, 60/8, 79/4, 88/A+D, 93, 118/1, 127/6, 149/5, 157, 161, 166, 340/2, 379, Thomas Gattermann/Inhouse: 387/Augendusche + Erste-Hilfe-Kasten + Feuerlöscher etc. + Fluchtweg + Notfalltelefon

Text
planet-wissen.de, Martina Frietsch, SWR, Stand: 03.06.2020, 12:00 Uhr: 284

Tabellen

1-cm^3-Würfel	Masse in g
Benzin	0,68–0,72
Blei	11,3
Eis, 0 °C	0,92
Eisen	7,9
Glas	ca. 2,4
Gold	19,3
Holz	0,1–1,3
Kunststoff (PVC)	ca. 1,4
Kupfer	8,9
Messing	8,6
Quecksilber	13,53
Salzwasser	1,03
Spiritus	0,83
Wasser, 4 °C	1,00
Wasser, 100 °C	0,96

1 Masse von 1-cm^3-Würfeln

Nahrungsmittel, 100 g	Wasseranteil in g
Äpfel	84
Butter	15
Corned Beef	69
Erdbeeren	90
Erdnüsse	2
Gouda	40
Gurken	96
Hühnereier	74
Kartoffeln	79
Knäckebrot	7
Kuhmilch	87
Schokolade	2
Schweinefleisch	70
Tomaten	95
Vollkornbrot	44

2 Wasser in Nahrungsmitteln

Gegenstand oder Ort	Temperatur in °C
Eis, schmelzend	0
Eisen, schmelzend	1535
Erde, höchste gemessene Lufttemperatur	57
Erde, tiefste gemessene Lufttemperatur	−89
Glühlampe, leuchtend	2500
Holzkohle, glühend	1100
Mond, Nachtseite	−170
Mond, Tagseite	150
Sonne, Oberfläche	5500
Tiefkühltruhe	−18
Wachs (Paraffin), schmelzend	50
Wasser, siedend	100
Weltraum	−270

3 Temperaturen

Tabellen

Stoff	Signalwort	Piktogramme	Gefahren- und Sicherheitshinweise (H- und P-Sätze)
Ethanol, Spiritus	Gefahr	entzündbar; gesundheitsschädlich	Flüssigkeit und Dampf leicht entzündbar. Verursacht schwere Augenreizung. Von Hitze, heißen Oberflächen, Funken, offenen Flammen sowie anderen Zündquellen fernhalten. Nicht rauchen. Behälter und zu befüllende Anlage erden. Bei Kontakt mit den Augen: Einige Minuten lang behutsam mit Wasser spülen. Eventuell vorhandene Kontaktlinsen nach Möglichkeit entfernen. Weiter spülen. An einem gut belüfteten Ort aufbewahren. Behälter dicht verschlossen halten.
Kohlenstoffdioxid, Druckgas	Achtung	Gas unter Druck	Enthält Gas unter Druck; kann bei Erwärmung explodieren. An einem gut belüfteten Ort aufbewahren.
Methan	Gefahr	entzündbar	Extrem entzündbares Gas. Von Hitze, heißen Oberflächen, Funken, offenen Flammen sowie anderen Zündquellen fernhalten. Nicht rauchen. Brand von ausströmendem Gas: Nicht löschen, bis Undichtigkeit gefahrlos beseitigt werden kann. Bei Undichtigkeit alle Zündquellen entfernen. An einem gut belüfteten Ort aufbewahren.
Sauerstoff, Druckgas	Gefahr	entzündend wirkend; Gas unter Druck	Kann Brand verursachen oder verstärken; Oxidationsmittel. Enthält Gas unter Druck; kann bei Erwärmung explodieren. Von Kleidung und anderen brennbaren Materialien fernhalten. Ventile und Ausrüstungsteile öl- und fettfrei halten. Bei Brand: Undichtigkeit beseitigen, wenn gefahrlos möglich. An einem gut belüfteten Ort aufbewahren.

1 Kennzeichnung der verwendeten Schadstoffe

Brennbarer Stoff	Löschmittel
Möbel, Gardinen, Teppiche, Holz (keine elektrischen Leitungen in der Nähe)	Wasser, Feuerlöscher (ABC), Löschdecke, Sand, Erde, Löschschaum
Benzin, Öle, Fette, Lacke, Spiritus, Alkohol, Kunststoffe	Feuerlöscher (ABC), Löschschaum, Sand, Löschdecke, Kohlenstoffdioxid
Erdgas, Methan, Propan, Wasserstoff	Feuerlöscher (ABC), Sand
Aluminium, Magnesium, Natrium	Feuerlöscher (D)
Speiseöle und -fette in Küchengeräten	Feuerlöscher (F)
Elektrische Leitungen und Anlagen	Kohlenstoffdioxid, Löschdecken, Feuerlöscher (ABC)

2 Verschiedene Stoffe – verschiedene Löschmittel

Die Natur als Vorbild für die Technik

Die „Blaue Schildkröte"

Dieses Sportzentrum soll an eine riesige Schildkröte erinnern. → [1] [2] Der Architekt war davon beeindruckt, wie stabil Schildkrötenpanzer sind und wie lange einige Schildkrötenarten leben.

Die blauen Flächen bestehen aus Aluminiumblechen. → [1] Sie haben viele kleine sechseckige Wölbungen – wie ein Schildkrötenpanzer. → [2] [3] Diese Wölbungen machen die Bleche besonders stabil. Flache Bleche müssten viel dicker sein, um genauso stabil zu sein. Die gewölbte Oberfläche spart also viel Aluminium und Energie für die Herstellung der Bleche.

[1] Das olympische Sportzentrum in der Nähe von Odessa (Ukraine)

[2] Eine Schildkröte

[3] „Schildkrötenpanzer"

Künstliche Hände

Die junge Frau hat vor Kurzem eine moderne künstliche Hand erhalten. → [4] – [6] Jeder Finger dieser Handprothese wird von einem eigenen Motor bewegt. Die Motoren sind elektronisch an einen Armmuskel angeschlossen. Die junge Frau steuert die Motoren mit ihren Gedanken.

[4] Befestigen der Handprothese

[5] Einstellungen anpassen

[6] Prothese im Einsatz → [▣]